黄溥论著选

黄 溥／著 周洪宇／编

華中師範大學
CENTRAL CHINA NORMAL UNIVERSITY
1903 - 2023

华中师范大学120周年校庆丛书

华大经典文库

HUADA
JINGDIAN WENKU

華中師範大學出版社
HUAZHONG SHIFAN DAXUE
CHUBANSHE

新出图证（鄂）字 10 号

图书在版编目（CIP）数据

黄溥论著选 / 黄溥著；周洪宇编. — 武汉：华中师范大学出版社，2023.8

（华大经典文库）

ISBN 978-7-5769-0078-1

Ⅰ. ①黄… Ⅱ. ①黄… ②周… Ⅲ. ①黄溥—教育思想—文集 Ⅳ. ①G40-092.7

中国国家版本馆 CIP 数据核字（2023）第 019611 号

编 辑 室：综合编辑室
电　　话：027-67867370
责任编辑：张晶晶
责任校对：童　雯
封面设计：甘　英　胡　灿
出版发行：华中师范大学出版社有限责任公司
社　　址：湖北省武汉市洪山区珞喻路 152 号
销售电话：027-67861549
邮　　编：430079
网　　址：http://press.ccnu.edu.cn
印　　刷：湖北新华印务有限公司
督　　印：刘　敏
开　　本：710mm×1000mm　1/16
印　　张：31.75
字　　数：425 千字
版　　次：2023 年 8 月第 1 版
印　　次：2023 年 8 月第 1 次印刷
定　　价：128.00 元

编者说明

为迎接即将到来的华中师范大学120周年校庆，学校拟出版《华大经典文库》丛书，以纪念曾经为今天的华中师范大学的奠基与成长作出卓越贡献的一批筚路蓝缕、披荆斩棘的先驱者。受学校委托，我负责编选的这本《黄溥论著选》，是在原来我主持指导、黄溥家属黄继溥等人积极支持、我学生丰春光协助整理完成的《黄溥学术论著选》的基础上，重新搜集并补充相关佚文（在《湖北教育月刊》《哲学与教育》《重庆清华》《教务杂志》，以及《雅礼学生杂志》中发现）完成的。这次的编辑整理得到了曾嘉怡硕士的大力协助，特此说明并感谢。

黄溥是民国时期知名的教育家和学者。早年留学世界知名学府——美国哥伦比亚大学教师学院（又译“师范学院”）研究教育，获博士学位。曾长期担任当时华中地区最有影响的教会大学、我校前身之一华中大学副校长兼教育学院院长。他在校长韦卓民教授出国公干期间曾三次担任代理校长。新中国成立以后，华中大学与中华大学、中原大学教育学院合并组成新的华中高等师范学校（即今天的华中师范大学），又担任学校教育系的教授，负责指导青年教师。黄溥毕生著述宏富，多有创见，在华中地区乃至全国教育界都有相当的地位和影响。令人遗憾的是，长期以来，由于极左路线的影响，黄溥及其教育思想和实践一直不为社会所重视，并逐渐为历史所遗忘。

黄溥毕生追求真理，信奉教育救国，将自己的一生奉献给了祖国的教育事业。为了建立适合中国的教育理论体系，他先后三次自费去欧美和日本考察中等教育，译介了许多先进的教育著作，刻苦学习发达国家先进的教育理论。他运用当时西方先进的教育思想，针对中国教育领域的弊端提出了极富远见卓识的改革思想和措施，形成了独具特色的教育理论，学成归国后，他又亲自将这些理论运用在具体的办学实践中。

摆在读者面前的这本《黄溥论著选》，主要是从现已掌握的黄溥教育著作（包括论著、论文、译文等）中选取 37 篇编辑而成，同时也通过全国报刊索引搜集到与黄溥相关的多篇教育文章，将其编入此书。其内容大体上可分为以下五类：

第一，战时教育总论。选有 4 篇论著，主要论述战时教育应为抗日战争提供精神动力，为国家经济发展提供智力支持。这类文稿是黄溥著作中最突出的部分，展现了他作为爱国基督徒教育家的教育理念和伟大人格。

第二，论高等教育。选有 6 篇论著，它涵盖了 1932 年至 1952 年院校调整前，即黄溥担任华中大学教育学院院长二十年期间的大学教育思想与实践。

第三，论中等教育。这是黄溥教育思想与实践的重要部分，选有 12 篇论著，时间跨度包括 10 年中学校长和 20 年教育学院院长工作时期。主要论述办好中等教育的重要性以及对中等教育加以改革的必要性。他创立了“七部课程设置理论”和“双渠道教学教育组织结构”，前者突出知识的宽广性、平衡性和适用性，后者将学校教育和社会实践相结合，打破了单一班级教学组织形式。

第四，论教育科学和行政。选有 9 篇论著、译著。自踏入教育领域，黄溥就一直呼吁教育界同仁做教育调查研究工作；他译介、讲授学校调查的主旨和施行方法，并亲自带领学生进行调研工作；他强调调查研究与理论相结合，解决教育设施的实际问题；他论述我国地方教育的存在问题和解决意见，提出了解决乡村教育的三个基本信条。

第五，论比较教育。选有6篇译著、论文，重点介绍和评价在20世纪二三十年代欧美国家和日本对中等教育的改造。

黄溥曾为华中大学特别是教育学院的发展呕心沥血，贡献了毕生精力。正是由于他及同事们的共同努力，华中大学得以成为当年所有在华教会大学中唯一一所拥有教育学院的教会大学，使华中大学教育学院教育系成为华中大学的王牌院系。在华中师范大学120周年校庆来临之际，重新整理编辑出版《黄溥论著选》，是我们对这位伟大先贤历史贡献的一种肯定与褒扬，就让该论著选作为全体华中师大校友献给先贤的一瓣心香！

周洪宇

2021年12月14日于北京大有庄

目录

CONTENTS

目录
CONTENTS

目　录
CONTENTS

第五篇　论比较教育

第一篇　战时教育总论

中国的战时教育[①]

自从抗日战争爆发，中国就面临着两项艰巨的任务：反对日本军国主义和把自己缔造成一个现代化强国。这两项任务必须同时进行，因为它们紧密相连，同等重要。为了成功地抵御它的敌人，它不得不打一场持久战。为了取得这场持久战的胜利，它必须全神贯注地完成国家重建任务，完成国家重建是中国取得抗战最终胜利的一个重要途径。但是，另一方面，它奋斗的最终目的就是在远东缔造一个强大的民主国家。抵御它的敌人并且最终战胜侵略者，只是整个国家重建过程中的一个重要阶段。因此，这两项艰巨的任务是彼此互相达到目的的手段。

中国坚决抵抗日本侵略主义的条件和策略国人皆知。但是，自从这场战争开始以来，对于这个国家重建的阶段与方式，却鲜有人提及。本文的目的就是对战时教育的重要阶段作一简要陈述。笔者试图回答两个重要问题：目前中国教育机构的基本状况是什么？在这个战争年代中国正在考虑进行哪些教育改革？

---

① 黄溥于 1938 年 10 月至 1939 年 6 月借出国休假的机会，考察欧美中等教育和宣传抗日。*Wartime Education in China*（《中国的战时教育》）是他应邀在纽约中国留学生大会上发表的英文讲演稿。讲演首先指出了战时教育的重要性，简述了目前教育的基本状况和正在进行的教育改革。本文选自“美国中国留学生联合会”编辑出版的 *The Far Eastern Magazine*，Vol. Ⅱ，No. 5，January，1939. Published by the Chinese Students Association of America，525 West 120th Street，N. Y.（《远东杂志》第 2 卷第 5 期，1939 年 1 月）丰春光、黄公健译，戴世琛校订。

受影响的学校

公立学校一直被中国政府认为是国家重建的最有效的、必不可少的手段。在战争爆发前，中国在教育集权管理方面就取得了很大进步，特别是在技术教育方面，强调职业教育和乡村教育。就在这些进步正在向着预期发展的时候，战争爆发了。这场战争无疑给这个国家的学校带来了巨大的破坏。许多工厂、高等学校的建筑物、文化机构遭到了日本飞机有意的轰炸，许多中小学被迫关闭，成千上万的学生和教师被迫作为难民分散到全国各地。但是，尽管遭遇了所有这些不幸及挫折，这个国家的教育工作者绝对没有灰心。相反，只要时间和地点允许，国家都尽最大的努力来发展教育。所有在交战区的大学和学院，除了一两所私立大学外，都已经搬迁到内陆省份，如四川、贵州、广西和云南。一少部分大学已经搬迁到上海的租界。大多数高校，不用说，都在艰苦的条件下发挥着积极的作用。它们虽然在许多物质方面受到了限制，但是这些高校里学生和教职员工的精神面貌却从来没有如此高涨过。

许多中学也被搬迁到中国的内陆省份，并且在非日本控制区的一些不同城市里，所谓敌占区的省政府开办了一些临时中学。为了安置来自战区的中学生和教师以及试验一种新的修订过的课程，教育部开办了六所国家中学，在四川、贵州、湖南、山西、甘肃和湖北每个省各设一所。

战争中遭受最大损失的是小学。在交战区，这种类型的学校不容易搬迁。它们要么被关闭，要么在傀儡政府管理下继续存在。当然，在敌后的许多地区，许多小学仍然还在中国政府的控制下。

拯救逃难的师生

中国战时教育最显著的成就是政府对来自敌占区师生的拯救。所有逃难的师生必须在教育部或者省教育厅登记。来自高校的逃难教师可以领生活费，他们可以在一些公共部门工作或在一些管理机构做教育监督员。所有来自中学的教师可以申请在国立中学任教的教师岗位，或者加入由逃难中小学教师组成的教育服务团。六所教育服务团分别在以下省份建立：四川、贵州、湖南、山西、甘肃和湖北，每个省一个。这些教育服务团能够给予不同的服务：推动义务教育和大众教育；辅助教学材料和乡村教学材料；在校园进行教学实验（这些校园主要是为那些不能安置在国立中学的逃难学生提供学习和服务性活动）；负责为正规的高中提供补充性的课程；承担教学实验。

来自高校的难民学生可以得到在非占领区大学或学院求学的机会。如果他们确有需要，国家可以给予他们差旅费和奖学金。如果他们愿意在军队服务，他们也可以在一些军事部门从事一些服务工作。相同的权利同样赋予来自中学的难民学生。他们可以在非敌占区的中学学习；如果他们真的很艰难困苦，他们可以申请奖学金和经济援助。如果他们不想离开家庭，他们可以在家学习，但是必须到学校参加考试，这样同样可以获得学分。

一般地，大多数在大学或中学学习的年轻人都愿意为国家做些战时服务工作。他们经常组成小组在乡村地区做些宣传工作。他们到医院去看望伤员，为他们写信，给他们带些食物和其他慰问品。他们甚至时刻准备着倡议和加入他们社区组织的爱国活动。

大众教育

除了不同等级的学校教育以外，我们也有必要提到为成人服务的大众教育机构。许多成人因为战争而从敌占区逃难到这个国家的内陆地区。他们虽然不具备学校教师的资格，但也鼓励他们做一些战时的大众教育工作。他们可以运用恰当的阅读材料以及广播站、电影等宣传工具，来唤醒人民大众更深刻地认识这场神圣抗战的重要意义。

中国教育机构的目前状况就叙述到这里。现在让我们看看在这个战争年代，中国正在进行哪些教育改革。严格意义上说，根本就不存在战时教育这一说法。换句话说，平时的教育和战时教育应该不存在太大差别。

但是，在过去，中国的大众教育一直都不很完善。中国的教育有太多的抄袭和严重缺少自己的思考。下面列举的是一些显著的缺陷：太多的书本学习，忽视性格的训练；体育教育范围过小；不重视实际教育；乡村教育没有得到考虑；没有提供公民教育；学校教育和家庭教育严重脱节；中国的本土文化和遗产没有受到尊重；乡土材料没有应用到教学当中；学校课程的开设并不是建立在社会实际与经济的需要上；自然科学知识内容非常浅薄，社会科学知识不是本土的；教育的目的不明确，教育的优势没有得到充分的发挥；大众教育没有得到广泛的开展；义务教育没有得到强制推行。所有上述这些缺陷在平时似乎没有带来太多麻烦而被忽略了，但是随着战争的爆发，这些缺陷就变得相当明显和令人震惊。这场战争在某种程度上揭露了所有这些缺陷，这促使中国的一些政府官员和教育官员开始审视中国的教育工作，并且意识到在这个战争年代教育改革势在必行。

1937 年的教育趋势

根据国家教育重建计划，在 3 月 29 日至 4 月 2 日武昌召开的国民党代表大会上，一项新的教育计划被草拟出来。计划的具体内容如下：

1. 修正教育体系和教育内容，战时的课程应该突出强调人民的道德和意志训练、提高科学研究水平、加大科学仪器的供应。

2. 各种技术人员和专家应该得到恰当的训练并且得到恰当的使用，以备抗战的需要。

3. 中国的年轻人应该得到很好的训练，使他们能够在战区或乡村地区服务。

4. 中国的妇女同样应该得到良好的训练，使她们能够从事一些社会服务工作，从而提高整个国家反侵略战争的力量。

大众教育计划

在教育部的领导下，一系列改进大众教育的计划已经被制订出来。这些计划得到了 1938 年 4 月召开的国民党中央全会通过。以下是这次制订的计划的要旨：

1. 目前公立学校的“6-3-3-4”学制，将不修改；但是如果这个学制的某些方面不符合当地的条件，可以作一些适当的改动。

2. 国家所有学校的搬迁与建立应该遵循统一的计划，并且必须符合国家的政治与经济政策。任何学校的创办和任何课程的开设都必须有明确的标准和严格的工作计划，以使任何一名学校的毕业生都能够给国家创造最大的价值。

3. 必须特别强调和加强国家教育力量的培训。一些针对各年级教师资格认证和培训服务的规章制度必须马上制定出来。完成对中学教师在道德、智力和体育方面的训练是很有必要的。战前的高等师范教育体系必须立即恢复。

4. 为了满足抗战的需要和完成国家重建的任务，学校各年级各学科的教材都必须彻底修订，并且构成一个完整的体系。在中学和小学进行公民、语言、历史和地理的课程改革尤其紧迫。为了确保学生对祖国的热爱，这些课程里的乡土材料必须尽快地编撰出来。

5. 中小学的课程必须修订，不要让课程繁重到影响学生的身心健康。不同大学的系部和学院的设置应该根据国家的经济和社会需要而重新调整，以使符合实际，而不是为了炫耀。

6. 学校各个年级的训导管理制度应该建立起来；导师制应该认认真真地实施，以使每个学生都得到性格的训练，得到日常生活的指导，得到公民与道德教育。与此同时，教育作为一门专业的尊严也可以从此建立起来。

7. 体育教育既可以提供给社会上的人，也可以提供给学校的学生。体育课程必须调整，以便和军事训练和童子军训练相协调，这样，所有以往在体育方面的错误就可以改正过来。在学校开展的课外活动，应该改成必修课，以便学生的体质得到增强。学生的卫生习惯和他们的饮食应该得到严格的监管。

8. 应该严格制定和执行学校纪律，特别是在高级中学。所有的中学和高校应该采取军事管理体制，以便学生能够养成干净、整洁、精确、高效等优良品质，并且养成动手的习惯，早日能够担当起集体生活的责任，做到生活秩序井然。

9. 关于中央政府和地方政府对学校的财政资助，一方面，必须有一个完整的计划，以便给每个学校提供教育资金、监督教育资金的使用并且保证教育资金逐年增加；另一方面，要建立一个更好的监督机构，以确保教育资金的恰当使用，防止不必要的浪费。

10. 关于学校的建筑物及工厂，应该强调简洁及其服务功能，避免给别人以奢侈挥霍之嫌。但是为了达到教育部的要求，科学设备和实验仪器应该得到充分的装备。

11. 所有的教育管理组织机构应该完备和健康。特别要强调的是教育管理机构应该对学校之间的互相协调、办学效率等进行检查和监管。关于各级教育管理机构工作人员的选择，他们的性格和受教育程度应该得到同等的重视，对他们的推荐书和学历资格证明必须非常仔细地验证。

12. 为了提高科学研究的水平，一个全国的高级的科学委员会应该立刻建立起来。

13. 派学生去国外留学的制度应该改革，以便这样一项制度在以后变成整个国家教育制度的一部分。对于那些自费出国留学的学生，也应该采取一定的控制措施，以杜绝过去出现过的自由放任现象。

14. 中小学的女生应该更多地注意家庭经济学方面的科目。家庭教育和学校教育应该互相补充。

15. 必须改善对中国边境的少数民族的教育以及对海外华人的教育。为他们编撰教材，培养教师，以满足他们的实际需要。

16. 应该制定成人教育体系，相应的管理机构也应该在短时间内予以完善。应该充分利用所有现存的成人教育机构和教育手段，以便五年内大众教育能够得到普及，从而消灭文盲；对国民进行基本的训练是适应国家重建的需要。

17. 为了寻求教育机构和国家建设、国防、生产的协调与合作，国家重建和教育工作合作的计划应该制订出来，沿着职业教育方向的可持续教育应该向前推进，以便为不同的职业行业提供足够的人力资源，以便国家的生产机构能够早日完善。

以上就是中国政府将要实施的重要的教育改革，他们实施这些改革的目的就是为了满足国家急需。因此教育部不遗余力地制订详细的计划来确保这些改革的顺利实施。中国教育部当务之急的计划如下：训练年轻人的新计划；对所有小学程度以上的学校实施导师制的草案；国立中学的新课程。教育部也通过国家发行局完成了教育机构和大众教育所用教材和阅读材料的编撰工作，并且进行了一系列的教学实验，例如，用识字卡教语言，学生野营，为成年人开办实验学校、年轻人继续教育学校、乡村教育试验站、流动图书馆等。

当然，要对这些教育改革是否成功实施下一个结论，还为时过早。在这个战争年代，教育当局面临大量的障碍与困难。但是从这个国家在战争一开始就坚决抵抗的决心与态度来看，我们可以肯定，假以时日，这些教育改革就有机会得以成功地实施与完成。

附：

Wartime Education in China[①]

Since the outbreak of the Sino-Japanese war, China has been confronted with two gigantic tasks: to fight against the Japanese militarists and to build herself up into a modern nation. The two tasks have to be tackled at the same time, for they are closely related and equally important. To successfully resist her enemies, she has to carry on a long-drawn-out war; and to sustain such a long-drawn-out war, she has to apply herself with great assiduity to the task of national reconstruction. To undertake this task is in a way an important means to reach her final victory of this defensive war. But, on the other hand, the ultimate aim of her struggle is to build herself up into a modern democratic nation in the Far East. To resist her enemies and to bring about a final victory over her aggressors is but one important stage in the whole process of her national reconstruction. So these two gigantic tasks are mutually means as well as ends to each other.

---

① Pu Hwang: *The Far Eastern Magazine*, Vol. Ⅱ, No. 5, January, 1939. Published by the Chinese Students Association of America 525 West 120th Street, N. Y.

The conditions and tactics of Chinese desperate resistance to the Japanese aggression are generally known in this country. But as to the different phase and means of her national reconstruction since the beginning of the war, little has been written. It is the purpose of this paper to present briefly one important phase of her national reconstruction, that is, her wartime education. The writer is trying to answer two important questions: what are the general conditions of the educational institution in China now? What are some important educational reforms she is contemplating at this war-time?

Schools Affected

Public education has always been recognized by the Chinese government as the most effective and indispensable means for her national reconstruction. Before the war was started, progress had been made in the centralization of educational administration, in the encouragement of technical education and in the emphasis on vocational and rural education. Just at the point when progress was expected to be made along other lines, the war set in. It has certainly made havoc of the schools in the country. Many plants and buildings of higher institutions and cultural organizations have been purposely demolished by Japanese planes, and many secondary and elementary schools have been forced to close. Thousands of students and teachers have been scattered as refugees throughout the country. But in spite of all these reverses and setbacks, the educational work of the country has by no means been discouraged. On the contrary, every effort has been made to carry it on, whenever and wherever it is possible to do so. All the colleges and universities, except one or two private institutions, in the war areas have been moved into the inland provinces, such as Szechuen, Kweichow, Kwangsi, and Yunnan. And a few of them have been moved into the concessions of Shanghai. Most of these higher institutions, needless to say, are laboring under very unfavorable conditions. They are handicapped in every way. But the spirit of their students and faculties has never been so commendable as it is now.

Many secondary schools have also been moved into the interior parts of the country. And quite a number of temporary middle schools have been set up in different cities behind the Japanese lines by the Chinese provincial governments in the so-called "occupied" areas. In the order to accommodate the middle school students and teachers from the war areas and also to experiment on a newly revised middle school curriculum, the Ministry of Education has established six national middle schools. One in each of the following provinces: Szechuen, Kweichow, Honan, Shensi, Kansu, and Hupeh.

What has suffered most is the elementary school. This type of schools in the war areas cannot be moved very easily. They have either to close or to work under the puppet regimes. Of course, a large number of them are still carrying on under Chinese control in different districts behind the Japanese lines.

Relief Work for Refugee Teachers and students

One striking thing about the wartime education in China is the relief work carried on by the government for the refugee teachers and students from the war areas. All of them must be registered in the

Ministry of Education or in some provincial bureaus of education. Refugee teachers from higher institutions are given living wages to work in some publication bureaus or to serve in some administrative organizations as education supervisors. And those from secondary school may apply for teaching positions in the national middle schools or join the educational service corps organized for refugee teachers from secondary and elementary schools. Six of such service crops have been formed, one for each of the following provinces: Honan, Shensi, Kansu, Hupeh, Szechuen, and Kweichow. The different kinds of services which these corps are supposed to render are: to push forward compulsory and mass education, to compile for secondary and elementary schools special teaching materials, and rural teaching materials; to experiment on the student camps which provide study hours and serviceable activities for those refugee students who can't be accommodated by the national middle schools; to take care of supplementary courses for regular senior middle schools; and to regular senior middle schools; and to undertake experiments in education.

Refugee student from higher institutions are given opportunities to study in colleges or universities in non-war areas. They are provided with traveling expenses and scholarships, if they are found in need of them. Opportunities are given them to serve in military organizations, if they wish to do so. The same kind of privilege id granted to refugee students from secondary schools. They can study in middle schools in non-war areas; and they can apply for scholarships and financial aid, if they are really hard up. If they don't want to leave their families, they are allowed to study at home and to take school examinations to get credit for their work.

As a rule, most of the young people studying in universities and secondary schools are willing to do some kind of wartime service for their country. They often form small groups to do propaganda work among the masses in rural districts. They visit wounded soldiers in hospitals, write letters for them, and bring them food and other kinds of comforts. They are ever ready to sponsor and to join any patriotic activities in their communities.

Education of the Masses

Beside the different grades of schools, mention must also be made of the organizations for adult education. Many of them in the war areas have also been moved into the interior parts of the country. Their workers are not only accorded the same privileges as school teachers, but also encouraged to carry on more intense work for the war education of the masses. Proper reading materials, broadcasting stations, radios, and moving pictures are widely used to enlighten the people about the significance of this sacred war of resistance.

So much for the general conditions of the education institutions in China of today. Now let us see what are some important educational reforms China is contemplating at this war time. In a strict sense, there is no such a thing as the war-time education. If education is sound at all, it ought to be sound for the wartime as well as for the ordinary time. In others words, there should not be much difference between the education for ordinary time and the education for the wartime.

But public education in China in the past has not been very sound. There have been too much copying and too little thinking. Some salient defects can be listed as follows: too much book-learning; character training neglected; physical education limited to a few; practical education not emphasized; rural need not considered; civic training not offered; school education separate from family education; Chinese culture and heritage not respected; native materials not utilized; native materials not utilized in teaching; school curricula not based upon actual social and economic needs; natural sciences very weak; social sciences not indigenous; education objectives not clear and definite; educational advantages not well distributed; mass education not widely spread; and compulsory education not enforced. All these defects in the ordinary time have been passed over without much ado. But since the outbreak of the war, they have become very conspicuous and appalling. This war in a way has revealed all these weak points and has served as an impetus to many of the political and educational leaders in China to take stock of the educational work of the education work of the country and to think seriously of some educational reforms necessary for this wartime.

Educational Tendencies in 1937

Accordingly an educational program in connection with the general program of national reconstruction was outlined by the Kuomintang Plenary Session held in Wuchang last year from March 29 to April 2, in which four important points were stressed. They are as follows:

1. The education system and teaching materials are to be revised, and the wartime curriculum is to be followed with the idea of emphasizing the moral training of the people, raising the standard of people, raising the standard of scientific research, and enlarging the

supply of scientific equipment.

2. The technicians of all kinds of specialties are to be trained and properly employed to meet the needs of the war of resistance.

3. The youth of the country are to be trained, so that they can serve in war areas and rural districts.

4. The women of the country are to be trained, so that they can do social service to increase the strength for the war of resistance.

Plans for Public Education

Under the leadership of the Ministry of Education a set of working plans for the improvement of public education has also been formulated. It was approved by the Kuomintang Plenary Session in a gist the formulated plans:

1. The present public school system, the plan of 6-3-3-4, will not be modified; but if some aspects of the system are found to be not adaptable to local conditions, flexibility and changes are to be tolerated.

2. The moving and establishment of all the schools of the country must follow a general plan, and they must be in accordance with the political and economic policies of the nation. The founding of any school and the offering of any courses must have definite objectives and working programs, so that any one graduated from the school can be of a great value to his country.

3. The training of the teaching force of the country must be particularly emphasized and enforced. Regulations must soon be set up for the certification and training-in-service of the teacher of all the grades of schools. For training teachers to carry on the moral,

intellectual, and physical education in secondary schools, the former system of higher normal schools must be restored at once.

4. In order to meet the needs for carrying on the war of resistance and the task of national reconstruction, the teaching material of all the subjects in the school of any grade must be thoroughly revised and integrated into a systematic unit. This is especially urgent for the subjects of civics, language, history and geography in secondary and elementary schools. In order to insure the students patriotic ideas for their country and native land, textbooks with native materials for these subjects must be compiled as early as possible.

5. The curricula of secondary and elementary schools must be revised so that they will not be so heavy as to impair the mental and physical health of the students. The departments and school of the different universities must be adjusted from the standpoint of economy and demand, so that every offering will be substantial and not intended for show.

6. The standards of discipline for all the grades of schools must be set up; and the tutorial system must be conscientiously enforced, so that every student will have some one responsible for his character training, his guidance in daily life, and his civic and moral education, and at the same time the dignity of teaching as a profession can be reestablished.

7. Physical education must be generally provided for the society as well as for the school. And the curriculum of physical education must be so adjusted that it can be coordinated with the work of military training and boy-scout training, and all the mistakes made in the past can be corrected. Extra-curricular activities in schools must be made

compulsory, so that the physique of the students can be strengthened. The hygienic practice of the students and their diet must be duly supervised.

8. School discipline must be made very strict, especially in secondary schools. All secondary schools and higher institutions must adopt the system of military discipline, so that the students can build up for themselves the traits of cleanliness, tidiness, accuracy, and efficiency, the habit of manual work, and the group life of responsibility and orderliness.

9. As to the school finance of the central and the local governments, there must be on the one hand a general plan for providing educational funds, taking care of them and making them increase yearly, and on the other hand a better supervision to insure wise appropriations and to avoid unnecessary waste.

10. As to the school buildings and plants, simplicity and serviceability must be emphasized, and no extravagance must be sought. But in order to reach the required standard, scientific apparatus and laboratory equipment must be provided to the fullest extent.

11. All the administrative organisms of education must be made perfect and healthy. Special emphasis must be given to the coordination and efficiency of the work of all the school inspectors and supervisors. As to the choice of the personnel for the education administration of all the grades, their character and education must be equally emphasized and their credentials and recommendations must be very carefully examined.

12. In order to raise the standard of academic studies and research, a highest academic council must be founded right away for the whole

country.

13. The practice of sending students to study abroad must be reformed, so that such a practice will hereafter become an integral part of the general education policy of the country. For the self-supporting students studying abroad must also be made so as to stop all the evils of the past laissezfaire policy.

14. Girls in the secondary and elementary schools must be made to pay more attention to the course of home economics. And school education and family education must be made supplementary to each other.

15. Education for the Chinese territories and the oversea Chinese must be improved. For them teaching materials are to be trained. All this must be started from the standpoint of practical needs.

16. The system of adult education must be fixed, and its administrative organism must be complete within a short time. All the existing organizations and means of adult education must be fully utilized, so that within five years mass education may be made universal, illiteracy may be exterminated, and the fundamental training adapted to the needs of national reconstruction may be popularized.

17. In order to secure the cooperation and coordination between educational administration and the constructive work of national defense and production, the program for the cooperation of national reconstruction and educational work must be enforced, and the continuation education work must be enforced, and the continuation education along vocational lines must be full pushed ahead to make an adequate supply of the important personnel for different vocations, so that the productive organisms of the country can be completed at an early date.

The above are the important educational reforms to be carried out by the Chinese Government. They are intended to meet the urgent needs of the country. The Ministry of Education has spared no effort to make detailed plans to carry out these reforms. Some noticeable plans are: a new program for the training of youth, an outline of the tutorial system for the schools above the elementary grade, and a new curriculum for national middle schools. The Ministry has also undertaken through its national publication bureau the task of compiling textbooks and reading materials for all the schools and the institutions of mass education, and has been conducting a number of educational experiments, such as the method teaching illiterates with word cards; student camps; experimental schools for adult education; young people's continuation schools; rural experimental stations; and circulating libraries.

It is, of course, too early to gauge how successfully all these educational reforms are being carried out. There is plenty of handicaps and difficulties confronting the educational authorities of the country at this wartime. But judging from the firm determination of the Chinese nation to wage this war of resistance, we can be sure that there is every chance for these educational reforms to be successfully accomplished within a reasonable length of time.

战时教育在中国[①]

一个国家，特别是处于交战的一个国家，它的生命力由三个因素组成：战斗力、经济力和教育。一个国家如果没有这三种因素，就不会存在。这三者彼此紧密相连，在战争时期具有同等的重要性。但是，一旦战争转入持久，那么教育这个因素可能就变成最为基本的因素了，因为战争力需要教育来提供精神动力，经济力则需要教育提供智力支持。中国已经进入到抗日战争的第七个年头，她在这场生与死的战争中所表现出来的旺盛的生命力和持久的战斗力，不仅使自己的敌人感到震惊，而且使自己的友邦与朋友也感到震惊。我觉得，很有必要让美国人民知道，中国之所以具有如此旺盛生命力的原因。在这次研讨会上，有关中国的战斗力和经济力将会得到充分的讨论。在这篇文章中，我将着重讨论中国的战时教育：中等教育、初等教育、大众教育、边区教育，至于高等教育和女子教育将在其他文章中论述。

战前教育

要想了解中国在这次全球性战争中在教育方面所采取的行动，就不

① 黄溥用英文较全面地陈述了中国抗日战争时期教育的基本情况及存在的困难和问题。原稿存于华中大学档案全宗，案卷号284。据本文第一段推算，可以断定写作时间是1944年，而且是为在美国主办之“中国抗战问题研讨会”而作的专稿，原稿未注明发表于何刊物。丰春光译。

得不了解一些历史背景。我们必须了解战争爆发前中国教育的一些情况。由于篇幅有限，在这篇文章中就不能追溯得太远。我们只能简单地回顾一下战争即将爆发前中国的教育情况。

教育政策和教育思想：自从 1927 年国民党基本上统一中国以来，中国的教育政策就主要建立在孙中山的“三民主义”的基础之上。1929 年 4 月国民政府宣告，中国的教育目的如下：

“根据三民主义，以充实人民生活，扶植社会生存，发展国民生计，延续民族生命为目的，务求民族独立，民权普遍，民生发展，以促进世界大同。”

中国的教育思想，已经于 1928 年召开的第一次全国教育大会上予以了明确的定义，主要包括以下三个内容：

1. 国家主义的教育：弘扬我国本土文化，提高人民的道德水平，增强人民体质，传播科学知识，培养人民对于艺术的兴趣。

2. 民主主义的教育：在人民中普及政治知识，明确自由的含义，宣扬平等的精神，增强服务意识，培养学生的团队合作能力及组织能力。

3. 生活教育：扩大科学的应用范围，养成热爱劳动的习惯，提高学生的生产技能，以促进经济利益的更好分配。

根据这个教育思想，一个特定的教育计划被制订了出来：全国上下特别注重义务教育的实施，发展针对汉、满、蒙、回、藏、土著部落和海外华侨的教育，拓展职业教育和农业教育，强调在生产、消费和合作方面的训练，提高人们谋生的技能，养成人们集体生产的精神。这种教育计划和其他类型的重建工作，自然会激起日本帝国主义邻国的妒嫉。它已经无力打破中国的统一，无法采取有力措施来阻止中国的重建工作。于是，在 1931 年 9 月 18 日公然用武力占领了柳条沟，进而侵占了我国东北三省，建立了所谓的“满洲国”，从此，点燃了世界战争的导火索。

国防教育：“9·18”事件发生以后，国民政府认识到：仅仅各民族联合起来形成强大的战斗力还不能挽救中国，只有全民重视国防教育，让全民动员起来，才能使中国摆脱这次极其严重的民族危机。在这种紧急情况下，每一位初级中学以上的男生必须参加军事训练，每一位初级中学以上的女生必须进行急救知识的学习。除了在学期中间进行有正规的军事训练以外，在边防线附近的学生还要受特别的军事训练；每一位在校的大学生要军训两个月；高中学生则要集中军训三个月，还为学生们准备了军事夏令营。在大学和中学里，已经普遍达成“科学是另外一种保卫祖国的重要手段”的共识。因此，科学在中国所有的大学与中学校园里得到了前所未有的重视。在中国，只要具备条件的地区，都在开办科技大学、工业大学、医药大学和农业大学。有资质与能力的学生，被选拔出来送到国外学习直接或间接与国防有关的科学知识。以研究国防问题为主要目的的研究机构，在各类国立大学应运而生。那些拥有特殊本事和技能的奇人异士，被要求到政府的相关部门进行登记，随时接受祖国的召唤。

不仅如此，早在“七七”事变之前，国家教育部长在“六年国防与国家重建”规划的基础上，制订了一个与之相符的“六年国防教育计划”。这个教育计划的目的是：造就 10,000 名以上受过一定教育的技术人才；4,800 名以上的农业技术人才；3,700 名以上的医药技术人才；1,700 名以上掌握通信和运输技术的专门人才。教育部还计划派遣超过 2,000 名出国学习与国防有关的特殊技能。

如果上述计划能够得以顺利完成，我们就有足够的能力处理任何紧急情况。我们的敌人动作更加敏捷，在我们这些计划实施之前，就开始对我们动武，于 1937 年 7 月 7 日悍然发动了突然袭击——制造了震惊中外的“卢沟桥事变”（马可·波罗桥）——开始了血腥大屠杀。这一暴行最终引发了世界范围的战争。

1936—1937 年统计数据：为了让我们了解战争爆发的前一年的教育状况，下面就提供一个由教育部颁布的统计数据。

1936—1937 年教育数据回顾

学校类别		学校数			学生人数	教师人数	毕业生人数	年度支出（美元）
		总数	公立	私立				
高等教育	大学或学院	78	36	42				
	职业学院	30	19	11				
	总数	108	55	53	41,722	7,560	9,154	39,275,386
中等教育	普通中学	1,956	975	981	482,522	41,180	76,864	41,453,790
	师范学校	814	787	27	87,902	10,222	24,162	10,851,224
	职业学校	494	302	192	56,822	8,645	10,294	8,730,591
	总数	3,264	2,064	1,206	627,246	60,047	111,320	61,035,605
初等教育	小学	320,080			18,364,956	702,831		119,725,603
大众教育研究机构与组织		154,940			3,762,348	199,928		12,006,318

战时教育

“卢沟桥事变”发生不久，整个国家和民族都意识到：如果不奋起自卫，整个国家和中华民族将不复存在。因此，全国人民开始抵抗我们共同的敌人，尽管我们心里清楚，我们还没有完全做好作战的准备。从一开始，遭受最大损失的是大学或中学，因为比起其他来说，我们的敌人更加憎恨教育机构。在北京、天津、上海、南京及其周围地区，不少于一半的高等学校以及 600 多所中学要么被彻底摧毁，要么被迫停办。成千上万的师生成为难民，其中相当一部分人被手榴弹或自动步枪的子弹击中而身亡。位于沿海省份大城市的教育机构不断地遭到炮弹的袭击。敌人认为如果他们铲除了中国的高等学校和中学，他们就可以立刻削弱中国的抵抗力。他们在想法上是对的，但是中国政府立志尽一切努力来保持高等学校和中学完好无损。

应急措施：突然间教育部面临着两个任务，一是不惜任何代价保存和维持中国所有的学校；二是要在敌占区根据战时条件的改变而调节教育机构的教育任务，并且要将靠近敌占区的教育机构搬迁到未被占领的内陆省份。要求这些学校的受困师生要么自己到教育部登记，要么到自己所在省份的教育部门登记。这样登记过的大学生被给予一种特权，即可以到任何还保留的大学里作为旁听生，或者可以到军队从事积极的备战活动，国家为这些学生提供贷款或津贴。对于那些在国外求学的留学生，国家同样给予特殊的补助和津贴，以便他们能够如期完成学业。从战区大学来的教师，教育部仍给予不同的工作。为了安置在教育部已经履行了正常登记手续的、来自战区的教师和学生，国家特地在不同的地方设立了一定数量的国立中学。到现在为止，中学完全由省里负担。现在为了安置来自战区的逃难教师和学生，不得不建立一些教育机构，不仅给这些师生提供免费的膳食，而且给他们提供制服，甚至给一些确实需要的学生提供差旅费补助。除了建立一批国立中学以外，还成立了十个教育服务公司，来安置那些过剩的、从战区而来的中学教师和小学教师。这些教育服务公司成立的主要目的是辅助完成国家的义务教育和大众教育任务，并且无论何时需要，他们都会为来自战区的过剩的中学生开设“中山班”或继续教育学校。“中山班”更多地注重工业、农业的实际训练；继续教育学校则主要是给智力不太好的学生提供补充教育。对于那些由于战争原因而无法进入任何学校的学生，也给予他们严明的纪律约束，让他们在家自学，以便今后进入适当的年级就读。最后，对于处于敌占区的教师和学生，教育部选派了有能力的人对他们进行监管与指导。目前总共规划出了十个监管区域，还成立了一个监管委员会，以便给予他们正确的指导。

为了说明教育部与各省教育部门为来自交战区的教师与学生所做的大范围的救助行动，请参看下表：

被中央或省政府救助的来自交战区（或受战争影响地区）的师生统计表

教师或学生类别	1938 年前	1939 年前	1940 年前	1941 年前
大学教师	390	508	599	637
大学学生	3,216	3,825	4,777	5,156
正在海外求学的留学生	245	543	676	792
留学归国学生		170	214	224
中学教师	5,416	5,994	6,131	6,200
小学教师	8,467	9,500	9,797	10,063
教学行政管理人员	60	65	65	66
中学学生	25,682	36,393	38,270	52,160
大众教育机构工作人员	1,434	1,788	2,007	2,053
总计	44,910	58,786	62,536	77,351

到 1940 年底止，已经有 49 所地处交战区或靠近交战区的高校搬迁到了相对安全的地区。

1943 年 1 月，教育部宣布：有将近 80,000 名来自大学或中学的学生已经申请了贷款，同时还给许多学生颁发了奖学金。

1937—1938 年的统计数据：要想准确地知道我们的敌人在战争爆发后的第一年是怎样“款待”我们的教育机构的，可以看看下表所列出的 1937—1938 年教育回顾数据。和战争爆发的前一年相比，我们可以发觉，我国各种教育机构的数量都在减少：高等教育缩减了 16%，中等教育缩减了 42%，初等教育缩减了 28%，并且大众教育缩减了 14%。各个年级的学生人数也相应减少：高等教育学生人数缩减了 25%，初等教育学生人数缩减了 30%，而中等教育学生人数则小幅上扬了 1%，大众教育学生人数则增加了 12%。这些数据显示：在学校数量上，遭受最大损失的是中等教育；在学生人数方面，遭受最大损失的却是初等教育。这些数据当然不能准确地显示日本对中国的教育机构所造成的损失，因为有许多事情是无法用数据表示的。但是有一件事是可以肯定的：敌人想终结我国教育组织的阴谋并没有得逞，无论他们是多么疯狂地轰炸与摧毁我国的教育机构，中国政府是不会屈服的。刚好相反，他们的这些恶劣行径只会激怒中国政府，使中国政府下定决心：无论多么困难，都会尽一切努力维持各种学校的正常运行；并且促使中国政府在大众教育计划方面作出相应的改进与提高。

1937—1938 年教育数据回顾

学校类别		学校数			学生数	教师数	毕业生数	年度支出（美元）
		总数	公立	私立				
高等教育	大学或学院	67	28	39	28,909	7,695	4,631	28,380,226
	职业学院	24	15	9	2,279	928	506	2,051,330
	总数	91	43	48	31,188	8,623	5,137	30,431,556
中等教育	普通中学	1,242	698	544	494,771	40,398	76,705	39,706,441
	师范学校	364	354	10	87,076	9,752	23,465	10,513,707
	职业学校	296	197	99	56,387	8,363	11,396	8,185,906
	总数	1,902	1,249	653	638,234	58,513	111,566	58,406,054
初等教育	小学	229,911	190,346	39,565	12,847,924	482,160	2,497,378	73,444,593
大众教育研究机构与组织		132,842	119,780	13,062	4,220,444	129,359		9,678,956

战时教育的原则：笔者曾这样写道：“严格意义上说，根本就不存在战时教育这一说法。假如一个国家的教育办得很健全，那么战时教育就应该和平时所办的教育一样完美。换句话说，战时教育与平时教育不应该有太大差别，但是过去中国的大众教育办得不是很完善，有太多的

抄袭，缺少自己的思考，其明显的缺陷可以列举如下：太注重书本知识的传授，而忽视了性格教育；体育教育时间太少；没有重视实用知识的教学；没有考虑乡村教育的实际需要；没有提供公民教育；学校教育与家庭教育相脱离；本土文化与文化遗产没有得到尊重；在教学过程中没有利用乡土教学材料；并没有根据社会和经济的实际需要来安排学校的课程；自然科学知识的学习与研究相当薄弱；社会科学没有得到应有的发展；教学目标不明确、不一致；教育机会没有得到很好的分配；公众教育没有得到广泛的开展；义务教育没有得到加强；整个教育工作没有和国家的政治、社会和经济计划保持一致。在平时，所有这些缺陷没有受到太多批评就过去了。但是，自从战争爆发以来，这些缺陷就变得相当明显和吓人。这场战争暴露了所有这些缺陷，并且让中国政界与教育界的领导开始正视教育上存在的问题，让他们开始考虑在这个战争年代很有必要对教育进行改革。”①

1938 年 4 月，国民党全体代表大会制定了一整套应对民族危机的方针、政策，其中直接与教育有关的有如下四条：

1. 改订教育制度和教材，推行战时教育，注重于国民道德之修养，提高科研水平，并扩充其设备；

2. 训练各种专门技术人员，予以适当之分配，以应抗战需要；

3. 训练青年，俾能服务于战区及农村；

4. 训练妇女，俾能服务于社会事业，以增加抗战力量。

上述就是对战时教育活动进行重新评价的四条基本原则。

战时教育的目的：除了上述四条基本原则，九个战时教育的目的也被同一团体制定出来。尽管所有这些都是为了弥补教育上存在的缺陷，但是却显示着教育当局已经在尽一切努力来改善我国的公众教育。这九个目的简要陈述如下：

---

① 黄溥：《中国的战时教育》，《远东杂志》，纽约，Vol. Ⅱ，No. 5，1939 年 1 月，第 216 页。

1. 德育、智育、体育协调发展；

2. 将体育和科学教育融于一体；

3. 同等重视农业和工业需要；

4. 将教育目的等同于政治目的；

5. 将学校教育和家庭教育紧密结合；

6. 用科学的方法在人民中培养自信力，继承我国在文学、历史、哲学和艺术方面优秀的文化遗产；

7. 根据我国实际，争取在自然科学方面取得进步，以赶上外国的先进水平，以满足国家防卫和国家生产的需要；

8. 在社会科学方面，可采用国外先进的理论以弥补我国的不足，但是要防止与中国的传统文化相违背；

9. 给不同级别的教育制定明确的目标，在全国范围里扩大受教育的机会，根据不同阶段实施义务教育，按照一定计划实施公众教育和家庭教育。

改进教育的计划：上述中国战时教育的原则和目标，尽管非常基本和重要，但是并不是十分明确和科学，因而不能成为改进中国教育的真正向导。因此，一个包含 17 个项目的提议被国民党教育当局拟定出来，并且在 1938 年 4 月召开的国民党全体代表大会上获得通过。因为把它们全部翻译过来需要太多的篇幅，笔者简要地将这 17 条介绍如下：

1. “6-3-3-4”学制可以继续保持，但允许根据各地的实际情况进行适当修改，灵活运用。

2. 任何学校的建立与搬迁必须遵循一定的原则，并且必须符合国家政治、经济的要求。

3. 对于各级学校教师的训练与培训必须得到重视，并且立即付之于实施。

4. 为了满足抗日战争和国家重建的需要，学校各年级各学科的教材必须重新修订，并且使之自成体系。

5. 中小学的教学计划必须重新修订，以免因为学习负担过重而影响学生的身心健康。大学的系部与学院的设置，必须根据社会经济真实的需要，以便它们可以持续发展。

6. 各级学校的体制标准必须制定出来，“导师制”必须得以实施。

7. 不仅要在学校提供体育教育，在人民大众中也应该提倡，学校的体育课应该改成必修。

8. 学校纪律必须更加严格，特别是在中学以上的年级，必须实行军训。

9. 关于中央和地方政府的办学经费问题，必须一方面按照严格计划增加学校财政支出，另一方面对这些经费的运用加以严格的监管，确保经费的正常使用。

10. 学校建筑及其他设施应该从简，以服务为原则，充分提供科研装备和实验仪器。

11. 所有的教育管理机构必须完备、健全，这些机构的工作人员必须精心挑选。

12. 为了提高学术研究水平，必须立刻建立一个高水平的科学指导委员会。

13. 必须改革派遣学生出国留学制度，以便让留学计划成为整个国家教育计划的一部分，为国家的教育作出更大贡献。

14. 对于中小学女生，应该强调开设家庭经济类课程，学校教育和家庭教育应该彼此协调、补充。

15. 边区教育和华侨教育应该得到改善。

16. 公众教育系统应该明确地制定出来，它的管理和组织机构应该得以完善，以便在五年内彻底消灭文盲。在人民大众中进行基本的公民道德训练，以满足国家重建的需要。

17. 教育工作和国家重建工作必须进一步互相合作和彼此协调，沿着职业教育方向的继续教育应该全面推进，保障各类职业教育拥有足够的人力资源。

以上是国民政府采取的教育方面的重大改革，它们是为了满足国家的紧急需要而进行的。教育部不遗余力地制订详细的计划来保障这些计划得以顺利实施。如果要将它们全部翻译过来，那会占用大量的篇幅。在这里我们要做的是，挑出其中重要的观点加以阐述，使人们了解在这个战争时期，中国是怎样试图解决所面临的一些重要的教育问题的。

第三届国民教育大会：在战争前，国民政府在南京召开了两次国民教育大会，第一次国民教育大会于 1928 年召开，第二次国民教育大会于 1930 年召开。这两次国民教育大会对于中国许多教育的基本问题的解决，起到了很大的作用。现在，国家面临着一个从未预料到的日本侵略中国的重大危机，当然就有必要召开新一轮的全国教育大会，因此第三届国民教育大会就于 1939 年 3 月 1 日到 3 月 10 日在昆明举行。有 160 名教育行政管理人员和教育专家参加了这次会议。所有涉及学校系统、教育管理、高等教育、中等教育、初等教育、义务教育、公众教育、体育教育、边界教育和海外华侨教育都得到了充分、彻底的讨论，会议通过了几项实际教育问题的解决议案。这些议案的制定奠定了稍后开展的公众教育的基础。

修订后的学制系统：1922 年中国开始采用美国的“6-3-3-4”学制，自那时候开始，在学制方面已经发生了很多变化，特别是在中等教育这一部分。主要的趋势就是限制高中所学课程，将课程的数目减到最低。1928 年，在第一届国民教育大会的建议下，在高中开设的所有有关一些特别职业方面的课程，例如，农业、工业、商业、师资训练和一些经济类课程都被砍掉或停止开设，只有一些为升入大学做准备的一般课程及少数几门职业课程被保留下来。1933 年，甚至连保留下来的为数不多的几门职业课程也被砍掉了，高中就完全变成了一所只为升入大学做准备的预备教育机构了。这就是战前所采用的学制的最主要的特征。自从 1937 年战争爆发以来，国人又对中等教育体制产生不满。1939 年国家教育部对部分学制进行了修订，并且将修订了的学制提交给第三届国民教育大会进行研究、讨论。这个修订了的学制最终在第三届国民教育大会上得到了通过，现在实行的学制正是该学制。它与战前的学制相比有以下几个方面的不同：六年中学教育只为升入大学做准备，对初中毕业生开设为期一年的简单的职业课程；为初中毕业生和高中毕业生开设五年制的职业学校；为高中毕业生或六年制中学毕业生开设五年制的师范学校。整个学制系统在下图中显示：

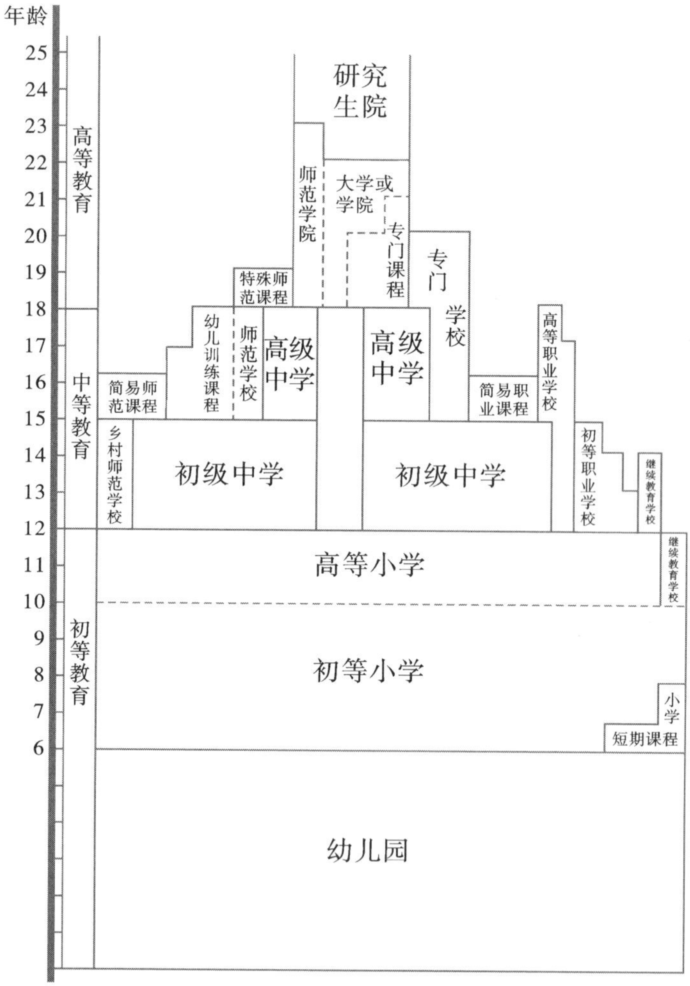

修订后的中国教育体系

战时教育的三年计划：在1941年召开的国民党行政委员会议上，制订了一个三年的战时国家重建计划。这个计划触及了重建计划的每一个阶段，包括军事、政治、经济、社会、教育和文化各个方面。我们在这里只是陈述涉及教育的那些部分。

根据这个计划，今后三年内，所有的教育工作必须与国家军事、政治、经济与社会方面的重建工作紧密一致，以便培养出与各行业最新发展保持一致的、受过严格训练的专门人才。关于教育的各种发展必须遵循以下原则：

1. 加强公民教育和县①级新系统的管理，必须彼此紧密结合，协调一致。国家所辖的每个省必须在三年内完成以下任务：每个乡村建立一所中心小学（六年制的高等小学），至少两个保（一个保包括100个家庭）要建立一所国民学校（四年制的初等小学）（编者按：国民政府于1934年11月7日起，在国民政府统治的各省市实行《各县编查保甲户口条例》，规定："保甲之编组，以户为单位，户设户长，十户为甲，十甲为保，保设保长。"详见1999年《辞海》缩印本第295页）。

2. 既要重视中等教育的数量，也要重视其质量，以便与国民教育、高等教育、国防和所有生产的需要相一致。特别要重视师资培训的扩大及改善，同时还要注重女子教育。

3. 高等教育的发展必须遵循一定的原则，即教育部根据发展各项企事业所需要的人力和财力支持作出的规划。必须鼓励各省开办专门学校。大学各系及学院的发展必须平衡，研究生院必须增加，已经存在的高等教育机构的实验设备与仪器应该予以充实，并投入使用。

4. 公众教育方面所做的努力还需继续。为了寻求全球教育带来的利益，我们还要强调以下几点：提高与改善社会生活，培养全民道德意识和普及科学知识，增强抵抗敌人的意志和信心，重新编辑教学材料，加大教师培训力度，扩大教育的工作范围。

---

① 原文注：县是中国地方政府非常重要的一级组织机构，中国总共有1,900个县。

5. 边区教育应该得到普遍的支持，以便能够得到最大限度的发展。教育必须适应社会经济的需要，以便为国家的巩固奠定基础。

6. 游击战区的教育必须适应该地区军事和政党工作的需要，以保障教育的实施和确保教育的连续性。

7. 对于海外华侨的教育，应该根据各地的实际情况，采用不同的手段加以拓展，并使华侨都得到充分的教育。需要强调的是要训练好教师并编撰合适的教学材料。必须建立一套监管机制来加强海外华人与中国大陆的联系。

中等教育

对于战时教育的一般原则和计划就介绍到这里。现在让我们转向一些具体类型的教育，来看它们是怎样贯彻和落实这些教育原则和计划的。为了说明战前国民政府在一定程度上已经开始重视中等教育，我们可以引证两个简单的事实。一是 1936 年教育部颁布的针对中等教育的一种特殊教育。这种所谓的特殊教育包括四种类型的训练：精神训练、体格训练（包含军事训练）、应急训练和劳动训练。这种特殊的训练才是真正意义上的应对国家灾难的有效防备措施。二是三军总司令于 1937 年 7 月 1 日至 19 日在桂林开办的培训学院，总共有 1,000 多位高中校长和教导主任参加了这次培训。当敌人疯狂地轰炸北方城市的时候，那些高中的校长和教导主任正在接受为期三周的悉心指导与多方面的培训。因此，所有这些措施已经为战时的中等教育奠定了坚实的基础。

训练年青一代的新计划：只是培训中等学校的领导当然不够。因此，1938 年 4 月，教育部制订了一个培养年青一代的新计划。这个新计划包括三个部分：谆谆教导年轻人，让他们拥有最为基本的政治、道德、社会与军事观念；训练的重要阶段；训练的不同方法与途径。这个计划最重要的一点是："让我们认识了一个公认的真理，年轻人的训练不能只是限于智力训练，它应该包括年轻人的积极性、性格等的训练，并且还要考虑到他们的社会继承性及对于国家利益的维护等状况。”经过对中学领导的培训，我们还必须准确了解，年轻人是如何在他们的领导下受到训练的。

导师制：中学的纪律问题一直是这个国家的难题。在过去，中学的纪律管理主要是实施训育制：在每一所中学指定一名训育主任，由他来处理中学发生的所有违纪事件。普通老师则对纪律教育不负任何责任。当教育部认识到实施训育制存在诸多弊端以后，决定重新制订一个详细计划来纠正这一不利局面，命令每一所中学水平以上的学校必须采用“导师制”。这种制度要求，每一位全职教师，除了教书以外，还要承担对学生进行个人学习与生活上的指导。当然，比起“训育制”，“导师制”对于中学来说是一种更好的管理体制，但它是否能够得到顺利实施，关键是靠各个学校的教师。

中等学校的合理分布：在战争爆发前，中国的教育机构主要集中在沿海省份的中心城市，如上海、北京、天津、南京、杭州。这显然不符合教育机构应根据不同地区的不同需要而进行分布的一般原则。结果，当敌人对中国的教育机构进行疯狂轰炸时，就给国家的整个教育带来了巨大的损失。因此，1939 年教育部明确规定：每一个省必须划出几个必须设立的中学区域、师范学校区、职业学校区。前两个区域的划定，必须根据人口数目的大小、交通的便利、经济和文化的条件以及已经建立的学校数目而定。职业学校区域的划定，则要建立在对各个地区自然资源的分布情况进行了充分了解的基础之上，不能盲目划定。在各个不同的区域内，至少要有一所中学、师范学校或职业学校。每个中学区域内新生人数和班级增加的数目，要根据高等小学毕业而愿意继续进入中学深造的毕业生人数而定。

中学课程：在战争爆发前，就有许多对中学课程设置方面的批评。最主要的一点就是每周用太多的时间进行讲授，没有留更多的时间让学生发展自己的个性。因此，1938年教育部开始着手改革中学的课程，最终于1940年2月颁布了修订的中学课程标准。1941年9月，教育部又制定了一套新的六年制中学课程，并且在几所中学进行试验。下表我将列出初级中学和高级中学新修订的课程表。除了下表所列出的课程外，每所学校必须让学生进行体育训练（每周三个小时，包括队列、体操和童子军训练），同时还要让学生进行生产劳动训练（每周三小时）以及战时服务工作的训练（每周两小时）。

修订了的初级中学课程与时间安排表

课程名称	开课部门	第一学年		第二学年		第三学年	
		第一学期	第二学期	第三学期	第四学期	第五学期	第六学期
公民学	A	1	1	2	2	2	2
	B	1	1	1	1	1	1
体育	A & B	2	2	2	2	2	2
童子军（男生）	A & B	2	2	2	2	2	2
语言	A	8	8	5	5	5	5
	B	6	6	5	5	5	5
英语	A & B	3	3	3	3	3	3
数学	A & B	3	3	4	4	4	4
自然	A & B	4	4				
生理卫生	A & B			1	1	1	1
化学	A & B			3	3		
物理	A & B					3	3
历史	A	3	3	2	2	2	2
	B	2	2	2	2	2	2
地理	A & B	2	2	2	2	2	2
手工	A & B	2	2	2	2	2	2
绘画	A & B	2	2	2	2	2	2
音乐	A & B	2	2	2	2	2	2

续表

课程名称	开课部门	第一学年		第二学年		第三学年	
		第一学期	第二学期	第三学期	第四学期	第五学期	第六学期
职业课程	A			2	2	2	2
总计（每周）	A & B	31	31	31	31	31	31

注1：自然学科包括：动物学、植物学、地质学和矿物学，它可以和化学、物理结合成一门普通学科课程。

注2：三分之二的历史和地理教材应该涉及中国的内容，只允许三分之一讲述别国的情况。

注3：对于女学生，二分之一的手工课应该用于家庭经济课程的学习。

和战前的课程①相比，我们可以注意到每周讲授的时间已经由35个小时减少到31个小时。这是一个巨大的进步，但是最大的改进是对学生个性差异的关注，以培养具有独立个性的人。英语第一次被定为选修课，并且增加了一些基本的职业方面的课程。生产、手工和为战争服务类课程得到了足够的重视。为六年制中学设立的新课程是值得进行试验的，尽管这些新课程仍然处于试验阶段，也可能经过一段时间的试验，这套新的课程体系还需要进行修订。

中学其他方面的改进：由于篇幅的限制，笔者在这里就不再太多地介绍国家教育部对中学进行的其他改进。然而，笔者还是觉得需要介绍一些重要的改进，如为中学生专门开设的教育和职业指导课、暑期学校以及为中学教师开设的教师培训学院等。将中学指定给相应的国立师范大学进行监管，每个省设立专门研究中等教育的社团或机构，对中等学校教师进行职业认证，为中学编写教学材料和教科书，为中学提供充足的科学实验仪器与设备，为中学提供足够的图书资料，建立学校实验室和图书馆等。但是，在收到好的效果之前，还有许多重大的困难需要克

① 原文注：《教育年度报告》，哥伦比亚大学师范学院国际研究所，1936年，第210～211页。

服，特别是在战争这个特殊时期。

修订了的高级中学课程与时间安排表

课程名称	开课部门	第一学年		第二学年		第三学年	
		第一学期	第二学期	第三学期	第四学期	第五学期	第六学期
公民学	A & B	1	1	1	1	1	1
体育	A & B	2	2	2	2	2	2
军事训练（男孩）	A & B	3	3	3	3	3	3
护理与急救（女孩）	A & B	3	3	3	3	3	3
语言	A	5	5	6	6	6	6
	B	5	5	4	4	4	4
英语	A	5	5	6	6	7	7
	B	5	5	5	5	6	6
数学	A	4	4	3	3	3	3
	B	4	4	5	5	5	5
化学	A			4	4		
	B			5	5		
物理	A					4	4
	B					5	5
生物	A & B	3	3				
矿产学	A & B				3	1	1
历史	A & B	2	2	2	2	2	2
地理	A & B	2	2	2	2	2	2
手工	A & B	2	2				
绘画	A & B	1	1	1	1		
音乐	A & B	1	1	1	1		
总计（每周）	A & B	31	31	31	31	31	31

注 1：在第三年，开设一些基本的职业课程，如图书管理、会计、打字、农业学、企业管理等。同时还开设 A 类或 B 类的选修课程。

注 2：从第二年开始就为女生开设一些家庭经济类课程，可以利用两种类型的选修课时间，来开设这类课程。

师范学校：中等教育的第二种形式是师范学校。师范学校又分为两种：乡村师范学校（以前称为简易师范学校）和普通师范学校。前者接受高等小学的毕业生，对他们进行四年的师范教育，以培养乡村小学教师；后者是三年制的，和高中平行，也主要是培养小学教师。

根据国民政府的政策，在中等教育阶段师范教育应该首先得到发展，以满足整个国家公民教育的需要。每个省份中等教育的发展应该充分考虑三种类型中等教育的协调发展：普通中学、师范学校、职业学校。对于学校低年级的学生来说，选择这三类学校的比例应该是 6∶3∶2，而对于高年级的学生来说，这个比例就应该变成 3∶1∶1。结果，师范学校的数目就明显地增加了。为了培养和训练游击战区的教师，国家还开办了几所国家级师范学校。

不仅为了增加师范学校的数量，而且为了提高其质量，国家教育部进行了多方面的改革。如修订师范学校课程、制定所学课程的标准、重新编撰教科书和教学材料，给予学校以特别补助以购买实验仪器、图书及各种设备。鼓励优秀教师开展科研工作。鼓励有资质、热爱教育事业的青年进入师范学校学习。改善师范学校学生的待遇，为他们提供更好的食物（当然免费）、免费给他们发放制服，并且也不收取书本费。对于家庭困难，确实需要帮助的学生，学校提供足够的奖学金，但是，这些学生毕业后，必须在小学服务三年。师范学校的毕业生不仅免于服兵役，而且待遇优厚，还有继续深造的机会。从 1942 年起，从三月二十九日到四月四日这一周被指定为师范学校周，以在全国范围内倡导和繁荣师范教育。在 1942 年，教育部给每一所师范学校 2,000 美元以鼓励教师进行研究，同时教育部还拨给每一所师范学校 4,000 美元以购买仪器设备，总共给予 40,000 美元作为师范学校的奖学金。

六年制中学的课程设置与时间安排表

课程名称	第一学年		第二学年		第三学年		第四学年		第五学年		第六学年	
	第一学期	第二学期	第三学期	第四学期	第五学期	第六学期	第七学期	第八学期	第九学期	第十学期	第十一学期	第十二学期
公民学	2	2	1	1	1	1	1	1	1	1	1	1
体育	2	2	2	2	2	2	2	2	2	2	2	2
男童子军	2	2	2	2	2	2						
军事训练							3	3	3	3	3	3
语言	6	6	6	6	5	5	5	5	5	5	5	5
英语	5	5	5	5	5	5	5	5	5	5	5	5
数学	4	4	4	4	4	4	4	4	5	5	5	5
自然	2	2	2	2	2							
生理卫生					2	2						
化学							4	4	4			
物理										4	4	4
生物											2	2
矿产学						2						
历史					2	2	2	2	3	3	3	3
地理			2	2	2	2	2	2	2	2		
手工	2	2	2	2	2	2	2	2				
绘画	2	2	2	2	2	2	1	1	1	1	1	1
音乐	2	2	2	2	1	1	1	1	1	1	1	1
总计（每周）	29	29	30	30	32	32	32	32	32	32	32	32

注 1：护理和急救知识作为军事训练的替代课程，提供给女生。

注 2：自然包括动物学和植物学。

注 3：从第三学年到第五学年开设中国历史，第六学年开设世界历史。

注 4：从第三学期到第七学期开设中国地理，从第八学期到第九学期开设世界地理，最后一学期开设自然地理学。

职业学校：这个国家也一直注意到开办职业学校的重要性，但是并没有努力地促进它的发展，直到这个战争时期当沿海城市所有的工业被敌人肆意地破坏及完全地摧毁之后，才感到它的至关重要。如果我们重新审视上面所列出的重新修订过的学制系统，就会发现这个学制系统为每个级别的职业学校毕业生都设置了适当的职业教育课程，让他们继续深造。对于初等小学毕业生，他们可以进入两年制的继续教育学校；对于高等小学毕业生，他们可以进入三年制的继续学校；对于三年、两年、一年制初级职业学校毕业生，他们可以相应进入五年制或六年制高等职业学校；对于初级中学毕业生，他们可以进入两年制或三年制高等职业学校、学习一年制简易职业课程、进入五年制专门学校；对于高级中学毕业生，他们可以进入两年制专门学校或进入高等教育机构开办的两年或三年专门课程的学习。除了这些有规律的长期开办的职业学校，还提供了一些初级中学和高级中学的职业课程，与高级职业学校、一些大型商店和大型厂矿相联系的一年或半年的职业课程。对于这些职业课程的标准以及各类职业学校的实验仪器与设备的配置标准，都已经制定出来了，相应的课本以及教学材料也已经重新编撰。各个职业学校也为学生所学课程提供生产线上的实习。为了在中国西北和西南这些没有工业背景的地区促进职业学校的发展，几所国家级职业学校已经在那些地方开办起来了。

关于职业学校教师的培训，一些学院和大学已经被挑选出来为高级职业学校的毕业生和初级职业学校的教师开办专门的培训学院，同时还为一些职业学校或专门学校的优秀教师提供进入大学或学院深造的机会。

初等教育

在这篇文章中我们已经涉及这场战争对于初等教育所带来的严重损害，以及初等教育的学生减少是所有学生减少得最为厉害的事实。战争所引起的接受初等教育学生数量减少所带来的损失，仅仅次于战争对于中等学校数目的减少给整个国家带来的损失。而且，初等教育是所有其他教育的基础。国家教育当局从来都没有忽略初等教育的重要性。初等教育目前所面临的任务是双重的：一是提高初等教育的质量；二是增加初等教育的数量以便全民教育能够得以实施，从而使扫除文盲的任务不至于落空。

为了提高初等教育的质量，教育部采取了四项措施：小学的合理性分布；对不同省份和城市的初等教育提供恰当的监管；为初等教育提供最好的师资；为这些学校和幼儿园提供足够的设备、教师和健康工作标准。稍后还对小学的课程进行了修订，教材也进行了重新编订，对小学各科也开始实施标准化考试。我们有理由期待在这个时期初等教育的质量能够得到提高。

义务教育：这项任务的第二个阶段，涉及更为艰巨而又比较难以处理的，那就是提高初等教育的质量。它表现在以下两个方面：加强义务教育和扫除文盲。让我们来看一看每一个问题的严重性以及要解决每一个问题的严峻性。自从现代教育体系被介绍到中国以后，义务教育一直是难以解决的问题。一直到清代，才开始制订各种计划来实施义务教育，但却从来没有真正完成过。在民主共和国成立以后，决定实施四年的义务教育。1915 年和 1920 年又制订了义务教育的计划，但是由于当时的内乱，这些计划仍然是一纸空文。一直到 1927 年国民党执政，还无法看到实施义务教育的任何希望。1932 年，教育部看到只有 21.8% 的义务教育阶段的孩子入学接受教育，开始建立一年制或两年制小学。1935 年又仔细制订了义务教育的实际计划，为了逐渐而系统地完成这个任务，整个计划被分为三个时期：首先是一年制学校，其次是二年制学校，最后是四年制学校。这些学校都是全日制的初等小学。但是当 1939 年新的县级行政管理体制开始实施以后，对教育又作出了许多调整，特别是在行政管理方面。因此，1940 年 1 月，国家教育部又制订了一个加强所谓“公民教育”的详细计划，这个计划将义务教育与扫除文盲工作结合起来，其目的是“一石二鸟”。在我介绍这个计划之前，让我们简要了解一下中国存在的文盲问题。

1938—1940 年中等学校统计数据

学校类别	年份	学校数			学生数	教师数	毕业生数	年度支出（美元）
		总数	公立	私立				
毕业生总数	1938—1939	1,814	1,196	618	477,585	3,840	70,350	34,647,885
	1939—1940	2,278	1,379	899	622,803	40,114	822,407	44,889,288
	1940—1941	2,606			768,533	52,700	109,068	
1. 中学	1938—1939	1,246	723	523	389,009	28,028	52,532	24,615,300
	1939—1940	1,652	869	783	524,395	29,491	64,285	32,027,520
	1940—1941	1,900			642,688	39,449	82,775	
a. 初级中学预备学校	1938—1939	347	167	180		10,650		
	1939—1940	567	227	340		12,891		17,907,428
b. 高级中学	1938—1939	49	19	30	61,978	1,538	10,188	6,085,542
	1939—1940	21	17	4	96,214	631	11,763	845,497
c. 初级中学	1938—1939	850	537	313	327,031	15,840	42,344	18,529,858
	1939—1940	1,064	625	439	428,181	15,969	52,522	13,274,595
2. 师范学校	1938—1939	312	302	10	56,679	5,693	11,200	5,691,929
	1939—1940	339	325	14	59,431	5,812	12,478	7,397,214
	1940—1941	374			78,342	6,973	18,964	
3. 职业学校	1938—1939	256	171	85	31,897	4,619	6,618	4,340,556
	1939—1940	287	185	102	38,977	4,811	5,644	5,464,554
	1940—1941	332			47,503	6,278	7,329	
a. 初级中学预备学校	1938—1939	38	27	11		1,124		
	1939—1940	49	32	17		1,057		1,395,892
b. 高等职业学校	1938—1939	79	40	39	13,480	1,595	3,111	2,368,086
	1939—1940	96	50	46	17,287	1,911	2,411	2,401,471

续表

学校类别	年份	学校数			学生数	教师数	毕业生数	年度支出（美元）
		总数	公立	私立				
c. 初等职业学校	1938—1939	139	104	35	18,417	1,900	3,507	1,972,470
	1939—1940	142	103	39	21,690	1,843	3,233	1,666,691

注：公立学校占主导地位，其中包括1939—1940年53所国家级中等学校（41所普通中学、4所师范学校、8所职业学校），而1940—1941年国家级中等学校增加到74所（50所普通中学、7所师范学校、17所职业学校）。

扫盲运动：由于义务教育的缘故，减少文盲的思想可以追溯到清朝末年。当时存在一种运动，即建立所谓的简易读书学校运动。但是，并没有政策保障这种计划得以实施。1912年民主共和国成立以后，各种不同类型的学校，如成人学校、半日制学校、露天学校和简易读书学校如火如荼地开办起来，但是所有这些措施都收效甚微。1920年，自从晏阳初从欧洲归国以后，在中国开展了影响深远的"平民教育"运动。1923年教育界有识之士在北京成立中华平民教育促进总会，口号是"除文盲，作新民"。在大多数大城市里建立了许多平民学校，著名的"平民千字课"课本被广泛发放。全社会的兴趣都被广泛地调动起来，然而这项运动却完全只是在私人的资助下进行，没有政府作为强有力的后盾，这项运动的开展自然受到了影响。自从1927年以后，国民政府更加关注扫除文盲的任务。1930年制订出了一个六年计划，为了完成这个计划当时估计需要135,000名教师和369,000,000美元，其结果是，因为某些具体原因这项工程未能实现。1936年国家又制订了一个新的六年计划来取代1930年制订的那个六年计划。这个新的六年计划制订得更为详细，整个国家的所有机构包括商店和工厂，都有义务开办"平民学校"。如果这个六年计划实施完成，将会扫除192,000,000名文盲。然而，不幸的是，这个计划还没有实施完毕就被1937年爆发的战争所打断。不过，国家教育当局并不气馁，相反，战时大众教育运动却开展得越来越红火。这种运动于1938年在汉口发端，公民教育和爱国主义教育和扫盲工作得到了一样的重视。这种扫除文盲运动在一些省份，像广西和湖南，一些大城市，像重庆和贵阳以及浙江的天台地区和广西的天河地区起到了良好的效果。

1928—1940 年扫除的文盲人数一览表

年份	扫除文盲（人数）	年份	扫除文盲（人数）
1928—1929	206,021	1935—1936	1,446,254
1929—1930	887,642	1936—1937	16,555,500
1930—1931	942,289	1937—1938	10,707,372
1931—1932	1,062,161	1938—1939	2,942,929
1932—1933	1,109,857	1939—1940	8,840,104（6 个月）
1933—1934	1,292,372	1940—1941	18,014,825（估计）
1934—1935	1,358,688		

公民教育：国民政府认识到，为了国家的重建工作，有必要加强县级政府组织机构。应该为这一级政府机构的最基本的组织制定一个教育系统。为了在每一个县级行政单位里寻求人民之间的通力合作以及思想和权利的统一，应该逐步建立和健全政府方面的三个工作：大众教育、大众安全和人民政府。大众教育的作用包含以下两个部分：为学龄儿童提供的义务教育和为人民大众提供的扫除文盲的公民教育。这两种形式的教育应该同样在学校里进行，这两种教育结合起来就称为国民教育。根据这个旨在加强国民教育的计划，任何一名 6 岁到 12 岁的儿童，如果无法找到一所正规的小学就读，就必须到一所一年制的小学或二年制的小学就读；每一个 15 岁到 45 岁之间的文盲，必须到那些小学接受扫盲教育①。这两种形式的教育都包含爱国主义、公民主义、体育和智育、自卫能力、自我支配能力；同时还强调生活知识与技能的培养。这整个计划应该在 1940 年 8 月到 1945 年 7 月之间的五年时间内完成。这

① 原文注：扫盲教育或大众教育首先是为 15 岁到 30 岁的人而开设的；12 岁到 15 岁的儿童应该根据当地的实际条件接受义务教育或补充教育。

1938—1940 年初等教育的统计数据

学校类别	年份	学校数			学生数	教师数	毕业生数	年度支出(美元)
		总数	公立	私立				
毕业生总数	1938—1939	217,394	183,988	33,406	12,281,837	432,630	2,733,846	64,932,910
	1939—1940	218,758	185,061	33,697	12,669,976	427,454	3,027,885	65,870,491
6 年制完全小学	1938—1939	16,693	12,754	3,939		119,032		
	1939—1940	19,288	15,230	4,058		120,585		27,657,770
高年级	1938—1939				1,105,857		288,162	13,126,985
	1939—1940				1,132,714		334,587	
低年级	1938—1939				1,730,196		312,703	13,675,270
	1939—1940				2,068,474			
4 年制小学	1938—1939	168,247	139,072	29,175	7,530,881	278,834	1,375,644	31,134,481
	1939—1940	168,752	139,772	28,980	7,697,357	270,172	1,836,583	31,821,399
1 或 2 年制学校	1938—1939	28,124	27,990	134	1,699,336	28,744	727,147	5,816,947
	1939—1940	26,900	26,802	98	1,589,885	31,632	824,928	5,445,698
简易读书学校	1938—1939	3,472	3,403	70	174,243	4,529	21,889	762,974
	1939—1940	744	629	115	35,468	1,127	5,664	121,502
幼儿园	1938—1939	857	769	88	41,324	1,491	8,301	416,253
	1939—1940	574	521	53	40,479	946	7,597	208,193
其他	1939—1940	2,500	2,107	393	105,599	2,992	18,526	615,927

注：上表的毕业生人数包含 1938—1940 年 6 年制小学的低年级毕业生。

五年被分为三个阶段。第一个阶段，从1940年8月—1942年7月，每一个乡（大约1,000个家庭）必须设立一所中心小学（六年制的高等小学）；每三个保（大约300户）至少需要建立一所公民学校。这样做的目的是到第一阶段结束时，60%的6～12岁的儿童和30%的15～45岁的文盲都接受了公民教育。第二个阶段，从1942年8月—1944年7月，那些中心学校和公民学校里的班级数必须大量地增加，以便到这个阶段结束时，在学校接受公民教育的儿童和文盲的比例应该分别达到30%和50%。第三个阶段，从1944年8月—1945年7月，应该达到每100个家庭就拥有一所平民学校的标准，以便到这个阶段结束的时候，90%的适龄儿童和60%的文盲都已接受过公民教育。

这个庞大的计划主要是由当地的社区来负主要责任，县政府只是在必要的时候才提供一些经济援助。在每一个省份，省政府和国家政府给予这个计划资助的范围为15%到25%。只要社区拥有足够的学校来给予所有儿童和文盲国民教育，那么义务教育就可以得到很好的贯彻与实施。

大众教育

大众教育的意义：中国的大众教育与国外的成人教育有很大的不同，它包括所有不在正规学校所接受的教育，它的主要目的就在于组织和训练人民大众，以便能够提高他们的文化水平和生活水平。上文笔者已经讨论过大众教育的一个重要阶段，但是除了扫除文盲教育以外，在这个战争时期还有其他的重要阶段。这个国家的大众教育存在着两个基本的问题。第一个问题就是：我们怎样能够增强它的潜在的政治、经济和军事力量，以便能够应对这场与我们敌人的持久战？第二个问题就是：我们怎样能够鼓舞国民重建家园，以便让我们的国家在战后能够成为新的民主的、进步的、重要的国家群体中的一员？这些都是目前这个国家当局的领导人所必须面对的重大问题。下文就让我们来看看这些当局者处理这些问题的手段。

大众教育的手段：中国教育当局一直是以下列手段来处理大众教育所面临的重大问题的。

1. 从 1935 年 10 月份开始，教育广播就成为大众教育的一种极有影响力的手段。各种各样的广播材料被编撰及出版；与此同时，大量的收音机被提供给所有的“人民教育中心”和一些中学。到 1939 年 5 月为止，已经分发了 2,500 台收音机。

2. 在战前，教育电影和幻灯片也被作为大众教育的重要手段，1939 年进口了 130 多种教育电影和幻灯片，还有一些是在国内制作的。

3. 自从战争爆发以来，强调用音乐来激发人民大众的抗战热情，提高他们的战斗力，战争歌曲和民谣在人民大众中广泛流传。在战争爆发的第一年，教育部组织了一个流动音乐团，让它们奔赴全国各地，将脍炙人口的战争音乐传递给广大的人民大众。稍后，还在重庆建立了一所音乐专科学校，旨在研究有关把音乐作为大众教育的重要手段所面临的主要问题，并且倡导把音乐教育作为学校教育的重要组成部分。

4. 戏剧也是教育大众的一种重要手段。战前，很少有人把戏剧作为教育的手段。但是，自从 1937 年战争爆发，国家教育部就一直将戏剧作为大众教育的极具影响力的教育手段。为了培养高水平的戏剧演员，国家还开设了一所戏剧专门学校，成立了三个流动戏剧表演团，它们被派往全国各地进行大众教育。

5. 自从 1936 年以来，国家精心编撰了许多用于大众教育的阅读材料。这些大众教育的阅读材料可以大致分为以下系列：常识系列、图画书系列、中国文化遗产系列和战争系列。国家教育部教材委员会所属的一个专门委员会负责这项工作。

6. 一些参考书也已经编撰出来，以便那些来自战区的教师能够为国家教育提供更好的服务。1938 年，来自交战区的大批的教育工作者组成了一些教育服务团。它们就是“流动教育团”，它们的目的是从事各种各样的大众教育。

7. 自从战争爆发以来，在推广大众教育方面还进行了一些革新，这种革新在战争爆发前无论如何也未曾想到。这个革新究竟是什么呢？它就是“教学卡车”，即是一辆普通的卡车，装载着进行大众教育所必要的设备装置和材料，通过一小部分受过良好教育与训练的工人将这些材料送到民众的家门口。

8. 为了完成提高人民大众文化水平的任务，公众图书馆、博物馆、艺术馆或艺术长廊是必不可少的。1937 年战争爆发以后，敌人毫不留情地摧毁或掠夺了大量的有价值的书籍、文化遗产和弥足珍贵的艺术作品。但是，国家有关部门和一些有责任的国民，将一大部分重要文物转移到安全地方，使许多珍贵的物品被保存了下来。像北京图书馆、中央图书馆、国家中央博物馆等许多重要机构已经被搬迁到四川和云南。国家命令各省图书馆和博物馆，要像平时一样正常开放。

9. 为了监督和管理大众教育的实施情况，每一个县、市都设立了一个“人民教育中心”。1939 年全国共有 836 个“人民教育中心”。国民政府下令在三年内，每一个县、市都必须设立这样一个中心。从 1939 年开始，除了“人民教育中心”，每一座城市还必须建立其他种类的大众教育机构，如图书馆、博物馆、艺术馆或艺术长廊、科学馆、音乐厅、教育剧院、体育场或体育馆。各地应根据财政状况，尽量办理。

10. 大众教育机构如果不能得到各级各类学校的帮助，要想完成对成亿的未曾受过任何教育的大众教育任务，那难度实在太大。在这个巨大的任务面前，每一个受过教育的人都责无旁贷，应该提供力所能及的服务。于是，1938 年教育部制订了详细的计划，责令各种类型的学校必须尽力辅助国家完成大众教育这一项意义深远的伟大任务。这种学校教育和大众教育的紧密合作，不仅是单方面地对大众教育有利，对学校教育来说，同样受益匪浅。

11. 大众教育的最基本的问题，是怎样给予参与这项运动的人员以良好的训练。根据教育部制订的计划，每个省份应该通过特殊的机构来训练参与大众教育的工作人员；每一所师范学校都必须提供大众教育的课程，并且培训小学教师以便他们能够辅助大众教育。1941 年在四川壁山建立了一所国立大学，专门为大众教育服务，主要是训练从事大众教育工作的领导，以便提高他们在整个国家推广与普及大众教育的能力。只有大众教育的人力资源问题解决了，大众教育才能圆满完成。

大众教育的统计数据

1. 1939—1941 年国家支持控制的大众教育机构

年份	学校类型	教育机构数	职员数	学生数	毕业生数	年度支出（美元）
1939—1940	大众类型	12	581			987,528
	学校类型	2	61	290	288	173,272
1940—1941	大众类型	14	691			988,001
	学校类型	2	49	153	29	229,339
1941—1942	大众类型	16	580			1,058,273
	学校类型	2	164	425		572,564

注：大众类型包括如下机构：国家图书馆、博物馆、大众教育流动团、流动演员团等。

学校类型包括如下机构：培训学校、国立音乐学院和国立大众教育大学。

2. 1937—1939 年各省支持控制的大众教育机构

年份	学校类型	教育机构数	职员数	学生数	毕业生数	年度支出（美元）
1937—1938	大众类型	61,095	64,675			6,613,802
	学校类型	71,747	64,684	4,220,444	100,561	3,065,144

续表

年份	学校类型	教育机构数	职员数	学生数	毕业生数	年度支出（美元）
1938—1939	大众类型	87,331	74,914			4,292,447
	学校类型	60,195	84,478	3,175,457	80,096	4,149,008
1939—1940	大众类型	80,603	74,086			6,192,896
	学校类型	90,299	121,967	5,690,591	130,309	5,655,536

注：大众类型包括如下机构：公共图书馆、博物馆、艺术馆、艺术长廊、人民教育中心、操场和阅览室等。

学校类型包括如下机构：平民学校、培训机构、继续教育学校、残疾儿童学校、戏剧学校、管教所等。

3. 1936—1939 年大众教育机构情况回顾

年份	教育机构数	职员数	学生数	年度支出（美元）
1936—1937	154,940	199,928	3,762,348	12,006,318
1937—1938	132,842	129,359	4,220,444	6,613,807
1938—1939	147,526	159,392	3,175,457	8,441,452
1939—1940	170,902	196,053	5,690,591	11,848,436

边区教育

国立学校：边区教育在很大程度上是现在战争的产物。在战争爆发前，没有人认为必须实施这种教育。但是，后来教育部开始重视这种教育。它的主要问题在于，怎样给予少数民族以文化知识和公民教育，以使各少数民族真正成为国家的一员，为国家的发展作出应有的贡献。处理边区教育问题的最有效的方法，是给那些地方的人民提供适当类型的学校教育和大众教育。一小部分国立中学，包括几所师范学校和职业学校，已经在云南、甘肃、青海、西藏、新疆、宁夏和绥远（邮政式拼音为 Sueyuan）建立。这些学校旨在训练上述省份的少数民族。除了那些中等学校，十所国立的实验小学也在内蒙古的呼和浩特和阿拉善、广西的南宁、西藏的月春、青海的海通和民措、云南的彝良、贵州的安龙、甘肃的敦煌、西藏的拉萨建立。一个边区教育流动团已经组建成功，他们在蒙古族、穆斯林和藏族人民中间开展大众教育。国家教育部还专门为这些边区的人民编写了阅读材料和教科书。同时，国家还鼓励边区的年轻人无论如何都要到正规的汉族学校里学习。

教育部在边区建立的中等学校统计一览表（1939—1941）

年份	中学数	班级数	学生数	毕业生数	教师数
1939—1940	6	20	700	98	96
1940—1941	11	43	1,560	78	221
1941—1942	16	95	3,452	322	445

省立学校：当然，大多数边区省份开办了自己民族的小学。“云南每年都要花费 600,000 美元在少数民族地区维持 34 所民族小学的正常运行。贵州为 2,000 多名苗族儿童开办了 12 所民族小学。四川为居住在它的西北和西南地区的彝族和其他少数民族开办了 2 所国立中学和 9 所民族小学。在祖国的西北部，内蒙古地区为蒙古族儿童以及来自青海的穆斯林建立了 148 所小学。在绥远（邮政式拼音为 Sueyuan）的西部为不同的蒙古部落建立了 12 所民族小学。宁夏省政府则资助建立了 24 所伊斯兰族小学和 3 所蒙古族小学，另外，还建立了 40 个国语培训机构。在边远的省份新疆，举世闻名的中国维吾尔族，为它的民族开办了 1,500 所小学。甘肃为它的少数民族开设了 123 所小学。在湖南和广西苗族生活的地方，有 800 所特殊的民族小学。”

目前，一些国立大学里开设了一些有关边区教育和边区文化的课程。教育部也资助一些边区教育的研究工作。然而，所有这些，仅仅是这类教育的开始。在中国成为一个统一而强大的国家之前，还有许多问题需要教育当局和整个国家去解决。

小 结

上面笔者对于中国战时教育的概述当然并不够完整，如果篇幅允许，我将涉及一些教育的管理与监督、体育、乡村教育、教会学校、面向海外华侨的教育、难民教育。但是，尽管上面所讲的不够完善，还是足以得出以下结论：

1. 这场由我们的敌人日本向中国发动的致命而空前的战争，给中国的教育带来的不仅仅是灾难与损失，同时也是一种鞭策和激励。这场战争给中国教育带来的物质方面的损失是无法估量的，给全体教师和学生带来的苦难与痛苦是不言而喻的。但另一方面，这场战争也让这个国家从此开始把大众教育提上议事日程，并将其作为一种真正的试验。至于大众教育在中国是否成功以及获得的效果如何，我们要下一个恰当的结论，还为时尚早。不过，我们可以肯定：中国目前实施的大众教育绝对不像一些批评家所认为的那样，完全是一场失败的教育。当然，我们也不能就此说，它获得了巨大的成功，否则，我们就根本没有必要在这里花费口舌谈论战时教育了。

2. 这场战争还给我们揭示了中国教育体系所存在的巨大缺陷与不足。这些缺陷是：中国的教育严重与社会脱离，它没有满足中国人民的经济需要，它严重地与中国的政治相分离，它没有考虑中国的国防问题。所有的这些缺陷和其他的因素都显示中国的现代化教育偏离了正常的发展轨道，根本就不存在任何计划性、前瞻性和全局性。结果，当战争爆发的时候，中国的教育机构没有生产出战争所需要的物资，更没有培养出战争所需要的人才。对于中国教育之所以畸形发展的原因，有以下三种解释：第一，中国现代教育的正常和有规律的发展时间相对较短。中国以往根本不存在现代化的教育，直到 1902 年才开始真正采用现代教育系统。中国现代教育发展的头十年，是在毫无作为的满清政府的领导之下，可见效果之差。接着的十五年，中国的现代教育又遭遇了连年的内战，从而浪费了宝贵的发展时间。只有到了 1927 年以后，才开始真正意义上的发展现代教育。第二，中国的现代教育在一定程度上是帝国主义强权压迫的产物。因为中国的现代教育缺少一个渐进发展的过程，所以它的发展主要是靠抄袭外国现代教育的理论与经验，抄袭的对象首先是我们的敌人——日本，然后是美国。第三，古时候残存下来的严格的考试选拔制度，紧紧地拖住了受过教育的人士的前进步伐，让他们根本就没有革新的思想和愿望。对于他们来说，教育完全只是个人进步与发展的手段，每一个学者的愿望就是“谋得一份官职和赚取更多金钱或黄金（高官厚禄）”。如果我们能够想到上面的这三种解释，那么我们就不难懂得，中国的战时教育还需要克服和处理许多困难。

3. 中国战时教育的主要任务，就是纠正所有存在的错误，并且将教育的发展与社会、经济、政治和军事发展的需要相一致。换句话说，怎样为整个国家制订一个详细的行之有效的计划。今天在中国教育界所广泛流行的口号是“教育计划”。这个国家战时教育的理论与实践的趋势，正如我上文所描述，都指向了“教育计划”这个方向。通过对整个教育作出详细的计划，我们不仅要满足胜利完成这场战争的需要，而且要满足战后重建国家的需要。

4. 任何国家要对教育作出整体规划都是相当困难的，对于中国来说则更加困难。我们要处理的是 450,000,000 人的教育问题，这是个庞大的群体，况且，要完成这一艰巨的任务，我们毫无经验可言。更有甚者，仅仅有教育计划还远远不够，这个教育计划还得与社会、经济、政治和其他所有的因素相协调一致。这就使得要做好一个恰当的教育计划，以便对中国庞大的人口进行现代化教育这一工作更加困难。但是，有关国家教育计划的最大难题是如何找到将这一计划进行实施的受过良好训练的人。我们知道所有计划之所以成功，并不是由于这个计划是多么周详，而主要是由于执行这些计划的人的能力、才能和个性。如果我们能够在一定的时间范围内解决这个主要困难，那么，到那时，我们就有希望看到一个周详的教育计划为中国带来的实际利益。

青年学生应如何准备长期抗战？[①]

诸位听众：我今晚播音讲演的题目是青年学生应如何准备长期抗战？我知道这个问题，全国青年在这个全面抗战的时候极想得到一个圆满的解答，也是现在在后方从事教育事业的人应当尽力为青年学生求出一个相当的答案的。所以我今晚就趁这个机会，把我个人对于这个问题的意见贡献给各位。

现在，在这个抗战的时候，我们的忠勇的将士在前方作壮烈的牺牲，我们可爱的同胞在各处受无辜的屠杀。在这种情况之下，青年学生自然感受到不可压抑的冲动。这个冲动，就是马上去投笔从戎，作马革裹尸的壮举。这种冲动，是每个富有血性的青年学生所应当有的。不过，我们仔细一想，这种办法对于整个的国家和民族，是不是有利无弊呢？青年学生是我国社会的中坚分子，我们若是下决心作长期抗战，我们所需要的不仅是军火机械，我们还需要一班青年人才。若是我们的青年学生都去作壮烈的牺牲，我们的青年学生人才从哪里可以养成？这是显而易见的。还有一层，青年学生都是年龄不大，体力与经验都不充足。若是我们要他们都到前线去牺牲，不独于心何忍，也是得不偿失的。所以，我是不赞成青年学生马上去投笔从戎的。然则，青年学生在这种全面抗战的时候，应当怎样办呢？我觉得，现在只有使我们的青年

① 这是黄溥于“七七”事变后在湖北广播电台对青年们所作的广播演讲，选自《湖北教育旬刊》第1卷第25期，1937年11月。

学生在后方充分地锻炼自己、准备自己，以此来应付长期的抗战。

青年学生准备自己来作长期抗战的方法很多，我现在只提出三种方法：

第一种就是心理的准备。在这个全面抗战的时候，全国青年应当有统一的意志与坚强的信念。每个青年学生应当至死相信国家高于一切。没有国家，就没有个人。个人没有单独生存的价值。我们的生是为国家而生，我们的死应当为国家而死。我们的一举一动，除了为国家的意义之外，丝毫没有意义。我在这里说的不是一种普通的爱国观念和空洞的民族意识。我指的是一种深刻的国家信念。我们要全国的青年显示确实相信只有国家才是实质的 reality，其余的一切都是虚空的，都无单独成立的可能与价值。我们的青年学生应当培植这种心理，一旦确定这种信念，应当在我们的一举一动和一言一行上充分地表现这种心理和信念，然后我们才能作长期的抗战，然后我们才能建立一个新中国。不过，我所主张的国家信念，不是一种狭隘的国家主义，不是英文所谓 lingoism，一种“唯吾独尊”的侵略主义。我所谓国家，是一种能尊重世界公理和国际正义的国家。凡不能尊重世界公理和国际正义的民族，不配成为一个国家。这种民族，迟早是会被淘汰的；这种集体，迟早是会被消灭的。一部世界史，就是我这句话的证据。我们青年学生应当始终确信公理一定能胜过强权，正义一定能打倒强暴。我们不要为一时的挫折而灰心，为眼前的得失所蒙蔽。现在在这个剧烈抗战的期间，我们的前方不免受一时的挫折，这不过是暂时的，我们切不可因保定与太原的失陷和大场与浏河的退却，就灰心起来。须知最后的胜利是属于我们的，日本终究是会败亡的。这不独是现在有思想的人的观察是这样，就是我们的古人也有这种见解。我们翻阅《汉书卷七十四·魏相丙吉传第四十四》，魏相奏汉宣帝曰：“救乱诛暴，谓之义兵，兵义者王；敌加于已，不得已而起者，谓之应兵，兵应者胜；争恨小故，不忍愤怒者，谓之忿兵，兵忿者败；利人土地货宝者，谓之贪兵，兵贪者破；恃国家之大，矜民人之众，欲见威于敌者，谓之骄兵，兵骄者灭。此五者，非但人事，乃天道也。”这可谓至理名言！我们看今日的中日战争，日本向我国进攻，实在是忿兵、贪兵、骄兵。我们的抗战实在是义兵、应兵。成败得失，早已分得清楚。何况现在日本已为世界各国的公敌，我们已得各国的同情。所以，我们的青年学生应当坚定国家高于一切的信念，确信公理战胜强权的名言。这，就是我所谓的心理准备。这种心理的准备必须青年学生自己觉悟，自己体察。同时，凡从事教育事业的人，必须努力宣传这种信念，才可以奏效。

青年学生的第二种准备长期抗战的方法，就是学识的准备。我们都知道现代的战争完全是科学的战争和经济的战争。日本现在能得到暂时的胜利，是因为它有机械化的部队与最新式的武器。我们要争取最后的胜利，非也有机械化的部队与最新式的武器不可。不独这样，现代的战争也是经济的战争。我国向来是生产落后的国家，一旦与强国周旋，敌人就知道我们的弱点，封锁我们的海岸，断绝我们外来的供给，不独使我们的军需品发生缺乏的影响，就是我们人民最低生活的需要也发生恐慌。这当然是一种不幸的事！不过，这也是一个很好的机会来强迫我们的知识分子和青年学生从事实际的生产和科学的研究。欧战的时候，德国被协约国封锁，一切外来的供给都被断绝，它的科学家就努力研究各种原料来替代。现在我们也处于同样的境地，我们的科学家也应有同样的努力。我们的青年学生对于这种研究工作，是义不容辞的。有人一定会说，现在的青年学生大多数还是中学程度，怎样够得上担任科学与学术的研究呢？这是不错的，我也认为现在的青年不能马上担任这种工作。不过，唯其如是，所以青年学生应有学识的准备。青年学生在今日求学的时候，应当脚踏实地地研究一切基本科学，对于我们社会与经济状况的研究，尤当加倍努力。以前中学生大都以应付会考和升学为求学的动机。我们现在求学的动机，应当是充分准备我们的学识来从事救亡的工作。我们要晓得世界上任何工作，没有侥幸可以成功的，何况长期抗战的工作呢？现在后方有许多青年学生，参加宣传、慰劳、捐募、救护等工作。这些工作社会上一般人士都可以担任，唯有学识准备的工作只有青年学生才可以担任。

青年学生第三种准备长期抗战的方法，就是品格的准备。我们仅有心理的准备和学识的准备是不够的，还必须加上品格的准备才能应付长期抗战。品格是什么？简单地说，就是我们的一切习惯与态度的总和。青年学生要准备长期抗战，必先对于自己的一切习惯和态度下一番检讨的功夫。我们要问一问自己有没有一些浪漫颓唐的习惯？有没有苟且偷安的态度？有没有刻苦耐劳的精神？有没有坚持奋斗的毅力？假若我们没有优良的习惯和高尚的品格，我们就不配担任长期抗战的工作。孟子曰："故天将降大任于斯人也，必先苦其心志，劳其筋骨，饿其体肤，空乏其身，行弗乱其所为，所以动心忍性，曾益其所不能。"不过，优良的习惯与高尚的品格，不是一朝一夕可以养成的。我们必须经受一番磨炼，经历一番痛苦，才可以渐渐地修炼得来。现在长期抗战已经开始，政府已具"宁为玉碎，不为瓦全"的决心，以后的牺牲与痛苦，只有加无已，这正是为我国青年学生预备一种"苦其心志，劳其筋骨，饿其体肤，空乏其身"的极好的机会。我们应该利用这种机会，充分地修养我们的品格。我们养成了刻苦耐劳的习惯和坚持奋斗的精神，我们一切抗敌的工作和学识的贡献，才能发生效力。

现在我们回头来再问青年学生如何准备长期抗战？我的答案就是青年学生至少要有三种准备：心理的准备、学识的准备和品格的准备。有了这三种准备，青年学生才能作长期的抗战。现在华北各省和江浙一带的青年学生，都失掉了求学的机会，而我们湖北的青年学生，还能够从容求学，不辍弦歌，这真是幸运之至！诸位青年学生应该爱惜这种不易得的幸运，努力准备长期抗战，最后的胜利完全操在诸位的掌握中！

中国青年培训新计划[①]

在本周刊的前一期中[②]，Chen Chin-mai 教授在他的精彩文章《中国教育能否在战争中幸存》中以令人信服的方式告诉我们，中国教育将在战争中幸存下来。他说，除其他外，“政府正在借机对中国的整个教育体系进行重组，计划更加合理，更适合中国目前的外交状况。”为了补充或更确切地说是证实陈教授的文章，简要介绍政府最近制订的中国青年培训新计划可能并不合适。

1938 年 2 月 25 日，教育部颁布了《青年培养总纲要》，下令全国各级学校加以实施，作为应对当前国难的一种方式。这份纲要包括三个部分：青少年应当灌输的观念，培训的重要方面，以及不同的培训方式。以下是整个计划的要点。

该计划的第一部分涉及培训的基本观念。这个想法是，在我们成功地训练我们的青年之前，我们必须向他们灌输一些与我们的生活、我们的人民、我们的国家、我们的世界有关的哲学基本观念。与生活有关的哲学，即必须引导每一个青年认识到，生活的主要目的是改善人类的生

① 本文选自《教务杂志》(*The Chinese Recorder and Missionary Journal*) 第 70 卷第 1 期，1939 年。该刊物是 19 世纪在动荡中国出版的英文刊物中持续时间最长者，自 1868 年出刊至 1941 年因太平洋战争爆发而停刊。此刊物创办目的原是作为来华宣教士交换讯息及讨论宣教工作的平台，以协助彼此对中国文化的了解与工作推行；然因其记录翔实，辅以许多手绘图片与照片、精密统计数字，不但是超过半世纪西方管窥、了解中国的重要窗口，更成为研究中国近代史不可或缺的第一手重要文本。

② 中国论坛。

活，生命的意义在于形成宇宙连续生命的一部分。要采纳这种人生哲学，我们必须在青年人的训练中强调四点。一是征服自然，利用自然提供的一切。一切为我们而存在，为我们所用；因此，我们必须尽最大努力征服自然并最大限度地利用它，以改善和丰富人类的生活。二是愿意为我们的信仰以及我们的人民和我们的国家做出牺牲。一个人的生命不是唯一的生命。我们必须把自己的生活和民族历史的生活结合起来，在必要的时候，必须有为了大我而压制小我、为民族振兴而牺牲自己的决心。三是做事要有目标。没有合适的对象，我们就一事无成，我们的行动也毫无意义。四是自觉、自我批评、自我决定、自力更生。只有自觉、自我批评，我们才能进步；只有当我们自决和自力更生时，我们才不会灭亡。

青年人要灌输的第二个基本观念是关乎人民的观念。我们要让青年人认识到，中华民族是世界上最优秀的民族之一，中华民族是富有创造精神的。事实上，我们作为一个民族，为世界文明做出了特殊贡献。我们有责任放大我们所做的事情。为了向我们的青年灌输这一基本概念，我们必须用插图向他们解释我们人民的特征以及我们为什么是世界上最好的种族之一。我们必须向他们讲授我们本土文化的特点，努力阐明它的长处，纠正它的短处。我们必须在他们身上培养对我们人民的尊重和信心。

国家至高无上，每一个青年都应该认识到国家与个人的关系、国家的现状和为她服务的各种方式，这是训练的第三个基本观念。要把这个观念灌输给我们的青年，就必须用例证向他们解释一些重要的东西，例如个人与国家共存的意义，现代公民对国家的基本义务，理论权利义务的优先性、建设现代化国家的要求、中国的迫切需要、满足需要的方式方法。而在我们的课程中，我们必须强调中国地理、中国历史（尤其是外国侵略史实）以及充满爱国思想和民族主义精神的故事。教学中要尽量利用本土材料，进行实际调查。

我国青年培养的第四个基本观念是国际主义。我们的目标应该是让他们了解世界各国的现状、现代国际社会的性质、我们与所有其他国家的关系、我们在国际大家庭中的地位、我们对世界的使命，最后是信仰。只有当我们重新获得自由、独立和平等时，我们才能促进国际主义。为了做到这一点，我们必须向我们的年轻人解释过去几十年不同国家的情况，特别注意各国的军事组织、政治局势、外交关系和经济状况的发展趋势和原因。我们必须为他们分析现代国际关系的复杂性，并联系到过去几十年我国与其他国家交往的历史事实，以便他们清楚地了解我们在这个国际世界中的地位。最后，我们必须向他们表明，我们为恢复自由、独立和平等而进行的斗争，就是为维护世界和平和促进国际主义而进行的斗争。

该计划的第二部分涉及青年培训的重要方面。训练的重要方面是信仰、品格、体格、生活和服务。它们同等重要。关于第一方面的训练，我们的目标应该是把青年的信仰集中在“三个人的原则”上，集中在国家领导人身上。我们要让他们看到“这些原则”的精髓，让他们明白这是救国救民最全面的原则，是建设国家的最高理想。我们还必须向他们解释他们在现代国际政治、经济和文化中的地位。至于我们的国家领导人，我们有责任将他的言行与我们的青年联系起来，并激发他们对他的信任和追随他的自然感觉。我们要让我们的青年以正确的心态倾听他的声音，让他们永远像他想的那样想，像他做的那样做。

品格训练的目的是：向青年人宣扬忠、孝、仁、信、平等基本美德；使他们认识到国家领导人所倡导的礼义廉耻的重要意义；使他们怀有公平、诚恳、朴实的精神。有十二句格言供我们的青年遵守，作为培养品格的一种手段。它们如下：

1. 忠诚和勇敢是爱国主义的基础。

2. 孝顺是规范家庭的基础。

3. 仁慈是社会交往的基础。

4. 忠信公义是立业之本。

5. 平和是处世之本。

6. 有礼貌是做生意的基础。

7. 听话是责任感的基础。

8. 勤俭节约是服务之本。

9. 整洁是强身之本。

10. 乐于助人是幸福的基础。

11. 有学问是服务世界的基础。

12. 坚持不懈是成功的基础。

除了十二格言，还有“军人十诫”，也是我们青年人要遵守的。每个年轻人都应该：

1. 践行三民主义，保卫祖国，不容有任何反对和疏忽；

2. 拥护国民政府，服从当局，不许造谣、造反；

3. 尊重和爱护自己的同事，保护人民，不能有傲慢和粗鲁的行为；

4. 忠于职守，执行命令，不容许拖延和怯懦；

5. 纪律严明，勇敢果断，不能松懈、怠慢；

6. 有团队精神，与人合作，不容许争强好胜；

7. 有责任感，有羞耻心，崇尚军德，不容许肮脏和贪婪；

8. 吃苦耐劳，节俭朴实，不奢靡，诚实守信；

9. 注意礼节，保持整洁，不容许放纵或浪漫；

10. 以诚修身，以信为义，绝不姑息卑鄙和欺骗。

训练的第三个方面是体能。它的目标是拥有一部好的宪法，并能够保卫自己和自己的国家。首先，我们要让我们的青少年进行大量的体育锻炼，因为一个人的体质很大程度上取决于锻炼。在我们的青年能够经受住种种磨难，承担起他们对国家和人民的责任之前，他们必须有毅力和强壮的体格。一些好的运动是攀岩、游泳、远足、拳击和赛车。有足够的运动是不够的。我们必须让我们的青少年遵守重要的卫生守则，例如定时进餐、整洁着装、早睡早起、呼吸新鲜空气、大部分时间待在户外以获取充足的阳光等。最后，我们必须训练我们的青年一些军事技能，如射击、驾驶、骑马、露营、急救和侦察。

训练的第四个方面是生活。我们青年的生活应该变得军事化、富有成效和艺术化。为此，每个青年都应该尊重秩序，遵守纪律。他的一切活动都应该灵活、准确、整洁、严肃，没有浪漫、懒惰和自我放纵的坏习惯。他应该从事体力劳动并学习一些手艺以提高生产力。同时他应该知道如何利用废品，如何减少浪费。他应该节俭所有开支。他还应该保持自己的整洁和干净。任何干净整洁的东西都有它的自然美。所以每一个青年在衣食住行上都必须小心谨慎。最后，我们必须训练我们的青年，使他们能够养成简单朴素的习惯，必须引导他们明白，事物是为我们而造的，我们不应该被它们打扰。

训练的第五个方面是服务。我们的目标应该是让我们的青年认识到人类生活的目的是服务，而不是掠夺。服务的本质是互助，社会服务是人类生存的根本义务。它没有自私的动机，它的主要承诺是社会福利。我们的青年有三种切实可行的方法来确保这种培训。一是在政府的指导下协助各种群众性组织，推广提高人民生产能力的方式方法。他们可以参加各种宣传团体和训练团的工作，帮助实施义务教育，提高人民群众的政治知识和生产能力。二是让我们的青少年参与到军人、防空、防疫、消防等各项公益事业和社会服务中。三是协助我军保卫人民、保卫国家、维护秩序，必要时参战。

该计划的第三部分涉及不同的培训方式。两个主导手段是日常活动和学校课程。所有不同年级的课程都在修订中，稍后将由教育部公布。在日常活动中，该纲要提出了六种重要的培养方式。首先是小组会议。这些会议将在所有学校组织，让学生有机会讨论和研究各种政治、经济和社会问题以及解决这些问题的实际方法。此外，这些会议还用于培养学生的良好感情，让他们有机会实践直接立法的四项权力：倡议、投票、表决和罢免，培养学生的组织能力。二是远足和野餐。它们可以用来把所有的小团体聚集在一起，培养他们的身体健康和良好感情。每当发生紧急情况时，它们都可以在指定地点快速集合。三是农村服务。其目的是让学生了解当地的耕作条件和群众的艰辛。这种服务不仅可以让学生充分锻炼身体，还可以让他们在政府的指导下教育群众，培养他们的组织能力。第四种方式是救灾工作。每一个学生，为了认识到人类生命的目的是服务，应该有足够的机会承担各种救援工作，如防空、防疫、防火、防洪、照顾来自战区的难民，以及受伤的士兵。第五种方式是野营。这是让学生们练习军事和集体生活，以便他们有朝一日可以参军保卫国家。第六种方式是旅行。通过这种方式，学生可以自己了解各地的风土人情，也可以了解我们的国土面积。这样才能使他们放弃狭隘的偏见，并愿意团结起来保护和保卫我们的国家。

对中国青年培训新计划的简短介绍就到此为止。对于一个比较教育的学生来说，现代国家在严重危机时期对其教育计划进行彻底的审查和修订是司空见惯的。俄罗斯、德国、意大利和土耳其就是显著的例子，中国也不例外。过去我们进行了许多教育改革，如 1902 年引入现代教育制度，1912 年建立民主教育计划，1922 年采用新的学校制度，以及教育控制的集中化。所有这些改革在 1928 年都把重点放在教育组织和管理上，而或多或少地忽视了对我们青年的基本训练。教育部当前所作出的尝试是教育改革过程中向前迈出的明确一步。虽然上述计划不完整，但至少让我们意识到，正确的青少年训练不是局限于书本学习，而是涉及他的活动和个性的每一个阶段，并始终考虑到他的社会传统和国家利益。现在的中日冲突，确实在我们中间造成了严重的破坏。但它也激发了我们更认真地思考我们的教育问题。这个新的青年培训计划可以被认为是政府认真思考的结果，其目的在于促使我们的青年能够应对我们国家目前的危机。

最后，让我们不要忽视实施这一计划的困难。我们都知道，许多决策之所以成功，并不是因为其自身的卓越，而是因为其倡导者的能力和个性。我们的哲学家盛钦（Sheng Chin 的音译）说的话是正确的，即“治国，靠人，不靠谋”。青年培养新计划固然“更合理、更适合国家现状”，但要达到目的，必须有大批训练有素的教师和校长。我们在哪里可以得到他们呢？这将是国家教育当局亟待解决的问题。

附：

A New Program for the Training of Youth in China

In a previous issue of this Weekly[①], Professor Chen Chih-mai, in his splendid article, "Can Chinese Education Survive the War?" told us in a convincing way that Chinese education will survive the war. Among other things he said that "the government is taking opportunity to carry out a reorganization of the whole educational system of China on a plan at once more rational and better fitted for the present state of affairs in the country." To supplement or rather to substantiate what Professor Chen has written, a brief presentation of a new program recently formulated by the government for the training of youth in China may not be out of place.

On February 25, 1938, the Ministry of Education issued a general outline for the training of youth, and ordered all the grades of schools of the country to carry it out as a means of meeting the present national crisis. This general outline consists of three parts: the fundamental concepts to be inculcated in youth, the important aspects of training,

① China Forum.

and the different means of training. The following is a gist of the whole program.

The first part of the program deals with the fundamental concepts of the training. The idea is that before we can effect a successful training of our youth, we must inculcate in them some fundamental concepts regarding our philosophy of life, our people, our country, and our world. In regard to philosophy of life, every youth must be led to realize that the main purpose of living is to make improvements on the living of humanity, and that the meaning of life is to form a part of the continuous life of the universe. To adopt this philosophy of life, we must emphasize four points in the training of our youth. The first is to conquer nature and to utilize everything provided by nature. Everything exists for us and is made for our use; so we must do our best to conquer nature and to utilize it to the fullest extent in order to improve and enrich the life of humanity. The second is to be willing to sacrifice for what we believe and for our people and our country. One's life is not the only life. We must integrate our lives with the life of our national history, and must, when necessary, have the determination to suppress our small ego for the sake of the great ego, and to sacrifice ourselves to the rejuvenation of our nation. The third is to have an object in doing everything. Without a proper object, we can succeed in nothing, and our action is meaningless. And the fourth is to be self-conscious, self-critical, self-determining, and self-reliant. We can have progress, only when we are self-conscious and self-critical; and we will not perish only when we are self-determining and self-reliant.

The second fundamental concept to be inculcated in our youth is a concept concerning our people. We must make our youth realize that the

Chinese race is one of the best races of the world, and that the Chinese people are full of creative spirit. In fact, we, as a nation, have made special contributions toward the world civilisation. It is our duty to magnify what we have done. To inculcate this fundamental concept in our youth, we must explain to them with illustrations the characteristics of our people and the reasons why we are one of the best races of the world. We must lecture to them on the special features of our native culture, and try to illuminate its strong points and to correct its weak ones. And we must plant in them respect for and confidence in our people.

That the state is supreme over everything, and that every youth should recognize the relation between the state and the individual, the present conditions of our country and the various ways of serving her constitute the third fundamental concept of the training. To inculcate this concept in our youth, we must explain to them with illustrations a number of important things, such as the significance of the co-existence of the individual and the state, the rudimentary obligations of a modern citizen to his country, the theory of the priority of one's duty to one's rights, the requirements for building a modern state, the immediate needs of China, and the ways and means of meeting the needs. And in our curriculum we must emphasize Chinese geography, Chinese history (especially historical facts of foreign aggressions), and stories full of patriotic thoughts and nationalistic spirits. In teaching we must utilize as far as possible native materials and conduct practical investigations.

The fourth fundamental concept of the training of our youth is internationalism. Our objective should be to make them understand the present conditions of the nations of the world, the nature of the modern international society, our relations with all other countries, our place in the international family, our mission to the world, and finally the belief that we can promote internationalism only when we have regained our liberty, independence and equality. In order to accomplish this, we have to explain to our youth the conditions of the different countries during the last few decades with special attention to the tendencies of and reasons for the development of their military organizations, political situations, diplomatic relations, and economic conditions. We have to analyze for them the complicated nature of the modern international relationships and relate to them the historical facts concerning the intercourse between our country and other nations during the last few decades, so that they can have a clear understanding of our status in this international world. Finally we have to make clear to them that our struggle for regaining liberty, independence, and equality is the struggle for maintaining world peace and promoting internationalism.

The second part of the program deals with the important aspects of the training of our youth. The important aspects of training are faith, character, physique, living, and service. They are of equal importance. In regard to the first aspect of training, our objective should be to center our youth's faith on the Three People's Principles and on our national leader. We must expose to them the essence of these Principles and make them understand that they are the most comprehensive principles for the salvation of our people and our country, and the supreme ideal for building our nation. We must also explain to them the place they have held in modern international politics, economy and culture. As to our national leader, it is our duty to relate to our youth his words and deeds and to stir up their natural feeling to have faith in him and to follow him. We must make our youth listen to him with the right mind-set, and make them always think in the same way as he thinks and act in the same way as he acts.

The training of character has the following objectives: to explicate to our youth such cardinal virtues as loyalty, filial piety, benevolence, faithfulness, and peacefulness; to make them realize the significance of propriety, righteousness, honesty, and shamefulness, as advocated by our national leader; and to make them cherish the spirit of fairness, sincerity, and plainness. There are twelve dictums for our youth to observe as a means of character-training. They are as follows:

1. To be loyal and brave is the foundation of patriotism.

2. To be filial is the foundation of regulating a family.

3. To be benevolent is the foundation of social intercourse.

4. To be faithful and righteous is the foundation of building a career.

5. To be peaceful is the foundation of attending to the affairs of the world.

6. To have good manners is the foundation of transacting business.

7. To be obedient is the foundation of the sense of responsibility.

8. To be diligent and frugal is the foundation of service.

9. To be tidy is the foundation of strengthening one's body.

10. To be helpful to others is the foundation of happiness.

11. To have learning is the foundation of serving the world.

12. To be perseverant is the foundation of success.

In addition to the twelve dictums, there are the "Ten Rules of a Military Man" also to be observed by our youth. Every youth is expected:

1. To practise the Three People's Principles and to defend our country, and no opposition or negligence is to be tolerated;

2. to support the Nationalist Government and to obey the authorities, and no falsehood or revolt is to be tolerated;

3. to respect and love one's colleagues and to protect the people, and no haughtiness or rudeness is to be tolerated;

4. to be faithful to one's duty and to carry out orders, and no procrastination or cowardice is to be tolerated;

5. to be strict in discipline and to be brave and determined, and no relaxation or dereliction is to be tolerated;

6. to have esprit de corps and to cooperate with others, and no disorderliness or evasiveness is to be tolerated;

7. to be responsible, to have the sense of shame, and to extol military ethics, and no dirtiness or coveteousness is to be tolerated;

8. to endure hardships, and to be frugal and plain, and no extravagance or dishonesty is to be tolerated;

9. to pay attention to manners and to keep oneself tidy, and no voluptuousness or romance is to be tolerated;

10. to cultivate one's person with sincerity, and to practise faithfulness and righteousness, and no meanness or deception is to be tolerated.

The third aspect of training is physical. Its objectives are to have a good constitution and to be able to defend oneself and one's country. First of all we must give our youth plenty of physical exercise, for one's physique depends to a large extent upon exercise. Before our youth can stand all kinds of hardships and shoulder the responsibility which they owe their country and people. they have to have perseverance and strong physique. Some good exercises are climbing, swimming, hiking boxing, and racing. To have plenty of exercise is not enough. We must make our youth observe the important rules of hygiene, such as eating at a definite time, being tidy in dress, going to bed early, getting up early, breathing fresh air, staying outdoors most of the time to get plenty of sunlight, etc. Finally we must train our youth in some military skills, such as shooting, driving, riding, camping, practising first aid, and reconnoitering.

The fourth aspect of training is living. The living of our youth should be made military, productive, and artistic. To do so, every youth is expected to respect orderliness and to observe discipline. All his activities should be nimble, accurate, neat and stern, and void of the bad habits of romance, laziness, and self-indulgence. He is expected to engage himself in manual work and to learn some craft to increase his productive power. At the same time he should know how to utilize waste products and how to reduce squandering. He should be frugal in all his expenses. He is also expected to keep himself tidy and clean. Anything that is tidy and clean has its natural beauty. So every youth must be careful in his clothing, food, shelter, and methods of travel. Finally we must so train our youth that they can form the habits of simplicity and plainness. They must be led to understand that things are made for us and we should not be bothered by them.

The fifth aspect of training is service. Our objective should be to make our youth recognize that the purpose of human life is service, not plunder. The essential point of service is mutual help, and social service is a duty fundamental to the existence of mankind. It is free from selfish motive and its major promise is social welfare. There are three practical ways for our youth to secure this training. The first one is to assist under the guidance of the government any kind of popular organizations, and to promote the ways and means of increasing the producing power of the people. They can participate in the work of all kinds of propaganda groups and training corps, and help enforce compulsory education with the purpose of increasing the political knowledge of the people and the level of their producing power. The second one is to have our youth participate in all kinds of charity work and social service, such as that of soldiers, air defence work, anti-epidemic work, and fire-prevention work. The third one is to assist our army in protecting the people, in defending the country, and in maintaining order, and to participate in fighting the enemies when necessary.

The third part of the program deals with the different means of training. The two leading means are the daily activities and the school curriculum. The carricula of all the different grades of schools are in the midst of revision and will be announced by the Ministry of Education at a later date. Under the daily activities, there are six important means suggested by the program for the training of our youth. The first is the small group meetings. These meetings are to be organized in all the schools to give students a chance to discuss and study all kinds of political, economic, and social problems together with the practical ways of solving them. In addition, these meetings are used to foster good feelings among students, and to give them opportunities to practise the four powers of direct legislation: the intiative, the voting, the referendum and the recall, and to cultivate their organizing ability. The second is excursions and picnics. They can be used to bring all the small groups together and to cultivate among them physical health as well as good feeling. And whenever there is an emergency they can be assembled quickly at an indicated place. The third means is rural service. The idea is to make students understand the local farming conditions and the hardships of the masses. This kind of service will not only give students plenty of physical exercise but also enable them under the direction of the government to educate the masses and to cultivate their organizing and producing power. The fourth means is relief work. Every student, in order to realize that the purpose of human life is service, should be given plenty of chances to undertake all kinds of relief work, such as air defense, anti-epidemic service, fire prevention, flood prevention, taking care of the refugees from war areas, and looking after the wounded soldiers. The fifth means is camping. This is to let students practise military and group life, so that some day they can join our army to defend the country. The sixth means is travel outside of one's own province. By this means students can find out for themselves the conditions and customs of the different places and also the size of our territory. Thus they can be led to give up any provincial prejudices and to be willing to unite together for the protection and defense of our country.

So much for this brief presentation of the new program for the training of youth in China. To a student of comparative education, it is commonplace that modern nations in periods of severe crises have subjected their educational program to thoroughgoing examination and revision. Russia, Germany, Italy and Turkey are striking examples. China is no exception. In the past we have made a number of educational reforms, such as the introduction of a modern educational system in 1902, the establishment of a democratic educational program in 1912, the adoption of a new school system in 1922, and the centralization of educational control in 1928. All these reforms, however, have put a large amount of emphasis on educational organization and administration and have more or less neglected the fundamental training of our youth. The present attempt outlined by the ministry of Education is a definite step forward in the course of educational reform. The program presented above, incomplete as it is, has at least awakened us to the truism that the right training of youth instead of being confined to book learning, touches every phase of his activity and personality, and always takes into consideration his social heritage and national interests. The present Sino-Japanese conflict has certainly made havoc among us; but it has also stimulated us to think more seriously about our educational matters. This new program for the training of youth may be considered to be a result of serious thinking on the part of the government, to make our youth capable to cope with the present crisis of our nation.

To close, let us not overlook the difficulty of putting this program into operation. We all know that many devices succeed not by virtue of their own excellence but because of the ability and personality of their sponsors. Our philosopher Sheng Chin was correct when he said that "in ruling a state, one should depend upon right men, not upon right plans". The new program for the training of youth is certainly "more rational and better fitted for the present state of affairs in the country," but in order to achieve what the program is intended for, we must have a large number of well-trained teachers and principals. Where can we get them? This is going to be an urgent problem for the educational authorities of the country to solve.

第二篇　论高等教育

华中大学教育学院十年发展规划

（1936—1946）[①]

办理教育学院的主要目的：

A. 培养中学教师及行政管理人员。

B. 进行教育和心理学方面的研究。

C. 通过华中基督教教育促进会加强华中地区基督教中学的力量。

D. 增强教会、学校、社区使用音乐进行教育的能力。

教育学院各系所做的工作：

A. 教育系

本系的主要目的是为中学培养受过良好教育的中学教师和行政管理人员。他们所受的训练，包括教育实践和教育理论两个方面，重点放在实际课堂教学和学校行政管理过程中教育原则的运用。

在多次尝试从别的学校引进具有实际教学经验的教职员而未能成功以后，我们被迫通过开办一所规模小的初级中学，作为实验场所，以便能够为我们培养自己的受过训练的教职员。在这所我们创办的中学里，我们教育学院的学生可以得到恰当的机会获得教学和行政管理的实际经验。

① 黄溥于1932年底任华中大学教育学院院长以后，即着手学院的建设与发展。先于1934年3月在《教育季刊》上发表了《教育学院在大学课程中之地位与使命》一文，随后在代理校长期间，面对国民政府教育部以合并系的办法企图取消教育学院的决定，建成了心理学系，完善了教育学院，挽救了华中大学“大学”的地位。接着于1936年4月24日拟定了《华中大学教育学院十年发展规划》（英文稿），原稿存华中大学档案全宗，案卷号59。丰春光译。

我们也希望这所学校能够成为应用适合中国国情的教育理论的实验中心。

本系同样给予学生在教育理论方面的良好训练，以使学生具有能够胜任将来工作的足够的教育资源，使他们养成忠诚的职业道德精神。

本系还承担着同华中基督教协会互相帮助的重责。在过去的五年中，本系一直通过组织召开“中学教育会议”和“中学校长会议”，来指引基督教中学的发展方向。所有这些工作，都给本系提供了一些可靠的统计数据，也使得本系成为华中基督教中学的统领。但是，这些工作都落在了我教育学院院长的身上，同时，实验初中校长的重担也压在我的身上。如果给本系指派一名初级中文讲师，将大大减轻我的负担。

B. 心理系

由于心理科学研究和心理调查在今天的中国相当重要，所以需要在华中大学建立一个强大的心理系。建立强大的心理系并进行心理科学研究和心理调查的目的是：让那些在世界上别的国家运用的心理学原理同样能够在中国运用，更加重要的是，要在中国建立独特的、适合中国国情和中华民族的心理学原则。

心理学作为一门科学，对于大多数中国人来说还是相对年轻的一门学科，只有少数学者曾略有涉及。我们所需要的材料中国国内的其他大学并没有。

本系要求学生将心理学当成一门实验科学进行学习。然而，学生必须以下列所列举的目的之一来研究学习这门科学：

作为一门纯科学——激发学生的好奇心和研究兴趣；

作为一门应用科学——主要关注心理学在教育、社会、宗教和商业方面的应用；

作为一门教授科目——为学生将来在师范学校教授心理学或与心理学相关的学科做准备。

由心理系教职员系统地教授心理学方法和心理学科其他分支学科的课程。学科应用方面的课程主要集中在教育和社会学方面。计划将心理学应用到上面提到的其他领域。

为了开展教学和研究工作，心理系很有必要建立一个设备充足的实验室。具体步骤是：首先，在头两年里建立一个指导性观察演示实验室，紧接着建立一个研究实验室。研究实验室主要是为教师和高年级学生设立的。

C. 音乐系

这个系目前仍然只是教育学院的一个辅助系——规模较小的系。但是，鉴于华中区对于受过西方音乐训练的教师的需求量日益增大，只有像华中大学这样的学校才能满足这一新的需求。因此提议加强该系的力量，使其成为一个主要系。1936 年 9 月，音乐系增加了一名钢琴教师。如果在两年内能够从国外引进一名学习大众学校音乐或声乐专家，在国内寻求一名教授音乐理论课并且还能辅助上其他课程的教师，那么到 1938 年 9 月，音乐系正如教育学院所期待的那样，将变成一个主系。为了不使音乐系局限于某一特定的科目，很有必要设置除钢琴以外的其他器乐课。目前可以考虑，从汉口聘请专业人士来担任兼职教师。发展音乐系为主系的目的，不在于培养独唱或独奏艺术家，而在于培养受过良好训练的音乐教师（既包括声乐教师，又包括钢琴教师），以满足华中地区中学对于音乐教师的巨大需求。鉴于对于音乐教师的大量需求以及目前中学对于音乐教师的要求不太高的情况，可以先在音乐系开办两年制的音乐专门课程班。这种班的毕业学生不需要给予学位，只给予一个政府认定的资格证书，证明他们有能力担任中学音乐课程就可以了。这样的学生应该将主要时间用于音乐的学习，因而就加大了音乐系对教师的需求。以我们音乐系现在的师资力量，显然无法满足当前的这种需要。

音乐系要发展成为一个主系，当然还要考虑加大购买乐器的投入。首先，需要购置几架新的钢琴，目的是取代已经破旧不堪的钢琴，同时也是为了满足一旦音乐系变成主系后，学生数目会增加的需要。其次，还要购置其他的乐器。另外，除了乐器的增加，书籍、乐谱和唱片也要大量地增加。

要将音乐系变成一个主要系所需要的总体费用，绝对不是一个小数目。建成音乐系所需费用，不仅仅是华中区遇到的问题，同时也是我国其他三四个高等院校遇到的问题。

Ⅰ. 华中大学教育学院十年规划财政经费详细预算（1936—1945）

（编者按：$即美元符号，按当时1∶3汇率折合为法币计算）

A. 人力资源

1. 教育系	不同学年度的经费预算				
职员类别	1936—1937	1937—1938	1938—1939	1939—1940	1940—1941
教授	$4,410	$4,410	$4,800	$5,100	$5,100
教授（R. C. U. S. Missionary）	$7,000	$7,000	$7,000	$7,000	$7,000
副教授（L. M. S. Missionary）	$4,200	$4,200	$4,200	$4,200	$4,200
初级讲师			$1,500	$1,500	$1,500
总计	$15,610	$15,610	$17,500	$17,800	$17,800
2. 心理系					
教授	$4,200*	$4,200*	$4,500	$4,800	$4,800
副教授	$2,500	$3,900	$4,200	$4,200	$4,200
助教			$1,000	$1,000	$1,000
总计	$6,700	$8,100	$9,700	$10,000	$10,000
* 表示1938—1939年来自政府的资助。					
3. 音乐系					
教师类别					
钢琴教师	$1,300	$1,400	$1,500	$1,500	$1,700
声乐教师（女传教士）		$3,060	$3,060	$3,060	$3,060
音乐理论		$1,680	$1,680	$1,860	$1,860
小提琴等教师（兼职）				$1,000	$1,000
总计	$1,300	$6,140	$6,240	$7,420	$7,620
三个系人力资源花费总计	$23,610	$29,850	$33,440	$35,220	$35,420

续表

1. 教育系	不同学年度的经费预算				
职员类别	1941—1942	1942—1943	1943—1944	1944—1945	1945—1946
教授	$5,100	$5,100	$5,100	$5,100	$5,100
教授（R. C. U. S. Missionary）	$7,000	$7,000	$7,000	$7,000	$7,000
副教授（L. M. S. Missionary）	$4,200	$4,200	$4,200	$4,200	$4,200
初级讲师	$1,700	$1,900	$1,900	$2,100	$2,100
总计	$18,000	$18,200	$18,200	$18,400	$18,400
2. 心理系					
教授	$4,800*	$5,100*	$5,100	$5,100	$5,100
副教授	$4,200	$4,500	$4,500	$4,800	$4,800
助教	$1,000	$1,000	$1,000	$1,000	$1,000
总计	$10,000	$10,600	$10,600	$10,900	$10,900
* 表示1938—1939年来自政府的资助。					
3. 音乐系					
教师类别					
钢琴教师	$1,700	$1,900	$1,900	$2,100	$2,100
声乐教师（女传教士）	$3,060	$3,060	$3,060	$3,060	$3,060
音乐理论	$2,040	$2,040	$2,220	$2,220	$2,220
小提琴等教师（兼职）	$1,000	$1,500	$1,500	$1,500	$1,500
总计	$7,800	$8,500	$8,680	$8,880	$8,880
三个系人力资源花费总计	$35,800	$37,300	$37,480	$38,180	$38,180

B. 仪器设备

1. 心理系

1936—1937 年和 1937—1938 年每年花费 750 美元，折合法币[①] 2,250 元。

接下来的每一年 500 美元，折合法币 1,500 元。

2. 音乐系

下五年每年购买 2 架新钢琴——每年花费法币 1,500 元。

下五年每年购买管弦乐器——每年花费法币 200 元。

下五年每年购买书籍和音乐作品——每年花费法币 300 元。

总计每年花费法币 2,000 元。

第二个五年，每年购买一架新钢琴——每年花费法币 750 元。

第二个五年，书籍、音乐作品和设备——每年花费法币 350 元。

总计每年花费法币 1,100 元。

3. 教育系

书籍等——每年花费法币 900 元。

实习学校保障费用 1,250 美元——折合法币 3,750 元。

总计每年花费法币 4,650 元。

仪器设备花费合计（法币：元）

1936—1937	1937—1938	1938—1939	1939—1940	1940—1941	1941—1942	以后每年
8,900	8,900	8,150	8,150	8,150	7,250	7,250

① 编者注：中国近代对政府规定的法定货币称国币。1914 年北京政府曾颁布《国币条例》。国民政府于 1935 年 11 月 4 日废止银本位币，实行法币政策。以中央银行、中国银行、交通银行三银行（后加中国农民银行）所发行的纸币为法币。法币即“法偿币”的简称，由国家法律赋予强制通用力的货币。其中本币为“无限法偿”，辅币为“有限法偿”。利用法币收兑银元和民间藏银，禁止银元流通。此后法币亦称国币。在抗日战争时期和解放战争时期，法币急剧贬值。1948 年 8 月 19 日发行金圆券，代替已崩溃的法币。《华中大学教育学院十年规划财政经费预算（1936—1947）》是 1937 年 7 月 7 日抗日战争爆发前的 1936 年 4 月拟定的。当时国民政府实行法币政策刚及半年，币质坚挺，与美元比值为 1∶3，即一美元折合法币三元。这个规划预算即按此汇率计算的。详见 1999 年缩印本《辞海》第 921 页“国币”条、第 1078 页“法币”条。

C. 维修与保养费

每年 1,000 法币。

十年计划总花费数据回顾（法币：元）

花费项目	不同年份的总花费									
	1936—1937	1937—1938	1938—1939	1939—1940	1940—1941	1941—1942	1942—1943	1943—1944	1944—1945	1945—1946
人力资源	23,610	29,850	33,140	35,200	35,620	35,800	37,300	37,480	38,180	38,180
仪器设备	8,900	8,900	8,150	8,150	8,150	7,250	7,250	7,250	7,250	7,250
维修保养	1,000	1,000	1,000	1,000	1,000	1,000	1,000	1,000	1,000	1,000
总计	33,510	39,750	42,290	44,350	44,770	44,050	45,550	45,730	46,430	46,430

Ⅱ. 十年内每年的收入

来自伦敦教会（传教士） 4,200 法币

美国教会（心理学家） 4,800 法币

期望从（R. C. U. S.），

三分之二分配给

湖滨大学，1926 年，21,000 美元—14,000 美元

支付 Hsung 博士的工资 1,500 美元

教育学院节余 12,500 美元 37,500 美元

总计：46,500（美元）①

Ⅲ. 根据这个计划预期从（R. C. U. S.）那里获得的资金（法币：元）

五位该组织派来的教职员，包括土地 8,000 40,000

旅店土地，中国基督教堂的一部分 5,000

旅店建筑物的一半 12,000

和旅店连在一起的做礼拜的教堂和向社会公开的大厅 10,000

总计：67,000

① 原文如此。——编者注

Ⅳ. 预算收入（法币：元）

	1934—1935	1935—1936	1936—1937
合作单位	116,453.50	124,628.14	156,615.00
整个学校预算	171,407.00	179,717.00	203,865.00

预期在十年计划中的第一个五年结束时获得的捐赠（法币：元）

美国教会	60,000
伦敦传教士社团	14,500
卫理公会教派	21,400
雅礼协会	54,000
R. C. U. S.	43,770

注：这些预算包括传教士的工资，都是大略估算数字。

教育学院在大学课程中之地位与使命[1]

我们提起“教育”一词可以使人发生种种的态度和感受。不过最普通的有两种：一种是教育万能说。主张这种说法的人，把教育推尊到万分，以教育为无所不能，口口声声谓中国衰弱，国难临头，就是因为教育不普及，学校办理不善，拯救中国唯一的办法，就是注重教育与研究教育学科。赞成这种主张的，当然不少。不过，本人虽然是个研究教育学的，对于教育万能说不敢附和，因为我们不能忽视先天与遗传的力量。还有一种态度，正与教育万能说相反。主张这种说法的人以为，教育不值得研究，教育根本不能成为一种学科，任何人皆可教学，任何人皆可办学校：你看会教学的人，他读过什么教育原理、教学方法，只要熟悉所教的学科，他便自然而然地会教学；办学的人，也是一样，只要他肯干，他就会办学校，何必研究教育行政、教育哲学等。我想对于这种主张，表赞同的，恐亦不少；不过我们细心一看，这种主张，也未免太趋极端。抱这种主张的人，当然不赞成大学内有教育学院的设立。假若他们的主张前后一致，他们也不应当赞成大学内有理学院之设立，因

① 黄溥于1932年末来到华中大学教育学院时，就抱定了培养中学师资和研究教育学科的宗旨，并兢兢业业地耕耘了二十年。本文是1934年制定教育学院十年发展规划时，公开论述大学教育学院课程的地位和使命，是培养中等教育师资和研究教育领域的问题，以期提高中等教育质量，改革中国教育抄袭模仿国外的弊病，研究符合中国实际的教育行政组织、学制系统、教材编制、教授方法、课程标准等。本文选自《教育季刊》第10卷第1期，1934年3月。

为大科学家爱迪生氏从来没有入过理学院；大学内也不应该有文学院之设立，因为大文豪莎士比亚也未曾入过文学院研究。所以我们上面所讲的教育万能说与教育不值得研究说，一个太过，一个不及；太过和不及两种说法，当然不能成立。

然则，我们对于教育学科，应取什么态度？为节省时间起见，我们可以简单地说，我们对于教育学科的态度，应与对于其他学科的态度相同。其他学科有研究的价值，教育学科也有它研究的价值；其他学科有应付某种需要的地方，教育学科也有它应付某种需要的地方；其他学科有它研究的领域，教育学科也有它研究的领域。不过，教育学科列入大学课程中，比其他学科较为后进。

现在，我们在未讲教育学院在大学课程中之地位与使命以前，让我们看看世界各国的大学，对于教育学科的研究有什么趋势？世界大学中首先设有教育研究学科者，当推德、法两国。在一八一〇年，德国教育学家 Herbar 在哥尼斯堡大学内，设教育研究科。Pedagogisal Seminar 为大学生毕业后，在中等学校任教做准备。以后各大学如柏林、北勒斯劳、哈勒相继设立同样之教育研究科，培养中等学校之师资。在一八〇八年，法国设立高等师范学校 Superior Normal School。不过，德、法两国之教育研究科，只注重师范教育，没有将教育做整个的专门研究；这大都因为两国的中央集权政体的关系，不愿意鼓励人民的自由研究。世界大学中把教育做一种专业的 professional 研究的，首推美国。从一八三二年起，美国大学内设有教育学科者，有纽约大学、白朗大学、密歇根大学等等。不过正式成立一种教育学系者，当推爱荷华大学。该校在一八七三年设立教育学系，距今已六十年。以后各大学如雨后春笋似的相继设立教育学院或教育学系。据最近调查，美国有四百多所教育学院与教育学系。在英国，最近三十年来各大学也渐渐地注重对教育的研究；一九三二年，伦敦设立了一个中央教育研究机关。在我国，设立师范教育最早的，为上海南洋公学。该校于前清光绪二十三年（一八九七年），特设师范院，以培养其上中两院之教员。光绪二十四年，京师大学堂成立，亦分设师范斋，以大学前三年级之高材生入之。以后学制变更，在前清有优级师范之设立，民国以来有高等师范之设立；最近改为师范大学。现在国内所有的国立、省立和私立大学，多设有教育学院，或教育学系。综括以上关于中西各国对于教育学科的态度与情形，我们至少可以说，教育学科已在大学课程中，占了一个重要的位置。

现在我们言归正传，要问教育学系，在大学课程中，有什么地位？有什么使命？我们要答复这个问题，首先必须明白，大学的课程都是为应付一种需要，而渐渐组成的。在欧洲中世纪，各大学的课程，所注重的是神学 theology，因为基督教在那个时候，是欧洲文化构成中所不可缺少的。近世纪以来，大学课程多注重自然科学 Natural Sciences，因为世界各国自从工业革命后，物质的建设自然是不可少的。现在我们每个大学生之所以崇拜自然科学，也是这个缘故。最近世界各国的大学课程，渐渐地注重社会科学 Social Sciences，因为现在世界的重要问题，首先是人与人的问题，其次才是人与物的问题。教育学科，也是社会科学的一种。教育学院在大学课程中之地位与使命，全靠它能否满足今日社会的某种需要。

现在，我们中国社会对于教育方面的需要，可分为两种：一种属实际的，一种属研究的。所谓实际的需要，就是中小学及师范学校教员与行政人员的训练。所谓研究的需要，就是中国种种的教育设施，大多是模仿外洋的，不合我国实际情形；我们如何使新教育的种种设施，适合于中国社会的需要？如何能改造社会？这都是当今最重要的课题，必须我们研究的。这样看来，一所教育学院在大学课程中之地位与使命，就是要看它对于这两方面的需要，是否能尽一部分解决的责任。

我们先从实际需要一方面看，照我国教育法规所规定，小学教员与行政人员，均须受师范学校教育；中等学校及师范学校的教员或行政人员，均须受高等师范或师范大学的教育。现在我们姑且不论小学的问题，只讨论中等学校及师范学校的问题。中等学校及师范学校教员与行政人员，受过高等师范教育者，占少数中之最少数；这是因为我国高等师范或师范大学太少。这样看来，今日各大学之教育学院，实负有造就、培养中等学校教师与行政人员的使命。

再从大学一方面看，今日大学毕业生，毕业后大多从事何种职业？没有详细调查；不过我们可以说，大都从事教育事业。中华基督教教育会干事葛德基君调查了十所基督教大学毕业生的出路：

从事教育事业的百分之三十一；经商的百分之十二；行医的百分之九；升学的百分之七；从事宗教事业的百分之六；政界的百分之六；法界的百分之二；工程界的百分之一；其他职业的百分之五；无可考察的百分之二十一。

我们把无可考察的不算，至少我们可以说，大多数的大学毕业生，是从事教育事业。这些从事教育事业的大学毕业生，受过正式师资训练的有几人？研究教学方法的有几人？我们也可以说少数中之极少数。这些没有受过师资训练的大学毕业生，遇到了多少的困难？我们知道，不独学校与学生受到极大的损失，就是他们自己对于教育事业大多感觉枯燥无味。难怪大多数的大学毕业生，视教学为畏途，以从事教育事业为末路。那么，一个大学的教育学院，对于这种情形，也应负一种解决的使命。

现在，从研究需要方面看教育学院在大学课程中的地位与使命。我们在上面已经说过，现在中国种种的教育设施，大部分是模仿外洋的。谁都知道，今日的教育行政组织、学制系统、教材编制、教授方法、课程标准等，都不是由我国过去历史与社会实际情形和缺失所推演出来的，大部分是抄袭日本和美国的。这也难怪，我们若稍稍涉猎中国教育史，就会知道，中国新教育制度之采用，可说大部分是由外力所逼成。陶行知先生在《新教育》杂志第四卷二期上有一篇《中国建立新学制的历史》，他说："中国自道光咸丰以来，与外人交接总是失败。自己的弱点逐渐揭破，外人的优点，逐渐发现。再进而推求我所以弱，和人之所以强，见人以外交强，设同文馆；见人以海军强，设水师船政学校；见人以制造强，设机器学堂；见人以陆军强，设武备学堂；见人以科学强，设实学馆……同治以后，各学堂受泰西影响最大，大都偏重西文西语，专务抄袭西国学堂的形式。”

这种抄袭的弊病，不独我国研究教育的人，感觉深切，就是现在教育当局，也觉得有改革的必要。去年教育部拟就《改正我国教育之倾向及其办法》一文，该文首即批判我国二十年来之教育倾向对于我国政治的影响。谓：“目下分崩的局面，皆受个人主义及抄袭美国之赐。我国需要之教育，应以民族意识为中心，养全体民众皆有一整个民族之观念，不复再有个人之观念存于胸中，庶我国政治上之反映可成为一团结坚固之国。”这可算是一种大觉大悟。然而觉悟虽觉悟，抄袭仍抄袭。去年我国教育当局，因受国际联盟教育调查团报告书之影响，打发一班人赴欧洲大陆考察教育，预备抄袭欧洲大陆教育。口里虽说不抄袭，而实际上仍然还是一套换汤不换药的把戏。我们如果要彻底改革抄袭的弊病，只有提高国内各大学教育学院之地位，使他们不仅担负培养中等学校师资之使命，也须担负逐个研究和改革种种教育问题的使命。须知我国教育，问题异常复杂，范围异常宽广，影响异常重大。不是官厅一纸命令和法规，可以解决的；也不是循环抄袭，可以奏效的。要解决中国教育问题，须赖全国各教育学院，用科学的方法，做长期的试验，一步一步地逐渐改革，方能有效。这样看来，教育学院在大学课程中之地位与使命，异常重要，希望国内研究教育的诸同志，努力奋斗！

关于坚持办教育学院致韦卓民校长的函①

卓民吾兄校长先生：

执事顷闻兄台驾不日赴渝出席参政会议，并进谒中枢教育当局，弟等对本校教育学院各有愚见，谨为陈述，可否烦便中代为转达，聊作刍荛之献。

立国之要首重教育，教育之本全在师资。目前国立师范学院之创设及进行，实为将来中学师资之最好基础。弟等研习教育，服务学校历有年，所见此项设施无不额手称庆。但全国中学众多，性质不一，求供给裕如，大非一朝一夕之事。弟等以为，在现在情况之下，师资训练实有由私立学校补充之必要。他校情形，弟等未便妄言，即就本校论之，实有数点大可努力，以求补充国立师范学院于万一。

一、本校因历史关系，常川（按：连续不断、川流不息的意思）有多数西籍同事，对于学生之西文训练素称注重，故毕业后任教英文者并

① 1939年9月底，国民政府教育部规定：私立学校不得开设师范课程。“师范教育”被纳入国立大学教育系统之内。10月，教育部又下发了“调整教育学院两原则”的训令，称“设教育学院和教育学系之大学，如其所在省区已设有师范学院，令自二十九年度起暂停招生”（《教育部训令》，华中大学档案全宗，案卷号8）。这一训令不仅将剥夺华中大学教育学院进行“教师培养”的合法地位，而且使华中大学教育学院再次面临身份“认同”的危机。于是黄溥与胡毅教授专程赴重庆请愿，不幸途中遇险返回喜洲，只得致函准备赴重庆参加参政会的韦卓民校长，请他向国民政府力陈华中大学教育学院存在的必要性和重要性。经韦卓民多方努力游说，终获教育部“鉴于华中大学教育学院为云南地区培养师资而作出的特别贡献，允许其下年继续招收新生”的指令（该信和教育部指令存华中大学档案全宗，案卷号495）。

不限于专修英文之学生，且需求有增无已。若能得教育部之切实指导及师范学院之观摩，对于英文师资训练一层实可努力。

二、本校入滇西以来，常苦于附近中学屡托介绍师资，而难于普遍应付；此亦情势所迫。因滇省只有西南联大师范学院为其他训练师资之机关。故就地理而言，本校对于西南方面之师资供给亦有责任。

三、本校学生不多，师友之间极易相互了解，襄助训练时可因材施教，启发特长，谈论时亦多有他院之师友互为切磋，绝少狭隘门户之见。教育部所提倡之导师制度，在本校中可随地随时见其精神表现。学生如在校时有此经验，将来己身充任导师，必能设身处地知所举措，对于此制之推行，亦必能有充分之热心。故本校对于训练学生将来充任导师一事，亦有最良好之机会。

我国教育制度中私立大学之价值，早在当局洞鉴，故提倡指导不遗余力，认为可补充国立大学之不足。弟等亦本此信念，谨述本校教育学院所能服务努力之途径，以期将来在此方面可与国立师范学院分工合作，就设备人才及环境各尽所长，分途努力。凡此种种，自早在尊驾明鉴之中，毋庸辞费。若得便代陈中枢，俾得指示，则幸甚幸甚！专此敬请

道安

弟黄溥　胡毅　谨启

民国三十年二月十三日

在华教会学校面临的新挑战[①]

在中国研究现代教育史的人，没有不被教会学校在中国曾处过的显要位置而深深吸引。教会学校是中国现代教育的开路先锋。教会学校所作出的努力是促使中国现代教育发展的重要因素。在中国，国立女中的设立以及现代大学本土师资的培养，主要是由于教会学校所促使的。许多国立大学或学院的校长，像丁韪良、丁家立、福开森、赫士和李提摩太曾经是杰出的传教士，这个国家的许多著名的教育机构，如圣约翰、燕京、文华、东吴、之江、广东协和和雅礼是教会大学。在教育方面，教会学校取得的巨大成就是研究教育的中国学生毋庸置疑的。

然而，笔者（本身是教会学校的受益者同时也对教会学校的前途很感兴趣）希望指出：从中国目前的教育形势来看，教会学校的优势并没有得到完全发挥。教会学校仍然有着伟大的任务，并且有机会继续充当中国教育的引领者。正是教会学校过去所取得的巨大成就给他们自己赢得和创造了一块新的工作领域。教会学校今天面临的问题是：它们是继续领跑中国的教育事业，还是满足于它们过去取得的成绩而停滞不前。

为了能够清晰地理解现在教会学校所面临的挑战，有必要对现代教育历史方面的知识有所了解，当然，我们也没有必要在这里花大量的篇幅进行讨论。中国现代教育发展史经历了三个阶段：第一个阶段是

---

① 本文是黄溥发表于 *Educational Review*（Vol. XIV，No. 2，April，1922）（The China Christian Educational Association，5 Quinsan Gardens，Shanghai）上的英文稿，由丰春光翻译。

1900—1911 年的教育试验阶段；第二个阶段是始于 1911 年的教育建设阶段。从 1842 年开始，中国的五个通商口岸被迫向外国开放，一直到 1900 年义和团运动爆发，这期间教育发展的整个过程似乎可以简单地分解为一场传统教育与现代教育的博弈。从 1900 年一直到 1911 年满清政府灭亡，整个记录的是一系列的教育试验。在第一个阶段末期所取得的成绩就是中国开始清晰地认识到传统教育的不适应性，在第二个阶段末期所取得的成绩就是中国开始完全相信现代教育的功效。在这两个奋斗的时期，教会学校比起其他任何因素来说更能成为中国教育最终走向成功的最有力的动因。在第一个阶段，教会学校对于中国的教育来说是一个具有强烈诱惑力的刺激物，并且向中国显示采用现代教育的可能性；在第二个阶段，教会学校通过自己的服务，为中国的国立学校培养了成千上万的本土教师。正因为教会学校所做的这些服务和对中国教育所带来的帮助，为它们在中国赢来了良好的声誉和国民对它们无限的感激。

自从共和政府建立以来，中国开始进入第三个阶段——教育的建设时期。中国已经不再需要大肆宣扬现代教育的重要性，也不需要宣扬教育试验的有效性。中国需要的是一些实施现代教育的实用方法，以便让现代教育在中国获得真正的成功。今天，中国教育面临的问题是：怎样为它的几亿国民提供足够的教育设施，怎样调整学校以满足社区和国家的需要，怎样改善中国的社会和经济条件，怎样提高人民的道德、智力和体质水平。由于中国的人口众多，经济窘迫，缺少合格的教师和先进的教育管理者，要解决这些困难几乎是不可能的。

今天是教会学校为中国教育提供真正服务的大好时机。在这个新阶段的开始，我们已经发现中国是全身心地、真诚地、迫切地需要采用现代教育。它现在愿意不惜一切代价来使自己的学校满足自己的需要。它已经不再质疑教会学校所做的有价值的工作，也不再质疑教会学校的良好愿望。正好相反，它开始真诚地感激和欢迎教会学校为中国在全国范围内建立现代教育所做的任何努力和帮助。教会学校是否应该抓住这个良机来帮助中国解决它面临的教育问题还是站在一边冷眼旁观中国如何自己解决它的教育问题？教会学校是否和中国合作，从而使中国成功地实施现代教育，还是让中国自己在那里独立奋斗？这些就是目前教会学校所面临的问题。考虑到教会学校在过去所作的巨大贡献，它们已经在自己的工作领域拥有正确的工作方法和顽强的精神，我们可以肯定它们不会错过这次难得的服务中国的机会。

让我们断定教会学校会主动应对这个新挑战。我们的下一个问题自然是：它们将怎样去应对？对于这个问题，笔者想提出一些建议，笔者认为这些建议有助于教会学校有效地应对这个挑战。教会学校要走的第一步应该是拓宽它们办学的目的。教会学校的办学目的一直以来仅仅只是限制在传教上——使民众皈依基督教，设立宣传自己的教堂，培养有能力的宗教领导人。它们没有过多地考虑社区和国家的需要。它们的工作领域大大地限制在传教及创设教堂的事业上。这种条件在教会刚刚在中国建立的时候是很有必要的，因为在那个时候人民根本就不太了解教会和教堂。但是，现在教会和教堂已经和中国的其他机构一样建设得很好，人民也很了解它们在做什么。今天已经没有任何理由怀疑教会学校为什么拓展它们的工作领域和扩大它们办学的目的。如果它们想真正服务中国，它们应该不仅仅是考虑教会的会员，而且要考虑市民，不仅仅是把他们变成纯粹的基督教徒，而且是让基督精神贯穿于整个中国国民，同情中国人民的思想和感受。

要完成这个更大的目的，教会学校应该提供更宽泛的课程，因为目前学生学习的课程在性格培养方面太空泛，在学习领域方面太狭窄；职业学习和实业训练在现代教育中占有如此重要的份额，在中国曾经被完全忽略，特别是在最近建立的几所大学里情况更为突出。如果教会学校希望它们所有的学生毕业后从事牧师或教师行业，它们目前所开设的课程应该是足够的，但是，如果它们想给所有阶层的人提供受教育的机会，并且回应社会和经济对学生提出的新需要，它们就应该开设一些课程来帮助自己的学生成为社会上有生产能力的人，进而成为真正的中国公民。这些课程自然应该包括所有的职业学习以及和中国文化相关的课程。

为进一步阐明如何使教会学校的课程更为宽泛，作者建议高级中学二年级应该学习下列列表提供的课程。尽管这个列表提供的课程绝不是完整的，但是它却显现了一条重组课程的途径，以便扩大教会学校培养目标的任务得以完成。学生的学习课程可以分为两组：恒定的和可变化的。前者所有的学生都必须学习，后者可供自由选择以满足个性和多样化的需要。

教会学校高中二年级学习的课程列表

恒定的课程	可变化（可选择）的课程
宗教学习（圣经）	英语以外的其他外语（包括英语）
中国文学和古典文学	艺术
历史和公民道德	经济和社会学
地理	音乐（技术）
数学	商业
生理学和卫生学	文秘
英语	工业
音乐（欣赏）	家政
实用艺术、家庭艺术（女生）	农业
手工制作艺术（男生）	

这些课程应该如此安排，以便每个学生都有机会学习所有的恒定课程，同时选择自己需要的可变化课程。

如果承认办学目的要拓展、课程范围要扩大，教会学校立刻就要面临以下的基本问题：它们怎样才能物色到那么多教师和行政管理人员来承担这些工作？传教士们曾经被挑选出来担任教会学校的教师，然而在中国传教领域观念发生的变化比传教士所在的国家慢，大多数传教士的观念已经远远落后于主流观念，而且往往使他们从事更为繁重的劳动。很显然，如果教会学校愿意接受这些挑战，它们将需要大量的受过特殊训练的教师和行政管理人员。

为了解决这个问题，笔者想提两条建议。一条是把受过良好教育的教师作为传教士定期派往中国。另一条是在中国设立联合师范学校。但是，从经济和持久性考虑，第二条建议更加适合中国目前的形势。如果外国教会能够从教会界选出一二十名学习教育的最好的学生，无论男女，只要有一定的学校工作的经验，派他们到中国建立四五所初级师范学校，与此同时，从那些曾从事过大量教育工作的传教士中挑选出一些教师和行政管理人员，这个问题在一定时间内就会得到解决。

然而，最复杂的问题，一个和刚才提到的问题一样基本的问题是：教会学校怎样获得资金来完成范围更为广泛的工作？众所周知，费用高昂是现代教育的特征之一。实际上，现代学校的每一次提升与扩大，就意味着增加资金去购买仪器设备和对教学设施的维修与保养。如果教会学校要达到不断扩大的目的，它们将不得不提供薪水较高的教师、设施完备的教学楼、精良的教学仪器和现代化的图书馆。没有上述所说的条件与设施，什么任务都无法完成，因为一所简易的学校不可能是一所高效率的学校。教会学校要迎接这些挑战，遇到了很大的困难。一方面，它们无法从本国获得更多的资金和帮助，这些可怜的资金被课以重税拿来去支持其他的工作。另一方面，它们又无法向来学校求学的学生收取更高的学费。这些糟糕的形势似乎永远都没有得到改善的希望。然而，教会学校并没有因此而灰心。它们在过去获得的信誉和经验使它们有可能克服这些巨大困难。

关于这一点，对于这些似乎没有希望解决的问题，我可以提两条解决办法：一条是让我们的教会学校集中力量，防止重复和政策上的冲突，并且强调工作的质量而不要过于强调数量。如果教会学校在这些方面得以加强，那么，它们的效率和经济状况将大大得到改善。教会学校必须觉察到这个事实：它们无法完成为中国成亿的国民提供教育的任务。它们只能间接而非直接地去处理这个问题，也就是说，它们只能成为其他众多学校的典范，比其他国立学校更好，效率更高，以便国立学校把它们当成学习的榜样，从而接受并分享教会学校所带来的影响。因此，为了巩固教会学校，它们完全没有必要担心它们的服务领域缩小，也没有必要担心它们的效率降低。它们会赢得一切的，特别是经济支持和办学效率。

另一条解决办法是从大众那里获得财政支持。这是教会学校最终摆脱财政困难的真正最为恰当的途径。为了完成这个任务，当然，教会学校必须让大众对它们所从事的工作感兴趣，并且愿意和它们一起去面对这些困境。它们也必须和公立学校在各个方面进行合作，并且遵守它们的制度和限制，以便公立学校不干预教会学校的宗教影响和自由。教会学校不应该独立办学，不应该和这个国家隔离，而应该作为公众教育整个体系中的一个部分。只有这样，教会学校才能从大众那里寻求更多的信任，从而获得更多在中国从事基督教教育的机会。

寻求大众的支持是解决问题的可行办法，这已经被两所教会大学所证实，一所是岭南学堂，另一所是长沙的湘雅或湖南雅礼医学院。这两所大学都得到了大众的大力资助。在岭南学堂，教学楼的建设和维修费都被移交到学院财务室，而在长沙，一般的费用由省政府承担。除了这两个事例，还有许多大众支持教会学校，为教会学校作贡献的先例。据报道，1917 年中国大众为天主教会提供的教育方面的支持达到了 1,231,149 法币。这个事实和许多另外的事实表明：如果教会学校愿意扮演积极的角色，中国政府和人民愿意和教会学校合作。

很明显，现在所谓的教会学校面临的最主要和最为复杂的问题是：加强、巩固和合作问题。这些是教会学校整个重组过程中最重要的两个因素。它们很难完成，因为存在着许多障碍和困难。但是，它们应该以一种或另一种途径加以克服或摆脱，以便教会使学校慢慢地巩固和国立学校的合作得以实现。在不久的将来，教会学校的进步将不是根据教会大学的数目和已经登记在册的学生人数来衡量的，而是根据它们在巩固和地方政府和人民合作的能力来衡量的。

最后，让我们来总结一下教会学校为了迎接挑战而会采取的不同的步骤：它们必须从只向人民传教的唯一目的向多重目的转变；它们必须扩大课程设置范围，从纯科学类型向真正现代型转变；通过建立几所高效率的联合师范学校来培养一批受过良好教育训练的高素质的教师；为了获得财政支持，加强或巩固自己并与人民大众合作。这些步骤并没有任何新意，只是提供了教会学校可能取得进步的领域和它们扩大的方向的一个轮廓。它们面临的新挑战只是需要紧急扩展和大大提高效率；因为在中国，时局变化很快，新的形势和条件不断涌现，这也就带来了新的需要。除非教会学校继续不断地进步，继续更好地服务中国，它们在中国的继续存在才不会受到质疑。

附：

The New Challenge to Mission School in China[①]

No one who studies the history of modern education in China can fail to be struck with the importance of mission schools. The missionaries have been the pioneers of modern education in China. Their work has been a great factor in hastening her educational progress. To it is due more than to any other cause the establishment of government schools for girls and the preparation of native teachers for modern institutions. Many of the presidents of the first government colleges and universities, as Marty, Tenny, Ferguson, Hayes, and Richards, have been prominent missionaries; and many of the great educational institutions in the country, as St. Johns, Peking, Nanking, Boone, Soochow, Hangchow, Canton Christian, and Yali are mission institutions. The educational triumphs in the mission field of China have been too conspicuous to be questioned by any Chinese student of education.

---

① *Educational Review* (Vol. XIV, No. 2, April, 1922). The China Christan Educational Association, 5 Quinsan Gardens, Shanghai.

However, the writer, being himself a product of a mission school and being greatly interested in the future of mission education wishes too point out that in view of the present educational situation in China, the triumphs of mission schools are not complete. They have still a great task before them, and an unusual opportunity for leadership. The very success they have made in the past has created for them a new field of work. The problem before the mission schools today is whether they shall continue to serve and lead China in her educational work, or remain contented with the triumphs they have won in the past.

To understand clearly this new challenge for mission schools it is necessary to have some knowledge of the history of modern education of China. However, we need not go further than to point out that there are three transitional stage, 1842-1900; the stage of experimentation, 1900-1911; and the constructive stage, beginning with the year 1911. From 1842, the year which marks the opening of the five Chinese ports to foreign trade, down to the Boxer outbreak in 1900, the whole story was simply a desperate struggle between traditional and modern education. From 1900 to the downfall of the Manchu dynasty in 1911, the entire record was but a series of educational experiments. What was accomplished at the end of the first stage was that China began to see clearly the unavailability of her traditional education, and what was accomplished at the end of the second stage was that she was fully convinced of the serviceableness of modern education. During these two periods of struggle, no cause did more for China in securing her final success than the mission schools. In the first period they served her as a stimulant and showed her the possibility of adopting modern education; and in the second period they rendered her a great service by furnishing for government schools thousands of native teachers. For such help and service China owes them immeasurable gratitude.

Since the inauguration of the Republic, China has entered into a constructive period. She no longer needs any preaching of the importance of modern education, nor experimentation of its validity. What she needs now is some practical method of making modern education for her a real success. Her problems today are how to supply educational facilities for her missions; how to adjust her schools to the needs of the community and the nation; how to improve her social and economic condition; and how to elevate the moral, intellectual, and physical standards of her people. In view of Chinese immense population, her financial embarrassment and her lack of qualified teachers and progressive administrators, the difficulty of solving these problems is well-nigh insurmountable.

Today there is the best opportunity for the mission schools to render a real service to China. At the outset of this new stage we have found China full-hearted, sincere, and eager to adopt modern education. She is now willing to pay any price to make her schools serve her needs. She no longer questions the valuable work and good will of the mission schools. On the contrary, she appreciates and welcomes heartily any efforts they put forth to help her build up modern education on a national basis. Shall the mission schools make use of this opportunity to help China solve her educational problems or shall they stand aside and watch her solve them herself? Shall they cooperate with her to make modern education a real success for the country, or shall they leave her alone to struggle for it herself? These are the questions confronting the mission schools today. Considering the great success they have made in the past, and the right spirit they have always possessed in their work, we can hardly think that they can afford to miss this unusual opportunity to serve China.

Let us now assume that the mission schools will meet this new challenge. Our next problems will naturally be: how are they going to meet it? Apropos of this problem, the writer desires to make some suggestions which, he believes, are necessary for them to meet the challenge efficiently. The first step for the mission schools will be to broaden their aims or purposes. Their object has always been limited to that of evangelism—to make converts to Christianity, to raise up a self-propagating church, and to prepare for intelligent church membership, but also in terms of citizenship, and turn out not only fair Christians but Christians thoroughly Chinese in spirit and fully in sympathy with the best thought and feeling of the country.

To fulfill this enlarged aim, the mission schools should provide an enlarged curriculum. Their course of study has been too academic in character and too limited in field. The vocational studies and the industrial training which occupy so important a part in modern education have been entirely neglected, except in a few institutions recently established. If the mission schools expect all their students to enter into the ministry or teaching, their curriculum may be efficient; but if they ever expect to extend educational opportunity to all classes of people and to responsive to the social and economic needs of their students, they will have to provide a course of study and to be genuine Chinese citizens. This will necessarily include all the vocational studies and the students relating to Chinese culture.

To illustrate how the curriculum of a mission school can be

enlarged, the writer suggests in the following table a list of studies for a school of secondary grade. It is by no means complete, but it shows the possible way of reorganizing the curriculum so that the broadened aims of the mission schools can be fulfilled. The studies are divided into two groups; the constants, and the variables. The former are to be pursued by all students and the latter to be chosen to meet individual differences and diversified needs.

A list of students for a mission school of secondary grade

Constants	Variables
Religious studies (Bible)	Foreign language other than
Chinese (Literature & Classic)	English
History and community civics	Fine arts
Geography	Economics and sociology
Mathematics	Commercial studies
Physiology and hygiene	Clerical studies
English	Industrial studies
Music (Appreciation)	Domestic studies
Practical arts: Domestic arts for girls	Agricultural studies
Manual arts for boys	

These studies should be so arranged that every student will have a chance to study all the constants and to choose just what he needs from the variables.

Having admitted that the aim should he broadened and the curriculum enlarged, the mission schools come at once to the fundamental problems: How can they secure an army of teachers and administrators to undertake this new work. Missionaries have usually been selected with slight reference to qualifications as teachers. Moreover, changes of idea on the mission field come more slowly than at home, and most of the missionaries have taken themselves out of the main currents of thought and immersed themselves in action of the most strenuous kind. It is apparent that if the mission schools are going to meet this challenge they will be in need of a large number of specially trained teachers and administrators.

To solve this problem, two suggestions can be made. One is to send from home each year a number of well trained teachers as a regular branch of missionaries; the other is to conduct some union normal schools in China. Judging from the standpoint of economy and perpetuity the second plan will be more appropriate for this situation. If the foreign mission boards can select for the mission field ten or twenty of the best students of education, or men or women with much experience in school work and send them with a definite view to establishing four or five first class normal schools in the country, and at the same time enlist help from those missionaries who have already done a great deal in educational work the problem of securing trained teachers and administrators will be solved within a reasonable length of time.

However, the most perplexing problem, a problem no less fundamental than the one just mentioned, is: how can the mission schools secure funds to carry on this extended work. It is generally known that one of the characteristics of modern education is its expensiveness. Practically every addition made to a modern school with a view to increasing its efficiency means the expenditure of additional funds for equipment and maintenance. If the mission schools are going to fulfill their enlarged purpose, they will have to provide well-paid teachers, good buildings, proper equipment, and modern libraries; without them very little can be accomplished, for a cheap school can not be an efficient school. The mission schools, therefore, come to a real difficulty in meeting this new challenge. On one hand, they can not expect very much help from home, which is already taxed heavily to support many other works; and on the other hand, they can not charge their students high tuitions. Their situation seems to be hopeless. However, they are not to be discouraged. Their faith and experience in the past have demonstrated the possibility of their success in face of any great difficulties.

In this connection, two possible solutions for this seemingly hopeless problem may be offered. One is to have our mission schools concentrate their force, avoid duplications and conflicts of policies, and emphasize quality rather than quantity of work. If they are well consolidated, their efficiency and economy will be greatly increased. The mission schools must observe the fact that they can not undertake for China the task of providing schooling for her millions. They will have to handle the problem indirectly rather than directly; that is to say, they should be model schools for the public and on the average better and more efficient than government schools, so that the latter can follow their examples and share their influence. Therefore, in consolidating the mission schools, there should not be any fear that their field of service will be limited and influence curtailed. They have everything to gain especially economy and efficiency.

The other way is to get financial support from the public. This is really the proper way to which the mission schools should eventually resort in their financial difficulties. To accomplish this, the mission schools, of course, must be able to make the public interested in their work and willing to share their burden. They also must co-operate with the public schools in all aspects of their work and conform to their regulations so far as they do not interfere with religious influence and freedom. They must not be conducted as independent, isolated institutions of the country but be organized as an integral part of the whole system of public instruction. Only in such a way will the mission schools secure an increased public confidence, and an enlarged opportunity for Christian education.

That this way of soliciting public support is practicable is well demonstrated by two famous mission institutions in the country. One is Canton Christian College, and the other is Siang-Ya or Hunan-Yale Medical College at Changsha. Both of these institutions have had a remarkable degree of financial support from the Chinese public. In the case of Canton Christian College, money both for building and for maintenance has been turned over unconditionally to the trustees of the college; while at Changsha, one-half of the burden has been shared by the whole province. Besides these cases, there have also been public contributions for missionary education. It has been reported that Chinese contributions to educational work under the Protestant mission for 1917 amounted to $1,231,149 Chinese currency. This and many other facts simply indicate that the Chinese government and people are ready to co-operate with the mission schools if the latter are only willing to do their part.

It is now clear that the so called most perplexing problem for the mission schools is, after all, a problem of consolidation and co-operation: these are two vital factors in the whole reorganization of mission schools. They are not easy to carry out; there are many handicaps and difficulties; but they should, in one way, or another, be overcome or removed so that consolidation can be gradually introduced and co-operation finally achieved. In the near future, the progress of missionary education will be measured not according to the number of institutions that have been established and the number of the students that have been enrolled, but according to the ability the mission schools have shown in their consolidation and the success they have made in co-operating with the government and people.

To conclude, let us sum up the different steps the mission schools will have to take in order to meet their new challenge. They have to broaden their purpose from that of simple evangelism to that of citizenship; to enlarge their curriculum from a purely academic type to a real modern type; to secure a corps of well-trained teachers by conducting several efficient union normal schools; and finally, to solve their financial problem by consolidating themselves and by co-operating with the public. These steps do not present anything new. They simply outline the possible field for the mission schools to progress and the numerous directions for them to expand. The present new challenge is but an urgent plea for their growth and greater efficiency; for things in China are changing rapidly, new conditions are constantly arising, and new needs are being gradually evolved. Unless the mission schools keep on progressing and serving the country, their continuance in China can no longer be justified.

我国基督教大学今后应采之政策[①]

《教育通讯》第二卷第十九期载有朱希亮先生的《全国基督教大学今后应有之努力》一文。凡从事我国基督教大学工作的人，读了这篇文章，没有不感觉他所提出关于基督教大学的四种缺陷，很有理由。的确是"曾与基督教大学有多年关系"的人，才能观察出来。他所提出的四种缺陷：第一，是"基督教大学各院系之发展，每多不均匀，其内容也欠充实"；第二，是"基督教大学之教授因担任课目过多，每有兼授非其所专门研习之课目者"；第三，是"基督教大学中西教授待遇不同，颇有中西优劣之分"；第四，是"基督教大学多有由数教会协和而成者，其经费及教授之聘请，多受各该教会之统制，校长无权干预；因此学校行政颇不统一"。这四种缺陷是"基督教大学最普通的事实，每易影响于教育之效率，更阻碍教育之前途"。

又本刊第十五卷第三期载有刘廷芳先生的《教会大学办学之困难》一文，内容异常丰富，凡关于教会大学人才、经济、组织、政策、关系五方面的困难，无不分析详尽。刘先生诚不愧为我国办理基督教大学的先进。刘先生的这篇文章是在抗战以前写的。若是等到现在再写一篇，所列举的困难，或者远不止这种程度。

我们读了以上这两篇文章，深觉基督教大学前途非常暗淡。我们从

① 1939年春全国基督教大学在香港召开教育会议，黄溥正在欧洲考察，未能恭临盛会，特撰文表达自己的看法。该文选自《教育季刊》第15卷第4期，1939年10月。

事基督教大学工作的人，不能不问基督教大学的将来是怎样。这个问题谁也不能作肯定的解答。不过，据作者的管见，我国基督教大学有三条路可走：第一条路，就是随时代漂流，因循敷衍，办学的困难有加无已，结果是受自然的淘汰，以至消灭；第二条路，就是努力扩充，尽量模仿国立大学，以期获得如英、美各著名私立大学的地位；第三条路，就是极力缩小范围，充实内容，筹募基金，保持基督教义与精神，以谋培养基督化的高等教育人才。

第一条路当然不应走。我们都知道基督教大学在我国高等教育中已占有重要的位置；在现在抗战期间也有不少的贡献；将来在建国的工作上基督教大学定然有他的特殊责任。现在任其自然消灭，不独可惜，而且对于国家是一种极大的损失。这条路当然不应采择。

第二条路可以行得通。只要负责的人神通广大，努力地干，政府与国内各基金委员会或社会人士，可以设法维持，使成为一种普通的私立大学。不过这条路的危机，就在于会渐渐地丧失基督教大学的特点与基督教教育的灵魂。只顾形式的扩充，不顾设学的初衷，这种办法不值得。何况今日想维持一普通的私立大学，亦不容易。所以第二条路亦不应采择。

第三条路，即是作者所认为的我国基督教大学今后应采之政策：极力缩小范围，充实内容，筹募基金，保持基督教义与精神，以谋培养基督化的高等教育人才。我们为什么要采取这种政策呢？因为一方面，我们确信基督教大学对于我国抗战建国有莫大的贡献，我们应当竭力维持，不许停顿；一方面，我们要尽量解除朱、刘二先生所指出的关于基督教大学的困难与缺陷。作者认为这种政策是我国基督教大学今后唯一的出路。

朱、刘二先生所指出的关于基督教大学的种种困难与缺陷，虽然很多，综括起来，不外乎人才与经济两方面。人才与经济有办法，其余的一切困难不难迎刃而解。人才与经济的困难，只有用缩小范围的办法来解决。我们应将一切的设施，缩小到我们的人才与经济能力所胜任裕如的地步为止。过去十余年来，我国基督教大学发展太快，扩充太速，不管人才与经济的实力能否支持，只管铺张扩大；所以世界不景气一发生以及最近抗战与欧战一开始，各学校的经济就大起恐慌；同时各校所造就之毕业生虽多，然而是否就是基督化的高等教育人才，则很难断定。

我们若是假定上面所举的政策是对的，我们当然要问如何着手实行这种政策。作者不揣冒昧，提出以下几种具体步骤，作为从事基督教大学工作人员的参考。

一、各基督教大学负责当局，应精确地检查本校人才与经济的实况。所谓基督教大学的人才，并不是一种特殊的人才，乃是一种具有大学教职员资格的忠实基督徒。我们为保持基督教义与精神起见，至少应有超过半数以上的基督徒教职员。这种教职员不应是徒拥虚名的基督徒，乃是具有热忱的忠实基督徒。至若经济状况，应以实际可靠的收入为标准。

二、根据人才与经济的实力，确定学校设施与工作的范围。学校校董会根据校长关于人才与经济的详细报告，确定全校设施与工作的范围。范围一经决定，则不可任意变更。学校当局最大的引诱，即是偶得某种资助，即谋创设某种工作。这种资助是否长久，人才是否胜任，工作是否与整个计划有关，这些都置之不顾，这是很危险的。我们的原则应以所确定的工作去筹谋经费，不应由捐资的人或机关指定我们的工作。如此办法，我们可以充实工作的内容，并可避免朱先生所指出的关于基督教大学的第一与第二种缺陷。

三、学校的一切收入与支出，应集中统一，以谋行政的完整。基督教大学的收入与支出不能集中统一，这是它改进上最大的难关。许多学校的西籍教职员的聘任与待遇，均由差会主持，学校当局无权过问。有些学校当局名义上虽可干预，而事实上实权仍操于差会主管人手中。这种变态的行政办法，酿成许多不应有的人事上的摩擦，使中西教职员间形成一种极深的鸿沟，影响学校办事的精神与效率不少。为改革计，学校校董会应开导差会，使差会一切的捐款均由校董会保管支配。一切经费根据预算，统筹统支。至于西籍教职员的聘任，可由差会介绍；不过聘任与黜退权，应操于校长之手；其待遇一项，因生活程度不同，可酌量增加，然不宜超过同等国籍教职员之待遇的一倍以上。作者深知道这种主张在基督教大学很难实行，绝不是一朝一夕可能办到。不过负基督教大学行政责任的人，应努力宣传，务使各差会之主管人顾全学校行政之完整，自动地将一切捐款，交由校董会财务委员会或会计保管支配。

四、学校校董会应从速筹募基金，并设基金委员会专理其事。现在抗战期间，基督教大学所受经费的损失很大，当然谈不到基金的筹募。不过抗战工作于数年后终须结束，教育事业乃百年大计，凡主持基督教大学的人，不可不高瞻远瞩，谋学校事业之长远。刘先生在他的文章里，已将基督教大学的经济困难列举了十八条，可谓陈述无遗！读了这段文章，无不对基督教大学的前途产生悲观！不过，作者认为有两种办法可以多少减轻这种困难：一是学校因缩小范围，可作小规模之筹募，是集腋成裘；二是多费些时间，依筹募的计划来逐步推行，五年不行，则用十年，十年不行，则用二十年，二十年不行，则用三十年；持续努力，以求达到基金之总额。古人云："锲而不舍，金石为开。"只要基督教大学的主持人，下最大的决心，未有不达到成功之一日。

五、基督教大学应与所在地之教会及所处区域内之各基督教中学，切实联络，以收分工合作之效。基督教大学除造就一般的基督化的高等教育人才外，应兼负训练教会及基督教中小学工作人员之责，这是谁也不能否认的。过去，基督教大学毕业生在教会与基督教中小学服务的，不在少数。不过，这不能算基督教大学对于教会及基督教中小学完全尽了它的责任；仅仅训练若干教会及基督教中小学工作人员，还是不够的。基督教大学还应利用所处之领袖地位，随时随地指导他们，与他们切实联络。这样，一方面可以为自己保持基督教义与精神，一方面可以促进基督教宣传的工作。如果我们确信，基督教义与精神对于我国抗战建国及复兴民族有莫大的贡献，那么，基督教大学就应为所在地之各教会分担宣传基督教教义的责任。至于基督教大学与基督教中学之关系，尤为密切。基督教大学应有相当之人，能用大部分时间来与各基督教中学联络，指导他们作各种教学及设施上的改进。此外，大学与中学间之衔接问题，极其重要。基督教大学应竭力与所在区域内之各基督教中学，通力合作，使它们大多数的毕业生自愿投考基督教大学，不使基督教教育体系中断。过去，有多数基督教中学毕业生升入基督教大学。现在却不然，现在基督教中学毕业生都有一种投考国立大学的趋向：一因学费的关系，二因国立大学的地位，三因基督教大学未设学生所愿选修的科目。这种趋向当然是不能阻止的。不过基督教大学与基督教中学负行政责任的人，应尽量设法，鼓励多数基督教中学毕业生投考基督教大学，使两级学校不致有脱离的危险。

六、基督教大学在不违犯基督教义与精神的范围内，应尽量与国立大学或其他私立大学合作；并应忠实地遵守教育部所颁布的关于高等教育的一切法规。基督教大学一方面应保持自己的特性，一方面应竭力避免有别树一帜的嫌疑。在未立案之前，这种嫌疑颇深；既立案以后，政府及社会人士能理解基督教大学的特点。“特别在此六七年间，对于青年爱国精神之激发，及在战区各地沦陷后之艰苦支持，基督教大学皆有忠于国家之事实表现。校中西国人士对于中国抗战，亦多深表同情，影响于国际宣传至为重大。”我们从事基督教大学工作的人，不要以此为满足，我们应随时随地与国内教育界及学术界积极地联络；协助政府，改进我国高等教育的一切设施。我们的目的应使基督教高等教育，成为我国高等教育的一个不可分离的部分。

以上六条，系作者认为我国基督教大学今后应采之政策。今年春，全国基督教大学在香港开教育会议，作者适在欧洲考察教育，不能参加盛会，对于该会之议案亦未窥全貌，深以为憾。本文所发表之意见，或者在该会已有人提出讨论，如有重复之处，即希读者原谅。

中国教会大学向何处去？[①]

在中国研习教育的学生一般都把 1862 年作为中国现代教育开始的标志，因为在那一年清政府采取了一个非常特殊的行动：在北平建立了一所学院——京师同文馆。这是一所真正意义上的特殊的外国语学院，它为政府培养受过专门训练的在外交事务活动中从事笔译和口译的外语外交人才。1862 年以后，一些官办的技术学院相继成立，满足了当时国内对各种专业技术人才的及时需要。但是，中国直到 1898 年，才开始创办正规的国立学院或大学。正是在那一年，同文馆经过改组而更名为北京大学。所以，我们可以说，1898 年以前，中国没有为年轻的一代人建立任何正规的、现代的高等学府。

但这并不意味着 1898 以前中国就没有现代化的高等教育。事实上，在此之前，已经有四所教会大学：现在的齐鲁大学的前身——青州学院，早在 1864 年就成立了；现在的燕京大学的前身——华北联合大学，成立于 1882 年；圣约翰大学则成立于 1894 年；之江大学成立于 1896 年。1911 年中华民国建立前，增加了六所教会大学：苏州、上海、南京、华中、湖滨和华西。从 1914 年到 1923 年又增加了六所教会大学：

① 本文是黄溥根据其 1939 年 10 月公开发表的《我国基督教大学今后应采之政策》一文，用英文为大不列颠中国基督教大学联合会（China Christian Universities Association of Great Britain）主办的《宗教教育杂志》所写的专稿。该杂志之封面、扉页和目录被损毁，仅存本文和前后几篇短讯。编者据作者所写材料推断，本文大概刊登于 1942 年 12 月。丰春光、钟小芸译，戴世琛校订。

雅礼、华南、金陵、岭南、福建、路德书院（信义教会）。后者——路德书院存在的时间非常短，仅仅只维持了三年时间（1923—1926）。湖滨和雅礼则于1928年合并于华中大学。除了圣约翰之外，这些经历了1922—1926年"非基督教运动"大风暴①洗礼而保留下来的教会大学，都遵守政府的规定，相继在教育部注册备案。目前在中国有十三所教会（新教）大学，附表给出关于它们的一些重要信息。

1940年中国教会大学

（不包括独立的专业院校和天主教协会的院校）

教会大学*	成立时间+	原址	联合办理或教会独办	在政府部门登记为	现址	1939年注册人数
齐鲁大学	1864	济南	联合	综合大学	济南和成都	210
燕京大学	1882	北平	联合	综合大学	北平	892
圣约翰大学	1894	上海	美国新教圣公会	尚未注册	上海	820

① 非基督教运动是在"五四"反帝爱国政治运动和作为科学、民主与反传统文化运动的背景下发展起来的。它冲击到伴随西方殖民主义而来的基督教，所以反宗教，特别是反基督教思潮很快蔓延全国。1922年4月为反对准备在清华学校召开世界基督教世界同盟第11届大会，"非基督教同盟"和"非宗教同盟"分别在北京、上海成立，非基督教运动正式开始。此后，因为要求"收回教育权"和抗议帝国主义制造"五卅惨案"，基督教一再成为被攻击的对象。这场运动的指导思想，主要是新文化运动中流行的科学主义、民族主义和社会主义思潮，而一些政治势力和团体也参与其中，因之它在反基督教的广度、深度及影响都超过义和团。"五卅惨案"之后，民族主义情绪高涨，非基督教运动带有更为鲜明的反帝色彩，并衍生出收回教育主权运动，教会学校遂成为直接遭受抨击的主要目标。各级基督教学校基本上全部停办。当时政府遂以政策法令保证收回教育主权。1926年、1928年政府重新修定了注册立案的法令，坚持必须由中国人管理学校以外，还特别强调私立学校不得将宗教列为必修课，不得在课堂上宣传宗教，也不得强迫学生参加任何宗教活动。在教会方面，在客观形势的影响下，审视了本身存在的问题，顺应中国民族主义思潮，首先是遵守政府规定，履行登记注册手续，接受中国政府的教育方针、政策的指导，教会学校内部进行大幅度的调整变革。从1927年以后大部分教会学校注册立案，教会学校开始步入世俗化、本土化。详见章开沅著《辛亥前后史实论丛续编》一书中的《教会大学与20世纪20年代的中国政治》一文，第219页至第231页。华中师范大学出版社，1996年8月第1版。

续表

教会大学*	成立时间+	原址	联合办理或教会独办	在政府部门登记为	现址	1939年注册人数
杭州之江大学	1896	杭州	美国长老教会派教徒	学院	上海	462
苏州东吴大学	1904	苏州	美国卫理公会派教徒（南部）	综合大学	上海	783
上海沪江大学	1909	上海	美国浸信会教友	综合大学	上海	632
南京大学	1910	南京	联合	综合大学	成都	420
华中大学	1910	武昌	联合	综合大学	云南喜洲	153
华西协合大学	1910	成都	联合	综合大学	成都	573
福州华南大学	1914	福州	美国卫理公会派教徒（北部）	学院	福建南屏	70
金陵大学	1915	南京	联合	学院	成都	115
广州岭南大学	1916	广州	联合	综合大学	香港	460
福建协和大学	1916	福州	联合	学院	福建邵武	163
注册人数总计	5,753					

* 除华南和金陵为女校外，其他均为男女合校。

+ Cressy，E. H.，“中国的基督教高等教育”C. C. E. A. 1928年第20期

上述对于在华教会大学的简短的叙述，尽管不很完整，但已经能够充分地说明教会大学在向中国引进现代高等教育方面，起到了相当重要的作用，它们是中国国立大学和私立大学的开路先锋。教会大学给成千上万的中国青年提供了接受高等教育的机会，这些接受过教会大学教育的青年当中，现在有许多人已经成为政府首脑、工商界领袖，还有许多人从事各种各样的教育工作。在华教会大学在高等教育的各个领域，都起到了开路先锋的作用。或许，更值得称道的是，它们首先在中国实施了大学层次的女子教育，这无疑开创了历史的先河，其标志就是1905年在北京成立的燕京女子大学。直到十五年之后的1920年，中国政府

才开始致力于女子高等教育，在天津创办了首个国立女子高等师范学校。

教会大学不只是高等教育的先锋，它们还为中国的发展作出了巨大的贡献。国立东南大学的原校长郭秉文博士（Dr. P. W. Kou）指出，教会大学具有四大优势：（1）它们在外语训练方面做得更好；（2）它们更加崇尚体育教育；（3）它们更加强调培养学生社会服务精神和组织能力；（4）它们培养的学生具有严明的纪律性，能够有更多的机会与教师进行个人沟通。最后，教会大学对于基督教在中国的传播作出了令人瞩目的贡献。教会大学一部分毕业生最后成为了牧师，相当一部分成为教会的领袖和社会工作者。它们为改善中国社会的精神道德面貌，形成了一股强大的力量。

对于教会大学在中国所取得的辉煌成就，笔者就叙述到这里。教会大学能不能继续为中国的福利事业作出贡献呢？在中国它们是否具有持续发展的能力？它们是不是对这个国家已经毫无作用了呢？如果不是，它们到底遇到什么困难？如果它们想继续为中国服务，那么，它们应该怎样克服这些困难呢？这些问题是那些热衷于在中国开办教会大学的人应该特别予以关注的。

自从南京政府成立以后，国立高等教育已经取得了长足的进步。与私立大学相比，国立大学拥有更为强大的财政支持，更加完善的设备及场地，因而它们拥有更好的社会声誉，能够吸引更好的生源和更高水平的教职员工。教会大学完全没有必要在这方面去与国立大学竞争。目前的问题是，教会大学的财政经费越来越困难。在过去，开办一所教会大学相当简单，任何一名传教士都能成为某一学科的老师，所开设课程也不比中学高深多少。但是，自从那个时期开始，事情就发生了变化。政府对高校已经制定了明确的标准，并为大学与学院的组织与管理，制定了详细的规则。最近，政府已经为注册过的大学的不同学院或系，制定了官方的课程标准。现在要在中国创办和管理一所教会大学，已经不再是一件容易的事情，足够的财力支持和合适的人力资源已经很难找到。尽管在过去的几年里，政府一直在资助教会大学，这不仅仅是政府对教会大学的经济援助，更为重要的是表明了政府赞同教会大学在中国所从事的工作。自从1937年抗日战争爆发，大多数教会大学又花费了许多额外的金钱，将校园搬迁到战区以外。在这里，要感谢中国教会大学的美国联合董事会和中国教会大学英国联合委员会，是它们帮助教会大学度过了这个紧急时期。但是，没人知道这些组织对于教会大学的帮助与支持还能够维持多久？

在华教会大学除了财政来源不稳定外，要找到合适的教师也相当困难。如今，要找到一位有能力的大学教师就相当困难，而要寻找一位工作效率高的、能力强的基督徒教师就更是难上加难。尽管没有必要要求每一个在教会大学工作的教师必须是基督教徒，但是要确保教会大学的特征和影响力，不说大多数，至少要有一半的教职员工应该是基督教徒。我们到哪里去找符合这个要求的教师呢？随着政府职位吸引力的逐渐增强，还有国立大学和工商业的巨大吸引力，能够留住教会大学中的优秀人才已经相当不易，更不用说增加这样的教师了。

目前，在华教会大学不仅是遇到财政紧张和人力资源匮乏这两个问题，还有其他的问题也在困扰着它们，例如，管理的一致性、宗教工作的方向、和国立大学的关系、与基督教中学的关系等。但是，财政和人才问题才是最主要的问题，如果这两个问题解决了，其他问题就不难解决了。

鉴于所有这些困难，我们不禁要问：在华教会大学究竟该走向何方？它们会像花儿一样枯萎衰败吗？依笔者的管见，教会大学有三条路可走：一是让它们沿着原来的道路，屈服于现在所存在的困难，自生自灭。这条路对于它们来说，当然是一种错误的选择，因为这意味着它们对于这个国家已经没有存在的价值。只要基督教运动仍然是提高这个国家人民的精神面貌的一支重要力量，只要这个国家在各个战线上还需要基督教领袖和宗教工作者，在华教会大学就不应该自己退出历史舞台。

第二条路就是效仿大多数早期与宗教有关的美国大学的做法，即慢慢地与宗教脱离，不断壮大自己，最后演变为正规的私立大学。以在华教会大学过去在社会上的良好声誉和突出地位，要逐步演变成正规的私立大学不仅可能，而且将成为一种趋势，即逐步完全世俗化、本色化的趋势。如果它们采取这样的行动，那将是对中国的基督教运动的一个沉重打击，也是这个国家的巨大损失。因为中国迫切需要的并不是普通的大学与学院，相反，中国迫切需要的却是教会高等院校。这场战争结束以后，中国的每一个重建阶段，都比任何时候需要具有基督精神和正直精神的人。因此，对于在华教会大学来说，第二条路也不是它们的正确选择，即使它们有这样做的可能性。

那么，在华教会大学究竟应该选择哪条路才是正确的呢？简单地说，就是牢牢地保住自己的基督教特征，重要的是保证办学质量和学校的稳定性，而不仅仅是追求数量和规模的扩大。笔者坚信，这才是拯救在华教会大学的唯一出路，因为它们能为这个国家所作的最大贡献就是给它的子民提供基督教教育。如果缺乏基督教特征，它们就没有任何理由存在于中国。但是，光是紧紧保住基督教特征，还远远不够。如果在华教会大学要保住自己在中国高校中的地位，它们必须保持原有的高质量的工作标准，应该强调质量而不是强调数量。在华教会大学只有通过限制它们的工作领域，通过集中它们的力量去干某些特定的事情，才能寻求到足够的资金去完成它们的任务，从而吸引更好的生源和更强的师资。它们必须将目标放在建立一流学府的方向上，一味地想维持现状将违背它们当初建立时的初衷。

让我们假设：不再需要任何争论，大家都公认这就是在华教会大学应该采取的最佳政策。那么，我们的问题是，如何使这一政策得以贯彻执行？自然，有很多种办法可以解决这一问题。但笔者认为在华教会大学要解决这个问题，需要注意以下五个基本的因素：第一点或第一步，每一所在华教会大学应该准确地把握自己目前的状况与处境。对自己的财政状况和人力资源情况，进行一次详细的研究和预算。每一所在华教会大学应该准确地了解自己的财政力量到底如何？自己的人力资源是否充足？每年自己可以独立依靠的收入总数是多少？教职员的教学力量如何？在教职员中积极的基督徒占多少比重？类似这样的问题要能够准确地回答。有关这所大学的重要情况，如行政管理与组织机构等情况，应该像一幅清晰的画面，展现在我们的面前。

掌握了上述所有这些数据后，我们就可以考虑第二点或第二步：那就是严格地根据可以利用的资源，来重新调整学校的计划。一旦这个详细而精心制订的计划获得了教会大学董事会的通过，任何外部的影响和临时的经济资助，都不能成为改变这一计划的借口和驱动力。目前，在华教会大学中普遍存在一种趋势，那就是不断地扩大自己的规模，力争与国立大学相抗衡。它们这种急切渴望扩大规模的愿望与做法，应予适当而有效地加以控制。我们必须知道：一流的大学不一定就需要庞大的在册学生数、庞大的教职员工队伍以及雄伟的建筑物和精良的仪器设备。一所大学最基本的事情是，紧紧坚持自己办学的宗旨，充分利用目前的条件和资源，尽全力去圆满实现这一宗旨。

对于每所在华教会大学来说，要成功完成自己制订的计划，必须确保有稳定的资金来源。这就过渡到了第三点或第三步，即每所在华教会大学必须筹划更多的捐款。人们普遍认为，捐款对于一所教会大学来说是相当重要的，当然，目前并不宜于强调捐款问题。但是，作者深信，如果一所高校一直都只能勉强度日，那么这所大学就没什么前途。如果一所教会大学完全依赖于教会的年度拨款而生存的话，那么这所学校有效的或长远的计划就是一纸空文。尽管目前做任何与募捐有关的事情似乎不合时宜，但是，每一所教会大学还是应该开始计划提高它的募捐资金。燕京和其他一些院校已经开始着手于这件事了，这无疑是一个正确的方向。然而，在提高募捐资金方面，我们最需要的是耐心，一两次的募捐活动是无法达到这个目的的，我们需要的是学校方面的持续不断的努力。董事会的筹款活动要坚持一段时期，比如说 10 年到 20 年。

尽管经费对于一所教会大学来说，是多么的重要，但是仅仅有强大的财政支持，还无法保障它成为一所好的、一流的大学。要想成为一所好的、一流的大学，还必须有良好的管理作为坚强的后盾。如果我们对在华教会大学进行一次详细的考察，就不难发现它们在组织与管理方面效率不高。在华教会大学普遍存在这样一个实际问题，即支持教会大学的各个教会或联合办学的各个协会、组织机构，都在大学的教职员工里指派了自己的代表，并且按照自己的标准支付他们的工资。于是，在同一所教会大学或联合大学里，就存在不同的教职员任命标准和不同的薪金标准。这样各行其是，势必影响教职员之间的团结与和睦。完善而有效的管理应当是，将所有的捐赠和资助统一、直接交到会计处或大学财务委员会；所有教职员的任命，无论是传教士还是中国人，都应该是先通过校长的推荐，最后由大学校董事会决定。最终裁决权应该完全掌控在学校董事会手中。作为教会来说，既然乐意资助一所教会大学，它就应该完全信任这所学校的董事会或校长。因此作者推荐的第四点或第四步，就是每所教会大学都必须统一行政管理。只有这样，才能创建一所高效的、一流的大学。

上面所提到的四点，都只有一个共同的要求，那就是加强在华教会大学的组织机构与行政管理。在某种程度上说，在华教会大学首先必须强化自身。为什么教会大学必须首先强化自身？我们的回答是，他们只有先安顿好自身，才能推动基督教运动在中国的发展，才能为中国社会谋福利。如果这就是对在华教会大学的主要要求的话，我们必须知道它们怎样才能完成这个重要任务。关于这件事情，我们可以提出许多建议。但根据作者的判断，最为基本的就是在华教会大学必须全身心地与中国的其他重要组织或机构进行合作。这就是作者为在华教会大学斗胆提出的第五点或第五步。

在华教会大学究竟应该和哪些组织机构进行合作呢？第一个也是最重要的一个，就是和基督教教会的合作。早期，教会和教会大学的联系是十分密切的，它们相互帮助，相互裨益。但是，当后者急剧扩大、迅速发展的时候，前者却发展得相对缓慢，它们之间的密切联系渐渐地中断了。这种局面对于这两种机构来说都是不健康的。为了加强和推进中国的基督教运动，并且培养中国国民的基督品质，在华教会大学应该全心全意地与当地所有的教会合作，尽其所能地帮助它们做各种各样的传教工作。

在华教会大学应该与之合作的第二集团，是广大的教会中学。有一些教会大学拥有自己的中学作为生源基地，但是仍然有相当数量的教会中学没能与任何一家教会大学取得联系。这对于教会大学和教会中学两者来说，都是巨大的损失。目前有一种趋势，那就是教会中学的毕业生都愿意进入国立大学就读。主要的原因就是国立大学的声望较高，免学费，而且能提供更多的课程。这是一种无法阻挡的趋势。但是，如果教会大学非常主动地与它们辖区范围内的教会中学合作，并以专业的方式给予真诚的帮助，那么这些中学的许多毕业生，尤其是基督徒毕业生，很有可能更愿意选择教会大学，而不去国立大学就读。随着教会大学与教会中学的关系越来越密切，教会大学就可以挑选出合适的学生，将他们培养成为教会领袖，从而为这个国家的基督教事业做各种各样的工作。

最后，教会大学一定不要忘记自己是中国教育体系中一个不可缺少的部分，它们没有任何理由远离国立大学和其他私立大学。政府和公众对教会学校存在偏见的时代已经过去了，教会大学被赋予与其他私立大学一样的权利，在战争期间甚至得到了政府的资助。因此，教会大学应尽一切努力与非教会大学合作，不仅仅在科学技术方面合作，而且在战后重建国家的共同任务方面也可以密切合作。

在华教会大学能够继续为这个国家的福利事业作出贡献吗？当然

能，如果它们确实注意到了以上五个方面的问题，并且已经采取行动来实施这个计划——为中国提供最好的基督教高等教育。如果它们做到了这一点，不久其他的组织机构就会仿效。在华教会大学不应该总是沉醉在过去所取得的辉煌成就里，而应该放眼未来，确信自己一定会为中国的将来作出应有的贡献。

附：

Whither the Christian Colleges in China?

The year 1862 is generally recognized by Chinese students of education as the year marking the beginning of modern education in China, for in that year a definite step was taken by the Manchu Government to establish in Peking an institution called the Tung Wen Kwan. It was really a special college of foreign languages for the training of men to do translation and interpretation work in foreign affairs for the Government. After 1862 some Government technical schools were founded to meet the various immediate needs of the country. But no regular Government college of liberal arts or university was established until 1898. In that year the Tung Wen Kwan was reorganized and changed into the Peking University. So we may say that before 1898 the Chinese Government provided no regular modern institutions of higher education for the youth of the country.

But this does not mean that before 1898 there was no modern higher education in China. In fact, there were already four Christian higher institutions well established before that year. The Tengchow

College, the basic unit of the present Cheeloo University, was started as early as 1864. The North China Union College, the basic unit of the present Yenching University, opened in 1882. St. John's University was established in 1894, and Hangchow Christian College was founded in 1896. Before the establishment of the Chinese Republic in 1911 six more Christian institutions were added: Soochow, Shanghai, Nanking, Hua Chung, Huping, and West China. And from 1914 to 1923 another six colleges were established: Yali, Hua Nan, Ginling, Lingnan, Fukien, and Lutheran. The latter was short-lived, and lasted only three years (1923-1926). Except St. John's, those institutions which survived the big storm of 1926 followed the Government regulations and registered themselves in the Ministry of Education. At present there are thirteen Christian (Protestant) colleges in China. The accompanying table gives some important information about them.

This brief account of the Christian colleges in China, inadequate as it is, is enough to show what a significant role they have played in introducing modern higher education to China. They have blazed the trail for Government universities and other private institutions. They have provided opportunities for modern higher education for thousands of Chinese youth, many of whom are now leaders in government, industries, commerce, and many kinds of educational work. They have done pioneer work in almost all the lines of higher education. Perhaps the most noteworthy one is that education of college grade for women in China began with the establishment of Yenching Women's College in Peking in 1905. It was fifteen years later that the Chinese Government definitely committed itself to the task of providing for women's higher education, for the National Higher Normal School for girls was not established in Tientsin until 1920.

Christian Colleges and Universities in China in 1940

(Independent professional colleges and Catholic institutions are not included)

Christian Colleges and Universities*	Established in+	Normal Location	Union or Denominational	Recognized by government as	Present Location	Enrolment of 1939
Cheeloo University	1864	Tsinan	Union	A University	Tsinan and Chengtu	210
Yenching University	1882	Peiping	Union	A University	Peiping	892
St John's University	1894	Shanghai	U. S. Episcopal	Not Registered yet	Shanghai	820
Hangchow Christian College	1896	Hangchow	U. S. Presbyterian	A College	Shanghai	462
Soochow University	1904	Soochow	U. S. Methodist (South)	A University	Shanghai	783
University of Shanghai	1909	Shanghai	U. S. Baptist	A University	Shanghai	632
University of Nanking	1910	Nanking	Union	A University	Chengtu	420
Hua Chung College	1910	Wuchang	Union	A University	Hsichow, Yunnan	153
West China Union University	1910	Chengtu	Union	A University	Chengtu	573
Hua Nan College	1914	Foochow	U. S. Methodist (North)	A College	Nanping, Fukien	70
Ginling College	1915	Nanking	Union	A College	Chengtu	115
Lingnan University	1916	Canton	Union	A University	Hong Kong	460
Fukien Christian University	1916	Foochow	Union	A College	Shaowu, Fukien	163
						5,753

* All the institutions are coeducational, except Hua Nan and Ginling, which are for women only.

+ Cressy, E. H., "Christian Higher Education in China," C. C. E. A. Bulletin No. 20, 1928.

It is not in pioneer work in higher education alone, however, that the Christian colleges have made their contributions to China. In administering their college work they have set good standards for other colleges in the country. According to Dr. P. W. Kuo, the former President of the National Southeastern University, the Christian colleges have been reputed for four strong points: (1) they offer better training in foreign languages, (2) they promote physical education, (3) they inculcate in their students the spirit of social service and the ability for organizing, and (4) their students have better discipline and more personal contact with their teachers. Finally, the Christian colleges have made noticeable contributions to the Christian movement in China. Quite a number of their graduates have entered the ministry, and not a few have become Church leaders and social workers. They constitute a constructive force for the moral uplift of Chinese society.

So much for this splendid record of the Christian colleges in China. Will they be able to continue to make contributions to the welfare of China? Have they outlived their usefulness to the country? If not, what difficulties are confronting them? How can they overcome those difficulties if they are to continue to serve China? These are the problems that concern those who have deep interest in the Christian colleges in this country.

Since the establishment of the Nationalist Government in Nanking the national institutions of higher education have progressed by leaps and bounds. In comparison with private institutions they have much stronger financial support, and much better equipment and plant. Consequently, they command more prestige and attract more and better students and faculty. It is of no use for Christian institutions to compete with them. On the other hand, the support of the Christian colleges has become more and more difficult. In the earlier days it was quite simple to conduct a Christian college. Any missionary could be a teacher on the faculty, and the curriculum was not much more advanced than that of a secondary school. But things have changed since those times. Definite standards for higher institutions have been set by the Government, and minute regulations for the organization and administration of colleges and universities have been drawn up. Very recently a set of official curricula for the various schools of any registered university has been promulgated. Nowadays it is certainly not easy to conduct a Christian college in China. Adequate support and proper personnel are very difficult to find. Though the Government has been subsidizing most of the Christian colleges during the past few years, it is more an indication of the Government approval of the work of the Christian colleges than a substantial help to them. Ever since the outbreak of the war of resistance against Japan in 1937 most of the Christian colleges have incurred extra expenses in moving their institutions out of the war areas, and, thanks to the American Associated Board of Christian Universities of China and the British United Committee for Christian Universities of China, they have been able to meet the emergency for the time being. But how long these organizations will be able to continue to support the institutions no one knows.

In addition to this financial precariousness of the Christian colleges in China, there is the difficulty of finding the proper teaching staff for them. It is difficult enough to find capable men for college teaching, but to find good Christians capable of carrying on efficient work in higher institutions is even more difficult. It is not necessary to require that every one working in the Christian colleges should be a Christian, but to ensure the Christian character and influence of these institutions at least one-half of the faculty, if not the majority, must be Christians. Where can they be found? With the increasing attractions of the positions in the Government, in national universities, and in industries and commerce, it is indeed very difficult for the Christian colleges in China to keep for themselves the best of their Christian faculty, not to say to increase it.

The financial stringency and the personnel problem are by no means the only difficulties of the Christian colleges in China. There are many other problems confronting them, such as the integration of administration, the direction of religious work, the relation between the institutions and national universities, the correlation with Christian middle schools, etc. But the financial and the personnel problems are the leading ones, and when they are solved the other problems can be solved without much ado.

In view of all these difficulties, let us ask what the Christian colleges in China are going to do. Whither are they going? In the writer's view there are three possible ways for the Christian colleges to take. One is to let them drift along and allow themselves to succumb to these difficulties and to die a natural death. This is certainly a wrong way for them to take, for they have not outlived their usefulness to the country. And the writer does mot believe that the Christian colleges in China can ever outlive their usefulness, for as long as the Christian movement in China remains a vital force for the spiritual uplift of the country, and as long as the nation needs Christian leaders and workers in all lines of work, the Christian colleges in China have no right to withdraw themselves.

The second way for the Christian colleges to take is to follow the examples of most of the early Church-related colleges in America; that is, gradually to sever their Church affiliations and to expand themselves into regular private universities. With their past record and good standing in society, it is not only a possibility but a real temptation for the Christian colleges in China to secularize themselves. This would be a great blow to the Christian movement in China and a real loss to the country, for China does not need so badly many ordinary colleges and universities as she needs Christian higher institutions. After this war, for every phase of reconstruction she is going to need more than anything else men and women with Christian spirit and integrity. So this second way is also not a right one for the Christian colleges in China to follow, even if it is a possibility for them to do so.

Then what is the right way for the Christian colleges in China to take? To be brief, it is to hold fast to their Christian character and to stick to quality and solidness instead of quantity and expansion. The writer is convinced that this is the salvation of the Christian colleges in China, for the greatest contribution they can make to this country is Christian education. Without this characteristic there is practically no excuse for their very existence. But to hold fast to the Christian character alone is not enough. If the Christian colleges ever want to keep their place in Chinese higher education they have to uphold their high standards of work and to emphasize quality instead of quantity. Only by limiting their field of work and by concentrating their efforts upon a particular program can they find enough funds to carry on their task and hope to attract a better class of students and faculty. They must aim at building themselves into first-rate institutions. To remain satisfied with their present status is going to defeat the very purpose of their establishment.

Let us assume without further argument that this is the right policy for the Christian colleges in China to adopt. Then our problem is: How can this policy be carried out? Naturally there are many ways to solve this problem. But the writer wishes to venture five points which he considers essential for the Christian colleges if they are to carry out this policy. The first point or step is for each institution to take stock of its present status and to make a thorough study of its financial and personnel situations. Each institution ought to know definitely its own financial strength and its own man power. What is the total amount of its dependable income each year? How strong is its faculty? What percentage of active Christians is there on the faculty? Questions like these should be faithfully answered, and a clear picture of the institution in regard to all the important matters of administration and organization should be carefully drawn.

With all these data we can proceed with the second point; that is, to readjust the program of each institution strictly according to its dependable resources. When this clearly thought-out program is once decided upon by the board of each institution, no outside influence and no temporary subsidies should be allowed to dictate any change in it. The great temptation of the Christian colleges in China is to expand and to try to match themselves with national institutions. This urge for expansion should be duly suppressed. We must know that to be a first-rate institution it is not necessary to have large enrolment, large faculty, and imposing buildings and equipment. The essential thing for the college is to stick to its main purpose and to utilize to the fullest extent whatever it has for the fulfillment of that purpose.

To ensure success in the carrying out of the program of each institution a steady income is necessary. This leads to our third point: that is, for each institution to plan the raising of an endowment fund. The importance of an endowment to any institution is generally recognized. It is true that this is not the right time to talk about endowment funds. But the writer believes that no institution can have much of a future if it has to live all the time from hand to mouth. No efficient planning and far-sighted program is possible if the Christian colleges in China have to rely entirely upon the annual appropriations from different missions. Although it is very inopportune to do anything for endowment at present, each institution should start some planning for raising its endowment fund. Yenching and a few other colleges have already made some start. It is in the right direction. One thing, however, we need most in raising endowment is patience. One or two campaigns will not do. What we want is a persistent effort on the part of the college boards to carry on the campaign over a long period, say from ten to twenty years if necessary.

However important strong financial support of an institution is, it alone cannot produce much good. It must be backed by sound administration. If we examine the Christian colleges in China we shall find that they are not organized and administered in a very efficient way. It is a common practice among them that the supporting mission in the case of denominational colleges, or each co-operating unit in the case of union institutions, should appoint its own representatives on the faculty and follow its own scheme for supporting them. There are as many standards of appointment and payment as there are different nationalities and co-operating units in an institution. This loose organization to some extent accounts for a lack of *rapport* among the faculty members of the institutions. Sound administration demands that all the contributions and subsidies be paid directly to the treasurer or the finance committee of the institution, and all the appointments, missionary as well as Chinese, be made by the board on the recommendation of the college president. The final authority must be definitely invested in the hands of the board, and when a mission has once pledged its support to a certain institution it must have complete confidence in its board and its president. So the fourth point recommended by the writer is that each college should work for the integration of its administration, for upon this depends the efficiency of any institution.

The four points mentioned above all have the same aim of strengthening the organization and administration of the Christian colleges in China. It is, in a sense, to set their house in order. Naturally we ask: What is the house to be set in order for, and why should the Christian colleges strengthen themselves? Our answer is that they must strengthen themselves so that they can render an optimum service to the Christian movement in China and to the welfare of the country. If this is the main purpose of the Christian colleges in China we must know how it can be accomplished. In regard to this, of course, many suggestions can be made. But the essential thing, in the writer's judgment, is for the Christian colleges to co-operate whole-heartedly with other important institutions and organizations in China. This is the fifth point ventured by the writer for the Christian colleges in this country.

What are the institutions that the Christian colleges should co-operate with? The first and the foremost is the Christian church. In the early days the relation between the church and the Christian college was rather close, and mutually helpful. But as the latter expanded too fast, the former lagged behind, and gradually they have lost contact with each other. This condition is certainly not healthy for either institution. In order to advance the Christian movement in China and to foster their own Christian character, the Christian colleges should co-operate wholeheartedly with all the local churches and do their utmost to help them in all kinds of evangelical work.

The second group of institutions that the Christian colleges should co-operate with is Christian middle schools. Some of the colleges have their own middle schools as their feeders. But there are a large number of Christian middle schools left alone, with no close connection whatever with any of the Christian colleges. It is a great loss to both groups of institutions. At present there is a striking tendency among the graduates of Christian middle schools to enter national institutions. This is largely due to the fact that the latter command more prestige, charge no tuition fees, and offer a greater variety of curricula. It is of no use to check this tendency. But if the Christian colleges show themselves anxious to co-operate with those middle schools within their assigned areas and to render them real help in a professional way, it is more than probable that many graduates of those schools, especially Christians, will, prefer them to national institutions. With a better articulation with Christian middle schools, the Christian colleges will be able to pick the right type of students and train them to be leaders of the Church and do different kinds of Christian work in the country.

Finally, the Christian colleges must not forget that they are a part of the whole educational system of the country. They have no reason to keep aloof from national institutions and other private universities. The time for prejudice and discrimination on the part of either the Government or public institutions against the Christian schools is gone. And the Christian colleges are accorded the same privileges as any other private institutions, and are subsidized regularly by the Government even during this war-time. So it is only proper for the Christian colleges to co-operate as much as they can with all the non-Christian higher institutions, not only in academic work, but also in the common task of reconstructing the country after the war.

Can the Christian colleges in China continue to make contributions to the welfare of the country? Certainly they can if they take due heed of the five points mentioned above. Fortunately, quite a few the Christian institutions have already taken steps to adopt this policy of providing the best of Christian higher education for China. Before long all the rest will follow suit. And the Christian colleges will not only look back with pride to what they have achieved in the past, but also look ahead with great certainty to what they will accomplish for China in the future.

第三篇　论中等教育

长沙雅礼中学校沿革述略[①]

本校原系长沙雅礼大学附设之中学部。民国十五年秋，因非基督教运动影响，学校停办。十七年秋，重组校董会，恢复中学部。由美国雅礼协会与驻湘长老会、遵道会、复初会及循道会联合办理。十八年九月，经教育部批准立案。

学校行政组织

学校一切重要行政事项，概由校董会主理。校董共十二人：华人七，西人五；由上述五团体举派：雅礼协会三人，其余四会各两人，校长为当然校董，合共十二人。

校长由校董会产生，执行该会所议决各案，并主持全校一切事务。

校长以下，有教务主任、事务主任及会计，三人由校董会选派，辅助校长执行全校事务。

本校为贯彻教员治校的主张，组织训育、体育、宗教、图书、事务

---

① 本文简明扼要地介绍当时学校概况，目的在于扩大招生。在学校行政组织一项中，突出介绍“教员治校主张”；在训育情形一项中，突出介绍初中童子军训练和高中军训；在宗教教育一项中，明确宗教课选修，每周礼拜仪式自由参加；在教学情形一项中，明确高中二年级后文理分科，突出各科课程委员会参加每月一次的教务会议，讨论课程改革和教材内容、教学方法等问题。特别介绍学校设备完善，图书室、理化室为湘省中学之冠，是以大学设备办中学（原雅礼大学部分合并到华中大学）。该文选自《教育季刊》第7卷第3期，1931年9月。

五个委员会。每学期于第一次教务会议时，由校长指派教员分别担任以上五项事宜。遇有重要事情发生，则由校长通告委员长，召集各委员共同讨论，议决各案，由校长斟酌施行。

以上为本校行政组织之大概。本校恢复已两年余，行政上全无隔阂。此种情形，并非因组织上之关系，实因全校教职员，能和衷共济，有以致之。

训育情形

本校训育事项，概由训育主任及训育委员会各委员商承校长处理之。

属于积极方面的训育事项，一为每礼拜三、五，由校长及训育主任，向全体学生训话。初级中学部，一律用童子军方法训练。高中部用军事训练法训练。明春学生增多，高中部拟试用所谓家庭管理法。

关于宗教上之训练，各级有宗教选科，每星期举行四次自由礼拜。星期日，各生至各教会礼拜。其余宗教事项，概由宗教委员会指导，及联络学校青年会主办之。

关于消极方面的训育事宜，由训育主任及训育员主持。凡学生犯有重要规则者，由校长训诫后，拟定处罚，交训育主任执行。轻则扣例假及操行分数，重则牌示退学。

每学期终，由校长召集各教职员，开教务会议，讨论处置成绩不良、品行恶劣之学生。如全体教职员认为不堪造就者，由学校通告其家长，令其退学。

教学情形

本校现有高中三班，初中四班，以后每学期增加一班。均由教员教授，学生程度整齐。自高中第二年级起，分社会科学组及数学组，使学生有所选择。又各级设宗教选科，不选宗教科者，在初中需选“公民课”，高中需选“人生哲学课”。

本校教员，多系专聘，大多数为本校以前之大学毕业生。现有教职员共二十三人。

本校每月举行教务会议一次，讨论各科教学法，预先由校长派请教员主领，目的在改良教学法，并引起教员职业上之兴趣。

关于改良课程方面者，有各科课程委员会之组织，由校长指派各教员负责，随时开会讨论各科课程改革问题。最近由校长发起各科教育测验，由各课程委员会负责拟订，再由校长编辑，命为“雅礼教育测验”。此外再加“雅礼智力测验”，由校长负责编辑，以为入学试验之一。

本校设备，尚稍完善。图书室、理化室为湘省各校之冠。以办大学之设备办中学，当有余裕。现所需者，为教室建筑及寝室建筑。将来各级一班，学生数可达四百余人，非增加房屋不可。现今湘省尚不安定，建筑问题，不易解决。

雅礼联合中学（1930—1931）[①]

乱中幸存

1930 年夏，共产党武装部队一度攻进长沙，当地的流氓地痞乘社会混乱之机，肆意破坏，城里一些学校和公共设施要么被烧毁，要么被洗劫一空。当时没有人会相信，雅礼中学会幸免于难。然而，奇迹真的发生了：学校毫发未损，雅礼中学联合体里的每一名成员都未受到伤害。尽管这次混乱使我们有些不安，但它唯一的影响就是生源的减少，九月十五日开学时学生从上学期的 218 名，降到 164 名，许多学生随着家人去了汉口或上海。

学生数

1930 年秋季开学，共有 7 个班 164 名学生。高中部 45 人，初中部 119 人。这学期我们增加到 9 个班，219 名学生。高中部 45 人，初中部

① 1930 年 6 月至 9 月，“左”倾错误在共产党内统治期间，党为此付出了惨痛的代价。红三军团于 1930 年 7 月下旬攻入湖南长沙，8 月 5 日退出，长沙城内一度出现混乱。详见胡绳主编《中国共产党的七十年》，中共党史出版社，1991 年 8 月第 1 版，第 104 页至第 107 页。黄溥发表此文意在表明学校在动乱中未受到损失，坚持了基督教中学办学宗旨。该文选自 *Education Review*，Vol. XXIII，No. 3，July，1931. The China Christian Educational Association，5 Quinsan Gardens，Shanghai. 丰春光译。

174 人。

为了让许多贫穷而有潜质的学生继续求学，学校需要提供大笔的奖学金。这些奖学金由各个差会共同提供。这学期，长老会资助了 15 名学生，福音会资助了 9 名，美以美会资助了 3 名，复初会资助了 3 名，雅礼会也资助了 3 名。这些获得奖学金的学生，按惯例必须是基督徒，并且总的来说，他们都是学校最好的学生。

读者可能会对下表提供的数据感兴趣。

雅礼联合中学

1930 年秋季　　　　1931 年春季

		男生数	基督徒数	选《圣经》课的男生数	去教堂的男生数	参加雅礼宗教协会《圣经》课的男生数	男生数	基督徒数	选《圣经》课的男生数	去教堂的男生数	参加雅礼宗教协会《圣经》课的男生数
初中部	一年级上下	30 24	8 3	30 24			33 31	4 9	33 31	31 25	5 13
	二年级上下	33	7	32			24 25 25	7 1 8	24 18 24	17 17 22	8 14 18
	三年级上下	32	11	32			36	15	29	30	31
高中部	四年级上下	13	8	13			15	7	15	13	8
	五年级上下	14	9	11			13	7	9	9	7
	六年级上下	18	13	18			18	13	18	16	5
总数 百分比		164	59 36%	160 98%	154 94%	88 54%	220	71 33%	201 92%	180 82%	109 50%

教职员

1930年夏，我们精力过人的学监应先生，前往美国深造。我们舍不得让他走，顶替他的盛先生干得很好。在盛先生的领导下，学校的员工和一些学生在长沙一度混乱期间，保护着学校的安全，使学校没有受到流氓地痞的侵害。

在秋季开始时，学校新来了两名教师：邵子凤和 Mr. Burton B. Rogers。邵子凤于1926年毕业于雅礼大学堂，到初中部教国文。Mr. Burton B. Rogers 于1930年毕业于耶鲁大学，在初中部和高中部教英文。

这学期来了一位新教师，毕业于苏州东吴大学的王仕鹏。他负责学校的童子军工作。我们将学校最老的校工提拔为商务助理，他就是陈云生，一个虔诚而有能力的基督徒，他还负责管理学校的化学实验室。

我校原来的英文教师 Mr. Arthory，秋季还在武昌的葆灵中学任教，这学期和妻子一起回到了雅礼。他们都在高中部教英文。

从以下统计中我们可以看到：我们的教职员工中75%是基督徒，有64%以上的教师和行政人员拥有大学文凭。那些还不是基督徒的教职员工热衷于基督教传教事业，他们最终成为基督徒只是时间问题而已。许多基督徒教师每隔两周举行一次《圣经》课，每个星期三的晚上我们举行一次教职员工祈祷会，这种祈祷会通常会有很多人参加。

	1930年秋季	1931年春季
教师和行政人员数	22	26
基督徒教师与行政人员数	16	20
全职教师与行政人员数	15	18
拥有大学文凭的教师人员数	14	17

课程

自从 1930 年秋季以来，我们的许多课程都已经修订。高中部的最大改变是分为两组：社会科学组和数学组。两组在自然科学方面都是为升入大学做准备，而且两组都需开设自然科学课程和重要的文科课程。两者唯一的区别是：社会学科组要求学习高等数学和机械制图。一名高中生，从高中二年级起，可以在咨询校长后，选择其中的一组课程。我们感到这样分组在课程方面取得了巨大的进步，因为我校男生毕业后，将从事教师、牧师等工作，而不是从事工程师的工作；而且，我校高中部的毕业生在他们能够有钱读大学前，不得不从事一段时间的教学工作。一些基础心理学和教学原则的课程会给他们很大的帮助。

基督特征

我们创办学校的主要目的是，最大可能地为我们的男生提供一种基督教徒的生活。我们希望他们比其他生活方式获得更加充足的精神生活。为了达到这个目的，我们觉得有三件事非常重要：我们要在学校创造一种浓厚的基督教气氛；使学生与基督徒教师之间建立一种亲近的关系；最终能与长沙市不同教堂紧密合作，从而使我们的学生能得到宗教方面的训练。

对以上数据进行粗略的审视，我们不难发现已经在学校创造了一种浓厚的基督教气氛。如果我们取两个学期的平均数，我们可以发现我们的学生有三分之一以上是基督徒，而教师则有 75%以上是基督徒。我们的男生中有 95%以上选修了《圣经》课，有 88%以上每周日参加各种各样的教会礼拜活动，有 52%以上参加雅礼中学《圣经》课，我们的志愿者礼拜服务，一周举办四次，并且平均有 40 名或更多的男生参加。

我校的雅礼基督教协会相当活跃，每个周日晚上，雅礼基督教协会的男生为学校的员工做礼拜，并为员工开祷告会。自从1930年秋季以来，他们自己组织了一个小组，在非基督徒男生中，开展面对面的工作。作为教师，我们试图尽一切办法去鼓励他们。我们发现，让基督徒男生去做非基督徒男生的工作，比教师做的更有效果。

每个星期天我们鼓励男生到本市的各个教堂参加礼拜。下面的统计数据可以说明男生参加各个教会的情况以及不同教会对他们的吸引力。

	秋季（1930）	春季（1931）
长老会教徒	50	43
福音派	45	37
卫理工会派	31	39
路德派	28	41
美国教会	—	12
中国内陆派	—	8
总计	154	180

每个学期我们学校的男生都要与福湘女中举行一次重要的会议。上学期由于不稳定因素而没有举行。这学期4月19日，福湘女中和雅礼中学在雅礼教堂举行了一次联合会，9名男生接受了洗礼，42名男生决定参加不同教堂举行的教义问答课。我们当然有很多事要做，我们需要来自长沙市各个教堂的更多帮助与合作。

总之，我们并不是想对读者说，我们已经没有改进的空间，没有人比我们更清楚我们学校的弱点和不足之处。但我们可以说我们有一个在湖南创建一所有强大的基督教中学的机会，我们需要的只是鼓励和同情。

遵道中学国文课程之计划[①]

初级中学

甲 目的

一、使学生明白文字之发表，是用以表达思想、记叙事物，而能明白通畅。

二、使学生能阅读通俗书报，了解现代及中国古代思潮之大概，以启发其思想及智德。

三、使学生明白文艺之价值，以引起其研究中国文学之兴趣。

四、使学生明了中华民族特有之精神。

乙 学分支配

初级中学国文课程共36学分，皆为必修课。其支配法，表列如下：

课程	第一学年		第二学年		第三学年	
	上学期	下学期	上学期	下学期	上学期	下学期
精读	3	3	3	3	3	3
略读	1	1	1	1	1	1

① 黄溥在担任遵道中学校长期间，十分重视“中西并重”的课程设置。这是他与国文教员共同研究，亲自动手制订的国文课程计划，并督促国文教员切实执行。该文选自《教育季刊》第2卷第3期，1926年6月。

续表

课程	第一学年		第二学年		第三学年	
	上学期	下学期	上学期	下学期	上学期	下学期
文法	1	1	1	1	1	1
作文	3/4	3/4	3/4	3/4	1	1
习字	1/4	1/4	1/4	1/4		

注：本课程无演说辩论之学分，因本校分各班学生为三组，每礼拜六晚，举行演说辩论会，且有教员指导；每一学生在一学期内，至少有四次演说练习之机会，故上列课程未作安排。

丙　程序

第一学年

一、本学年希望达到之目的

（一）能作三百字以上、字句通顺之白话文。

（二）能应用新式标点符号。

（三）能分析白话文法词性。

（四）能阅读了解浅显之白话文及通俗之时文。

（五）能朗诵课内指定之白话文 30 篇，能默写课内指定之文言文 20 篇。

二、本学年采用之教材

（一）精读（详细了解）国语教科书第一、第二两册（商务本）及初级古文读本第一册（中华本）。

（二）略读（了解大体）《论语》中指定之部分。

说明：《论语》系孔门师徒言行录，除一二抽象的理论青年难于领会外，余均言简意赅，便于记忆，有益身心；且当时之奇人（如楚狂接舆，荷蓧丈人之类[①]）轶事包涵甚多，能使学生增添无限兴趣。《论语》为两千年来国人内外生活之支配者，无论何人不可不一读，故安排于一、二年级之略读书内。

（三）文法　中国语法讲义（亚东本）。

（四）作文　每周一次，限期交卷。

（五）习字　习寸楷，用学校特备之九宫格纸，笔书须端正，不苟且。

三、假期作业之指定，照近来学校通例，每学期学年之间，有寒假约 30 日，暑假 80 余日。在此长久假期内，学校置学生之光阴于不顾，殊为可惜。故有假期作业之规定。此项规定，由学校函告学生家庭，请其督促实行。其作业成绩，开学日须呈缴学校评定记分，分别予以奖励。其奖励办法如下：

假期作业成绩，由各级教员评定，分甲、乙、丙、丁四等。甲等奖三分，乙等奖两分，丙等奖一分，丁等不奖。日记奖分加入精读内，习字奖分加入作文内，读书心得奖分加入略读内。以上所奖分数，按照以上学科，加入下学期各科总平均分数内。

凡各项作业成绩列入甲等者，由学校按照该门所需之相当价值，奖给现金书券。得奖者，可持券向售书室抵缴任何书价。如不需抵缴者，放假时可领现金。（习字奖纸一刀，日记奖厚日记簿一本，阅书则视阅何书而定。学校所奖现金书券，均以此为例。）

每学期假期作业成绩之评定，由学校登入《遵道月刊》内，以供众览。

（一）寒假内之作业

子　略读《国民浅训》《老残游记》（上二书任读一种）。

---

① “楚狂接舆”，楚国狂人名接舆，唱着歌经过孔子车旁，歌的大意是从政的人道德衰微，很危险！“荷蓧丈人”，子路随孔子周游列国，落在后面，路遇一位老人，用木杖挑着除草农具。子路问：“你看见我老师了吗？”老人说：“四体不勤，五谷不分，孰为夫子？”接着把木棍插在地上，就去除草了……这两个典故出自《论语》，详见徐志刚译注《论语通译·微子篇第十八》第 236 页和第 238 页，教育部《中学语文教学大纲》指定书目，人民文学出版社，2000 年 9 月北京第 5 次印刷。

丑　习寸楷一千（用学校特备之九宫格纸）。

寅　写日记若干篇（用学校特备之日记簿，以记述书中之大要为主。字须端正，即以代小楷）。

（二）暑假内之作业

子　略读《三民主义》《儒林外史》《西游记》（上三种，除《三民主义》必读外，余任读一本）。

丑　写日记若干篇（用学校特备之日记簿，以记述书中之大要为主。字须端正，即以代小楷）。

寅　习寸楷三千（用学校特备之九宫格纸）。

第二学年

一、本学年希望达到的目的

（一）能作五百字以上文辞畅达之白话文。

（二）能作二百字以上字句通顺之文言文。

（三）能了解各种文章之法式。

（四）能阅读了解内容繁复之白话文，说理较深之时文。

（五）能朗诵课内指定之白话文 30 篇，能默写课内指定之文言文 20 篇。

二、本学年应采用之教本

（一）精读国语教科书第三、第四两册（商务本）及初级古文读本第二册（中华本）。

（二）略读　《孟子》中指定之部分。

（三）文法　高中写作文法（亚东本）。

（四）作文　每周一次，限期交卷。

（五）习字　用学校特备之九宫格纸，能运笔自如，有帖意。

三、假期作业之指定

（一）寒假内之作业

子　略读《爱罗先珂童话集》《板桥家书》（上二书任读一种）。

丑　写日记若干篇（用学校特备之日记簿，以记述书中之大要为主。字须端正，即以代小楷）。

寅　习寸楷一千字（用学校特备之九宫格纸）。

（二）暑假内之作业

子　略读《建国方略》、《三国志》及《水浒传》（上书除《建国方略》必读外，余任读一种）。

丑　写日记若干篇（用学校特备之日记簿，以记述书中之大要为主。字须端正，即以代小楷）。

寅　习寸楷三千字（用学校特备之九宫格纸）。

第三学年

一、本学年希望达到的目的

（一）能作千字以上文辞畅达之白话文。

（二）能作三百字以上文辞畅达之文言文。

（三）能分析普通文言文法词性。

（四）能阅读了解内容丰富之白话文及平易之古文。

（五）能朗诵课内指定之白话文 30 篇，能默写课内指定之文言文 20 篇。

二、本学年采用之教本

（一）精读国语教科书第五、第六两册（商务本）及初级古文读本第三册（中华本）。

（二）略读（上学期）《曾文正公家书》。（下学期）《辩论术之实习与原理》（商务本）。

（三）文法　金兆梓国文法之研究（中华本）。

（四）作文　每周一次，限期交卷。

三、假期作业之指定

（一）寒假内之作业

子　略读《欧洲政治思想小史》（中华本）、《附掌录》（商务本）

（上二书任读一种）。

丑　写日记若干篇（用学校特备之日记簿，以记述书中之大要为主。字须端正，即以代小楷）。

寅　习寸楷一千字（用学校特备之九宫格纸）。

（二）暑假内之作业

子　略读《梁任公演讲集》上、下册，《天方夜谭》《侠隐记》（上三种书任读两种）。

丑　写日记若干篇（用学校特备之日记簿，以记述书中之大要为主。字须端正，即以代小楷）。

寅　习寸楷三千字（用学校特备之九宫格纸）。

丁　教学法

近世教学法，都趋向于自动，所谓“道尔顿制”，纯以自动为主，教师不过居于指导质疑地位。吾人若欲使学生对于国文产生兴趣，得实在益处，更非使之自动不可。即使教材过多，学生时间有限，不能篇篇自动研究，亦当于最低限度内，使之研究若干篇。常闻人言：“学生恒以上国文课为休息时间，以为不懂之处，教员必为之解释，不知之处，教员亦不至问难。”如此，而欲求学生程度之提高，呜呼可！故吾人权衡新旧各教学法，以学生受实益为前提。订定教学法如下：

一、预习

学生预习之益处甚大，人人知之。一篇文章经过预习之后，往往有很多费解之处，反变为容易，更因而发生许多有趣之新问题；且预习能力养成，即独立性养成之初步。但预习之先，下列数点须注意，否则就成为枯燥无味之作业：

（一）估计学生不能了解之字与词，须先为之注释。

（二）就全文之精要处，设为若干问题，录示学生，使自一一作答案。

（三）全文之价值及大要，略加说明。

二、教授

一篇文章，如果经过细心预习，教者即可立于指导地位，不必再逐句解释，可视其难易，令学生讲解。解说有误，再令全级共同订正。经过此层手续，一篇文章大致当已明白。教者此时再将各段大意及全篇作法详细说明。说明之后，再令学生质疑。总之，教无定法，以能令生徒受实益，不厌所学为断。教者亦当对学生负责任，不徒对学校负责而已。我既担任此课，势必于相当期内，使学生得相当益处。

三、诵读

多看，多读，多作，此先辈教人学文妙法。法虽近于机械，然学文确不可少。文言文固应读熟，语体文亦当朗诵。而今之学生，皆以诵读为不足道，于是国文教学，等于"留声机"之唱演。退课之后，即置教本于书中，以致后来上课，言者谆谆，听者藐藐，难怪学生即以此为休息之时也。此后吾人当注意学生诵读，每周至少有一小时或半小时诵读；或于讲解有暇，即令全级诵读。在诵读时间内，一则可以温故知新，一则可以将不明了之处，详加叩问。

四、默写

文章诵读越熟受益越大，所以旧式教法注重背诵。唯背诵只能行之于个人，不能行之于团体；且时间既不经济，形式亦不雅观。欲免除此种困难，默写大可应用。默写既可养成明晰的记忆力，亦可养成正确之理解力。默写之法：于极短之时间内，令学生默写指定熟读文章之紧要的一段或两段。此项默写，一礼拜至少须举行一次。

五、笔答

非熟读之文，亦当详细了解；唯了解与否，若不加以考问，无从得知；若行个别之口问、口答，时间殊不经济。至便之法，唯有笔答。如是既可以在短时间内遍问全班，亦可促进学生明晰正确之读书能力。笔答之法，于上课时，每人发纸一片，择书中之精要处，出一二问题，令于最短时间内笔答之。此项笔答，每周至少须举行一二次。

六、读书录

读书录，即记述文章之大纲及词句之注释也。略读之书，非有读书录，尤无从考察其成绩。且教学模范文，第一须使明白文章之理路，字句尚在其次。倘文章之理路，一日不清，即一日不通理路。不通之弊，也令学生撮其大纲，有时绘图，有时列表，如学生不能作，即由教者示范。

七、作文

作文誊写，须注重书法，字须正楷，不得潦草。

（一）方法

作文方法分下列各种：

子　听写　教师口述故事及讲演记录。

丑　约述　将长篇文字之主要意义约为最简略之文章。

寅　写生　描写实际观察之景物。

卯　实录　记录旅行或参观之实地状况。

辰　教员命题。

巳　学生拟题，或互商命题，或个人自拟。

午　日记通信等。

未　翻译　英译汉，诗译散，文译白，白译文。

（二）改文标准

子　专重学生作意。

丑　错字加符号使自改正。

寅　不合文法之句修正后，加眉批，注明误点。

卯　错误思想及重复之句删正后，加眉批，注明误点。

辰　新式标点，错误改正。

巳　好处特别标识。

高级中学

甲 目的

一、继续发展语体文、文言文的技巧。

二、使学生明了现代文学之思潮。

三、培养学生研究古代学术思想及欣赏古人名著的能力。

四、使学生明了中国文化与世界文化的价值。

乙 学分支配

高级中学国文课程，共 32 学分，公共必修课为 24 学分，文科须加习文字学及文学史共 8 学分。其支配法，表列如下：

课程	第一学年		第二学年		第三学年	
	上学期	下学期	上学期	下学期	上学期	下学期
精读	3	3	2	2	1	1
略读	1	1	1	1	1	1
作文	1	1	1	1	1	1
文字学			2	2		
文学史					2	2

关于演讲辩论一项，请参看初级中学分配表。

丙 程序

第一学年

一、本学年希望达到之目的

（一）发表思想，记述事物，益能明白晓畅。

（二）能自由阅读平易的古文。

（三）能阅看内容丰富的报刊。

（四）能默诵本年所读之散文 30 篇。

（五）能背诵本年所读之诗歌 30 首。

二、教材

（一）精读用《高级古文读本》第一册（中华本）。

（二）略读用《左传》（商务本）。

（三）选读与时代极有关系或兴趣特别浓厚之诗文。（高级中学国文课本之教材多属古文的；于现代极有关系之诗文，为学生应当明了玩味者，或反缺如，不无遗憾。故设此选读一法，以补其缺。由教师斟酌时间及学生之努力，而抄读之。二、三年级同。）

（四）作文　每周一次，限期交卷。

三、假期作业之规定

高级中学假期作文成绩之评定及奖励办法，与初级中学同。

（一）寒假内之作业

子　略读《荀子》（商务本）。

丑　习寸楷一千字（用学校特备之九宫格纸）。小楷一千字（小楷可用抄书代之）。

寅　作日记若干篇（记述每日读书习字之大要。日记簿由学校特备，各级一律）。

（二）暑假内之作业

子　略读《书经》及《墨子》。

丑　习寸楷一千字（用学校特备之九宫格纸）。小楷一千字（小楷可用抄书代之）。

寅　作日记若干篇（记述每日读书习字之大要。日记簿由学一校特备）。

第二学年

一、本学年希望达到之目的

（一）发表思想，记述事物，较第一学年更能精进。

（二）能阅读说理稍深的古书。

（三）能默诵本年所读之散文30篇。

（四）能背诵本年所读之诗歌30首。

二、教材

（一）精读用《高级古文读本》第二册（中华本）。

（二）略读用《史记·菁华录》（商务本）。

（三）选读与时代极有关系或兴趣特别浓厚之诗文（说明见前）。

（四）作文　每周一次，限期交卷。

（五）文字学　用何仲英编之《文字学大纲》（商务本）。

三、假期作业之规定

子　略读《老子》（泰东本）。

丑　写寸楷三千字（用学校特备之九宫格纸），小楷三千字（小楷可用抄书代之）。

寅　作日记若干条（记述每日读书习字之大要，日记簿用学校制备的）。

第三学年

一、本学年希望达到之目的

（一）发表思想，记述事物，确能精进纯熟而无瑕疵。

（二）能自由阅读理论深奥的古书。

（三）能明了经、史、子、集各部学术之概要。

（四）能自由研究古今文学之变迁。

二、教材

（一）精读用《高级古文读本》第三册（中华本），暂用《经史百家杂抄》（曾国藩编纂）。

（二）略读《诗经》。

（三）选读与时代极有关系或兴趣特别浓厚之诗文（说明见前）。

（四）作文　每周一次，限期交卷。

（五）文学史　用曾毅编之《中国文学史》（泰东本）。

三、假期作业之规定

（一）寒假内之作业

子　略读梁任公《清代学术概论》。

丑　写寸楷一千字（用学校特备之九宫格纸）。小楷一千字（小楷可用抄书代之）。

寅　作日记若干条（记述每日读书习字之大要，日记簿用学校制备的）。

（二）暑假内之作业

高级中学学生毕业后，如仍欲继续在暑假习国文者，可由教师指定略读书，写字作日记仍旧。其成绩之评定与奖励书券之办法，仍如前年。

总　结

（一）本纲要所列，由同人再三斟酌，期于中人之资，皆能企及，无高远难行之弊，务使人人都要遵照做到。

（二）寒暑假读书，注重于《经》《子》。因《经》《子》系我国文学之发源地，高级中学生不可不涉猎及之。

（三）寒暑假之习字功课，亦极重视。因学校无高中习字功课，不可不利用寒暑假，以弥其缺。因人不善书，于求学治事，皆多窒碍也。

（四）此外当读及不可不读之书，如《易经》、《周礼》、《汉书》、《资治通鉴》、《说文解字注》、李白、杜甫、韩愈、柳宗元、苏轼、王安石等之诗文集，皆是能者为之，兹不强人以难也。

（五）曾文正有言："治学如掘井，对于古人之著述，学其一人，读其一书，终身用之，有不能尽。若必好高骛博，浅尝辄止，如掘井者，以一井为隘，而必广掘数十百井，身老力疲，而卒无见泉之日，庸有当乎？"此言最为精确，愿与同学共勉之。

改良中学教育课程的一种建议①

现在国难当头，谁也承认我们应该仿效越王勾践“十年生聚，十年教训”的办法，作长期的抵抗。生聚的事业，我们尽可拥护国民政府，依照总理民主主义与实业计划的步骤，切实推行。至若教训的事业，我们不可不期望国内教育界人士，对于各种教育工作，细心研究，竭力改良，以期达到救国雪耻的目的。环顾国内，近十余年来，小学教育，颇为可观；高等教育，有相当之成绩；唯中学教育，不能令人满意。此不独国内人士，观察如此；即外国教育家，如孟禄、克伯屈等来华之观察，亦复相同。然则改良中学教育问题，在今日国难期中，我们教育界人士不可不特别注意。

今日中学教育，最大的缺点不在经费不足，设备不全，乃在以学科为中心，不以学生为中心。所谓以学科为中心者，即学校一切设施，皆以灌输各科知识为主。分科制、选科制、学分制，无一不以学科为依

① 本文是黄溥经过两所中学约十年教育实践的理论总结。依据中学教育的目的与学生生活的需要而制定的七部课程，根本推翻了现行的学科及学分制度。其中相当一部分课程早在雅礼中学付诸实施，离任后乃兼任雅礼中学董事会董事长，指导继任者继续大胆实践。“七部课程设置”具有两个显著特点：一是具有突出知识的宽广性、平衡性和适用性的特点，它包括了中学生所需的七个方面的知识和能力；二是一种新的教育组织形式的特点。校内课堂教学、课外活动和校外学习、参观实践的“双渠道教学教育组织结构”，打破了单一班级教学组织形式，既培养学生牢固掌握基础知识和基本技能，又发挥学生特长、发展学生个性，从而有利于学生吸收新的科技知识、培养良好的道德品质、文化修养、心理素质以及较强的学习能力、社会交往能力、开拓创新精神。本文选自《教育季刊》第8卷第3期，1932年8月。

据。办学校者，以能达到教育部所颁布之中学课程标准为目的。任教员者，以能授完所教之学科为职责。做学生者，以能学完所指定之学科，得着最多学分为求学的正鹄。所谓中学教育，不外商品式的学科，与账簿式的学分而已。我们想拿此种中学教育，来应付社会的需要，解决目前的国难，真是“缘木求鱼”，决不会成功的。

我们要改良今日中学之教育，非以学生代学科为中心不可。所谓以学生为中心者，即学校一切设施，皆以学生生活的需要为根据，实行杜威先生所谓教育即生活之主张，根本推翻现行的学科及学分制度。依据中学教育的目的与学生生活的需要，据今日中学教育专家的考察，中学生生活的需要与中学教育的目的可分为七项：健康，基本知识，良好的德性，职业，公民训练，家庭职分，正当的娱乐。此七项目的，同一重要，缺一不可。今日中学教育，只知注重基本知识，忽略其余目的，结果为一种偏颇畸形的教育。我们要补救此种流弊，非彻底改造中学教育课程不可。改造的实施办法，即将中学的课程分为七部：健康部，文艺部，德育部，职业部，公民部，家政部，娱乐部。各部置主任一人，教员若干人，执行各部事务。兹将各部的目标及应进行的事项，分析胪列如下：

一、健康部：提倡健康，使学生有保持健康的欲望和能力。

1. 有一种发育健全的体格和健康。

（1）使学生饮食起居合乎卫生，并使有充分的运动。

（2）注重体育，矫正学生体格，并使发育健全。

2. 明了健康的重要，并切顾保持健康。

（1）使学生研究生理卫生学。

（2）使学生加入各项体育运动。

3. 有一种维持公共卫生的责任心。

（1）使学生研究疾病原因及预防传染法。

（2）使学生遵守校内各项卫生制度。

4. 有保持健康的知识。使学生研究生理学和卫生学。

5. 有卫生的习惯。使学生注重学校生活中关于卫生的种种习惯。

6. 有强壮的体格。可以投笔从戎，捍卫祖国。

（1）初中注重童子军训练。

（2）高中注重军事训练。

二、文艺部：发展学生应有的基本知识、能力、态度和欣赏能力。

1. 能以语言文字发表意见。能演说。知道开会规则。

（1）使学生研究国文。在各种功课上，随时矫正学生在语言和文字上的错误。

（2）使学生参加文学会、辩论会及其他种种学生组织。

2. 对于人类社会的发展与现今社会问题的来由，有相当的知识和欣赏能力。

使学生研究历史与社会问题。

3. 对于自然界与生物界的原理与来由，有相当的知识和欣赏能力。使学生研究自然科学。

4. 对于古今伟大的人物、文学、艺术、科学有相当的知识和欣赏能力。

使学生研究国文、英文、艺术、科学及历史。

（1）使学生欣赏校内所挂的图像。诵读有价值的文学作品。参观各种实业、博物馆、美术馆等。

（2）使学生有机会多听此类问题的演讲。

5. 解答每日生活中的数学问题。学生入学时，应有计算的能力。以后加习数学科学，以补充之。

6. 明了数学对于解决科学、工程及商业上各种问题之价值与地位。使学生学习普通数学，明了其用途。

7. 有一种推想的习惯，以解答日常生活问题。使学生在各种课程上，练习推想的方式，如拟定问题、提出假设、查验假设、定出终结、试验总结等。

8. 有一种守秩序、爱清洁与良好的生活习惯。使学生一举一动，注意秩序。

并使感觉守秩序的好处与不守秩序的害处。

9. 对于日本的各种情形，有相当的研究。使学生研究日本历史、地理及各种社会情况，并使特别注意中日最近的纠纷。

10. 对于军事学有相当的常识。使高中生加紧研究军事学。

三、德育部：养成学生良好的德性。

1. 对于我国固有的道德和伦理思想，有相当的认识和欣赏。使学生研究中国经传与伦理思想。

2. 明白古今中外伟大人物的人格与伦理思想。使学生研究世界上主要的宗教，并使学生阅读伟大人物的传略。

3. 注意贫民生活与社会问题，使学生研究社会问题，并实地考察本地贫民的生活。襄助一切慈善事业。

4. 明白立身行事的最高原则。

(1) 使学生与道德高尚的教员或同学常相接近。

(2) 使学生在运动场上，善待对方队员。以君子精神服从裁判员的判断。对方有技术疏漏之处，亦不幸灾乐祸。

(3) 以关于宗教或道德之演讲与研究，唤起学生对道德的理想与热望。

5. 有一种朴实的生活。学校的一切活动，崇尚朴实。使学生养成朴实的习惯与作风。

6. 有一种自治的习惯和合作的精神。

(1) 使学生在体育上加入极公平正当的竞赛。在校内实行自治。

(2) 使学生在各项组织与活动上，实行合作。

(3) 实行家庭化宿舍制度。

(4) 以特殊的奖励办法，鼓励学生合作与自治。

四、职业部：指导学生选择和预备一种职业。

1. 发现个人的兴趣与能力。

（1）设指导员，常与学生讨论种种问题。

（2）使学生有研究各种学科的计划，如新闻学、艺术、自然科学、数学、国文、英文、社会学科、手工、农科、家政、机械画、速记、簿记、打字等。

（3）举行心理测验。

（4）提倡学生参加种种活动，如音乐会、辩论会、戏剧等。

（5）鼓励学生于暑假期间从事所喜好的工作。

（6）使学生研究职业课程。

（7）参观各项实业。

（8）敦请各项职业代表向学生讲演。

2. 发展职业兴趣与能力。

（1）设置各种重要的职业科与农场、工场，以便学生实习。

（2）暑期中使学生有练习职业的机会。

3. 有从事高等职业的能力。使学生能准备升入师范学校、大学或他种专门学校。

4. 有升学的能力。使学生能准备投考国内各大学。

五、公民部：发展学生履行公民职务的欲望和能力。

1. 明了民治主义的精神与实施的困难。（可使学生研究中西历史及民治主义问题。）

2. 明了国民政府的组织。（可使学生研究三民主义、建国大纲、建国方略等。）

3. 明了现今社会问题的来由。（可使学生研究中西社会情形。）

4. 尊敬他人的人格，不拘其种族、宗教、国籍、语言、财产、社会地位等。

（1）使学生在校内农场及工场实地操作，重视劳工。

（2）使学生研究地理、历史、公民、伦理等科。

（3）参观工厂。

（4）鼓励学生游历。

5. 有一种合作的习惯与精神。能领导，亦能服从。

（1）使学生加入各种组织，实行自治。

（2）使学生研究历史上各种大运动。并使他们明了各种运动中组织与领袖的重要。

6. 有社交能力和兴趣。使学生聚餐，并加入各种社交会与学生活动。

7. 有礼节与社交习惯。聚餐及开社交会时，教员随时指导。使学生学习社交方法。

六、家政部：养成学生处理家政的能力，预备将来组织美满的家庭。

1. 对于异性，有正当和健全的态度。

（1）使两性学生有正当社交机会，并由教员指导。

（2）在生物课程上，附带研究生殖与两性问题。

2. 对于家庭的布置与装饰，有一种审美的能力。

（1）使学生学习美术与家政等科。

（2）使学生在寝室内有表现审美和创造的能力。

（3）学校教职员与学生合作，使学校美术化。

3. 家政上不可少的各项技能，如缝纫、烹调、打扫清洁、饮食选择、看护疾病等。组织学生实习家政劳务。

4. 有善用器具与修整的能力。组织学生到工场实习。

5. 对于家中普通器具的构造和修理方面有相当的知识。使学生实习理工科。

6. 有估算物品价值的能力，并使学生有购买物品的机会。

7. 能欣赏一种正常的生活方式。由学校设定一种正常生活方式的标准。

8. 能从经济、教育、伦理及历史各方面观察，以明了家庭在社会生活中的重要地位。使学生研究社会学、经济学、家政学、历史等科。

9. 有治家的常识和习惯。

（1）实行宿舍家庭化制度。

（2）校中伙食，由学生与家政部教职员合办。

七、娱乐部：养成学生善用闲暇的欲望、能力和习惯。

1. 喜欢室外的生活与运动。

（1）使学生加入各项体育运动与游戏。

（2）使学生研究自然现象。

（3）使学生有野外露营与旅行的机会。

2. 欣赏有价值的文学并喜欢看书。

（1）使学生注重国文课程与文学会的工作。

（2）鼓励学生在图书室自由阅书。使学生注意名人传记、历史、游记等。

（3）由学校图书室备办各种有价值与有伦理思想的小说，以便学生阅看。

3. 对于自然界与生物界发生兴趣。使学生研究自然科与生物学。

4. 欣赏美术。对于美术的研究与绘画发生兴趣。

（1）使学生加入美术科。

（2）使学生阅读美术的历史与美术家的传略。

5. 欣赏音乐。对于奏乐及歌唱的研究与表演发生兴趣。

（1）使学生练习歌唱。

（2）使学生组织音乐队。

（3）常举行音乐会。

6. 喜欢制造有用的物品。鼓励学生在闲暇时，利用工场或实习室，制造各种玩具或用品。

7. 有正当的嗜好与癖性。鼓励学生组织各种社团，研究所嗜好的事项。

以上七部工作与目标，大略如是。其中重复与忽略之处，在所难免。实施此种改造办法时，各部主任可以斟酌学校情形，随时增减。至若各部的合作，与事功的分配与调剂，则全赖校长指导得法。作者承认实施此种办法的困难极多，各部人选问题与课程编制，极不容易。校内校外人士，难免反对。主持者无处不感受痛苦。吾等欲改造今日的中学教育，达到以学生为中心的目的，非用大刀阔斧剔除积弊，不易为功。古语说得好："若药弗瞑眩，厥疾弗瘳。"

用作文量表评价英语作文等级过程中出现的误差及其改进方法[①]

目　　录

① 本文为黄溥获哥伦比亚大学师范学院（Teachers College Columbia University）哲学博士学位（1927—1929）的论文。1930年在纽约出版。黄溥在导师指导下，运用教育统计与测量的原理和方法，对一百多所中学的学生作文进行研究分析，取得了29,600个等级数据，得出了运用等级量表减少评定差错的方法，受到指导教师的高度评价。丰春光翻译，贾志先教授校订。

第一章　问题

一、评价过程中出现的误差

教育测量的进步依赖于测量工具的有效使用；测量工具的有效使用又取决于对自身所存在的局限性的正确认识。这种规则非常适用于评价等级领域。当我们使用各种量表，评价学生行为及其表现的时候，即按照一套固定的指标所构成的样本来比较学生的行为和表现时，我们会遇到很多的误差和不稳定性。其中的一部分误差，来自测量量表本身，例如，缺少零分，用来作为测量的评价术语的模糊、不确定性，步骤的无规律性，样本本身质量上的差异性等。但是大多数仔细构建出来的等级量表，却并不能达到测量结果的一致。正如布里格思[①]（Briggs 音译）指出的那样：困难更多地在于使用测量工具的人，而不在于测量工具本身。

早在 1915 年，韦伯（Webb 的音译）就在他的研究《性格与智力》中指出：在对于性格品质的评价中存在着两种类型的误差：随机误差和系统误差。系统误差即是按照同一标准性评价过程中产生的一些平均分数上的误差，趋向于在数量方面的不一致性；随机误差或可变误差是指在给某一固定小组进行评价时所给出的所有分数上的差异。这两类误差的本质和重要性已经被孟禄在他的研究《教育测量的常量误差和可变误差》中详细地阐述和讨论过。在这里，我就没有必要赘述了。但是，这一研究足以说明：这两类误差经常同时出现，而且，在不同条件下还会相应发生改变，它们构成了我们所说的评价系统天生的缺乏信度。

然而，尽管存在着所有这些局限性，教育测量作为一种评价技术仍然被保留下来。自从 1910 年 3 月桑代克出版了他的《书法测量等级》，进行等级评价就开始应用于其他学科，例如，作文和绘画。最近，奥德尔（Odell 的音译）已经开始对《公民学》、《普通科学》、《美国历史》和《英美文学》等学科进行评价。除了一些学校科目，量表已经广泛应用于职业指南、人力资源和性格研究等学科当中。它们共同构成了教育测量的一种重要类型。

二、对评价学生行为及表现等级过程中出现误差的早期研究

尽管我们不能纯粹依赖教育测量来评价等级这门技术，我们同样也无法削减编撰得最好的量表本身具有的缺陷性。笔者认为：要解决上述问题，最好的解决办法就是研究教育量表本身的缺陷，并采取步骤减少

① Katherine Cook Briggs（1875—1968），美国心理学家。

误差的产生，将误差降到最低。许多研究已经显示：通过使用作文量表对英语作文进行评价，可以使可变误差减少。然而，却很少有人涉及怎样使用量表减少可变误差。1918年，泰森（Theisen的音译）出版了一项研究，即利用《创标·拿骚》县级量表，改进教师对作文样本进行评价的结果。他聘用15位评价员来评价12种已知价值的作文，并对这些作文进行等级评价。第一次不使用量表，第二次使用量表。他发现：经过培训的评价员在第一次使用评价量表进行评价时所产生的误差较不使用量表缩小了39.1%。

1920年，范·韦基尼（Van Wagenen的音译）研究过，使用作文量表对英语作文进行等级评价的准确性。他为30位资深的评价员提供了143种不同类型的作文，让他们使用桑代克·赫勒格斯延伸量表（the Thorndike Extension of the Hillegas Scale的音译）对这些主题进行评价，平均变化范围介于9分到12.9分之间。随后，评价员又被要求用明尼苏达作文量表（the Minnesota English Composition Scales的音译）对这些作文再次进行评价，他发现变化范围几乎和前面的相同。

邱致力于研究评价作文的新方法，要求三名评价员使用胡得森量表对五套已知价值的作文进行评价。经过使用50篇作文作为测验材料进行培训后，三位评价员的平均可变误差分别从0.61、1.30和0.86减少到0.34、0.52和0.44。邱发现这些评价员在实际进行评价的过程中，取得了同样的进步，但都存在着一种倾向：就是给那些胡乱编凑的作文很低的分数；而对那些具有创新的作文，所给予的等级普遍偏高。

1925年胡得森所做的一项全面的研究显示：使用作文量表可以在实际评价过程中提高评价结果的信度。他训练了157名英语老师来使用胡得森典型作文量表。他们当中的每一位都要给157篇作文评分，首先是建立在百分制的基础上，然后再使用量表，他发现：仅仅是简单地阅读一遍量表后，评价员所得到的平均误差就比百分制分数的误差高出10%。但是经过对从未训练过的评价员进行16小时的培训后，他们对那些作文只得到平均分数的学生进行一年作文真正价值的教育后，这些学生的年度进步达到了0.4。他也发现，在英语教师中“对于作文价值进行较为散漫的评价比对不断用错标点的作文进行评价，如果要改进起来会更难”。

在英语作文领域之外，欧代耳最近进行了一项研究：使用量表来对学生对于有深刻思想含义问题的回答进行等级评价。他编撰了四套量表，每一套量表分别运用于以下一门学科：《公民学》、《普通科学》、《美国历史》和《英美文学》。为了做好这个实验，他收集了评价员所给的二十五套问题的答案的13,375个评估数据，使用了三种评价的测量信度：(1) 相同答案评价系列之间的相关系数；(2) 评价之间的平均误差；(3) 所给学生答案集合的平均分的差别。他发现：不采用量表，等级系列之间的相关系数是0.87；使用量表，系列等级之间的相关系数则是0.89。如果不采用量表，等级之间的平均差别是1.06；如果使用量表，等级之间的平均差别则是0.94。如果不采用量表，平均分数的差别是0.48；如果采用量表，平均分数的差别则是0.43。以上这些数据显示，量表的使用对于提高对有思考性挑战问题的回答给出等级的信度，似乎作用不太明显。

这些对于评价等级过程中所产生的误差的研究引起了公众对于“如果缺少量表的使用，要评价学生的表现，就会产生大量错误”这一问题的注意。然而，这些研究并不是站在研究等级评价所产生误差的角度来实施的。它们只是用来显示：如果使用量表，在多大程度上能够减少那些错误。而且，这些研究当中，除了欧代耳的研究，都没有对系统误差和可变误差进行区别，更没有显示在不同等级区别的条件下，误差会怎样发生变化。

三、问题的陈述

目前研究的问题是在下述条件下给学生的英语作文评价等级出现的

各种可变误差和系统误差：

1. 使用客观量表与使用主观标准的比较。

2. 相同题目的作文评价等级与不同题目的作文评价等级的比较。

3. 展示较宽才能的作文评价等级与展示较窄才能的作文评价等级的比较。

4. 根据一般优点给作文评价等级与根据特殊优点给作文评价等级的比较，比如内容、结构和写作技巧等。

在解决这个问题后，我们在用作文量表评价作文等级的时候，能够调整给作文评价的条件，以期将评价过程中出现的可变误差和系统误差降到最低限度。

第二章 数据的获得与收集

要将这一研究进行下去，收集数据是非常必要的。1. 确定作文；2. 培训与指导参与评价的所有评价员；3. 实施评价。这些活动将在下面进行描述：

一、作文

当这个研究用来作为评价样本的作文被确定以后，那么，作文的类型和展示才能范围就应该得到考虑。根据作文的特定的评价条件，一定就存在着相同题目的作文和不同题目的作文；一定就有展示才能范围较为宽广的一系列作文，也有展示才能范围较窄的一系列作文。既然决定使用胡得森作文量表，所有作文就得挑选叙述性作文。胡得森作文量表采用的使用说明如下：每名学生要求在不同的时期（每次半小时）写两篇故事，一篇故事的题目相同“我曾经经历过的最激动人心的骑马”，另一篇故事的题目由学生自己选择。

用这种方法，来自纽约市 165 中学的 4 到 9 年级的 374 名学生，在校长的帮助下，写了 748 篇故事。在发现所获得的这些作文的主题范围还不够宽以后，笔者又到贺瑞斯·曼恩男校①（Horace Mann School for Boys 的音译）寻求帮助，同样在校长的帮助下，以相同的方式，由来自 10 到 12 年级的 12 名学生，写了 24 篇故事。

从这两所学校 386 名学生所写的 772 篇作文中，笔者随意挑选了从 4 到 12 年级的 40 名学生所写的 80 篇作文。被挑选出来的 80 篇故事又被分为两组：每组 40 篇，一组展示较宽的才能，另一组则展示较窄的才能。前者由 7 年级学生写的 2 篇、8 年级学生写的 20 篇和 9 年级学生写的 14 篇组成；后者则由 4 年级学生写的 6 篇、5 年级学生写的 8 篇、7 年级学生写的 8 篇、8 年级学生写的 6 篇、9 年级学生写的 2 篇、10 年级学生写的 6 篇、11 年级学生写的 2 篇和 12 年级学生写的 2 篇作文组成。每组又重新分为两组，每组 20 篇为相同题目，另 20 篇为不同题目。这样，就分成了 4 组，它们被划分为如下 A、B、C、D 四种作文：

A. 相同题目的作文，展示较窄的才能。

B. 相同题目的作文，展示较宽的才能。

C. 不同题目的作文，展示较窄的才能。

D. 不同题目的作文，展示较宽的才能。

A 和 C 组的作文由一组的相同学生所写；B 和 D 组的作文则由另一组的相同学生所写。这些作文的长度大致相同。A 组有 268 行，B 组有 282 行，C 组有 259 行，D 组有 297 行。每一组被给予一个代码数字。被给予了代码数字的 4 组作文都被高质量地油印出来，每一个拼写、标点符号、大小写和分段错误都被保留下来，拥有平均分数的这些作文的完整的复印件将在附表 B 中显示出来。

二、评价员

被要求来参与这项研究，充当评价员的人必须符合以下两个条件：

---

① 美国加利福尼亚的一所学校。

第一，他们必须是英语老师或者是正在接受训练的英语老师，并使他们能够对英语作文等级评价感兴趣。第二，他们必须以前从未接受过使用英语等级量表的培训，因为这种实验主要研究用作文量表来进行英语等级评价过程中所产生的误差和改进方法。

按这两条标准，笔者对下列三所学校的英语老师感兴趣：哥伦比亚大学师范学院、纽约市立大学和位于蒙特克莱尔的新泽西州立师范学院。在他们的帮助下，一共找到了 92 名评价员。然而，这 92 名评价员当中，只有 74 名完成了这次实验。他们分别是师范学院英语系 14 名研究生，2 名来自纽约市立大学的学生和 58 名来自新泽西州立师范学院的学生。所有这 74 名评价员要么是英语老师，要么是正在接受训练的英语老师，他们都没有用英语作文量表评价作文等级的培训经验。8 名评价员为男性，其余均为女性。

三、评价等级

对于评价等级的指导说明应该是进行这项研究的重要事情。因而，笔者不遗余力地向每一名评价员解释清楚评价等级的说明和定义。要将这个研究进行下去，需要使用两种类型的量表：胡得森英语作文量表和范·韦基尼叙述量表。根据专家的意见，前者是普通优点类型的最好的作文量表，后者则是特殊优点类型广泛使用的作文量表。因为有必要比较根据一般优点和特殊优点来评价作文等级所产生误差数目的差别，因此就有必要采用两种类型的量表。

根据这个研究所制订的总体计划，每名评价员要对四套不同的作文评价三次：首次在百分制基础上，不使用量表，第二次使用一种量表，第三次使用另一种量表。这样的安排使事情变得相对有点复杂。评价的顺序因素可能会影响评价等级过程中出现错误的数目。为了中和这些影响，在评价过程中提供了四种不同的顺序，92 名评价员也被随机地分成了 4 个小组。每一个小组的评价员按照某一种特定的顺序给作文评价等级。因为有18名评价员没有完成这次实验，所以第1组只剩下16名评价员，第2组20名，第3组19名，第4组19名。表1将显示4种评价的顺序。

刚开始，每一名评价员都由自己的英语教授和笔者明确地告知这个实验的大体轮廓。然后，他们被给予首批4种类型的作文，在百分制的基础上，对这些作文进行评价，把它们分为9个等级。这些作文被评价完后，就上交给英语教授，然后又被给予第二批4种类型的作文和两种类型的作文量表中的一种副本。

表1 评价等级的四种顺序

小组		第一次评价	第二次评价	第三次评价
第一小组（16名评价员）	标准	不采用量表	胡得森量表	范·韦基尼量表
	作文类型	ABCD	ABCD	ABCD
第二小组（20名评价员）	标准	不采用量表	胡得森量表	范·韦基尼量表
	作文类型	ABCD	DCBA	DCBA
第三小组（19名评价员）	标准	不采用量表	胡得森量表	范·韦基尼量表
	作文类型	DCBA	ABCD	ABCD
第四小组（19名评价员）	标准	不采用量表	胡得森量表	范·韦基尼量表
	作文类型	DCBA	DCBA	DCBA

在开始第二次评价之前，每一名评价员被要求仔细研读作文量表的具体内容和使用量表进行评价的指导说明。最重要的部分就是解释量表的用法，加下划线的目的在于使阅读作文进行得更为顺利。如有必要，还请教授向他们的学生讲解量表的用法，以便这些学生在掌握和驾驭量表方面不会遇到障碍。

当被评价过等级的作文再一次上交以后，每一名评价员又被给予第三批4种类型的作文和另外一种作文量表的副本。相同的过程继续进行，直到最后一批被评价过等级的作文上交上来。每一次，评价员都被要求记录评价一套类型作文所花费的具体时间，并且被给予了下列的一张评价等级指南。

四、评价员指南

实验的问题：我们怎样能够调节用英语作文等级量表来评价英语作文的条件，使我们花最少的时间而获得最大的改进和提高？为了解决这个问题，我们需要真诚的合作，请遵循下列指导说明。

1. 在每一篇作文的顶端写上你的名字。

2. 在每篇作文的最后面记录下你评价每篇作文花费的确切时间。

3. 不要尝试去记住你所给出的任何等级。

4. 在每一篇作文的顶端写下百分制或量表值。

5. 你一评价完 4 种类型的作文，就用密封的信封装好你所给出的评价或直接将它们交给教授。

6. 只要方便，我们会很快将这次实验的结果告诉你们。

Ⅰ. 用这种顺序评价 4 种类型的作文________，在百分制基础上(60 分作为及格分)，把它们分为 9 个等级。

Ⅱ. 或Ⅲ. 仔细研究胡得森英语作文量表和用它进行等级评价时需要掌握的指导说明。不要用量表进行试验。

用这种顺序评价 4 种类型的作文________，使用胡得森量表。

Ⅱ. 或Ⅲ. 仔细研究范·韦基尼英语作文量表和用它进行等级评价时需要掌握的指导说明。不要用量表进行试验。

用这种顺序评价 4 种类型的作文________，使用范·韦基尼叙述量表（思想内容、结构、具体细节，每篇作文的三个等级）。

不要忘了记录你评价每篇作文所花费的具体时间，并且每次尽早归还你已经评价好的 4 种类型的作文。

第三章 数据的处理

按上面章节所讨论的方式所收集到的数据包括：没有使用量表所获得的5,920个等级数据，用胡得森量表所获得的5,920个等级数据，以及用范·韦基尼叙述量表所获得的17,760个等级数据，一共收集到29,600个等级数据。这些数据的表格样表将刊登在表2中[①]。74名评价员给每篇作文所打出的平均分数已进行了统计。

一、系统误差

从每篇作文的平均分数来看，每名评价员在评价等级过程中出现的偏差和误差被记录下来，将在表2中呈现出来。所有的正偏差和所有的负偏差被分别统计出来，这两种数字的差别显示出每一名评价员在评价一套作文时所出现的误差的总和。这个数字，除以20，就是所有评价员的平均系统错误。如果这些误差是正的，说明评价员们的平均等级过于仁慈；如果这些误差是负的，那么这个数据说明评价员进行评价时要求过于严格。

二、可变误差

在计算好每名评价员的平均系统误差以后，我们就可以用下列方法来计算出平均可变误差。

首先是利用平均系统误差量修正每名评价员的评价等级。如果是正的，就把误差加到每一个等级上。如果是负的，就从每一个等级上减去误差。接下来求相应平均分修正值的和，这个和就是每名评价员在评价每一套作文时的可变误差量。当这个总和被除以20时，我们就得到了每一名评价员的平均可变误差。

① 原文为“刊登在本书的第11页”，编者根据需要进行了必要的改动。

表 2　在未使用作文量表的情况下三位评价员所给出的作文等级的样表，显示他们平均系统误差的计算结果

主题	A1	A2	A3	A4	A5	A6	A7	A8	A9	A10	A11	A12	A13	A14	A15	A16	A17	A18	A19	A20	
平均分数*	60	55	70	65	70	50	70	70	65	80	70	75	60	60	70	80	88	65	70	60	
评价员 1	70	70	70	75	80	55	70	75	60	90	80	90	65	60	85	90	95	65	90	55	$v=5.66$
$N=11$　D	10	15	0	10	10	5	0	5	5	10	10	15	5	0	15	10	7	0	20	5	$157=D$
$\sum d=15$　$+$	10	15		10	10	5		5		10	10	15	5		15	10	7		20		147 -10
$Ns=75.35$　$-$									5											5	$s=6.85$
$Ns+\sum d=90.35$	$2(Ns+\sum d)=180.7$					$D+S=294$					$V=113.3$					$v=V/20=5.66$					$137=S$
评价员 2	40	10	60	50	70	32	70	20	50	75	65	80	50	50	85	90	90	75	75	40	$v=12.60$
$N=10$　D	20	45	10	15	0	20	0	50	15	5	5	5	10	10	15	10	2	10	5	20	$272=D$
$\sum d=10$　$+$												5			15	10	2	10	5		47 -225
$Ns=89$　$-$	20	45	10	15		20		50	15	5	5		10	10						20	$s=-8.9$
$Ns+\sum d=99$	$2(Ns+\sum d)=198$					$D+S=450$					$V=252$					$v=V/20=12.60$					$-178=S$
评价员 3	70	65	65	60	70	45	65	65	40	80	75	80	55	55	65	80	85	75	75	55	$v=5.76$
$N=11$　D	10	10	5	5	0	5	5	5	25	0	5	5	5	5	5	0	3	10	5	5	$118=D$
$\sum d=0$　$+$	10	10									5	5						10	5		45 -73
$Ns=15.4$　$-$			5	5		5	5	5	25				5	5	5		3			5	$s=-1.4$
$Ns+\sum d=15.4$	$2(Ns+\sum d)=30.8$					$D+S=146$					$V=115.2$					$v=V/20=5.76$					$-28=S$

* 题目是指 74 位评价员的平均分数。

计算上面所描述的平均可变误差的方法可能已经被采用，实际上，一共有 1,480 个平均可变误差已经被统计和计算过。为了减少计算的工作量，我们采用下列公式：

$$V=(D+S)-2(Ns+\sum d)$$

其中：

V＝每名评价员的可变误差的总数。

D＝平均分偏差的总数。

S＝每名评价员的系统错误的总数。

N＝比平均系统误差大的评价等级数（向误差的方向）。

s＝每名评价员的平均系统误差。

$\sum d$＝在零和平均系统误差之间的误差总数。

在代入公式中时，大写的 S 和小写的 s 可以忽略不计。当结果 V 被除以 20 时，我们就得到了每一名评价员在评价每一套作文时所犯的平均可变误差。

公式的运用方法，我们将在表 2 中加以阐述。

三、在不同条件下进行评价等级所产生的误差

每一名评价员在对 4 套不同类型作文进行评价时所产生的平均系统误差和平均可变误差就是以表 2 的方式计算出来的，所有的结果将在表 3 中展示出来。通过平均 74 名评价员在评价 4 套不同类型作文时所犯的错误，我们发现：在不使用量表的情况下，评价员的平均可变误差为 7.61，而平均系统误差为 7.95。在使用胡得森作文量表进行评价的情况下，他们的平均可变误差为 6.66，而平均系统误差为 4.94。在使用范·韦基尼作文量表的情况下，他们的平均可变误差为 7.92，而平均系统误差为 7.58。分别根据它们的内容、结构、技术细节来对 4 套不同作文进行评价，74 名评价员的平均可变误差分别是 7.55、8.05 和 8.16；而平均系统误差则为 7.53、7.56 和 7.64。以

上所有数据，加上平均误差，在表 4 中显示出来。在表 5 中这些数据被进一步概括，以达到进行比较的目的。

作文题目的相同性和才能范围的宽窄性，对每一位评价员进行等级评价时所产生的平均可变误差、平均系统误差和平均偏差都带来了不同的影响。D 作文，也就是说，根据不同题目展示较宽才能的作文，有最大的平均可变误差 8.02，但却有最小的平均系统误差 6.44；而拥有相同题目和展示较窄才能的 A 作文，则有最小的平均可变误差 6.97，有不同题目和展示较窄才能的 C 作文，则有最大的平均系统误差 7.37。后者 D 同时也拥有最大的平均误差 10.32。

表 3　四组评价员根据三种不同标准在对四套不同作文进行评价时产生的误差[*]

	四组评价员	在对四套作文评价时产生的误差							
		A		B		C		D	
		v. e.	s. e.	v. e.	s. e.	v. e.	s. e.	v. e.	s. e.
不使用作文量表的等级	Ⅰ	118.25	105.70	134.50	138.10	103.86	125.85	131.70	124.90
	Ⅱ	140.03	173.25	150.43	152.05	139.17	164.95	168.27	201.35
	Ⅲ	138.97	142.50	136.38	150.75	135.55	113.75	154.69	141.70
	Ⅳ	134.62	177.15	166.29	144.30	134.37	149.20	164.26	148.45
	总计	531.87	598.60	587.60	585.20	512.95	553.75	618.92	616.40
	平均	7.19	8.09	7.94	7.91	6.93	7.48	8.36	8.33
使用胡得森量表的等级	Ⅰ	110.15	62.05	108.87	60.25	99.31	81.25	121.10	55.40
	Ⅱ	122.76	113.85	131.85	89.60	137.77	124.20	144.40	72.15
	Ⅲ	117.16	126.80	119.80	118.25	123.49	156.55	138.02	111.50
	Ⅳ	119.86	78.80	120.81	70.15	124.80	80.10	130.45	61.90
	总计	469.93	380.85	481.33	338.25	485.37	442.10	533.97	300.95
	平均	6.35	5.15	6.50	4.57	6.56	5.97	7.22	4.07
使用范·韦基尼量表的等级 思想内容	Ⅰ	101.00	102.25	115.16	97.35	111.11	104.15	131.03	112.25
	Ⅱ	139.51	139.35	159.12	127.75	151.15	166.20	170.04	98.50
	Ⅲ	134.44	166.40	134.57	141.90	148.43	181.90	168.25	147.45
	Ⅳ	127.43	151.20	133.81	133.55	147.58	191.70	162.38	166.25
	总计	502.38	559.20	542.66	500.55	558.27	643.95	631.70	524.45
	平均	6.79	7.56	7.33	6.76	7.54	8.70	8.54	7.09

续表

		四组评价员	在对四套作文评价时产生的误差							
			A		B		C		D	
			v. e.	s. e.	v. e.	s. e.	v. e.	s. e.	v. e.	s. e.
使用范·韦基尼量表的等级	结构	Ⅰ	128.92	107.55	140.99	95.00	109.35	125.10	135.81	106.55
		Ⅱ	140.94	178.85	176.80	140.40	156.83	167.25	168.57	116.55
		Ⅲ	151.06	165.65	142.42	120.70	154.20	153.15	155.80	141.30
		Ⅳ	146.28	143.55	155.88	144.75	156.11	183.35	162.24	149.00
		总计	567.23	595.60	616.09	500.85	576.49	628.85	622.42	513.40
		平均	7.67	8.05	8.33	6.77	7.79	8.50	8.41	6.94
	写作技巧	Ⅰ	118.45	109.30	129.56	93.65	127.61	123.70	141.99	98.25
		Ⅱ	144.41	171.55	179.53	156.20	171.09	163.15	175.65	117.35
		Ⅲ	155.86	151.70	147.82	139.05	152.27	163.80	157.90	153.65
		Ⅳ	147.08	150.30	146.33	139.75	167.00	197.05	151.87	131.50
		总计	565.80	582.85	603.24	528.65	617.97	647.70	627.41	500.75
		平均	7.65	7.88	8.15	7.14	8.35	8.75	8.48	6.77
	范·韦基尼平均值		7.37	7.83	7.94	6.89	7.89	8.65	8.48	6.93
总平均值			6.97	7.02	7.46	6.46	7.13	7.37	8.02	6.44

[*] v. e. 是指可变误差；s. e. 指系统误差。每套有 20 篇作文：A、B、C 和 D。第一组有 16 名评价员，第二组 20，第三组 19，第四组 19。

如果我们通过 A 作文和 B 作文的平均误差，C 作文和 D 作文的平均误差，消除才能范围的影响，我们会发现：拥有相同题目的作文，平均可变误差为 7.21，平均系统误差为 6.74 和平均偏差为 9.82；对不同题目所写的作文，平均可变误差为 7.57，平均系统误差为 6.90，平均偏差为 10.14。如果我们通过平均 A 作文和 B 作文的平均误差，C 作文和 D 作文的平均误差，消除相同题目对误差产生的影响，我们发现：那些展示较窄才能的作文，平均可变误差为 7.05，平均系统误差为 7.19，平均偏差为 10.17；而那些展示较宽才能的作文，平均可变误差为 7.74，平均系统误差为 6.45，平均偏差为 9.78。这些结果我们将在表 5 中显示出来。

表 4　根据三种不同标准 74 名评价员在给四套不同作文进行评价时所产生的误差的平均数

		四套作文	评价中产生的误差		
			v. e.	s. e.	m. d.①
不使用作文量表的等级		A	7.19	8.09	10.91
		B	7.94	7.91	10.66
		C	6.93	7.48	9.90
		D	8.36	8.33	11.05
		平均值	7.61	7.95	10.63
使用胡得森量表的等级		A	6.35	5.15	8.09
		B	6.50	4.57	7.80
		C	6.56	5.97	9.11
		D	7.22	4.07	8.13
		平均值	6.66	4.94	8.28
使用范·韦基尼量表的等级	思想内容	A	6.79	7.56	10.40
		B	7.33	6.76	9.98
		C	7.54	8.70	12.06
		D	8.54	7.09	10.77
		平均值	7.55	7.53	10.80
	结构	A	7.67	8.05	11.43
		B	8.33	6.77	10.64
		C	7.79	8.50	11.72
		D	8.41	6.94	10.69
		平均值	8.05	7.56	11.12
	技术细节	A	7.65	7.88	11.36
		B	8.15	7.14	10.60
		C	8.35	8.75	12.10
		D	8.48	6.77	10.56
		平均值	8.16	7.64	11.16
	平均值		7.92	7.58	11.03

① m. d. 是指平均误差。

四、在评价过程中评价员产生误差方式上的差异以及这些差异的信度

如果我们好好地研究表 5，我们会发现：如果在百分制基础上去比较评价员所犯的误差，用胡得森量表进行评价时，每一名评价员所产生的平均可变误差减少了 0.95 分，平均系统误差则减少了 3.01 分；在使用范·韦基尼叙述量表进行评价时，每一名评价员所产生的平均可变误差增加了 0.31 分，平均系统误差则减少了 0.37 分。如果我们把使用胡得森量表产生的结果和使用范·韦基尼叙述量表产生的结果进行比较，平均可变误差的差别为 1.26 分，而平均系统误差为 2.64 分。

对相同题目的作文进行评价等级似乎比对不同题目的作文进行评价容易，这两种不同作文的平均分的差别为：平均可变误差的差别为 0.36 分，而平均系统误差为 0.16 分。

作文的不同才能范围也会对两种误差的平均数带来影响。对展示较窄才能的作文进行评价时产生的平均可变误差比对展示较宽才能的作文进行评价时产生的平均可变误差少 0.69 分；而前者所产生的平均系统误差则比后者所产生的平均系统误差多 0.74 分。

那些差别的可信度有多高？要回答这个问题，我们必须利用统计公式。在本研究里用来计算这些差别信度的公式①如下：

$$\sigma_{M_x - M_y} = \sqrt{\frac{(\sigma_x^2 + \sigma_y^2) - 2r_{xy}\sigma_x\sigma_y}{N}}$$

在这个公式里 r_{xy} 是指相同的评价员在两种不同条件下对 4 套不同作文进行评价时所产生的两种不同误差分布的相关系数。

使用这个公式，我们必须得出评价员们的误差分布的标准差和相关系数。每名评价员在不同条件下评价 4 套不同作文时所产生的平均系统

① 这个公式是计算一个差别的标准错误的一般公式：$Nx = Ny$。这个公式可看 Walker H. M. 所写的《关于一个差别错误的标准》一书，《教育心理学》杂志，1929 年，第 20 期，第 53～60 页。

误差和平均可变误差在这里进行了平均计算，它们之间的标准差和相关系数也得到了计算。有 20 种标准差和 10 种相关系数，通过代入到上述公式中，我们可以得到对 10 种差异的 10 种信度的测量结果，这些结果将显示在表 6 中，对它们的阐释将在第 4 章中进行。

表 5　在不同等级评价条件下 74 名评价员在对四套不同作文进行评价时产生误差的平均数

评价条件	在评价等级时出现的误差		
	v. e.	s. e.	m. d.
1. 评价中的不同标准			
没有使用量表	7.61	7.95	10.63
使用胡得森量表	6.66	4.94	8.28
使用范·韦基尼量表	7.92	7.58	11.03
特别优点：			
思想内容	7.55	7.53	10.80
结构	8.05	7.56	11.12
技术细节	8.16	7.64	11.16
2. 不同的作文①			
A. 题目相同，才能范围较窄	6.97	7.02	10.02
B. 题目相同，才能范围较宽	7.46	6.46	9.62
C. 题目不同，才能范围较窄	7.13	7.37	10.32
D. 题目不同，才能范围较宽	8.02	6.44	9.95
题目：			
相同	7.21	6.74	9.82
不同	7.57	6.90	10.14
才能范围：			
宽	7.05	7.19	10.17
窄	7.74	6.45	7.98

① 在对三套不同作文进行评价所产生的误差数是根据三个评价等级标准进行评价时所得的平均数。

表 6　在不同条件下 74 名评价员对四套不同作文进行评价所产生误差方式的差别及这些差别的信度

	平均可变误差							平均系统误差						
	样本数	平均数	σ (*dis.*)	M_x-M_y	r_{xy}	σ_{Diff}	$\frac{D}{\sigma_{Diff}}$	样本数	平均数	σ (*dis.*)	M_x-M_y	r_{xy}	σ_{Diff}	$\frac{D}{\sigma_{Diff}}$
不用量表 使用胡得森量表	74 74	7.61 6.66	2.09 1.32	0.95	0.06	0.28	3.4	74 74	7.95 4.94	5.64 3.87	3.01	−0.09	0.82	3.6
不用量表 使用范・韦基尼量表	74 74	7.61 7.92	2.09 1.84	0.31	0.17	0.29	1.07	74 74	7.95 7.58	5.64 5.26	0.37	0.32	0.74	0.5
使用范・韦基尼量表 使用胡得森量表	74 74	7.92 6.66	1.84 1.32	1.26	0.58	0.17	7.4	74 74	7.58 4.94	5.26 3.87	2.64	0.14	0.70	3.8
不同题目 相同题目	74 74	7.57 7.21	1.50 1.19	0.36	0.69	0.12	3.0	74 74	6.90 6.74	3.27 3.49	0.16	0.82	0.23	0.7
才能范围宽 才能范围窄	74 74	7.74 7.05	1.33 1.35	0.69	0.70	0.12	5.7	74 74	6.45 7.19	2.79 3.78	0.74	0.84	0.24	3.0

表 7　根据三种不同的标准在评价每套作文时每位评价员所花费的时间（分钟）

没有使用作文量表	4 套作文	4 组评价员				平均数
		Ⅰ	Ⅱ	Ⅲ	Ⅳ	
没有使用量表的等级	A	36.56	33.75	26.37	25.21	30.47
	B	27.31	29.65	27.74	26.00	27.70
	C	24.56	27.75	28.00	23.74	26.01
	D	26.38	28.70	33.79	33.21	30.52
	总计	114.81	119.85	115.90	108.16	114.70
使用胡得森量表的等级	A	30.63	25.21	32.63	20.94	27.35
	B	25.56	26.60	25.72	22.17	25.01
	C	22.13	29.55	26.88	22.29	25.21
	D	20.73	39.10	22.41	23.67	26.48
	总计	99.05	120.46	107.64	89.07	104.05
使用范·韦基尼量表的等级	A	44.69	35.30	49.00	29.28	39.57
	B	38.87	34.42	39.56	30.39	35.81
	C	32.50	37.60	37.42	34.17	35.42
	D	33.73	48.45	35.89	44.17	40.56
	总计	149.79	155.77	161.87	138.01	151.36
每组时间总计		363.65	396.08	385.41	335.24	370.11

五、评价等级所花费的时间

正如我们在第二章中所描述的那样，每名评价员被要求记录在不同条件下对每套作文进行评价时所花费的准确时间，其目的在于：要知道在不同条件下评价 80 篇作文到底要花多长时间。因为在每一小组里评价员的人数不相同，每一小组又是以不同顺序对 4 套不同作文进行评价的，因此，我们就对每一名评价员在评价每套作文时所花的平均时间进行了计算，主要是以分钟来做单位的，计算的结果将在表 7 中出现。

第一次评价，对 4 套不同作文进行评价是建立在百分制基础上的，每一名评价员平均花了 1 小时 55 分钟。在使用胡得森量表进行评价的情况下，每一名评价员花的时间为 1 小时 44 分钟；在使用范·韦基尼叙述量表进行评价的情况下，每一名评价员花的时间为 2 小时 31 分钟①。在进行第二次评价时，每名评价员花费的平均时间为 2 小时 10 分钟；在进行第三次评价时，每名评价员花费的平均时间为 2 小时零 5 分钟。每名评价员在这次实验中对 4 套作文进行评价时，总共花费的平均时间为 6 小时 10 分钟。

六、在评价过程中发生的改进

尽管 74 名评价员对 4 套不同作文进行了三次评价，而且，每一次评价都是在不同的条件下进行的，但是要显示出他们在评价过程中改进错误的数目却很难。然而，如果我们将第三次评价的结果与第二次评价的结果进行比较的话，我们可能就会对等级评价过程中发生的改进情况有所了解。为了进行这个比较，我们假定 4 组评价员们在使用两种量表时能力相等。这种假设有比较公正的事实加以支撑：74 名评价员是被随机分在 4 个小组中。

74 名评价员在第二次评价时所产生的误差被统一加起来，并算出其平均数，第三次评价时所产生的误差也同样被统一加起来，并算出其平均数。这些结果都将在表 8 中出现。为了比较评价员们在第二次评价过程中和在第三次评价过程中所产生的误差的平均数，我们发现：经过两小时的非直接训练，在第三次评价过程中，74 名评价员所产生的改进总数和第二次评价相比，平均可变误差为 0.58 分，而平均系统误差为 1.16 分。在评价每一篇作文时所得到的平均提高和改进数量为：平均可变误差为 0.15 分，而平均系统误差为 0.24 分，正如表 9 所显示的那样。

① 每名评价员花费在学习研究量表本身的时间不包含在内。

表 8　74 名评价员在第二次和第三次等级评价过程中所产生的误差①

评价员	第二次评价								第三次评价							
小组 1（16）	胡得森量表								范·韦基尼量表							
	A		B		C		D		A		B		C		D	
	v. e.	s. e.	v. e.	s. e.	v. e.	s. e.	v. e.	s. e.	v. e.	s. e.	v. e.	s. e.	v. e.	s. e.	v. e.	s. e.
	110.15	62.05	108.87	60.25	99.31	81.25	121.10	55.40	116.13	106.37	128.57	95.33	116.02	117.65	136.28	105.68
小组 2（20）	胡得森量表								范·韦基尼量表							
	D		C		B		A		D		C		B		A	
	v. e.	s. e.	v. e.	s. e.	v. e.	s. e.	v. e.	s. e.	v. e.	s. e.	v. e.	s. e.	v. e.	s. e.	v. e.	s. e.
	144.40	72.15	137.77	124.20	131.85	89.60	122.76	113.65	171.42	110.80	159.69	165.53	171.82	141.45	141.62	163.25
小组 3（19）	范·韦基尼量表								胡得森量表							
	A		B		C		D		A		B		C		D	
	v. e.	s. e.	v. e.	s. e.	v. e.	s. e.	v. e.	s. e.	v. e.	s. e.	v. e.	s. e.	v. e.	s. e.	v. e.	s. e.
	147.12	161.25	141.60	133.88	151.63	166.28	160.65	147.47	117.16	126.80	119.80	118.25	123.49	156.55	138.02	111.50
小组 4（19）	范·韦基尼量表								胡得森量表							
	D		C		B		A		D		C		B		A	
	v. e.	s. e.	v. e.	s. e.	v. e.	s. e.	v. e.	s. e.	v. e.	s. e.	v. e.	s. e.	v. e.	s. e.	v. e.	s. e.
	158.83	148.92	156.90	190.70	145.35	139.35	140.26	148.35	130.45	61.90	124.80	80.10	120.81	70.15	119.86	78.35
总的	560.50	444.37	545.14	509.03	528.14	476.48	544.77	464.87	535.16	405.87	532.86	459.21	532.14	485.80	535.78	458.78
平均数	7.57	6.01	7.37	6.88	7.14	6.44	7.36	6.28	7.23	5.48	7.20	6.21	7.19	6.56	7.24	6.20

① 如果使用范·韦基尼量表时出现的误差数是根据 3 种特殊优点而进行评价等级时所产生的平均误差数。

表 9　74 名评价员在第二次和第三次评价过程中改进与提高的平均数的比较

评价等级	评价等级出现的误差							
	v. e.	s. e.	v. e.	s. e.	v. e.	s. e.	v. e.	s. e.
第二次评价	7.57	6.01	7.37	6.88	7.14	6.44	7.36	6.28
第三次评价	7.23	5.48	7.20	6.21	7.19	6.56	7.24	6.20
提高与改进数	0.34	0.53	0.17	0.67	−0.05	−0.12	0.12	0.08
提高与改进的总数							0.58	1.16
对每个主题进行评价时改进与提高的平均数							0.15	0.24

七、对学生写作能力进行测量所出现的标准误差与评价员在评价过程中产生的误差之比较

用作文量表评价作文等级，还存在另一种产生不稳定性的源泉。它是抽样检查学生的写作能力过程中产生的误差。胡得森曾经指出：指定的作文类型与各个年级的学生的写作能力之间具有很大的关系，没有一篇作文的题目对学生的兴趣、感情和经历具有相等的吸引力。无论我们在指定作文时多么仔细，总存在着抽样误差。英语老师应该有兴趣知道怎样比较评价学生写作能力手段所产生的标准误差和用作文量表评价作文等级出现的可变误差和系统误差。

正如我在第二章中提到的那样，本研究中的 80 篇作文是随机从 772 篇作文中挑选出来的，这些作文是由来自 4 年级到 12 年级的 40 名学生所写的。每名学生写两种作文：一种是同一作文题目“我所经历过的最激动人心的骑马”，另一篇是学生在较窄题材范围内任意选择的作文。有相同题目的 A 作文和有不同题目的 C 作文由相同的学生来写；B 作文和 D 作文都能展示较宽的才能，也是由另一小组的相同学生所写。通过相关指标，我们可以发现对 40 名学生写作文能力进行抽样的信度怎样。

因此，20 名学生所写的有着相同的题目的 A 作文平均分数（在使用胡得森量表的情况下，74 名评价员所给的）与 20 名相同学生所写的不同题目的 C 作文所得的平均分数进行相互关联；另一组 20 名学生所

写的相同题目的B作文的平均分数与20名相同学生所写的不同题目的D作文的平均分数进行关联。根据胡得森量表进行评价所得出的平均分数被挑选出来，因为它们相对来说比其他标准所得的平均分数更为可信。A作文和C作文的相关系数为0.55±0.10，而B作文和D作文的相关系数为0.95±0.01。前者测量的标准误差可以采用下列公式：$\sigma_m=\frac{\sigma_1+\sigma_2}{2}\sqrt{1-r_{12}}$，得到4.84，而后者则为4.32。

为了比较这些抽样所带来的缺乏信度的情况，每名评价员在使用胡得森量表对A作文进行评价时所产生的平均可变误差和平均系统误差就与C作文的进行关联；对B作文进行评价时所产生的平均可变误差和平均系统误差与D作文的进行关联，前者可变误差的相关系数为0.41±0.06，系统误差的相关系数为0.58±0.05；后者可变误差的相关系数为0.34±0.07，系统误差的相关系数为0.71±0.04。它们测量的标准误差分别为1.41、3.16、1.44和2.19。这些相对于平均标准系的测量的标准误差也被计算出来。所有这些测量的数据都放在了表10中。

表10　对于学生写作能力测量的标准误差和评价员们在评价过程中所产生的误差的比较

		作文的才能范围	被评作文数目	$\frac{M_1+M_2}{2}$	$\frac{\sigma_1+\sigma_2}{2}$	r_{12}	P. E.	$\sigma\sqrt{1-r_{12}}$	$\frac{\sigma\sqrt{1-r_{12}}}{\sigma\ (dis.)}$
对学生写作能力的测量		窄范围	20	49.80	7.22	0.55	0.10	4.84	0.67
		宽范围	20	49.98	19.34	0.95	0.01	4.32	0.22
对评价员在评价等级时产生误差的测量	可变误差	窄范围	74	6.46	1.84	0.41	0.06	1.14	0.77
		宽范围	74	6.86	1.76	0.34	0.07	1.44	0.82
	系统误差	窄范围	74	5.56	4.88	0.58	0.05	3.16	0.65
		宽范围	74	4.32	4.06	0.71	0.04	2.19	0.54

我们只要看一下表 10，就可以看出，由于用来评价学生写作能力的作文数目太少而显示不出太大的重要性，尽管这个表格也可以显示作文才能范围对相关系数会产生极大的影响。为了避免出现这些困难，我们将 A 作文和 B 作文进行结合，将 C 作文和 D 作文进行结合。这两组结合在一起的作文也由 40 名学生来写。在使用胡得森量表的情况下，74 名评价员所给的平均分数又一次相连在一起。它们的相关系数为 0.92±0.02，测量的标准误差为 4.62。后者平均偏差的比率为 0.32。

为了对这些测量的信度进行比较，我们将在使用胡得森量表的情况下，74 名评价员对 A 作文进行评价时产生的误差与对 B 作文进行评价时产生的误差结合起来；将对 C 作文进行评价时产生的误差与对 D 作文进行评价时产生的误差结合起来。对每一名评价员在评价联合在一起的作文进行评价时产生的平均可变误差和平均系统误差又再一次重新按照本章前面部分描述的方法进行计算。每名评价员对 A 作文和 B 作文进行评价时所产生的平均可变误差和平均系统误差和对 C 作文和 B 作文的相连在一起，平均可变误差的相关系数为 0.59±0.05，而平均系统误差的相关系数为 0.72±0.04。前者的测量的标准误差为 1.00，后者的则为 2.29。它们的平均标准偏差的比率分别为 0.64 和 0.53。这些结果将在表 11 中显示出来。

表 11　对学生写作能力的测量产生的误差和评价员在评价过程中所产生的标准误差的比较结合作文中窄的和宽的才能范围

		案例数	$\frac{M_1+M_2}{2}$	$\frac{\sigma_1+\sigma_2}{2}$	r_{12}①	P. E.	$\sigma\sqrt{1-r_{12}}$	$\frac{\sigma\sqrt{1-r_{12}}}{\sigma\ (dis.)}$
学生写作能力的测量		40	49.90	14.62	0.90	0.02	4.62	0.32
对评价员在评价过程中产生的误差的测量	可变误差	74	6.90	1.56	0.59	0.05	1.00	0.64
	系统误差	74	4.58	4.32	0.72	0.04	2.29	0.53

① r_{12} 的解释请看前面的段落。

第四章　对结果的阐释

一、研究的局限性

在我们开始阐述前面章节所得到的结果之前，让我们先来看看本研究的一些局限性：

1. 参与这次实验的评价员，只是对学生在不同条件下所写的作文进行一次评价。如果评价员能够在相同的情况下对这些作文进行过一次以上的评价，那么在评价等级时取得改进的结果将更加具有概括性。

2. 在使用题目“我曾经经历过的最激动人心的一次骑马”作为学生写作的共同题目时，与胡得森量表相比，范·韦基尼叙述量表处于一定的弱势，因为范·韦基尼叙述量表使用的题目是“当母亲不在家的时候”。这就需要我们考虑，在给这些作文评价等级的时候，应该将作文的一般优点与它们的特殊优点进行比较。

3. 除了同所有的评价员（两位除外）进行十五分钟有关实验的目的和具体框架的交谈外，作者没有直接监管评价过程。不过，有关实验的所有事情已经通过信件或教授，向所有的评价员交代得相当清楚。

4. 将依据主观标准进行评价所产生的误差与依据客观标准进行评价所产生的误差进行比较，对作文的熟悉程度应该予以考虑，对相同的作文应该进行重复评价。

5. 本研究仅局限于没有任何经验的评价员所做的评价。作者本应该找出评价员受过正规训练后，会对用作文量表评价英语作文等级所产生的可变误差和系统误差产生多大影响进行一些探讨。

二、结果阐释

尽管我们在上面将这些缺陷列举出来，本研究似乎还是可以证实下面的解释：

1. 使用客观标准对评价等级误差的影响——在给英语作文评价等级时，使用客观量表会减少误差的产生，这在使用胡得森量表进行评价时得到了证实。但是在使用量表进行第一次评价时，情况并不总是这样。根据表5的第3栏，我们可以看出：在使用范·韦基尼叙述量表进行评价时所产生的平均可变误差要比在百分制基础上的大0.40分，如果我们考虑到评价员缺乏使用量表经验这一部分原因，我们就不会感到惊奇。胡得森在训练评价员使用胡得森典型作文量表的过程中发现：在仅仅是阅读过量表后，平均偏差就比百分制分数多0.09分。当平均偏差被乘以10时，我们就可以拿它来与本研究的结果进行比较。似乎本研究中评价员在第一次尝试使用范·韦基尼叙述量表进行评价时平均偏差的增加要比本研究中评价员在第一次尝试使用胡得森典型作文量表进行评价过程中所产生的平均偏差小一半以上。

如果我们对使用作文量表对英语作文进行评价等级时所产生的平均可变误差和平均系统误差之间的平均相关系数进行分析，我们会发现：一个客观量表的使用，所减少的系统误差要比所减少的可变误差多得多。在第一次尝试使用胡得森量表进行评价作文等级时，74名评价员所产生的可变误差减少了12%，而系统误差则减少了38%。在使用范·韦基尼叙述量表进行评价时，可变误差增加了4%，而系统误差则减少了5%。这证实了胡得森的话："比起纠正在评价过程中形成的系统误差来说，减少评价过程中形成的可变误差要难得多。"

参考表6中$\frac{D}{\sigma_{Diff}}$这一栏，我们可以看出：在使用胡得森量表进行评价时所形成的误差与不使用量表评价时形成的误差之间的比较完全可信，因为它们都比三种标准偏差要大，但是在使用范·韦基尼叙述量表进行评价时所发生的情形就不一样了，用这种量表进行评价时所形成的误差与不使用量表进行评价时形成的误差的比较就不完全可信了。在可变误差方面，几率为85%，而真正的差异则大于零；在系统误差方面，几率只有69%，而真正的差异也大于零。

在使用范·韦基尼叙述量表进行评价时所发生的可变误差增加的现象可以解释为部分是由于上面所提到的本研究还存在局限性而带来的障碍这个原因。但是对于可变误差的增加，笔者认为，似乎主要是由于评价员在评价过程中遇到的困难而造成的。有许多评价员抱怨，例如，曾报道过有一名评价员抱怨如下："独创性内容的定义本来就不太明确；思想内容和框架结构的定义又有重复；没有足够的细节来阐明技术细节误差的真正内涵；样本并没有按照定义严格地进行评价。"这篇报道显示了一些评价员在第一次尝试进行评价时遇到了很多困难。

2. 根据一般优点给作文评价等级与根据特殊优点给作文评价等级之比较——本研究承认使用范·韦基尼叙述量表时会出现一些障碍，如果使用一种分析型量表对作文进行评价等级就比使用一套一般优点型量表相对缺乏可信性。根据研究的结果，使用范·韦基尼叙述量表进行评价时产生的误差比使用胡得森量表进行评价时产生的可变误差要多出20%，系统误差则要多出53%。表6中所显示的差异是完全可信的。这和胡得森曾经说过的一句话相一致："当我们只是从作文的思想内容、结构和技术细节方面对作文进行评价，可信性要比从一般优点的角度去评价小。"

在根据特殊优点对作文评价等级方面，思想内容应该首先作为首要的优点来评价等级，第二是结构，最后才是技术细节。这种差异在可变误差方面比在系统误差方面要表现得更为明显。这里又一次显示在使用量表的情况下，对于后者的减少要多于对于前者的减少。在与根据思想内容评价等级所形成的可变误差方面相比，根据结构评价等级所形成的可变误差增加了6.6%，而根据技术细节来评价等级所形成的可变误差则增加了8%。与根据思想内容评价等级所形成的系统误差相比，根据结构评价等级所形成的可变误差只增加了0.5%，而根据技术细节来评价等级所形成的可变误差则增加了1.5%。这种差异也表现在三种特殊优点的平均偏差中，根据结构进行评价形成的误差与根据技术细节进行评价形成的误差之间的差异没有大到需要引起足够重视的地步。

这些发现显示：在评价作文等级的过程中，比起结构和技术细节，评价员们更容易在思想内容上达成一致。这种在特殊优点方面的差异性也被范·韦基尼显示过。从范·韦基尼的表 6 中，我们可以看到：通过英语作文量表来评价英语作文具有相当的准确性；同时还发现，在给 33 篇叙述性作文评价等级时，三个小组的评价员所产生的平均误差如下：思想内容方面为 4.2，结构方面为 4.9，而技术细节方面为 5.2。

3. 不同作文对于评价过程产生误差的影响——如果我们只单从可变误差方面考虑，有着相同题目且展示较窄才能的 A 作文最容易被评价；而题目不相同且展示较宽才能的 D 作文则最难被评价等级。但是如果只是从系统误差单方面考虑，那么后者更容易被评价等级。如果我们将评价每套作文所形成的可变误差和系统误差都考虑进去，有相同题目且展示较宽才能的 B 作文就最容易被评价等级，而题目不同且展示较窄才能的 C 作文则是最难被评价等级的。这同样适合于对不同作文进行评价时所形成的平均偏差。

结果显示：当才能范围在评价等级方面的影响被消除时，结果就显示题目相同的作文比题目不同的作文更容易进行评价。它们在可变误差方面的差异是 0.36。这个差异是完全可信的，因为$\frac{D}{\sigma_{Diff}}$是三个标准偏差。然而，它们在系统误差方面的差异就不是那么可信了。真正的差别大于 0 的几率只有 76％。

当在评价作文等级过程中，作文题目的同质性的误差被消除时，展示较窄才能的作文形成的可变误差要比展示较宽才能的作文形成的可变误差小 0.69 分，但是前者的系统误差则要比后者多 0.74 分。上述的两种差异都完全可信，正如表 6 所描述达到标准误差的差异一样。可以比较安全地说：展示较窄才能的作文在评价等级过程中，往往伴随着可变误差的减少；展示较宽才能的作文在评价等级过程中，往往伴随着系统误差的减少。

4. 评价等级花费的时间——每一位评价员对 80 篇作文评价三次，平均花费 6 个小时多一点，三次评价是根据不同的标准进行的。在百分制基础上评价作文所花的时间实际和用胡得森量表评价等级所花的时间相等，如果我们不包括评价员研究量表所花的时间。但是根据特殊优点给作文评价等级所花费的时间则要比根据一般优点给作文评价等级所花的时间多出 1/3。

5. 在评价等级方面进行的改进——正如上文所述，本研究在关于评价等级的改进方面并没有提供足够的数据。但是本研究所给出的少量数据则显示：总共 74 名评价员中的每一名，在进行第三次评价等级时，可变误差比第二次减少 0.58，系统误差则减少了 1.16。这就意味着经过两个小时使用任何一种作文量表的间接的评价等级训练，每一名评价员在用一套作文量表进行评价等级时，可变误差平均减少 0.15，而系统误差则减少了 0.24。根据胡得森的结论，学生在年度的作文进步为 4.00，如果和这相比，这些减少就显得相当的小。但是，如果缺少对评价员早期的训练以及不让他们利用一小部分时间去实际练习使用量表，它们就是令人鼓舞的。我们也有兴趣发现：系统误差要比可变误差更容易减少，它减少的几乎是后者的两倍。

6. 对学生写作能力进行评价时出现的标准误差与评价员在评价过程中形成的误差的比较——如果仔细审查表 10，我们不难发现：展示较宽才能的作文的相关系数较高，对可变误差的测量而得到的相关系数除外。在评价学生写作能力的条件下，展示较宽才能的作文产生的相关系数为 0.95，而展示较窄才能的作文产生的相关系数则只有 0.55。如果是在系统误差测量的条件下，前一类型的作文所得到的相关系数为 0.71，而后一类型的作文得到的相关系数则为 0.58。

对于系统误差测量的相关系数又一次比对于可变误差测量的相关系数相对要高。然而，它们没有与对学生写作能力测量所得到的相关系数进行比较，因为它们的标准偏差和测量单位不同。有必要根据测量的标准误差对它们进行比较，我们可以根据公式：$\sigma_m=\frac{\sigma_1+\sigma_2}{2}\sqrt{1-r_{12}}$得到这些比较。从表10的第6栏，我们发现：对于展示较窄才能的作文评价等级形成的标准误差与对于展示较宽才能的作文评价等级形成的标准误差的差异是相当的小。这些测量的标准偏差意味着在三种测量的任何一种中，存在68%的机会是从它的相应的真实分数中得来的，通过“大于±各自数量”的方式。

然而，测量的标准误差仍然没有被直接进行比较过，尽管它们的标准偏差是不同的。它们必须根据各自的平均标准偏差的比率来进行比较。从表10的最后一栏，我们发现：对于较窄才能的作文来说，那些比率实际上是相同的；但是，对于较宽才能的作文来说，那些比率则有相当大的不同。对于测量学生写作能力的过程中形成的标准误差来说，后一类型的作文在测量老师评价等级时形成的标准误差要大得多。在可变误差方面，是四倍；在系统误差方面，则是对学生写作能力测量所形成的误差的两倍半多。

正如我们在前面所描述的那样，用来测量学生写作能力的案例是如此的少，以至于它们就变得没有那么重要。因此，我们必须将较窄才能的作文与较宽才能的作文结合起来。这样，我们可供研究的案例数就变成双倍了。评价员在测量结合起来的主题时形成的可变误差的信度系数就被增加到0.59±0.05；而系统误差的信度系数就被增加到0.72±0.04。

对40名学生写作能力进行测量与评价的相关系数为0.90±0.02，这要比胡得森所发现的最高系数0.84还高，这很容易用案例数目和学生所分布的年级范围的差异来解释，胡得森平均使用了分布在7—12年级的400名学生；而本研究则使用了分布在4—12年级的40名学生。

从表10的最后一栏看，我们发现：对评价员们在评价过程中形成的可变误差测量的$\frac{\sigma\sqrt{1-r_{12}}}{\sigma\ (dis.)}$是对学生写作能力进行评价过程中形成的系统误差的$\frac{\sigma\sqrt{1-r_{12}}}{\sigma\ (dis.)}$的两倍大，而前者的系统误差的$\frac{\sigma\sqrt{1-r_{12}}}{\sigma\ (dis.)}$则是后者的 1.7 倍。这意味着：由于评价过程中的可变误差，一个单个评价的不稳定性将是一名学生所获得的作文分数的不稳定性的两倍；由于评价过程中的系统误差，一个单个评价的不稳定性将是一名学生所获得的作文分数的不稳定性的 1.7 倍。根据克莱（Kelly）所说，作文分数的不稳定性比起受到判分的不稳定性来说，受到师生行动的可变性的影响更大。这对于有经验的评价员来说，可能会表现得更为明显；但是，根据本研究的结果，对于没有经验的评价员来说，判分缺乏信度比学生写作行为的可变性影响更大。

第五章　总结

不论本研究在利用作文量表评价英语作文等级时出现的误差及改进方面存在何种局限，都不影响对本研究所获得的结果作出以下结论：

1. 首先，在用一套客观量表对英语作文评价等级时，会比用百分制评价等级时平均偏差要减少五分之一以上。这在本研究使用胡得森英语作文量表进行评价等级过程中得到了很好的体现。但是使用这种方法并不能保证在评价等级过程中平均偏差减少，这在用范·韦基尼叙述量表进行评价等级过程中得到了很好的体现。

2. 在给英语作文评价等级时，使用一套客观量表所减少的系统误差是可变误差的三倍多。根据本研究所得到的结果，用胡得森量表进行评价等级时所产生的系统误差，要比学生作文的平均年度进步减少 3.01；而可变误差减少的数目，则只比学生作文的平均年度进步减少 0.95。

3. 在本次研究中，使用一套分析型量表对学生作文进行评价等级，比使用一套一般优点性量表进行评价等级时，相对缺乏信度。

4. 根据特殊优点评价作文等级，一般都认为：内容是第一考虑的因素，结构第二，写作技巧放在最后考虑，所显示的可变误差要比系统误差多。

5. 在其他因素一致的情况下，相同题目的作文比不同题目的作文更易于评价等级。

6. 在其他因素一致的情况下，展示较窄才能的作文往往在评价等级时伴随着可变误差的减少；而展示较宽才能的作文往往在评价等级时伴随着系统误差的减少。

7. 研究的结果还显示：在其他因素一致的情况下，相同题目和展示较宽才能的作文比其他作文更加容易被评价等级。

8. 在花费时间方面：用一套一般优点型客观性量表对作文进行评价等级所花费的时间，和用百分制量表对作文评价等级所花费的时间一样多；而根据作文的特殊优点进行等级评价，则比根据作文的一般优点进行等级评价要多花三分之一的时间。

9. 采用作文量表对评价员进行评价等级的训练，对评价工作的改善较小。在改善方面，其系统误差的减少要比可变误差减少得更多。

10. 评价员在评价过程中所形成的标准误差，比评价学生写作能力时产生的误差多。在可变误差方面，前者是后者的两倍，在系统误差方面，前者是后者的 1.7 倍。

11. 研究结果显示：从信度的观点出发，运用作文量表给英语作文评价等级的最好做法是，用一套一般优点型客观性量表对显示较宽才能的相同题目的作文进行等级评价。

附录 A　对计算每名评价员的可变误差所使用的公式的阐述

$V=(D+S)-2(Ns+\sum d)$

V＝每名评价员所形成的可变误差的总数。

D＝平均分数的偏差的总数。

S＝每名评价员所形成的系统误差的总数。

N＝比平均系统误差大的评价等级的数目（在错误方面）。

s＝每名评价员所形成的平均系统误差。

$\sum d$＝处于0和平均系统误差之间的偏差总和。

这个公式可以由一些具体实例的图表加以很好的解释。为了阐述清楚一名评价员的评价等级，我们最好要研究一下图2。

$D=157$，$S=137$，$N=11$，$s=6.85$，$\sum d=15$。

D，平均分数的偏差的总数，在图1中显示。那条零位线（基准线）代表着20平均分数。所有的垂直线，加或减，代表着评价员们所做的评价等级与平均分数相比存在的偏差。与零位线平行的水平线代表着每名评价员所形成的平均系统误差，即是6.85。评价员所形成的系统误差的总数，即137，在图3中显示。

我们所想要的是评价员所形成的可变误差的总数，这个数据将在图2中显示。在这个图表当中，平均系统误差线被用来作为零位线，而以它为基准所画出的垂直线则代表着评价员形成的可变误差。

为了弄清楚V的含义，我们必须知道介于零位线和平均系统误差线之间的究竟是什么。这个数据是由$Ns+\sum d$决定的，在这个条件下，它是90.35，正如我们在图4中显示的那样。当我们从D中减去$Ns+\sum d$时，平均分数的偏差的总数就可以得出，即$157-90.35=66.65$，这在图5中显示出来。当我们从S中减去$Ns+\sum d$时，我们就会得到评价员的系统误差的总数，即$137-90.35=46.65$，这在图6中显示出来。当我们把图5和图6结合起来时，我们就会得到图2，或者当我们把$D-(Ns+\sum d)$和$S-(Ns+\sum d)$相加时，我们就得到113.30，即$66.65+46.65=113.30$，它就是评价员在评价过程中形成的可变误差的总数，因此，$V=\{D-(Ns+\sum d)\}+\{S-(Ns+\sum d)\}$，或者$V=(D+S)-2(Ns+\sum d)$。

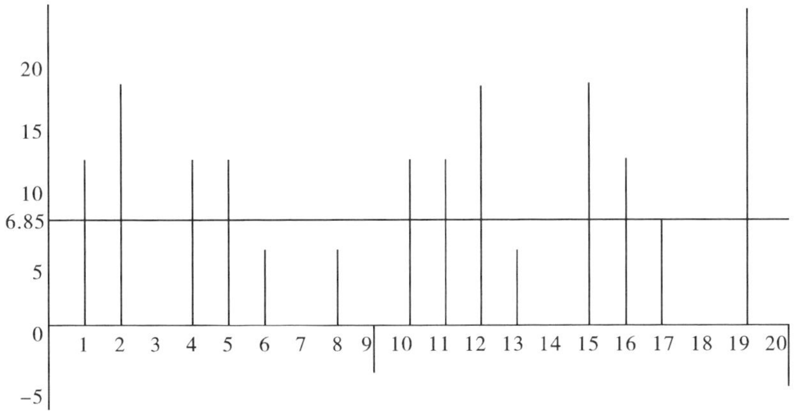

图 1　显示 D

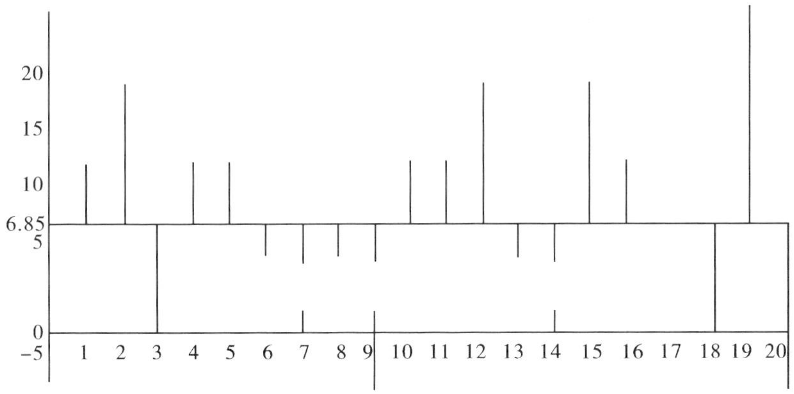

图 2　显示 V

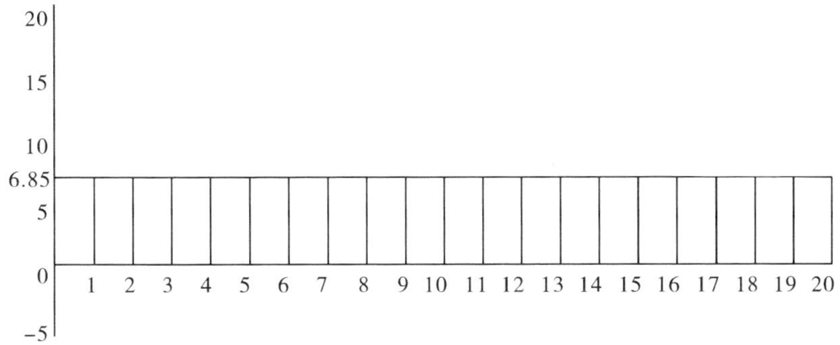

图 3　显示 S

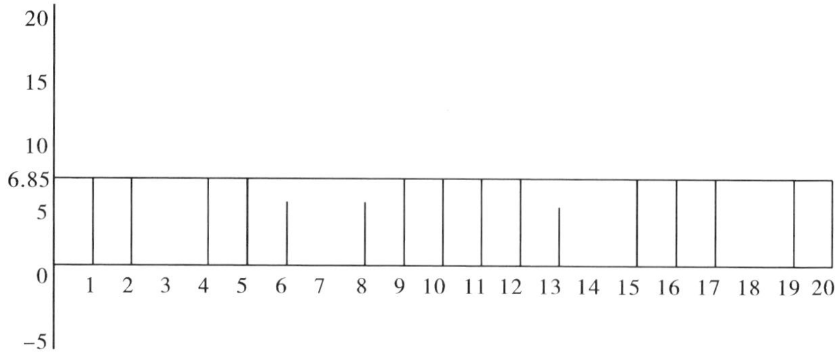

图 4　显示 $Ns+\sum d$

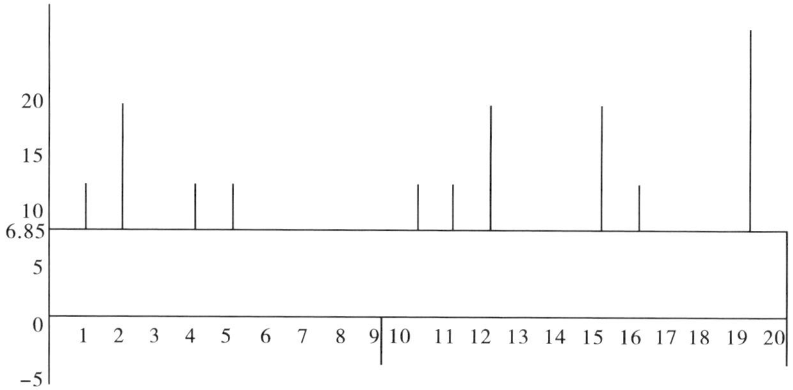

图 5　显示 D（$Ns+\sum d$）

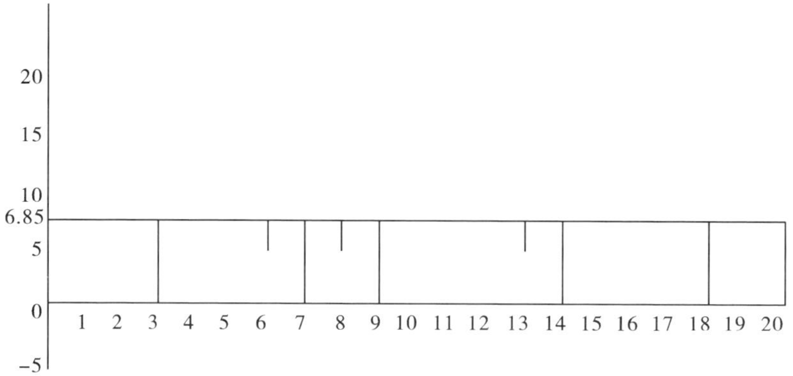

图 6　显示 S.（$Ns+\sum d$）

附录B　研究中使用的80篇作文及它们的平均分数

以下就是本研究所使用的80篇作文[1]。平均分数的表格也将附后。

A套（组）

评价员的姓名________________________

A1　　　　　　我经历过的最激动人心的骑马

一天，当我正在我叔叔家的农场的时候，我决定要学会怎样骑马。我问我的叔叔是否愿意教我，他说可以。

他去马厩并为我牵来了一匹马。他说这匹马比较温顺，可是，当我骑上马背的时候，我确信事实并非如此。

哦，我已经骑在了马背上了。我认为骑马很容易，因为，我曾经看到我的许多朋友都骑过。

当我上马的时候什么也没有发生，但是紧接着，我就被吊挂在了马颈上了。那匹马开始发狂，并且开始以我在那个时刻肯定不喜欢的速度在院子里奔跑。我的叔叔骑上另外一匹马，在后面追赶我。当我的叔叔最终抓住我的时候，我几乎就要从马上掉下去了。当我从马上下来时，我几乎站不住了，但是当我触碰到脚下坚实的土地时，我感觉好了很多。

A2　　　　　　我经历过的最激动人心的驾驶

当我和我的父亲走向停放着他的卡车的车库时，已经是大约早上5点钟了。我们到达车库，门是关着的，我的父亲叫我去喊办公室的那个人来打开车库。

我去告诉那个人，他来打开了车库，然后我父亲发动汽车并且出来装上冰，开足马力上山，以便他能够以高速上山。在这种情况下我并不是说他开得很快，他想以高速来征服这座山，而是因为对于一辆伏特车

---

① 该附录中的作文由英文翻译过来，选编时有改动。——编者注

74 名评价员以 3 个不同的标准对 80 篇作文进行等级评价时所给出的平均分数

主题		套数	1	2	3	4	5	6	7	8	9	10	11	12	13	14	15	16	17	18	19	20
在百分制基础上进行评价		A	60	55	70	65	70	50	70	70	65	80	70	75	60	60	70	80	88	65	70	60
		B	70	70	40	75	60	90	60	40	63	40	50	90	65	30	85	75	40	86	60	90
		C	65	63	75	75	70	68	74	80	75	75	65	61	61	70	85	76	80	70	70	60
		D	75	75	40	75	50	90	55	50	65	45	65	90	65	40	80	75	40	90	65	90
用胡得森量表进行评价		A	4.5	3.8	4.5	4.7	5.0	3.5	5.5	4.5	4.5	6.0	5.0	5.5	4.0	4.5	5.4	5.5	7.0	4.5	5.0	4.0
		B	5.0	5.0	2.5	5.5	4.0	7.0	4.5	3.0	4.0	3.0	3.5	7.5	4.5	2.0	7.0	6.0	2.5	6.8	4.5	8.5
		C	4.5	4.4	5.0	5.5	5.0	4.5	5.0	6.3	5.3	5.5	4.5	4.5	4.4	5.0	6.5	6.0	6.0	5.0	5.0	4.4
		D	5.0	5.5	2.5	5.5	4.0	8.5	4.0	3.5	4.5	3.0	4.5	8.5	4.5	2.5	7.4	5.3	2.5	8.9	5.0	8.5
用范·韦基尼叙述量表进行评价	思想内容	A	47	40	45	50	50	30	55	47	47	55	47	50	40	40	50	58	69	40	49	47
		B	47	50	22	56	40	70	40	30	40	30	37	79	50	19	75	60	25	71	44	86
		C	40	45	45	60	50	45	55	64	49	58	45	43	40	47	70	61	61	56	57	55
		D	50	35	26	55	39	85	40	37	40	25	40	85	45	20	70	55	25	85	47	83
	结构	A	46	37	46	50	50	35	51	50	40	56	50	55	37	44	50	55	68	40	51	40
		B	46	55	25	55	40	74	41	30	40	30	34	76	50	15	84	61	20	70	50	85
		C	45	40	50	55	53	46	55	65	55	60	44	46	44	50	73	62	65	57	57	46
		D	55	61	24	55	37	88	40	31	46	23	40	85	50	20	70	55	23	88	50	83
	技术细节	A	45	35	50	45	50	32	50	47	40	55	52	52	40	41	50	55	69	41	52	40
		B	50	52	21	55	41	75	41	27	40	20	31	79	48	10	79	60	20	70	40	85
		C	43	40	52	53	50	41	52	65	52	60	42	40	41	50	75	60	65	52	59	40
		D	52	60	20	55	35	89	38	31	50	24	41	85	49	22	74	58	21	87	50	87

来说，以低速上山并不太好。我们很顺利地到达了山顶，但是，一辆卡车挡住了我们的去路。厄运伴随着我们，气体控制的弹簧断裂，即使在五个街区那么远，也能听到那个响声。我们到达了目的地，但是我们的天然气用完了。我们幸运吗？

A3　　　　　　我经历过的最激动人心的驾驶

三月的一天，当天气晴朗、阳光明媚的时候，我准备进行一次飞机驾驶。我去克里田庄（Kelly's Field 的音译）租了一架飞机。

我飞到 5,000 英尺的高度。当我发现天色已经变暗的时候，我已经飞行了 1 个小时。我正要下降，这时一根电线断了。突然，我开始下坠，我看到地面以狂烈的速度向我冲来。

然后，我重重地撞到地面上。我肯定我已经死了。然后我醒了，发现自己躺在我自己卧室的地板上。

A4　　　　　　我一生所经历的最激动人心的事件

两年前的 8 月，我和父亲去俄勒冈州看望我的叔叔。

一天上午，我父亲说，他将带我穿过那个湖泊。我们穿行得比较顺利。当我们到达对岸的时候，开始刮大风。我父亲说，我们最好往回走，因为看起来暴风雨要来了。就当我们刚走出不远时，开始下雨了。我们没有带雨衣。风开始狂暴起来。我们试图又返回去，但是不可能。突然一阵大风吹来，将船打翻了。它来得那么突然，以至于我真的不知道到底发生了什么。我认为我将要被淹死，但是最令我感到惊奇的是，水只有大约 4 英尺深。我和我父亲走到了岸边。

我们最终到达了我叔叔的家。我和我父亲很高兴到了家。我永远也忘不了我一生中最激动人心的事故。

A5　　　　　　我所看到的最激动人心的事

上个星期天的晚上，我到市区的一家大剧院去看一场民间戏剧。当我正要走出剧院的时候，突然看到一辆四轮车正在沿街清理街道并洒水，导致我无法穿过。

大约在一个街区远的地方，一些孩子正在玩一场手球游戏。一个孩子跑进了那条湿滑的街道。他捡起球准备返回到人行道上，突然他滑倒了。这时候，一辆高速行驶的货车正沿街驶来，而那个男孩似乎站不起来了。要不是一位路过的年轻人勇敢，那个男孩就可能已经不能生活在这个世界上了。那个男人跑向男孩并抓住他的衣领。仅仅只有一秒钟的时间，当卡车经过男孩一秒钟前所在的地方。当整个事件发生的时候，我的心都提到了嗓子眼里。它是迄今为止我一生中看到过的最激动人心的事。

A6　　　　　　我所经历过的最激动人心的驾驶

那是夏天的 8 月 14 日，公共汽车正驶向若克为海滩（Rockaway Beach 的音译）。几乎整个街区的人都去了，每个人都想出去寻找快乐时光。

公共汽车在上午的 10 点半出发。那辆公共汽车很拥挤，一些小孩不得不坐在老人的膝盖上，我也是这类小孩其中之一。当我们进入举行乡村晚会的长岛时，路很险峻，并且有一半时间我以为我们正在穿越晚会的前夜。

大约一个钟头，我们到达了若克为。我很高兴下车，因为那辆车将我上午所吃的所有食物都倒了出来。

A7　　　　　　我所看到的最激动人心的事

那是一个炎热的 7 月的一天下午，我的母亲和我去海边游泳。浪和海潮都很低，游泳感觉很好。当我游出水面，我穿上我的浴衣，来保持体温和那种舒适。当我坐在沙上，我向海上望去，我发现有一艘翻了的划船，有几个人紧紧地抓着它，他们正在挥手求救。我跑向救生员求救。当我告诉他我看到的一切时，他跑去向更多人求救。他和另外几个人抬出救生艇。他们划得很快，唯恐那些落水者脱手离开划船而沉下去。几分钟以后，他们到达了那艘翻了的船那里，帮助那些落水者进入救生艇。当他们到达岸边的时候，他们帮助落水者下船。当他们出来的时候，我发现有两个男孩，一位年纪大的男人和一个妇女，我认为是两个孩子的父母亲。那个妇女如此虚弱，以至于瘫倒在沙滩上。那个男人揉搓着她的手和腿，一到两分钟后，她苏醒过来。

我的母亲叫我，我没有时间听他们的故事，但是我永远也忘不了我所看到的一切。

A8　　　　　　我所看到的最激动人心的事

一个星期天在长分店里，我正坐在走廊里，突然我听到有东西破碎的声音，然后是尖叫声。然后我就发现一个街区远的木板人行道上挤满了惊恐的人。我哥哥和我跑向出事现场，我们发现一辆汽车冲出了栏杆，并且跌落到 15 英尺下面，车底朝上。在汽车的旁边有 5 个人，1 个男的，4 个女的，都严重受伤。

这个事故是由于反应慢而导致的。那个女司机沿着木板人行道向南开，当她向左拐时，看到一辆小汽车向她开来，她很紧张，踩了油门而不是刹车，这使她冲出栅栏然后撞到 7 英尺以下的防浪堤上，然后，车翻了，又跌落到 8 英尺以下的海滩。

他们被送往医院，受伤最严重的是一名妇女，脊柱断裂，头盖骨粉碎。她还有 7 个伤口。

A9　　　　　　我所经历过的最激动人心的驾驶

我最激动人心的驾驶就是驾驶一个雪橇。一天我的朋友叫我和他一起去滑雪，我告诉他我不会滑雪，但是我有一双我过圣诞节得到的鞋子。他说很容易，我将学得很快，因此我答应去。他首先把我带到一座小矮山上，直到我能够站住不跌倒。当我准备下山的时候，他告诉我，我滑得相当好，并让我继续，到一座更高的山上去。我们登上了我们能够找到的最高的山。他首先滑下，并叫我跟着他。我有点不好意思地跟在他后面。我开始慢慢向下滑，然后我滑得越来越快，我试图停下，但是我不能。两边都有树，我想我会不时撞上它们。当我到了一片比较平的地面时，我看到在我的前面有一个小小的悬崖，我停不下来，我感觉自己离开了地面，在空中飞翔。当我着地的时候，我头朝下地摔在了雪堆上，好不容易才爬出来。要不是我的朋友，我想我可能就没有出来。当我出来的时候，我说我再也不滑雪了，但是他说我应该克服它、战胜它。我做到了，现在我不害怕去滑雪了。

A10　　　　我一生中最激动人心的事故

几年前的一天，我在一个船坞的边缘行走。看到一个纸盒子在附近漂浮着。我想如果把它弄沉一定很有趣。我扔一些石头进去，一个接一个，直到我只需要再扔一个更大的石头就能把它击沉。我找到一个特别大的石头，并将它扔进盒子。但是，并非只有那块石头下水了。我跟着它，失去了平衡。当然，这使我相当困扰。因为在那个时候我不会游泳，当水变得越来越深时，我以为我的生命不久就会结束。但是我很幸运（当这些事情发生的时候我总是很幸运），我发现我有垫脚的，我慢慢将自己拉上了陆地。当然，在我落水以后，我感觉有点冷，因此我回家并且穿上了一些舒适的衣服。我希望我再不要出现那样的经历。

A11　　　　我所经历的最激动人心的骑马

夏天的一天，我决定骑马穿过山脉。吃完午饭以后，我走进马厩并且挑选了一匹我能够找到的最好的马。它是一匹黑白相间的马。我骑了大约 5 英里的时候，一辆汽车在路上突然掉头，并且几乎撞到了我的马。那匹马受到了惊吓，开始猛冲，因此我无法控制它。我们疯狂地在野外奔跑，直到有一名勇敢的州立骑兵用鞭子抽它并把它停下来。那个骑兵帮助我回家。当我们到达那儿的时候，我父亲奖励那个骑兵 100 美元金币。在那以后，我就不允许再蹬上马背了。

A12　　　　我所经历的最激动人心的乘车

一个星期五，我们决定开卡车去史考黑（Scowhegin 的音译）露营，而不是像往常一样徒步去肯南（Cannan 的音译）。当我们出发的时候，艳阳高照，我们每个人的心情都很好。当我们到达目的地时，天空多云，但是我们什么也没有想，并且继续穿越村庄。然后男孩们买了他们需要的东西，并走进一家冰激凌店开始吃起来。当我们出来的时候，天气开始变得雾蒙蒙的。司机把帆布盖在卡车上，我们走到后面开始吃爆玉米花和糖果。当我们离露营地有 1/4 英里远的时候，雨开始倾盆而下。汽车经过一条坑洼不平的路上时，我们都被晃得东倒西歪。我们紧紧地拥挤在一起，以免被雨水打湿，但是风从卡车后面将雨吹进来，我们浑身湿透了。多么糟糕的一次乘车呀！到达营地以后，我们脱下衣服来烘干。幸运的是，没有一个人感冒。那就是我经历过的最激动人心的乘车。

A13　　　　我所经历过的最激动人心的骑乘

一年半以前，我妈妈的一个朋友带 7 个孩子去帕里撒得司公园（Palisades Park 的音译）。我们到了那儿很激动，并且想要体验一切活动。但是钱不充足，无法达到我们想要的那么多。

我们去乘坐过山车。这就开始了我曾经经历过的最激动人心的骑乘。我们都给了售票员 15 美分，然后她给我们一张票，我们将它给了检票员。接着，我们进入了一辆循环车。车慢慢地启动，然后突然迅速地转弯，我的妹妹从座位上跌落下来，我们都笑她。接着，我们一会上一会下，并且转圈，接着我们穿过一个隧道，回到了我们出发的地方。最后我们下车，然后去看他们的表演。这就结束了我所经历的最激动人心的骑乘。

A14　　　　我一生所经历的最激动人心的事故

我在乡下的那个暑假，我常常去一个大湖里游泳。有一次我的姑姑想游过那个湖。她游了过去又返回，她说很容易。

几天以后我们又去游泳，并且我想游过去，我的姑姑说可以，但必须和她在一起。我开始穿越，但是当我游到一半时，我感到很累，几乎无法呼吸。我的姑姑叫我不要游得太快。我到达了对岸，我们休息了一会儿，并且开始朝回游。

我们离岸已经很近了，我叫我的姑姑，她不得不带着我游过剩下的路程。因为我是如此的累，所以我告诉她我永远也不会再游过湖了。

A15　　　　我所经历的最激动人心的乘飞机

夏天的一天，当我在乡下玩时，我听到飞机的颤动声越来越近，然后我看到它降落在一块田地里，我正朝那里走去玩。

我走过去看是谁，原来是我的叔叔。他来带我乘飞机。我们去了我家，我的叔叔问我的妈妈我是否能够乘坐他的飞机。我的妈妈说："好。"

在我进入以后，发动机开始发动（它听起来像雷声），地面开始消失。一会儿以后，听起来似乎马达停止了，但是我的叔叔说："我刚刚打开了消声器。"现在只有很小的声音了，所以我们能够在机器上讲话了。

我们在空中大约飞行了一个小时，突然发动机完全停止下来。

我们迅速地向下俯冲，我看到我的叔叔在拉动所有的杠杆，最后，他启动飞机，我们回家了。

A16　　　　我一生中所经历的最激动人心的事故

一天，几个小伙子和我决定租用一个小划艇。我们认为这是一个好主意，因为这是一个炎热的夏天。我们到码头去租一个小划艇。那儿的老渔夫告诉我们不要出去太远，因为有风暴吹来。

我们没有听从他的建议。在划了大约一个小时后，我们看哪个方向有陆地。令我们感到惊奇的是，我们无法看到陆地。就在那时，其中的一只桨断了。突然，海浪变得滔滔。我们非常害怕，我们想怎样才能返回。

云开始变黑，并且开始下雨。我们处在暴风雨的控制中。电闪雷鸣，大雨倾盆而下。我们已经湿透了，并且非常害怕。就在那时，一个男孩说他好像听到了什么声音。几分钟以后，我看到了探照灯。我大声叫喊，就在那时，探照灯照在了我们身上。那些人看到了我们，我们都得救了。当我回到家的时候，我告诉我自己，我一定要听从那个渔夫的建议。

A17　　　　　我听说过的最激动人心的事

昨天晚上，鲍伯·洛顿（Bob Lawton 的音译）来拜访我们，他是第一位来自遇险蒸汽船“费斯吹斯”号（Vestris 的音译）的伙计。我的父亲叫他描述沉船的经过，这就是他的故事。

“星期五的上午 7:15，我们离开海港。第二天，一位司炉发现有一块防浪板裂开了。他向船长报告这件事，但船长不以为然。那天晚上，船倾斜了 45 度。船长随后发出求救信号。全体船员被命令向外抽水，但是已经太迟了，船倾斜得越来越严重。最后，命令变成动用救生工具，降下救生船。船员们通过不遵守命令的方式做了不光彩的事情，不让乘客进入救生船。但是，部分乘务员和官员也非常勇敢地帮助别人。但是，那些船员没有正确地降下救生船。一个大浪打到船身的侧面，将许多船上的人抛离甲板。我也不幸落水。在游了 12 个小时后，我被‘波林’（Berlin 的音译）号救起。我后来了解到，有 83 人被淹死了，其中大多数人是妇女和孩子。”

洛顿先生总结他的叙述时说：“我认为海上的灾难没有比‘费斯吹斯’号沉没更严重的了。”

A18　　　　　我所经历的最激动人心的骑乘

大约是仲夏时节，我和我哥哥去了寇勒岛（Coney Island 的音译）。他第一个想乘坐的是雷电（一种车）。我听了非常害怕，但是没有说什么。

我说：“我们为什么不先玩其他的项目呢?”他同意了。然后我们玩了很多好玩的东西。接着，我们去玩雷电。我们通过的第一圈不太陡。然后我们来到第二圈，那是所有圈中最陡的。当我们到达底部时，我几乎晕过去了。从此以后，我再也没有玩过这个项目。

A19　　　　　我所经历过的，最激动人心的乘车

从前，当我住在波多黎各时，一家电影公司去拍一张我不记得名字

的照片。他们挑选三鹃的扼儿·莫柔（El Morro，San Juan 的音译）作为拍摄这张照片的最好地方。

我住在离三鹃儿英里远的一个镇上，因为我认为它很有趣，所以我决定去。乘坐公共汽车去扼儿·莫柔很容易，但是当我到达扼儿·莫柔的时候，那里并没有我想象的那么有趣。我穿过那个城市，然后到了码头去看船进进出出。

到我准备出发时，所有来看照片拍摄的人都已经回家了。

我没有认识到有多少人正在回家，直到我试图上一辆公共汽车的时候。所有的车都是满的，连有轨电车，之前我乘坐时永远都没有超过十名乘客，也是满的。因此我不得不步行 1/6 的路程直到我搭上了一个性情较为温和的卡车司机的车。但是，我搭上的这台卡车走到半路时转向了另一条路，我不得不走完剩下的回家的路。

A20　　　　　我所看到的最激动人心的事

一天晚上，当我看完足球比赛骑马回家的时候，天已经很晚了，并且一切都非常安静。我来到一个十字路口，两条路都可以回到我的家，我决定走右手的路，那条路最短，但穿过墓地。当我穿过墓地时，我的马突然停下来，我不能催促它朝前移动。我听到一个声音并且朝那个方向看去，我看到斜靠着一个大的白色的十字架上有一个物体。突然，恐惧悄悄爬上了我的心头。但是不久，我又重新获得足够的勇气穿过。当我到达那儿时，令我惊奇的是那儿什么人也没有，只有一张大报纸，风把它吹到十字架上。当风吹得很大时，导致纸轻轻地拍打着十字架，就产生了我听到的声音。

评价 20 篇作文的时间____小时____分钟

B 套（组）

评价员的姓名______________________

B1　　　　　我所看到的最激动人心的事

我站在第五大道第 42 街的公共图书馆的台阶上，和全班同学一起等着看林蒂（Lindy 的音译）。我们一直在那儿站了三个小时，终于，我们听到了响亮的欢呼声。站在一辆高大的汽车上的是一个大约 24 岁的潇洒年轻人，他的胸前挂着奖牌。每个人都在欢呼和扔彩纸。当我回家的时候，我看到了比以往任何时候都多的人。所有的报纸估计大约聚集了 600 万人。迄今为止，林德伯格是唯一穿过大西洋在法国登陆的人。今天，他是一名国家英雄，并在将迎娶美国驻墨西哥大使的女儿安娜·美柔（Anna Marrow 的音译）。

B2　　　　　　我所经历的最激动人心的乘车

我八岁那年，一个星期天下午，我的爸爸决定开车带我们去肯斯寇大坝（Kensico Dam 的音译）。在前一天晚上，那里下了大雨，导致路都非常湿滑。

我们经过"农场"时是三点钟。我们转过前面的弯道，发现有另一辆车从相反方向驶来，我的爸爸猛踩刹车，但车撞到了旁边的一个栅栏上。轰隆爆炸声！一个手提箱猛地弹出了玻璃窗。我们出去检查到底损害有多大，发现后轮爆炸成了碎片。然后我去了大约两英里远的糖果店，并且带来了一辆拖车。

美好的一天就这样结束了。除非道路顺畅，否则我们再也不会去了。

B3　　　　　　我一生中最激动人心的事故

一天，我的母亲派我去商店。当我穿过街道时，我没有看两边的路。一辆车驶过来，并且车头撞了我，它撞碎了我的左髋部。我不得不在医院里待了 7 个星期。当我回家时，我非常虚弱。过了一会儿，我又高兴了。过马路要当心。

B4　　　　　　我所经历的最激动人心的乘车

7 月的一个炎热的上午，当我沿着街道走的时候，我会看到谁？其他谁也没有看到，除了我的叔叔约翰。他开着车，从加利福尼亚州赶来。他说他将在纽约待大约一个月的时间。你可以想象得出我听到那句话是多么高兴。

两天过去了，他单独带着我，并且对我说他将带给我一次激动人心的乘车。我刚开始不相信，当他以每小时 60 到 65 英里的速度行驶时，我相信了他。

在行驶了一个小时后，我们已经离开了城市，驶在乡间的公路上，你可以想开多少英里就开多少英里了。

然后他开始开到大约 70 到 80 英里，并且转了一个弯。突然，我看到远远的后面有一团乌云，我告诉我的叔叔说，它靠得越来越近了，但是他说不要担心，可能是另一辆车在加速。

大约 5 分钟过去了，当我再一次朝后面看的时候，我什么也看不到，除了一个骑着摩托的警察正在开枪向我们的轮胎射击。我的叔叔开得越来越快，我们达到了每小时 98 英里的速度，不久达到了 100 英里的极限。

一个小时的加速度追赶以后，我们又到了城市限速路段，并且不得不慢下来。我的叔叔在街角绕来绕去，和别的汽车相互交错，不久那个警察就将我们追丢了，并放弃了追赶。

当我们回到家的时候，你可以想象得出我们向父母讲述了一个多么悠长的故事。

B5　　　　我所经历的最激动人心的乘车

当我住在乡下的时候，我家的房子离村庄有 4 英里远。当时天正在下着雪，路上结了冰。大约是早上 8 点，邮递员来收集信件。他有一辆旧的福特车。我问他是否愿意带着我去村庄。

他让我坐在后面，那里没有什么遮蔽物。我向后靠着，但是我不喜欢那样。车开始发动，并且走得很快。我们在拐弯处打滑，然后跌进了一条沟里，几个包裹跌落到我的身上。我们把它们从沟里捞出来，然后我坐到前面了。他开始绕过灯杆，我最后到了邮局。

B6　　　　我最激动人心的乘车

去年夏天我和哥哥进行了一次穿越西部的旅行。关于我们旅行最有趣的部分是我们待在加拿大路易斯湖的时候。在这儿，我们每天进行20公里的徒步旅行，攀登了许多高山和绝顶。

有那么一次，我们攀登了一个相当困难的小路，我差点失去了我的生命。那座山的角度是那么陡峭，以致于我们只能靠手和脚前进。最后我来到了一个绝境，唯一能够继续前行的方法是穿过一块冰雪覆盖的山谷。我将我的脚跟踏上冰面，尝试穿过冰面，但是我滑倒了，并且开始滑向山腰，在冰上打滚和扭曲旋转。因为坡度是那么的陡峭，我无法停下来，而是迅速地沿着斜面滑下去。

这个溪谷的底部是一个悬崖绝壁，大约400英尺高。我在这个厚厚的冰面上翻滚，最后在一个稍为轻微的弯道上停了下来。在我的前面，一点点远，就是那个巨大的绝壁，并且我敢断定，如果我从那么高的距离跌落下去——在岩石上着陆——将不会那么舒适。

B7　　　　　　我一生中最激动人心的事件

我一生中最激动人心的事件发生在我5岁的时候。我的朋友和我在公园里。他提议由他来喊人，而我要跑过去。我在一条沟里，并且周围都是破碎的玻璃片。然后我的朋友开始喊我，我就开始跑。我没有看到一根树桩露出了地面。突然我跌倒在一面玻璃上，并且那片玻璃刺进了我的膝部。那个伤口大约有2英寸。很幸运的是，我随身带了一块手帕，我把它系在我的膝盖上，然后回家了。我的母亲清洗了伤口，不久就停止了流血。

B8　　　　　　我一生中最激动人心的事件

一天，我的朋友和我乘车去旅行。这是一个星期天的下午，我们将要去野炊。那是一个阳光明媚的日子，我们停下来在森林里吃午餐，并且玩游戏。突然，当我将要扔球的时候，我看到了一条有毒的蛇。

它盘绕成一堆，我叫我的朋友来到我的身边，但就当他们开始走的时候，那条蛇开始四处走动，弗雷德（Fred的音译），我的一位密友，拿起我的斧头正要打它的时候，那条蛇正准备咬弗雷德，因此我让那个斧头落在蛇的头部。那就是蛇的结局，并且你可以打赌，弗雷德说我救了他的命。然后我们回家了，并且玩得很开心。我告诉了我的母亲这个故事。

B9　　　　我所经历的最激动人心的骑马

那是冬天的一天，我的哥哥、姐姐和我去骑雪橇。那天雪很深。但是路很好滑。因此我们套住马，并且走得很快。我们都很好地包裹着，以免着凉。当我们已经离开小镇大约 6 英里时，马跑得如此地快，以致我们都跌倒了，除了我的哥哥还在驾驶。我们都站起来并且开始跑。但是我们都是如此地累，以致追不上雪橇。

然后我哥哥乔让马停下来，我们又都上了雪橇。我们雪地上驾驶着雪橇，玩得很快乐。

B10　　　　我所看到过的最激动人心的事

一天，当我在玩球的时候，一个男孩穿过街道，一辆汽车开进了单行道上。他不知道朝两边看，他只看着那条街，那条不是单行道的街。

然后，我的机会来了。我听到了一声巨响，我转过身，看到一群人，因此我走到那边。我看到血从那个男孩的鼻子里流出，我就问某个女孩，发生什么事了？她说那个男孩的鼻子断了。

因此他们把他带到医院，他很长时间不能回家。在星期天，他可以出来，但是在他出来前，他们不得不让他的星期天结束，并且要过好几天，他才能到街上去玩。

B11　　　　我所经历过的最激动人心的骑乘

去年，寇内岛（Coney Island 的音译）开业的时候，我去那里玩。我的爷爷和我看到了一块告示，上面写着：只要一银币就可以享受一次快乐的旅行。我很害怕坐那些在高高的滑道上的滑行车，我总是在担心我会翻过来。

但是我的爷爷喜欢，他说不要害怕，我就上去了。

但是当我上去的时候，我敢肯定我想下车。

我把我的头埋在我爷爷的胳膊下，把我的腿放在他的臂弯里，并且踢来踢去。

当我下来的时候，我是如此地晕眩，以至于当我看着我的爷爷时，我想发生了什么，为什么我看到两个而不是一个爷爷。我肯定我经历了我最激动人心的骑乘。

B12　　我最激动人心的乘坐

我仍然清晰地记得1921年我在加拿大首次乘坐飞机的情形。那是一段激动而刺激的经历。

那个夏天，我在加拿大大赢酒店，那是位于湖上的一个漂亮的地方。一天，有一架水上飞机到达这个湖上。它属于加拿大著名的王牌双店和另一个加拿大王牌巴克。是巴克正在驾驶着这架红色的飞机。他在湖上着陆并且滑向码头。在那里，他把飞机系好，许多人开始来视察这架飞机。最后五个人决定要飞上天，并且那个加拿大飞行员起飞了。这真是一次漂亮的观光，并且这是我的第一次如此近距离地接触到飞机。我的父亲和我决定上去，因此当飞机第二次着陆时，我们上前去乘坐。我们拿到了一个头盔和一个飞行眼罩。

我们从船头爬进去，并且找到位置就座。巴克开动了发动机，我们慢慢地开始滑翔。那艘飞船在水上滑了一段距离，然后慢慢升起。它掠过水面，在离水面5或8英尺的高度，慢慢地，它上升到3000英尺。

飞机在树林上空盘旋，那些树看起来似乎是草的叶片。那飞船飞过湖对面的一家旅馆和小村庄。那个小小的移民区就像玩偶的村庄。下面的水就像一块玻璃。

慢慢地，巴克把飞船带到水的边缘，并且渐渐地滑向码头。我所经历过的最激动人心的乘坐就结束了。

B13　　我曾经拥有过的最激动人心的乘坐

那是去年夏天，我经历了这次最激动人心的乘坐。我是在柯蒂斯机场的一架名叫“费壳儿”（Fakker的音译）的单翼飞机上，当发动机启动的时候。轮子前面已经没有街区了，飞机开始穿过田野。

飞机绕着圈子飞行。我尝试着一切办法来使飞机停下。然后我朝窗外看，我看到一辆救护车正朝这里驶来。我希望我不要撞到它。那架飞机开始离开地面一点点，当我拉动一个马达的控制装置时，我不记得是哪一个了。

那架飞机开始在地面打滚并且撞到了一个停机坪。我被撞得不省人事了。当我醒过来的时候我发现只有桨被撞碎了，我想是救护车的医生想骗一位患者缝针。

B14　　　　　　我所经历的最激动人心的骑马

一次，当我在西部的时候，我骑了我的第一次马。我骑上马，那马像风一样在石头和草丛上疾驰而过，又疾驰而回，愚弄我到一个令人脸红的尴尬境地，我永远也不会忘记这次骑马。

B15　　　　　　　　我最激动人心的骑乘

那个小火车咔嗒咔嗒地在木头铺的小道上行驶。铁路的路基向右穿过树林，到达新泽西州的累克哈斯特（Lakehurst 的音译）的后面，那里是飞船飞机库的所在地。那辆火车正在和森林大火进行比赛，以便护林员能够移开所有的汽油桶，在火到达那块地域的边缘之前。那火当然不能穿过基地，但是汽油爆炸将会轻易地引燃那个飞机库。

我紧张地在运煤，当那辆小火车穿过树林的时候。空气中弥漫着燃烧着的木头的气味，在强风的推动下迅速地追赶着我们。我们稳稳地朝前开着，但是突然令我们惊愕的是，一堵咆哮的红黄色的火墙正在舔食着窄窄的路基。随着一声“抓紧”的叫声，小火车仿佛驶进了地狱的中间。我感觉我的皮肤紧绷，眉毛和头发在强烈的热浪下发皱，并沙拉沙拉地作响。跨过了永恒，我们到达了有新鲜空气的区域。我们饱受折磨的肺满口满口地呼吸珍贵的新鲜空气。

我们最终到达了累克哈斯特，并且成功地警告了他们，这次狂野的驾驶挽救了萨姆叔叔金钱和人力的巨大损失。

B16　　　　　　　我一生中最激动人心的事故

大约一年前的一天，我到纽约的一个小镇露营。

一天晚上，我听到远处传来枪声。我穿上大衣后朝我所听到的发出枪声的地方跑去。当我到达那儿的时候，我发现了两名猎人，他们说他们开枪射击了一头熊。他们问我是否愿意加入他们的打猎当中，我同意了，我们三个开始朝熊跑去。在追上它以后，我们就躲在一个洞穴里，以为它不会看到我们，我们就可以开枪射击它。突然，我们听到山洞后面传来一声巨响，我们看到大约有五头熊正朝我们走来。没有停留一分钟，我们朝我们的营区跑去，进了小木屋，及时躲掉了被熊吃掉的命运。

第二天早上，那两位猎人回到了他们自己的营区。我以后再也没有看到过熊。

B17　　　　　　　我一生中最激动人心的事故

一天当我和我的女朋友去公园玩，我上了滑冰场玩了两到三次。然后，在我们回家之前，我说我将再滑一次。当我正要下到滑冰场的时候，我滑倒了，并且不能控制平衡，因此我手着地跌倒了，当我站起来的时候，一位女士朝我走过来，问发生了什么。我告诉她发生了什么。她看着我的手对我说我的手摔断了。然后我回家了。

B18　　　　　　我所经历过的最激动人心的乘坐

我一生都住在纽约，我认为在纽约你总是可以找到最好的东西和最坏的东西。

去年我有幸去了意大利，在那儿我不久就发现某些东西比我们在纽约还要糟糕，那就是出租车。

我们直接从纽约航行到意大利，那不勒斯是我们登陆的第一站。我们上了一辆的士，碰巧是一辆兰西亚（Lancia 的音译）。我不久就发现它行驶得如此地快，以至于让纽约的任何一辆的士脸红。

我们到了城市边缘的某座山的顶部，并且从那儿看到了维苏威火山壮丽的景色。所有这一切都进展得很顺利，直到那辆的士开到了一个再也无法前行的地方。因为它一直在朝山上开，所以在下山的路上，司机当然想找回上山所浪费的时间。我们几乎是用半个车轮转过那些拐角，并且在一个拐角差点轧断了一个人的脚趾。那个人碰巧坐在路边，双脚踩在排水沟里。

所有这些还都很好，但是后来那个司机开始在无轨电车和手推四轮马车的左边开过去，并且在错误的一边超车的时候，不时地与人擦肩而过，与两三个人大约就差半英寸。

终于我们停了下来，在我预计要在医院住上六个月以后。我想说，我从来没有像现在这样感激回到了“大陆”。

B19　　　　我所经历的最激动人心的驾驶

四位女孩和一名女士正在度过激动人心的时刻。那位女士就是我的妈妈，她想开车，那四个女孩正准备阻止她那么做。她们太有趣了。我正试图拿出我的书，看怎样才能到达纽约的王石（Kingstone 的翻译）。但是那些女孩正玩得那么开心，她们不关心我们到达那儿没有。最后，我的母亲让我们停下来吃午餐。她们都发出欢呼声，但是饭盒从山上掉到了湖里。就是那样！在那之后，女孩们就安静下来了。我们都很饿。当我们 6:30 到达王石的时候，我们吃掉了我们所能够吃的一切，然后又要了其他一些吃的。那些女孩和我母亲都上床睡觉了，并且我也睡了。第二天，当我们想到前天因为没有吃午饭而很悲伤时，我们都大笑起来。

B20　　　　我所经历的最激动人心的乘坐

“伙计们，享受你一生中最大的刺激吧！别错过——只要 25 美分——15 分钟——享受地球上最快、最陡、最好的乘坐！”它是在古老的果园海滩，在炎热的夏天。野营队员来度过这一天，并且开始在各种娱乐场所游荡。我以前从来没有去过像这样的公园，并且沉湎于它的魅力之中。在这狂暴的吵闹之上，这个承诺吸引着我们的注意力。转过身朝它所来的方向走，我们觉察到一个巨大的木头建筑支撑着一个蛇形的轨道，它不时在这里或那里转弯或偏斜，然后以笔直的角度下落几英尺，然后立刻爬上几乎相同角度的斜坡，只是为了重复相同的操作手法。

“咱们来试试这个吧。”我提议道。

“好的。”是一片欢呼雀跃地回答。

我们拿好票，并且在那辆车上找到我们的座位。我们的露齿笑容被那个服务人员抹去了，当他把我们捆扎在座位上的时候，并且对我们说：“抓紧座位，别站起来。”伴随着轻微的下沉的感觉，我们开始走下行路，并且看到了一个斜坡出现在我的面前。

一个快速的上升攀登将我们向后压缩在我们的座椅上，并且一个突然的转弯将我扔在座位的边缘，同时，额第（Eddie 的音译）的重量压在我的身上。一个短暂的下降，我们猛地向一边倾倒，并且被带向一个比第一个坡度更陡的坡度。然后紧跟着一个可怕的感受，近似于在一个深坑边缘寻找平衡的感觉，我们开始了 90 英尺的下坠。风在耳边冲过，速度是如此之快，以至于我们都被抛到离座位两英寸高。我们拉紧安全带，疯狂地紧抓着前面的栏杆。

在这种困境中，我们看到我们的正前方的十字形横梁。一个妇女尖叫起来，似乎不可避免地我们要撞到它而粉身碎骨了。现在我们正在它的上面，我们用手覆盖着我们的双眼以保护它们。在不久之后，我们滑向平台。

我们虚弱地站起来，并且蹒跚地出来围栏。

“天啦——太棒了！”额弟颤抖地叫着。

“太对了！”我提高声音喊着。

评价 20 篇作文的时间____小时____分钟

C 套（组）

评价员的姓名______________________

C1 死里逃生

一天当我从公园回家时，我注意到，虽然一整天都天气晴朗，但现在变成多云了。我加快了步伐，并且就在第一滴雨下来之前赶回了家。当我走进房子，我的妹妹走过来要我去药店买些碘酒，因为我的母亲划伤了自己。

那时雨已经下得很大，我看到了闪电，又听到了雷声。我穿上雨衣朝外面走。一切都进展得相当顺利，直到我离家只有一个街区的时候。我一路都在跑，并且现在加快了我的步伐。接着，一道闪电击中了大约一英尺外的石头并且将其击成碎片。过后，我安全地到了家。

C2 一个谜

一天，汤姆和我正要去河边划木筏玩，那个木筏我们之前藏在岩石之间。

我们到了目的地，却发现我们的木筏不见了。我们开始寻找，但都是徒劳，到处都没有木筏的影子。

那天上午，我们回家并且吃了午饭。下午，我们再一次来到河边，看看是否能够找到我们的木筏，但是木筏还是没有被发现。然后，我的朋友对我说，让我们再到岩石中间搜寻。我们那样做了，并且我们几乎没有时间睁开和闭上眼睛，木筏就找到了。我们后来发现潮退了，在一天的某个时候，我们可以藏其他的东西在木筏的旁边。

C3 鬼

一天，当我沿着一条偏僻的路驾着马车的时候，我看到了一片墓地。我让我的马靠近那里，看到地上有一个长长的、白色的东西。

突然我的马转过身，我从马车上跌落下来。当我站起来的时候，我看见我的马正在向远处跑。我朝墓地方靠近了一点，看到那个东西在动。我的膝盖在颤抖，我的毛发竖立起来。我开始以我最快的速度跑开。

第二天上午，我的勇气回来了，我又回到墓地，去看是什么东西把我吓得如此厉害。当我靠近墓地时，我看了看，令我感到惊奇的是，我看到了一块长长的、白色的破布，当时我以为它是一个幽灵。使它移动的是风吹过它。

C4　船长的故事

5年前，当我是美国护卫舰“宪法号”船长的时候，我们正驶向的黎波里，保卫美国。一天早晨，我们接到了讯息说“费城号”已经被海盗擒获。那艘“费城号”是美国一艘大型的护卫舰。一天晚上，当我们正靠近的黎波里港的时候，碰到了一艘小的海盗船。在一个小时的交火之后，我们占领了那艘船。史蒂芬·德卡特（Stephen Decater 的音译），一个“费城号”上的年轻官员说，我们将永远无法进入的黎波里港，因为海盗们会用“费城号”来对付我们。因此，一天晚上，德卡特乘坐一艘小船溜进了海港，烧毁了“费城号”，没有损失一个人。

第二天，“宪法号”驶进了的黎波里。在一场可怕而激烈的战斗后，我们占领了的黎波里。海盗们在我们的护卫舰面前几乎没有任何招架之力。它拥有铁制的舷侧，这就是它为什么被称作“古老的铁舷”。自从那以后，海上就再也没有海盗的骚扰，而变的自由和平了。

C5　野营的经历

去年，我去新罕布什尔的绿色山脉野营。我和我的南童子军部队一起上去的。我们玩得很高兴，每天都去游泳。营区坐落在一个湖边。

一天，有几个新男孩被送到了营区。那位童子军长官不久就教他们游泳，除一个男孩以外。他太紧张了，没有什么进展。

在野营结束前的倒数第二天，我们几个坐划艇去钓鱼。我们离岸很远的时候，暴风雨来临了。那艘船开始从一边向另一边摇动。那个不会游泳的男孩被甩到湖里去了。我立刻脱掉衣服，并且紧跟着跳到湖里。当他最后一次沉入水中的时候，我刚好抓住他，并且把他带到船上。我被童子军长官授予一枚英勇行为金质奖章。

C6　在火车站接我的表妹

火车驶进车站，我跑过去接我的表妹玛丽。我们以前从来没有会面过，但是我敢肯定我能够从她的穿着方式将她认出来，因为她来自乡下。

我跑向一个家常模样的女孩，并礼貌地介绍自己。我告诉她，我是她的表姐，被派来在车站接她。她用奇怪的眼神看着我，并且说我肯定搞错了。

我回到家发现我的表妹已经到了，并且她比任何一个城市女孩穿得还要好。

C7　　伯德司令的冒险

伯德司令只有 12 岁的时候，他的母亲让他自己周游世界。当他到达日本的时候遇到了台风，他死里逃生。当他到达菲律宾的时候，当地发生了起义，他又一次毫无伤害地逃脱了。当他到达印度的时候，所有的人都在相互抢劫和杀戮，而他又逃开了。

当他回到家，他去了安纳波利斯，在那里他获得了文凭。他想进入海军，但是他们不接纳他，因为他在一次跌倒中受伤了。

后来，他从事飞行，并且非常成功。

在世界大战期间，他去了加拿大，去训练那些即将同法国交战的士兵。

时间过去了，他计划飞过北极，他成功了。

在 1972 年，他和另外 4 个人飞越大西洋的时候，飞机出现了机械故障，坠入大西洋中，离法国只有几百码。通过他良好而准确的判断，他救了另外 4 个人和自己。

他现在正在探索南极地区，他希望能够发现一些有科学价值的东西，他也希望发现南极。我们也希望他在他的新旅程中能够取得良好的进展。

C8　　最重要的下士

在革命战争期间，一名下士监管下的一队士兵，正在努力地吊起一根他们正在修理的防御工事顶部的圆木。这根圆木的重量超出了他们的承受能力。虽然他们继续努力，但仍然无法抬起来。那名下士没有给予任何帮助，除了喊："起来，就是的，起……"

一名穿着便衣的军官碰巧路过说："你为什么不帮助你的人?"听到这些话，那个下士以帝王的姿态转过身说："先生，我是一名下士。"那个陌生人向他道歉，并告诉他，自己不知道他是一名下士。

那个陌生人脱下大衣，并且使劲拉，直到汗从他的脸颊流下来。当那个工作完成后，他转过来说："小大下士，如果有这么重的圆木要举起，就叫你的总司令来帮忙。"那个下士惊愕了，那个陌生人是华盛顿。

C9　　一次激动人心的经历

去年夏天的一天，当我在童子军营地的时候，童子军长官说他要教我游泳。我告诉他说，我想知道怎样游泳，但是我害怕我会被淹死。他说我会很安全的，因此我说我愿意试试。

我站在岸的边缘正在想是否要跳下去，突然我的背后受到了一个很大的推力。我的腹部朝下落入水中，然后开始挣扎，试图使自己浮起来。我喊救命，但是那个童子军长官站在岸上朝我大笑。突然我的脚踩到了什么——那是地板。我发现我可以站在水中，然后我知道了为什么当我喊救命的时候童子军长官在对我大笑。对我来说，这是一个巨大的玩笑。那天以后，童子军长官就开始教我怎样游泳，并且我现在游得相当好了。

C10　　一次晚上的冒险

不久前的一天晚上，我下床并且下楼去喝水。当时相当晚，可以说大约12点半。我周围的东西模糊不清，并且被绊倒了几次。但是我终于喝到了水。就当我正要上楼梯的时候，我看到，或者我想我看到了，一个高高的黑色的物体在动。当然，我不知道我在想什么，因此我就在那儿多待了一段时间。但是，当我听到来自同一个地方的三声连续的呻吟以后，我不能再待下去了，我用比以往更快的速度跑上楼，关上房门并且上床。

到了早上，我的勇气回来了，我急忙穿上衣服下楼看可怕的幽灵。可以想象我的惊奇，当我发现那个我曾经看到的可怕的物体仅仅只是一棵松树时。那些声音，我猜想，可能是风吹过树而发出的。

C11　　　　　　在卡茨基尔山脉的一次经历

夏天的一天，几个小伙子和我决定去徒步旅行。我们打算徒步10英里。我们出发了，由我来当领队。我告诉那些小伙子的第一件事就是要检查一些树和花等等。我们走啊走，直到我们看到一条蛇，那条蛇大约两英尺长。我告诉那些小伙子，如果我们看到蛇，我们所做的第一件事就是捡起一块石头。然后我们就捡起一块石头，砸了那条蛇三次，直到它不能动弹。在那以后，我们拿出刀片将它的皮剥了下来。天色越来越暗，因此我告诉那些小伙子我们应当回家了，小伙子都同意了。我们走啊走，直到我们走出了山脉。我们然后分开，回到了我们各自的家。

C12　　　　　　　　　多雨的一天

今年夏天的一天，我在野营，雨倾盆而下，在短短的时间之内，雨变成了有两个指甲球那么大的冰雹。那时是休息时间，我们正在读故事、讲故事。突然，门被吹开了，冰雹和雨都涌进来了。没有人能够关门，因为铺位已经浸在水中两英寸了。最后，一位顾问进来，并且关上了门。一个男孩把头伸出窗外，又迅速地缩回来，因为冰雹像大锤一样打在他的头上。然后我们戴好雨帽并且穿好雨衣。我们看看营区四周，发现两顶帐篷被吹倒了。一棵树被吹翻，第三顶帐篷也压坏了。

湖上的浪快速地翻滚着，对于一个感觉眩晕的人来说，一切都在旋转。在那以后，我们就满意地留在家里，度过了剩下的日子。

C13　　　　　　　我在国庆节的冒险

在国庆节那天，我经历了一个激动人心的时刻。我和我的一些朋友去滑雪，我们滑得很快。当我们颠簸时，我们可以跳到离地面6英寸高。我们这样做了一遍又一遍。过了一会，我们进入栅栏去打雪战。我们彼此势均力敌，过了一会儿，对方认为他们应该掌控我们，但是我们用武力打退了他们。

在那以后，我们又坐雪橇滑雪。我们受了点小伤，当我们从雪橇上跌落下来的时候。一些小伙子拿着两片木头，放在他们的脚下当划板。他们下山时，虽然跌倒了很多次，但是他们会站起来，并且开心地笑。然后我们再开始滑雪，玩到 5 点钟回家。这样就结束了我的国庆节大冒险。

C14　　　　　　　　　　亚伯拉罕·林肯

亚伯拉罕·林肯出生在肯塔基州的一个小木屋里。当他大约只有 12 岁的时候，他从他认识的某个人那里借来了一本书。那天晚上，当他上床睡觉的时候，他将书放在书架上。第二天早上，当他起床的时候，那本书全湿了。于是，亚伯拉罕·林肯去了那个人的家，向他道歉，并且告诉他，自己会省下零用钱去另外买一本还给他。

亚伯拉罕长到大约 28 岁的时候，他成了一个店主。一天，一个女士买了一些东西。在她走后，他发现自己找错了零钱。因此那天他走了 5 英里，把剩下的零钱归还给她。因为他是如此的诚实，人们都叫他诚实的亚伯。一些年以后，他成了美国的总统。

C15　　　　　　　　　　打猎

一天，一辆汽车正沿着乡村的小路行驶。这时，那辆车的司机看到一个猎人肩上扛着枪，后面还跟着一条看起来似乎生病了的狗。那个司机按了他的喇叭，但是那条狗没有动，直到车子撞到它，然后它再也不动了。那个车主走下车，并对那个猎人说：

“那是你的狗吗？”

“是的。”

“很值钱吗？”

“不。”

“赔你五美元，好吗？”

“好的。”

“很抱歉，我毁了你的打猎计划。”

“我不是去打猎的。”

“不是去打猎？你去哪里？”

“到那条小溪边去射杀这条狗。”

C16　　　　　　　　　一场火灾

一天早晨，当我醒来的时候，我看到房间前部有火光，我决定起床调查一下。当我到达房间的时候，令我惊奇的是一根电线起火了。

我感到很迷惑，但是我有足够的意识去叫我的父亲。他醒了，过了几分钟，他叫我拉响火灾警报。我尽我的一切努力奔跑。

在拉响警报以后，我下楼了。令我惊奇的是，我的父亲正从一个花盆里舀泥土。当他把泥土扔在火上的时候，火发嘶嘶声，并且熄灭了。在火熄灭了几分钟以后，消防车来了。消防员们四处检查了一遍，那个负责的头告诉我们，以后别再用我们原来的方式使用电灯。火灾带来的唯一损失就是将地板烧了一点点。我们浑身发抖，筋疲力尽，又一次上床睡觉了。

C17　　　　　　　　我去蒙哥马利的旅行

去年，我的父亲和我去南方旅行。我们参观了许多城市，最主要的是亚拉巴马州的蒙哥马利和孟菲斯、田纳西州的查塔努加、路易斯安那州的新奥尔良、佛罗里达州的迈阿密。

我们在蒙哥马利待了两周，在那里，我们参观了亚拉巴马州立监狱。它被称作凯而毕监狱（Kilby Prison 的音译）。它里面的大多数囚犯是犯了各种罪行的黑人。我们接着去了市长办公室、美丽的郊区、报纸新闻大楼和周围的城镇。下午，我们参观了亚拉巴马州立大厦的内部结构。它是联邦政府的第一个州立大厦，里面有许多国旗，以及在南北内战时使用过的很多物品。我的蒙哥马利之旅不仅有趣，而且很有教育意义，因为我还参观了博物馆、学校和名胜古迹。

C18　　　　　　　　鬼神出没的房屋

汤姆和我想到树林里面去，我们一直徒步旅行了10个小时。当太阳快要下山的时候，我们看到了一个孤零而荒芜的小屋。我们想我们应该进去看看它到底是什么样子。里面很暗，因此汤姆点了一个火把。我们看到了一个半打开的盒子。我们走过去看里面装着什么。使我们感到惊奇的是，我们看到了一个用手帕包裹起来的左轮手枪。汤姆和我彼此用害怕的目光注视了一下对方。我们正准备跑，突然我们听到了从我们后面的房间里传出来一个声音。我们停下来并且转过身，看到一个人拿着一个包在手中。他警告我们不要对别人说任何事，否则他会杀了我们。我们说："我们一个字也不会说的。"

我们开始以最快的速度奔跑。我们去的第一个地方就是警察局，并且告诉他们所发生的一切。他们立刻去了那个地方，他们抓住了那个人，他是一名著名的强盗。我们每人获得了2,500美元的奖励。

C19　　　　　　　　　狗的母爱

我的狗生了一只小狗，但是出生以后几分钟就死了。我的狗照看着那条小狗，就像它还活着那样，但是最终她放弃了它，因为它死了。

我发现那只小狗死了以后，我决定把它埋在远处一块没有使用的废地上。当我拿着那条死去的小狗离开的时候，那条母狗跟着我。我把她系在一根柱子上，埋了那只小狗。当我回家时，我把那条母狗放了。

不久以后的某个时候，我看到我的狗用嘴叼着那条死去的小狗，并且把它带到她的狗窝里。然后我看到我的狗决定养着她的儿子，尽管它已经死了。因此我不得不将尸体扔进了大海。

C20　　　　　　　　　探索旅程

忍陪（Ramper的音译）船长和他的机械师准备开飞机开始他们探索绿地的旅程，当他们正飞行在一片茂密的森林上空的时候，突然起雾了，并且他们的汽油快用完了，不得不着陆。但是在哪里着陆呢？如果他们降落在森林里，那就死定了。雾一散，飞机就上升。现在他们的燃料用尽了，他们不得不让飞机滑翔而下。他熟练地开着飞机，直到他们离最低的树顶只有50英尺高，然后飞机失去了控制，他听到了爆炸声。他醒来时，他的机械师正弯着身向他的前额泼水。他们不知道他们在哪里，并且飞机上的指南针也在飞机坠毁的时候坏了。他们在森林里四处奔走，当忍陪听到一架直升机在头顶盘旋的时候，那架飞机正飞得很低，他们撕毁他们已经破了的衬衣，开始挥舞。那架直升机上的人看到了他们，几天以后，他们就被救了出来。那次探索旅程不成功。

评价20篇作文的时间____小时____分钟

D套（组）

评价员的姓名______________________

D1　　　　　　　一个晚上的经历

当我们离开营地去徒步旅行的时候，我们被警告说将有一场暴风雨来临。我们想到镇上去拿一些邮件和买一些糖果，因此我们忽略了这个警告。

当我们离开镇上的时候，天突然变得很暗，并且开始下雨。我们跑到路边的一个废弃洗衣店。我们一进去就生起了火，吃了一些东西。然后我们开始探索洗衣店的各个房间。我们上了一段楼梯，然后向下转到一个长长的大厅，进入一间大而黑暗的房间。我们没有带任何火把，因此我们什么也看不见。在一个角落里，有一个大的白色的物体，在黑暗中挥动着。一眼就足够了，我们转过身并且逃到楼下，然后一直跑回营地。几天以后，我们路过那个房子，看到那个长的白色的物体是行李架上的一块布。

D2　　　　　　　无法辩解的大错

“今天波莉姨妈要来。”我哥哥说。几个小时后，穿越大西洋的“雄伟号”带着几百名乘客就要靠岸了，在这些人里面就有我的姨妈。我将在两点钟去码头接她。

终于，这个时刻到来了！那艘大船放下它的跳板，一群人开始涌向码头。在人群里，有一位女士非常像我的姨妈。我跑到她的后面并用双手蒙住她的双眼说："猜猜我是谁？"在猜了几次以后，她说："我不知道。"我放开手，她转过身来。然后我看到她不是我的姨妈。"请——你——原谅——我，"我结结巴巴地说，"我错把你当成了我的姨妈。""为什么我一定就是的？"然后我就走了，不久就找到了我真正的姨妈。

当我在家里讲这个故事的时候，大家哄堂大笑。下一次在区别人的时候，一定要更加仔细。

D3　　狮子和老鼠

一天，一头狮子正在窝里睡觉。过了一会儿，一只老鼠跑进了狮子的嘴里。那头狮子准备吃掉那只老鼠，但是那老鼠乞求狮子放了它。那头狮子同意了。虽然那个老鼠对狮子说，"当你有麻烦的时候，我会回报你的"，但是狮子只是笑并且吼叫。

几个月以后，狮子被困在一个陷阱里。刚好那只老鼠路过那里。那只老鼠咬断了绳子，放开了狮子。小的生物也能干出伟大的事情。

D4　　一声救命

一天，当我正在沿着街道走的时候，拐角处有一个又高又瘦的男人迎面跑来。许多人在后面追赶他，并且大喊：贼！把贼拦住！他跑得如此地快，以至于我来不及躲开，就被他撞晕倒了。当我醒来的时候，人们和那个贼，已经离我两个街区远了。

我站了起来，开始追赶那群人。当我真的到达的时候，我几乎都喘不过气来了。他们已经抓住了那个贼，并且警察们把他带到警察局。在那儿，他讲述了自己的故事。他讲述的故事如下——我进入了一个富婆的房子。因为我知道她的丈夫出去了，并且大多数仆人也离开了。我敲门，她问我谁在敲门。我告诉她是她的丈夫。一进入房子，我就把她推到一边，并且跑到我所知道的她放珠宝的地方。当我正忙于装珠宝的时候，她正在寻求帮助。当我到达门口，并且准备离开的时候，我碰到了一大群人和几个警察。我爬上屋顶，并且从一个屋顶跳到另一个屋顶，直到安全。但是，当那些警察在屋顶追赶我的时候，人们却在街道上追赶我。当我下来的时候，他们认出了我，并且提高了喊叫声，开始在后面追赶我。我跑了大约半个小时，直到警察们抓住了我。现在我就在这里了。我的名字叫作蓝胡子约翰。

他被判了 10 年。当他出了监狱以后，再也没有听说过或看到过。

D5　　　　　　林德伯格穿越大西洋

林德伯格将得到 25,000 英镑，如果他能够穿越大西洋。这笔钱来自路易丝。与此同时，林德伯格和他的飞机正在圣地亚哥。他的飞机被命名为“路易丝的精灵”。

他从圣地亚哥飞往路易丝，又从路易丝飞往纽约。报纸上刊登了他要横渡大西洋的消息，他们称他为飞狐。

在 5 月 21 日，林德伯格上尉踏上他的小飞机，从罗斯福基地起飞，降落在法国，总共花了他 33 个半小时。他受到了每一个国家的表扬，并且被授予奖牌。他也从上尉被提升为上校。过了一段时间，他开辟了一条从佛罗里达到帕曼（Pamman 的音译）的线路。从那以后，他就经历了他的飞机坠毁的事情。

D6　　　　　　失乐园

失乐园的主题是人类的初次不服从或违抗，结果，失去了伊甸园。那首诗讲述了撒旦对天堂的反叛并且得到了被打入地狱的惩罚。为了给自己复仇，撒旦尝试使人堕落，因此而失去伊甸园。他通过引诱亚当来完成了这件事，作为惩罚，撒旦被变成了一条大毒蛇。

在那本书的开始，我们知道了撒旦和他反叛天使的故事。撒旦充满着邪恶，他反抗着上帝的儿子，认为自己受到了轻视，“深深的恶意从此怀恨在心，并且鄙视。”因此，他聚集了天堂中三分之一的天使，想实现暴乱的目的，但是他却被打败了，并且被可耻地打入了地狱——他将来的住处，和他所有被打败的军队一起。

在告诉我们他们失败之前发生了什么之后，弥尔顿给我们讲述了撒旦在地狱里的经历。撒旦召集了那些赞成他的标准的官员和将军，并且在新建的撒旦城堡会面。这座城堡被称作阎王殿。

在这次会议上，一些人主张和平，另一些人则主张战争，但是他们最终决定寻找这个将要被上帝创造的新世界，通过人类进行斗争。撒旦被挑选出来承担这次危险的旅程。他旅行的开始是第二本书。

D7　　林肯的一件轶事

一次，林肯正在一家杂货店里工作。一名女士进来买了一些东西。那名女士付了账，林肯找给她零钱。在那名女士走后，他审查了一下那个女士的账单。他发现他没有给她正确数目的零钱。他关上商店并且出去。他问了许多人是否认识那位女士。在问了许多人以后，他发现她住在5英里以外。没有公共汽车乘坐，因此他只能走路。当他到达以后，就敲门。那位女士开了门。她问他要什么？他告诉她，他没有给她正确的零钱，并拿出一些钱给她。她说，你如此的诚实，你可以自己拥有这笔钱。

D8　　一次危险的远征

当我在乡下的时候，我加入了男孩突击队。我们玩得很高兴，我们玩游戏和许多其他的活动。一天，我和一个朋友出门。在树林里，我碰巧听到了某种动物的咆哮，我很害怕，我继续走。突然，我看到一头大熊试图吃掉一名童子军，因此我举起我手中的左轮手枪，并且向熊射击。

当熊听到射击声，它就开始逃跑。我跑到我的同伴那边，对他进行急救。他感谢我救了他的命。我们回到营地，那一天剩下的时间，我们玩得很开心。我和我的朋友弗雷德在床上休息。一周过去了，每一个人都玩得很开心。几个月过去了，最后所有的男孩突击队都进行了检阅，然后我们就回家了。

D9　　一个真实的故事

一天，我的妹妹们和我去树林摘花。我们已经摘了一大把，但是我们想摘更多的。突然，我们看到远处有个什么东西，因此我们想我们应该走近点，因为我们不害怕。但是当我们靠得相当近的时候，我们变得非常害怕，因此我们开始向回家的路上跑。

当我们回到家，我问我的哥哥是否愿意和我们一起再一次回到树林去，看看我们是否会发现那到底是什么。因此我的哥哥就和我们一起去了。但是我们进入树林后，我们找不到它了。然后，我们走远一点去找。然后我的妹妹说："在那儿。"于是，我的哥哥走到它的身边，他发现那只是我父亲挂在树桩上的夹克。

D10　　男孩和他的帽子

一天，当一个男孩正要去上学时，他对他妈妈说："妈妈，你知道我的帽子在哪里吗?"他的妈妈说："我一整天都没有看到你的帽子。"他说他已经把房子找遍了，但是找不到。就在他思考的时候，他想到自己曾在花园里玩，那里有苹果树。因此他走过去找。猜它在哪里？它就在苹果树的顶部。那个男孩爬上苹果树去拿他的帽子，然后他尽一切努力尽快地跑向学校。

D11　　我的梦

一天晚上，我梦见自己正沿着街道走，突然某个人抓住我，并且说我将永远也看不到我的妈妈了。我开始哭，我感到如此悲伤，以至于我不知道怎么做。突然我听到吵闹声，我正要开门，这时，我的母亲说："米尔德丽德，起床，该上学了。"

另一个晚上，我希望我有一枚戒指，无论我想要什么，就会得到。

第二天，我进行了一次数学测试。当我做到最后一道题，我被题目困住了，无法解答出来。

突然，我感觉手上有东西，就朝下看。

令我惊奇的是，我发现手指上有一枚戒指。我数学得了 100 分。

D12　　室内决赛

"这场比赛是在法国的詹妮·博罗特拉与纽约的富若克·提·汉特

(Frank T. Hunter的音译）之间进行的国际室内草地网球单打锦标赛决赛。司线员准备好了吗？选手准备好了吗？博罗特拉发球。“开球!”在第7军械库举办的大奖赛的主裁判这样说。博罗特拉调整了他的帽子，向目前的世界冠军杯发起他的第三次也是最后一次冲击。博罗特拉于1925年第一次夺冠。第二年，他的队友拉科斯特赢得了奖杯。在1927年，博罗特拉重新卫冕。去年比尔·爱德诺特（Bill Aydelotte的音译），前贺拉斯·默的选手，赢得了奖杯。今年，只有汉特挡在了博罗特拉和冠军杯之间。这和去年夏天的情形是多么相似呀，当同一个汉特站在森林山脉的领奖台上，击败了同一个的博罗特拉。法国的侵略性对汉特来说压力太大，他在与扣切特（Cochet的音译）的最后一轮比赛中失利。他今天又会输吗？汉特以6∶4赢得了第一回合。这难道不精彩吗？第二轮，巴斯克以6∶0大比分获胜。在森林山脉进行的比赛也进入第二轮。但是这是室内网球，并且这是一场速度更快的比赛。汉特赢得了下一轮，比分是6∶4。选手们快速地离开赛场。博罗特拉看起来很疲惫，他得到了全身按摩。

第四轮是一场不相上下的比赛，直到博罗特拉将比分追成4∶4。汉特继续领先一分，但又被追成平局5∶5。从那以后，博罗特拉使用大力发球战术，最后以8∶6赢下这一局，最终拥有了这个奖杯。

在赛后的更衣室里，气氛是和气与快乐的。汉特还没有进来，而博罗特拉正在淋浴。奖杯是一个银的托盘。它被放在一个坚固的、较重的木头做的托盘的顶部，上面雕刻着以往获胜者的名字。汉特进来了，并且开始为双打比赛穿衣。他将和比尔·提尔顿（Bill Tilden的音译）配对，对阵博罗特拉和沃师博（Washburn的音译）。博罗特拉漫步进来，并且躺下接受按摩。

“那是一场精彩的比赛，弗兰克。”博罗特拉说。

“你两次赢得了比赛，詹妮。有一次，球大约只有一英寸在界外。我几乎在那一刻赢得了那一局。”

博罗特拉正在那里接受按摩："啊，并不是那样，安得努（Andrew的音译），我以前受够了。需要按摩吗？弗兰克。"

"我已经告诉过瓦特森（Watson 的音译，他的双打搭档），我不会跟着球跑。我甚至不会去接出界的球。"

"那是对的，"汉特回答道，"我告诉比尔·提尔顿同样的事情。"

这些似乎不是刚刚进行过冠军杯对决的两个男人在更衣室里的谈话，并且这两个人马上还要进行另一场搏杀。

"我非常感激你让我赢得了这个奖杯，弗兰克。我想我不会再有能力为它征战一次。"

汉特的衣服穿好了，因此他走上楼去了。博罗特拉不久也准备好了。双打比赛开始了。这场比赛没什么意思，最后汉特和提尔顿获胜了。

锦标赛的结局就是这样的，并且一座新的奖杯将要按照旧的奖杯的模样为下一次比赛而铸成。

D13 墓地幽灵

一天晚上，当我从剧院骑马回家的时候，我的马停了下来。我诱哄它继续朝前走，但是它就是不动。我朝路的旁边看，我才知道为什么马不走。

在我的前面有一个巨大的幽灵。我被吓得不敢动了。然后风一吹，那个幽灵就不见了。我跳进马车，那匹马开始跑。我不久就让它快跑起来，然后我就安全到家了。

那天晚上，我梦见了那个幽灵。第二天上午，我沿着路走，令我惊奇的是，我认为我昨天晚上看到的是一个幽灵，在墓地，却是一个盖着帆布的起重机，是他们用来放墓碑的。

D14 装着鲸鱼的船

一次，当我坐在一艘船上时，我看到有一艘船上面有一条鲸鱼。那些人说，他们在靠近沙滩的海岸上抓到它，将要把它带到另一边的海岸去，为了将油从鲸鱼肚子里取出。那些人说它是云杉鲸鱼，它的头部有云杉油。

D15　　地铁里的所见所闻

一个年轻人坐在角落的椅子上，他那张刚毅而年轻的脸被一顶布帽半遮着。他的服装与装束是一种劳动者所特有的样子，粗糙的衣服上沾满油污，但是脸和手却比较白。“哐当”一声，火车停了下来。车门开了，一个名穿着华丽衣服的妇女走了进来。那个年轻人似乎没有看到她，但是她却开始朝后退，脸上有一种奇怪的表情。她走过去，坐在那个男人身边。她开始同他交谈，似乎在恳求他，他保持着坚定不移的态度。她继续着自己热情的请求，并且似乎想以此感动那位年轻人。然而，他只是直直地坐在椅子上面，因为她的主动，他才开始说话。她似乎慢慢地崩溃了，并且开始失去镇定。火车又停下来了，那个妇女走向门口。那个年轻人弯腰驼背地坐在他的座位上开始阅读。

D16　　船长的故事

有一次，我坐在一艘行驶在海洋中间的船上，那是一个漆黑的夜晚，并且有暴风。突然一个巨浪打来，水卷到了我们的船上。稍微过了一会儿，另一个大浪打来，把船掀翻了。那天的整个晚上，我们都必须攀附在我们能够抓到的船的某个部分。

许多船员都被那些大浪所吞没。

早上，当我环顾四周的时候，我看到只有很少的人仍然还在水面上。几个小时以后，一艘船出现在视线里，它很快地朝我们驶来。当船到我们这儿的时候，只有四个人留在水面上，而在风暴来临前，这艘船上有五十个人。我们四个人上了船，并且受到了船长的表扬，因为我们坚持了整个晚上并且活着。在平静的水上航行了几个星期之后，我们安全地在纽约登陆。

D17　　女孩被碾压过去

一次，当我在散步的时候，我看到一个穿着滑冰鞋的女孩，我给她加油。她想滑快点，因此她把她的手扒在一辆大卡车上。那辆卡车碰巧朝后倒车，结果那个女孩滑倒在卡车底下，车轮刚好从她身上碾过。每个人都在叫救护车，救护车还没来，那个可怜的女孩就死了。

这就是为什么我的母亲从不给我买溜冰鞋，并且我也从不叫我的母亲给我买溜冰鞋。

D18　　现代的飞马

它站在那儿，铁轨上的灰狗，低矮、光滑和动力十足——就像一匹赛马那样完美。现在工程师正在检查可移动的部分，加油并且检查每一个部分，看看是不是处于良好的状态，就像一个训练员在比赛前检查他的马。

不久，那个列车长发出了一个信号，火车将启动那一长串车厢，驶出停车场。

进入广阔的乡下，它穿过山谷，沿着小溪，像一条蛇蜿蜒穿过草地和矮树丛。不时地，一声长鸣，从这个冒着蒸汽的庞然大物里发出，就像飞过头顶的乌鸦偶尔发出的鸣叫。

但是，这个贪吃蒸汽的装置不停在路边喝水，取而代之的是，它放下一个机械手臂，从一个几英里长的水槽里喝。它很乐意用这种方式得到它的水。

然后，它跑到终点，这匹铁马被解开了绳索，并且放在畜舍里。在那里，它立刻被清洗，重新装备完全，准备第二天返回。

D19　　“格拉夫·齐柏林号”的航行

当德国巨型飞船飞过大西洋到达纽约市时，人们激动万分。当他们经历尾螺旋被撕裂的时候，登上这艘船的人一定度过了非常激动的时刻。其中的一位乘客，迪·嘿（D. Hay的音译）女士，《纽约日报》的一名撰稿人，写了在“格拉夫·齐柏林号”甲板上发生的许多事情。其中的许多内容都非常有趣。美国正在以15,000美元的价格购买一艘由德国人制造的飞船。

我愿意乘坐这种巨大的航空飞船，但是不是穿越大洋。比起海洋，我宁愿飞过陆地。

D20　　　　　　　　弗朗克伊斯·尼科尔

法国巴黎的一所普通的公立中等学校正在紧张地投入使用中。它是为进入索邦神学院和其他的高等教育机构做准备的。那个高等英语班也不例外。在这个班里，除了弗朗克伊斯·尼科尔，每个人都要上某所大学。他太需要钱了，并且还是通过巨大的努力，他才能够完成迄今为止的教育。他要去美国谋生。正是因为这，他对英语的学习就绝不放松。他头脑相当灵活，并且作为一名优秀学生，在他的班级里名列前茅。

“弗朗克伊斯，请朗读第五句。”英语老师在其中的一节课上说。

“Le jeune home va voir son pere et sa mere le prochain jour，”那个年轻人读道，“Voyons，voyons. Ah，oui. Ze younge man ees goeeg to see hees fathair end hees mothair ze next day.”

“很好，现在由詹妮读第六句。”这是这个班级上课的一种方式，但是从来都没有对他的知识进行一种真正的实际的测试。

毕业后的一个星期，弗朗克伊斯被送到了勒阿弗尔港。在一片抽泣声中，他登上了去纽约的一艘蒸汽船的甲板。使他感到很遗憾的是，船上的人都讲不好英语。他用学习的方式来使自己满足。

他在自己的小客舱里学习到深夜，复习词汇和句型练习。

几天以后，当他发现自己站在第十四大街的码头上时，他意识到他已经被困住了纽约这个巨大的城市当中。对于这个城市，他听到了许多，却了解很少。

他离开码头四处闲逛，并且与一个街上的人搭话：“请告诉我哪里有小旅馆呀?”

那个男人耸耸肩，并且和蔼地露齿笑了笑。弗朗克伊斯被弄得目瞪口呆。不，这太荒谬了，他懂英语，很可能是他没有听懂问题。他重复了一遍，并且得到了和第一次尝试所得到的相同的结果。弗朗克伊斯失去了耐心，大声叫道："难道你不会说话?"

令人惊奇的是，他的嘴唇吐出了这样一句话："我不会讲，我是意大利人。"

评价 20 篇作文的时间____小时____分钟

附录C　参考文献（略）

附：

Errors and Improvement in Rating English Compositions by Means of a Composition Scale

Submitted in partial fulfillment of the requirements for the degree of doctor of philosophy in the faculty of philosophy, Columbia University

Bureaue of Publications
Teachers College, Columbia University
New York City
1930

Acknowledgments

I wish to acknowledge my indebtedness to all who have helped to make this study possible. Especially I wish to express my utmost gratitude to Professor P. M. Symonds who suggested the topic and guided me through every stage of the research. To Professor Allan

Abbott, Professor I. A. Jewett, and Professor H. M. Walker, I acknowledge my obligation foe their valuable help and counsel.

To Dr. J. C. Bell of the College of the City of New York, and to Dr. E. H. Webster, Mr. W. P. Hamilton, and Miss M. E. McKinney of the Department of English of the New Jersey State Teachers College, I give my thanks for helping me to secure judges for the experiment. Appreciation is due to Mr. Jacob Theobald, principal of Public School No. 165, New York City, and to Mr. C. C. Tillinghast, principal of the Horace Mann School for Boys, for furnishing me the themes of their pupils.

Finally, many thanks are due the judges for their cooperative assistance in rating the themes for the experiment.

P. H.

CONTENTS

Chapter Ⅰ The Problem

Errors in Rating

Progress in educational measurements depends upon the effective use of measuring instruments. The effective use of measuring instruments again depends upon a frank recognition of their limitations.

This is especially true in the field of rating. When we use scales to help record our judgments of pupils' performances, that is, when we compare pupils' performance with a set of specimens arranged in order of merit, we come across many sources of errors and unreliability. A portion of those errors, no doubt, comes from scales themselves, such as lack of zero point, vagueness of the terms to be rated, irregularity of steps, difference of specimens in quality, etc. But most careful construction of rating scales does not lead to close agreement①. The difficulty, as pointed out by Briggs, "lies more in the agent than in the instrument"②.

As early as 1915, Webb in his study of character and intelligence pointed out that there were two kinds of errors involved in the estimates of character qualities: random errors and systematic errors③. Systematic errors are the errors that deviate from some average of scores in the same direction, and tend to some uniformity in amount, while random or variable errors are the errors that differ in magnitude for all the scores of a given group. The nature and significance of these two kinds of errors have been fully discussed by Monroe in his study of the constant and variable errors of educational measurements④. No repetition is needed here. Suffice it to say that these two kinds of errors appear simultaneously and vary under different conditions. They

---

① Rugg. H. O. "Is the Rating of Human Character Practicable?" *Journal of Educational Psychology*, 12: 495, December, 1921.

② Briggs, T. H. "English Composition Scales in Use." *Teachers College Record*, 23: 431, November, 1922.

③ Webb. E. Character and Intelligence, Monograph No. 3, *British Journal of Psychology*, Monograph Supplements, I: No. 3, 51-67.

④ Monroe, W. S. The constant and variable errors of educational measurements. Bulletin No. 15. Bureau of Educational Research, University of Illinois, 1923.

constitute what we may call the inherent unreliability of the rating system.

In spite of all these limitations, however, rating as a technique of educational measurements is here to say. Ever since Thorndike published his handwriting scales in March, 1910①, scale-making has been applied to other school subjects such as composition and drawing. Recently Odell has experimented with the use of scales in civics, general science, American history, and English literature②. In addition to school subjects, scales are widely used in vocational guidance, personnel work, and charactei-study. The bid fair to be one of the important types of instruments in educational measurements.

Previous Studies of Errors in Rating Pupils' Performances

Since we can not dispense with rating as a technique in educational measurements, nor can we curtail much of its limitations even with the best-constructed scales, it seems to the writer that the sensible solution is to study the errors of rating themselves and thereby to take steps to reduce them to the lowest possible minimum. Many studies have been made to show how variations or errors in rating English compositions may be reduced by using composition scales. Very few, however, have dealt with the amount of error reduced by using those scales. In 1918 Theisen published a study on improving teachers' estimates of composition specimens with the aid of the Trabue Nassau County Scale③. He had fifteen judges rate twelve themes of known values, first

---

① Thorndike, E. L. "Handwriting." *Teachers College Record*, Ⅺ: 1-41, March, 1910.

② Odell, C W. The Use Scales for Rating Pupils' Answers to Thought Questions. Bulletin No. 46. Bureau of Educational Research, University of Illinois, 1929.

③ Theisen, W. W. "Improving Teachers' Estimates of Composition Specimens with the Aid of the Trabue Nassau County Scale." School and Society, Ⅶ: 143-150, February, 1918.

without the scale, and then with the scale. He found that the aided judgments showed 39.1 per cent reduction in variability on the first attempt to use the scale.

In 1920 Van Wagenen studied the accuracy with which English themes may be graded with the use of English composition scales①. He submitted one hundred forty-three themes of different types to thirty mature judges to rate the Thorndike Extension of the Hillegas Scale. The average variations from the median scores ranged from 3.9 to 12.9 points. The judges were asked to rate the same themes with the Minnesota English Composition Scales. He found the range of variations approximately the same.

Chou, in a search for a new method for measuring compositions, asked three judges to practice rating five sets of compositions of known values with the Hudelson Scale②. After training in which fifty compositions were used as practice material, the average deviations of the three judges were reduced from 0.61, 1.30, and 0.86 to 0.34, 0.52, and 0.44 respectively. Chou found a uniform improvement in their practice, a general tendency to grade the compositions a trifle too low, and the degree of improvement in a reverse order to initial ability.

A very comprehensive study showing the effect upon reliability of practice in using a composition scale was made by Hudelson in 1925③. He trained one hundred fifty-seven teachers of English in the use of the

① Van Wagenen, M. J. "The Accuracy with English Themes May Be Graded with the Use of English Composition Scales." School and Society, Ⅷ: 441-450, February, 1920.

② CHOU, H. C. The Measurement of Composition Ability, Part Ⅱ, p.81.

③ Hudelson, E. "The Effect of Objective Standards upon Composition Teachers' Judgments." *Journal of Educational Research*, Ⅻ: 329-340, December, 1925.

Hudelson Typical Composition Scale. Each of them rated one hundred fifty-seven themes, first on a percentage basis, and then with the scale. He found that the average deviation after a mere reading of the scale was one-tenth of a point higher than that of the percentage score. But with sixteen hours of practice the teachers with a composition year of their true values, the average annual pupil progress being 0.4. He also found that among teachers of English "an erratic judgment of composition merit is harder to tame than a consistently misplaced judgment is to correct."

Outside the field of English composition, Odell recently made a study of the use of the scales for rating pupils' answers to thought questions①. He constructed four scales, one for each of the following subjects: civics, general science, American history, and English literature. For the experiment he secured 13,375 ratings of the sets of twenty-five answers each. Three measures of the reliability of ratings were used: (1) coefficients of correlation between series of ratings given the same answers; (2) the mean differences between ratings; and (3) the differences in mean scores given sets of pupils' answers. He found that the coefficients of correlation between series of ratings were 0.87 without the scales and 0.89 with the scales, the mean differences between ratings were 1.06 without the scales and 0.94 with the scale, and the differences in mean scores were 0.48 without the scales and 0.43 with the scales. These figures indicate that the use of scales was of little value in improving the reliability of rating pupils' answers to thought questions.

---

① Odell, op. cit.

These studies of errors in rating called attention to the various amounts of error in appraising pupils' performances without the use of a scale. They were, however, not conducted from the standpoint of studying the errors in rating. They were undertaken to show to what extent the use of a scale could reduce those errors. Furthermore, these studies, except Odell's, made no distinction between systematic errors and variable errors in rating, nor did they show how these errors vary under various conditions of rating.

Statement of the Problem

The problem of the present study is to ascertain the various amount of variable error and systematic error in rating English compositions under the following conditions:

1. The use of an objective scale versus the use of a subjective standard.

2. Rating themes written on similar topics versus rating themes written on different topics.

3. Rating themes showing a wide range of quality versus rating themes showing a narrow range of quality.

4. Rating themes according to their general merit versus rating them according to their special merits as thought content, structure, and mechanics.

It is reported that after solving this problem we may be able to adjust the conditions of rating English compositions by means of a composition scale in such a way that the variable and the systematic errors of rating are reduced to the lowest possible minimum.

Chapter Ⅱ The Gathering of the Data

To gather the data for this study it was necessary to (1) secure the themes, (2) solicit the judges, and (3) direct the ratings. These activities will be described in the following paragraphs.

The Themes

When the themes for this study were secured, the topics, the type and the range of quality of the themes were considered According to the rating conditions specified in the problem, there must be themes written on similar topics and themes written on different topics, and there must be some sets of themes showing a wide range of quality and some sets of themselves showing a narrow range of quality. Since it was decided to use the Hudelson English Composition Scale, the narrative type of composition was chosen for all the themes, and the instructions for testing given in the Hudelson Scale were closely followed. Each pupil was to write two stories at different periods (thirty minutes each), one on the common topic, "The Most Exciting Ride I Ever Had"①, and the other on any topic chosen by the pupil.

In this way seven hundred forty-eight stories written by three hundred seventy-four pupils from grades four to nine were secured from the New York City Public School No. 165 with the help of its principle. After finding that the range of the themes obtained was not wide enough at the upper end, the writer went to the Horace Mann School for Boys,

① Later, in giving this common topic, modifications were allowed, such as "The Most Exciting Incident of My Life," or "The Most Exciting Thing I Ever Heard." However, most of the pupils wrote on the common topics with no modification.

and in the same way, with the cooperation of its principle, secured twenty-four stories written by twelve boys from grades ten to twelve.

Out of these seven hundred seventy-two themes written by three hundred eighty-six pupils of the two schools, eighty themes written by forty pupils from grades four to twelve were selected at random by the writer. These selected themes were divided into two groups of forty each, one showing a narrow range of quality, and the other a wide range of quality. The former consisted of two themes from grade seven, twenty from grade eight, and fourteen from grade nine. The latter consisted of six themes from grade four, eight from grade five, eight from grade seven, six from grade eight, two from grade nine, six from grade ten, two from grade eleven, and two from grade twelve. Again each group of the themes was divided into two sets of twenty each according to similar topics and different topics. Thus, four sets of themes were formed. They were designated as A, B, C, D themes, as follows:

A. Themes written on similar topics, showing a narrow range of quality;

B. Themes written on similar topics, showing a wide range of quality;

C. Themes written on different topics, showing a narrow range of quality;

D. Themes written on different topics, showing a wide range of quality.

The A and the C themes were written by the same pupils of one group, and the B and the D themes were written by the same pupils of another group. They were about equal in length. Set A consists of 268 lines, set B 282 lines, Set C 259 lines, and Set D 297 lines. Each theme was given a code number. The four sets of themes with their code numbers were carefully mimeographed, with every error in spelling, punctuation, capitalization, and paragraphing retained. A complete copy of the themes with their median scores is given in Appendix B.

The Judges

Two things were considered when the judges for this study were solicited. First, they must be English teachers or English teachers in training, so that they would be interested in rating English compositions. Second, they must have had no previous training in using English composition scales, for this experiment studies the errors and improvement in rating English compositions by means of a composition scale.

With these consideration in mind, the writer interested the professors of English in three schools: Teachers College, Columbia University, the College of the City of New York, and the New Jersey State Teachers College at Montclair, and with their help secured altogether ninety-two judges. Out of this number, however, only seventy-four completed the experiment. There were fourteen graduate students from the department of English of Teachers College, two students from the College of the City of New York, and fifty-eight students from the New Jersey State Teachers College. All these seventy-four judges were either English teachers or English teachers in training, and had no previous training in rating English compositions by means of a composition scale. Eight of the judges were men, the rest were women.

The Ratings

The directing of the ratings was the most important work of this study and consequently the writer spared no effort to make everything in regard to rating clear and definite for each judge. Two kinds of English composition scales were used in this study: the Hudelson English Composition Scale and the Van Wagenen Narration Scale. The former, according to experts, represents the best composition scale of the general merit type①. The latter is one of the widely used scales of the special merit type. Because it was necessary to compare the errors of rating themes according to their general merit with those of rating themes according to their special merits, these two kinds of composition scales were adopted.

According to the general scheme of this study, each judge was to rate the four different sets of themes three times; first on a percentage basis without reference to a scale, second with one scale, and the third with the second scale. This arrangement somewhat complicated the matter. The factor of order in rating might affect the amount of error in rating. To neutralize this effect, therefore, four kinds of order in rating were provided, and the ninety-two judges were divided at random into four groups②. Each group of judges was to rate the themes in a certain order Since eighteen judges did not complete the experiment, only sixteen were left in group one, twenty in group two, nineteen in group three, and nineteen in group four. Table I shows the four kinds of order in rating.

At the beginning, each judge was informed clearly by her professor of English and the writer about the general outline of the experiment.

① Kelly, T. L. Interpretation of Educational Measurement, pp. 214-285.

② All the judges from the New Jersey State Teachers College, fifty-eight in number, were divided alphabetically according to their names. The sixteen judges from the two other institutions were divided at random into four groups.

Then she was given the first batch of the four sets of themes to rate in a certain order on a percentage basis, considering them as ninth grade productions. When these themes had been rated and submitted to the professor of English she was given the second batch of the four sets of themes and a copy of one of the two scales.

Table Ⅰ

Four Kinds of Order in Rating

Groups		First rating	Second rating	Third rating
Group Ⅰ (16 Judges)	Standards	Without Scale	Hudelson Scale	Van Wagenen Scale
	Sets of themes	ABCD	ABCD	ABCD
Group Ⅱ (20 Judges)	Standards	Without Scale	Hudelson Scales	Van Wagenen Scale
	Sets of themes	ABCD	DCBA	DCBA
Group Ⅲ (19 Judges)	Standards	Without Scale	Hudelson Scales	Van Wagenen Scale
	Sets of themes	DCBA	ABCD	ABCD
Group Ⅳ (19 Judges)	Standards	Without Scale	Hudelson Scales	Van Wagenen Scale
	Sets of themes	DCBA	DCBA	DCBA

Before starting the second rating, she was asked to study very carefully the contents of the scale and its directions for rating. All the important parts for explaining the use of the scale were underlined so as to facilitate the reading. The professors were requested to explain, if necessary, the use of the scale to their students, so that the students would encounter no difficulty in administering the scale.

When the rated themes were again handed in, the judge was given the third batch of the four sets themes together with one copy of the other scale. The same procedure went on, until the final batch of the rated themes was handed in. Each time the judge was asked to record the exact amount of time spent in rating each set of themes, and was also given a sheet of directions for rating as showed below.

Directions for the Judges

Problem of the experiment: How can we adjust the conditions of rating English compositions by means of a composition scale in such a way that we can secure a maximum amount of improvement with a minimum amount of time? To solve this problem your sincere cooperation is needed. Please follow the directions marked with √.

√1. Write your name on the top of each set of themes.

√2. Record at the end of each set of themes the exact amount of time you have spent in rating them.

√3. Do not try to memorize any of your ratings.

√4. Write your percentage mark or scale value at the top of each theme.

√5. Return in the stamped envelop, or hang in directly to your professor, the four sets of themes as soon as you have rated them.

√6. The results of the experiment will be reported to you as soon as they are available.

Ⅰ. Rating the four sets of themes in this order on the percentage basis (60 as passing grade), considering them as ninth grade productions.

Ⅱ. or Ⅲ. Study carefully the Hudelson English Composition Scale together with its directions for rating. Do not practise with the scale.

Rate the four sets of themes in this order: with the use of the

Hudelson Scale.

Ⅱ. or Ⅲ. Study carefully the Van Wagenen English Composition Scale together with its directions for rating. Only the Narration Scale is needed for this experiment (page 8). Do not practise with the scale.

Rate the four sets of themes in this order with the use of the Van Wagenen Narration Scale (Thought Content, Structure, and Mechanics, three scale values for each theme).

Do not forget to record your time in rating each set of themes and to return each time the four rated sets at your early convenience.

Chapter Ⅲ The Treatment of the Data

The data gathered in the way discussed in the preceding chapter consisted of 5,920 ratings made without the use of a scale, 5,920 with the Hudelson Scale, and 17,760 with the Van Wagenen Narration Scale①. There were altogether 29,600 ratings. A sample of a tabulation of these ratings is shown in a form on page 11. The median score of the seventy-four judges was computed for each time.

The Systematic Error

From the median score of each theme, the deviations of the ratings of each judge were computed as shown in Table Ⅱ, All the positive deviations and all the negative deviations were totaled separately. The difference of the two sums shows the total amount of the systematic error of each judge in rating a set of themes. This

① The ratings made with the Hudelson Scale were multiplied by ten in order to make them comparable with the other ratings. When thus multiplied, the distances between points on the Hudelson Scale are approximately the same as on the Van Wagenen Narration Scale and the percentage basis.

amount, when divided by 20, is the mean systematic error of the judge. It means that the average rating of the judge is too lenient by that amount, if this difference is positive; and too severe by that moment, if it is negative.

The Variable Error

After the mean systematic error of each judge is computed, the mean variable error can be figured out in the following way. First correct each rating of the judge by the amount of her mean systematic error. This is done by adding the error to each rating, if it is negative; or by subtracting the error from each rating, if it is positive. Next total the deviations of the corrected ratings from their corresponding median scores. The sum is the amount of the variable error of each judge in rating a set of themes. When it is divided by 20, we have the mean systematic error of each judge.

The method of computing the mean variable error described above might have been used, had it not been for the fact that there were 1,480 mean variable errors to be computed. To lessen this burden of computation the following formula was used[①]:

$V = (D+S) - 2(Ns + \sum d)$

V = Total amount of variable error of each judge.

D = Total amount of deviation from median scores.

S = Total amount of systematic error of each judge.

N = Number of ratings larger than the mean systematic error (in the direction of the error).

s = Mean systematic error of each judge.

$\sum d$ = Sum of deviations between zero and mean systematic error.

① The explanation of this formula is given in Appendix A.

Table Ⅱ

Sample of Tabulation of the Ratings of Three Judges Without the Use of a Scale, Showing the Computations of Their Mean Systematic Errors and Their Mean Variable Errors

Themes		A1	A2	A3	A4	A5	A6	A7	A8	A9	A10	A11	A12	A13	A14	A15	A16	A17	A18	A19	A20	
Median scores*		60	55	70	65	70	50	70	70	65	80	70	75	60	60	70	80	88	65	70	60	
Judge 1		70	70	70	75	80	55	70	75	60	90	80	90	65	60	85	90	95	65	90	55	$v=5.66$
$N=11$	D	10	15	0	10	10	5	0	5	5	10	10	15	5	0	15	10	7	0	20	5	$157=D$
$\Sigma d=15$	+	10	15		10	10	5		5		10	10	15	5		15	10	7		20		147 −10
$Ns=75.35$	−									5											5	$s=6.85$
$Ns+\Sigma d=90.35$		$2(Ns+\Sigma d)=180.7$					$D+S=294$					$V=113.3$					$v=V/20=5.66$					$137=S$
Judge 2		40	10	60	50	70	32	70	20	50	75	65	80	50	50	85	90	90	75	75	40	$v=12.60$
$N=10$	D	20	45	10	15	0	20	0	50	15	5	5	5	10	10	15	10	2	10	5	20	$272=D$
$\Sigma d=10$	+												5			15	10	2	10	5		47 −225
$Ns=89$	−	20	45	10	15		20		50	15	5	5		10	10						20	$s=-8.9$
$Ns+\Sigma d=99$		$2(Ns+\Sigma d)=198$					$D+S=450$					$V=252$					$v=V/20=12.60$					$-178=S$
Judge 3		70	65	65	60	70	45	65	65	40	80	75	80	55	55	65	80	85	75	75	55	$v=5.76$
$N=11$	D	10	10	5	5	0	5	5	5	25	0	5	5	5	5	5	0	3	10	5	5	$118=D$
$\Sigma d=0$	+	10	10									5	5						10	5		45 −73
$Ns=15.4$	−			5	5		5	5	5	25				5	5	5		3			5	$s=-1.4$
$Ns+\Sigma d=15.4$		$2(Ns+\Sigma d)=30.8$					$D+S=146$					$V=115.2$					$v=V/20=5.76$					$-28=S$

* They were the median scores of the 74 judges.

The Errors in Rating Under the Various Conditions

The mean systematic errors and the mean variable errors were thus computed for each judge in rating the four sets of themes under the various conditions. The results are summed up in Table Ⅲ. By averaging the errors of the seventy-four judges in rating the four sets of themes, we find that the mean variable error of the judges in rating without the use of a scale was 7. 61, and their mean systematic error was 7. 95. In rating with the Hudelson Scale their mean variable errors was 6. 66, and their mean systematic error was 4. 94. In rating with the Van Wagenen Scale their mean variable errors was 7. 92, and their mean systematic error was 7. 58. In rating the four sets of themes according to their thought content, structure, and mechanics the mean variable errors of the seventy-four judges were 7. 55, 8. 05, and 8. 16 respectively, and their mean systematic errors were 7. 53, 7. 56 and 7. 64 respectively. These, together with the mean deviations[①], are shown in Table Ⅳ. They are further summarized in Table Ⅴ for the purpose of comparison.

The homogeneity of topics and the range of quality of the four sets of themes had different effects on the mean variable errors, the mean systematic errors and the mean deviations of the judges in rating. The D themes, that is, themes written on different topics and showing a wide range of quality, had the largest mean variable error, 8. 02, but the smallest mean systematic error, 6. 44; whereas the A themes written on similar topics and showing a narrow range of quality had the smallest mean variable error, 6. 97, and the C themes written on different topics and showing a narrow range of quality had the largest mean systematic error, 7. 37. The latter also had the largest mean deviation, 10. 32.

---

① A mean deviation is computed by dividing the arithmetical sum of deviation by the number of themes.

Table Ⅲ

Errors of the Four Groups of Judges in Rating the Four Sets of Themes According to the Three Different Standards

	Four groups of judges	Errors in rating the four sets of themes							
		A		B		C		D	
		v. e.	s. e.	v. e.	s. e.	v. e.	s. e.	v. e.	s. e.
Rating without the use of a scale	Ⅰ	118.25	105.70	134.50	138.10	103.86	125.85	131.70	124.90
	Ⅱ	140.03	173.25	150.43	152.05	139.17	164.95	168.27	201.35
	Ⅲ	138.97	142.50	136.38	150.75	135.55	113.75	154.69	141.70
	Ⅳ	134.62	177.15	166.29	144.30	134.37	149.20	164.26	148.45
	Total	531.87	598.60	587.60	585.20	512.95	553.75	618.92	616.40
	Mean	7.19	8.09	7.94	7.91	6.93	7.48	8.36	8.33
Rating with the hudelson scale	Ⅰ	110.15	62.05	108.87	60.25	99.31	81.25	121.10	55.40
	Ⅱ	122.76	113.65	131.85	89.60	137.77	124.20	144.40	72.15
	Ⅲ	117.16	126.80	119.80	118.25	123.49	156.55	138.02	111.50
	Ⅳ	119.86	78.35	120.81	70.15	124.80	80.10	130.45	61.90
	Total	469.93	380.85	481.33	338.25	485.37	442.10	533.97	300.95
	Mean	6.35	5.15	6.50	4.57	6.56	5.97	7.22	4.07

Continued Table

		Four groups of judges	Errors in rating the four sets of themes							
			A		B		C		D	
			v. e.	s. e.	v. e.	s. e.	v. e.	s. e.	v. e.	s. e.
Rating with the Van Wagenen Narration Scale	Thought content	Ⅰ	101.00	102.25	115.16	97.35	111.11	104.15	131.03	112.25
		Ⅱ	139.51	139.35	159.12	127.75	151.15	166.20	170.04	98.50
		Ⅲ	134.44	166.40	134.57	141.90	148.43	181.90	168.25	147.45
		Ⅳ	127.43	151.20	133.81	133.55	147.58	191.70	162.38	166.25
		Total	502.38	559.20	542.66	500.55	558.27	643.95	631.7	524.45
		mean	6.79	7.56	7.33	6.76	7.54	8.70	8.54	7.09
	Structure	Ⅰ	128.92	107.55	140.99	95.00	109.35	125.10	135.81	106.55
		Ⅱ	140.94	178.85	176.80	140.40	156.83	167.25	168.57	116.55
		Ⅲ	151.06	165.65	142.42	120.70	154.20	153.15	155.80	141.30
		Ⅳ	146.28	143.55	155.88	144.75	156.11	183.35	162.24	149.00
		Total	567.23	595.60	616.09	500.85	576.49	628.85	622.42	513.40
		mean	7.67	8.05	8.33	6.77	7.79	8.50	8.41	6.94
	Mechanics	Ⅰ	118.45	109.30	129.56	93.65	127.61	123.70	141.99	98.25
		Ⅱ	144.41	171.55	179.53	156.20	171.09	163.15	175.65	117.35
		Ⅲ	155.86	151.70	147.82	139.05	152.27	163.80	157.90	153.65
		Ⅳ	147.08	150.30	146.33	139.75	167.00	197.05	151.87	131.50
		Total	565.80	582.85	603.24	528.65	617.97	647.70	627.41	500.75
		mean	7.65	7.88	8.15	7.14	8.35	8.75	8.48	6.77
	Van Wagenen mean		7.37	7.83	7.94	6.89	7.89	8.65	8.48	6.93
Grand mean			6.97	7.02	7.46	6.46	7.13	7.37	8.02	6.44

* v. e. means variable error, and s. e. means systematic error. There were 20 themes in each set: A, B, C, and D. There were 16 judges in Group Ⅰ, 20 in Group Ⅱ, 19 in Group Ⅲ, and 19 in Group Ⅳ.

If we rule out the influence of the range of quality by averaging the errors of the A and B themes and those of the C and the D themes, we find that the themes written on similar topics gave the mean variable error, 7.21, the mean systematic error, 6.74, and the mean deviation, 9.82; whereas the themes written on different topics gave the mean variable error, 7.57, the mean systematic error, 6.90, and the mean deviation, 10.14. If we rule out the influence of the homogeneity of topics by averaging the errors of the A and the C themes and those of the B and the D themes, we find that the themes showing a narrow range of quality gave the mean variable error, 7.05, the mean systematic error, 7.19, and the mean deviation, 10.17; whereas the themes showing a wide range of quality gave the mean variable error, 7.74, the mean systematic error, 6.45, and the mean deviation, 9.78. These results are shown in Table Ⅴ.

Table Ⅳ

Average Amount of Error of the Seventy-Four Judges in Rating the Four Sets of Themes According to the Three Different Standards

	Four sets of themes	Errors in rating		
		v. e.	s. e.	m. d[1].
Rating without the use of scale	A	7.19	8.09	10.91
	B	7.94	7.91	10.66
	C	6.93	7.48	9.90
	D	8.36	8.33	11.05
	Mean	7.61	7.95	10.63
Rating with the hudelson scale	A	6.35	5.15	8.09
	B	6.50	4.57	7.80
	C	6.56	5.97	9.11
	D	7.22	4.07	8.13
	Mean	6.66	4.94	8.28

① m. d. means deviation.

Continued Table

		Four sets of themes	Errors in rating		
			v. e.	s. e.	m. d.
Rating with the Van Wagenen Scale	Thought content	A	6.79	7.56	10.40
		B	7.33	6.76	9.98
		C	7.54	8.70	12.06
		D	8.54	7.09	10.77
		Mean	7.55	7.53	10.80
	Structure	A	7.67	8.05	11.43
		B	8.33	6.77	10.64
		C	7.79	8.50	11.72
		D	8.41	6.94	10.69
		Mean	8.05	7.56	11.12
	Mechanics	A	7.65	7.88	11.36
		B	8.15	7.14	10.60
		C	8.35	8.75	12.10
		D	8.48	6.77	10.56
		Mean	8.16	7.64	11.16
	Mean		7.92	7.58	11.03

Differences of the Means of the Errors of the Judges in Rating and the Reliability of the Differences

In studying Table Ⅴ we find that in comparison with the errors of each judge in rating on a percentage basis, the mean variable error of each judge in rating with the Hudelson Scale was reduced 0.95 of a point, and the mean systematic error was reduced 3.01 points; whereas the mean variable error of each judge in rating with the Van Wagenen Narration Scale was increased 0.31 of a point, and the mean systematic error was reduced 0.37 of a point. If we compare the results of the Hudelson Scale with those of the Van Wagenen Narration Scale, the differences were 1.26 points for the mean variable error and 2.64 points for the mean systematic error in favor of the Hudelson Scale.

The themes written on similar topics seem to be easier to rate than those written on different topics, the differences between the averages of the two kinds of themes being 0.36 of a point in the mean variable error and 0.16 of a points the mean systematic error.

The range of quality of the themes had different effects on the means of the two kinds of errors. The mean variable error of the themes showing a narrow range of quality was 0.69 of a point smaller than that of the themes showing a wide range of quality, while the mean systematic error of the former was 0.74 of a point larger than that of the latter.

How reliable were those differences? To answer this question we have to resort to a statistical formula. The formula[①] used in this study for calculating the reliability of an obtained difference was as follows:

$$\sigma_{M_x - M_y} = \sqrt{\frac{(\sigma_x^2 + \sigma_y^2) - 2r_{xy}\sigma_x\sigma_y}{N}}$$

Table V

Average Amount of Error of the Seventy-four Judges in Rating the Four Sets of Themes Under the Various Conditions of Rating

Conditions of rating	Errors in rating		
	v. e.	s. e.	m. d.
1. Different standards in rating:			
Without the use if a scale	7.61	7.95	10.63
With the Hudelson Scale	6.66	4.94	8.28
With the Van Wagenen Scale	7.92	7.58	11.03
Special merits:			
Thought content	7.55	7.53	10.80
Structure	8.05	7.56	11.12
Mechanics	8.16	7.64	11.16

① This formula is derived from the general formula for calculating the standard error of a difference with $N_x = N_y$. For the general formula, see Walker, H. M. "Concerning the Standard Error of a Difference." Journal of Educational Psychology, 20: 53-60, January, 1929.

Continued Table

Conditions of rating	Errors in rating		
	v. e.	s. e.	m. d.
2. Different sets of themes①:			
A. Similar topics, narrow range	6.97	7.02	10.02
B. Similar topics, wide range	7.46	6.46	9.62
C. Different topics, narrow range	7.13	7.37	10.32
D. Different topics, wide range	8.02	6.44	9.95
Topics:			
Similar	7.21	6.74	9.82
Different	7.57	6.90	10.14
Range of quality:			
Narrow	7.05	7.19	10.17
Wide	7.74	6.45	7.98

In this formula r_{xy} means in this particular case the coefficient of correlation between two distributions of errors made by the same judges in rating the four sets of themes under two different conditions.

To use this formula we had to find out the standard deviations and the coefficients of correlation of the various distributions of the errors of the judges. The mean variable and the mean systematic errors of each judge in rating the four sets of the themes under the various conditions were averaged, and the standard deviations and coefficients of correlation were computed. There were altogether twenty standard deviations and ten correlations. By substituting them in the above formula we secured ten reliability measures for the ten differences. The results are tabulated in Table Ⅵ. Their interpretation will be given in Chapter Ⅳ.

① The amount of error under the different sets of themes is the average amount in rating according to the three standards of rating.

Table Ⅵ

Differences Between the Means of the Errors of the Seventy-four Judges in Rating the Four Sets of Themes Under the Different Conditions, and the Reliabilities of the Differences

	Mean variable errors							Mean systematic errors						
	No. of cases	mean	$\sigma(dis.)$	$M_x - M_y$	r_{xy}	σ_{Diff}	$\frac{D}{\sigma_{Diff}}$	No. of cases	mean	$\sigma(dis.)$	$M_x - M_y$	r_{xy}	σ_{Diff}	$\frac{D}{\sigma_{Diff}}$
Without scales With Hudelson Scale	74 74	7.61 6.66	2.09 1.32	0.95	0.06	0.28	3.4	74 74	7.95 4.94	5.64 3.87	3.01	−0.09	0.82	3.6
Without Scales With Van Wagenen Scale	74 74	7.61 7.92	2.09 1.84	0.31	0.17	0.29	1.07	74 74	7.95 7.58	5.64 5.26	0.37	0.32	0.74	0.5
With Van Wagenen Scale With Hudelson Scale	74 74	7.92 6.66	1.84 1.32	1.26	0.58	0.17	7.4	74 74	7.58 4.94	5.26 3.87	2.64	0.14	0.70	3.8
Different topics Similar topics	74 74	7.57 7.21	1.50 1.19	0.36	0.69	0.12	3.0	74 74	6.90 6.74	3.27 3.49	0.16	0.82	0.23	0.7
Wide range Narrow range	74 74	7.74 7.05	1.33 1.35	0.69	0.70	0.12	5.7	74 74	6.45 7.19	2.79 3.78	0.74	0.84	0.24	3.0

Table Ⅶ

Amount of Time (in Terms of Minutes) Spent by Each Judge in Rating Each Set of Themes According to the Three Different Standards

Rating	Four sets of themes	Four groups of judges				Average
		Ⅰ	Ⅱ	Ⅲ	Ⅳ	
Without the use of a scale	A	36.56	33.75	26.37	25.21	30.47
	B	27.31	29.65	27.74	26.00	27.70
	C	24.56	27.75	28.00	23.74	26.01
	D	26.38	28.70	33.79	33.21	30.52
	Total	114.81	119.85	115.90	108.16	114.70
With the Hudelson Scale	A	30.63	25.21	32.63	20.94	27.35
	B	25.56	26.60	25.72	22.17	25.01
	C	22.13	29.55	26.88	22.29	25.21
	D	20.73	39.10	22.41	23.67	26.48
	Total	99.05	120.46	107.64	89.07	104.05
With Van Wagenen Scale	A	44.69	35.30	49.00	29.28	39.57
	B	38.87	34.42	39.56	30.39	35.81
	C	32.50	37.60	37.42	34.17	35.42
	D	33.73	48.45	35.89	44.17	40.56
	Total	149.79	155.77	161.87	138.01	151.36
Total for each group		363.65	396.08	385.41	335.24	370.11

Amount of Time Spent for Rating

As was stated in Chapter Ⅱ, each judge was asked to record the exact amount of time required to rate each set of themes under the various conditions. The purpose was to find out how much time is needed in rating the eighty themes under the different conditions. Because the number of judges in each group was different, and each group rated the four sets of themes in different orders, the average amount of time in terms of minutes spent by each judge in rating each set of themes was computed. The results are shown in Table Ⅶ on page 18.

Table Ⅷ

Errors of the Seventy-four Judges in Their Second and Third Ratings①

Judges	Second rating								Third rating							
Group Ⅰ (16)	Hudelson Scale								Van Wagenen Scale							
	A		B		C		D		A		B		C		D	
	v. e.	s. e.	v. e.	s. e.	v. e.	s. e.	v. e.	s. e.	v. e.	s. e.	v. e.	s. e.	v. e.	s. e.	v. e.	s. e.
	110. 15	62. 05	108. 87	60. 25	99. 31	81. 25	121. 10	55. 40	116. 13	106. 37	128. 57	95. 33	116. 02	117. 65	136. 28	105. 68
Group Ⅱ (20)	Hudelson Scale								Van Wagenen Scale							
	D		C		B		A		D		C		B		A	
	v. e.	s. e.	v. e.	s. e.	v. e.	s. e.	v. e.	s. e.	v. e.	s. e.	v. e.	s. e.	v. e.	s. e.	v. e.	s. e.
	144. 40	72. 15	137. 77	124. 20	131. 85	89. 60	122. 76	113. 65	171. 42	110. 80	159. 69	165. 53	171. 82	141. 45	141. 62	163. 25
Group Ⅲ (19)	Van Wagenen Scale								Hudelson Scale							
	A		B		C		D		A		B		C		D	
	v. e.	s. e.	v. e.	s. e.	v. e.	s. e.	v. e.	s. e.	v. e.	s. e.	v. e.	s. e.	v. e.	s. e.	v. e.	s. e.
	147. 12	161. 25	141. 60	133. 88	151. 63	166. 28	160. 65	147. 47	117. 16	126. 80	119. 80	118. 25	123. 49	156. 55	138. 02	111. 50
Group Ⅳ (19)	Van Wagenen Scale								Hudelson Scale							
	D		C		B		A		D		C		B		A	
	v. e.	s. e.	v. e.	s. e.	v. e.	s. e.	v. e.	s. e.	v. e.	s. e.	v. e.	s. e.	v. e.	s. e.	v. e.	s. e.
	158. 83	148. 92	156. 90	190. 70	145. 35	139. 35	140. 26	148. 35	130. 45	61. 90	124. 80	80. 10	120. 81	70. 15	119. 86	78. 35
Total average	560. 50	444. 37	545. 14	509. 03	528. 14	476. 48	544. 77	464. 87	535. 16	405. 87	532. 86	459. 21	532. 14	485. 80	535. 78	458. 78
	7. 57	6. 01	7. 37	6. 88	7. 14	6. 44	7. 36	6. 28	7. 23	5. 48	7. 20	6. 21	7. 19	6. 56	7. 24	6. 20

① The amount of error in rating with the Van Wagenen Scale is the average amount in rating according to the three special merits.

For the first rating, the rating of the four sets of themes on a percentage basis, each judge spent on the average one hour and fifty-five minutes. In rating with the Hudelson Scale each judge spent on the average one hour and forty-four minutes, and in rating with the Van Wagenen Narration Scale each judge spent on the average two hours and thirty-one minutes①. For the second rating each judge spent on the average two hours and ten minutes, and for the third rating two hours and five minutes. Altogether each judge spent on the average six hours and ten minutes in rating the four sets of the themes three times for the experiment.

Amount of Improvement in Rating

Since the seventy-four judges rated the four sets of themes three times, each time under a different condition, it is hard to show the amount of their improvement in rating. However, if we compare their third rating with their second rating, we can have some idea about their improvement in rating. In making this comparison, we assume that the abilities of the four groups of judges in using the two kinds of scales were equal. This assumption is justified by the fact that the seventy-four judges were distributed at random among the four groups.

The errors of the seventy-four judges in their second rating were totaled and averaged, and those in the third rating were also totaled and averaged in Table Ⅷ. In comparing the average amount of error of the judges in their second rating with that in their third rating, we find that after two hours of undirected practice with the scales the total amount of improvement made by each of the seventy-four judges in the third rating over the second rating was 0.58 of a point for the mean variable error

① The amount of time spent by each judge in studying the scales was not included.

and 1.16 points for the mean systematic error. Their average amount of improvement in rating each theme was 0.15 of a point for the mean variable error and 0.24 of a point for the mean systematic error as shown in Table Ⅸ.

Table Ⅸ

Comparison of the Average Amount of Error of the Seventy-four Judges in the Second Rating with That in the Third Rating

Ratings	Errors in rating							
	v. e.	s. e.	v. e.	s. e.	v. e.	s. e.	v. e.	s. e.
The second rating	7.57	6.01	7.37	6.88	7.14	6.44	7.36	6.28
The third rating	7.23	5.48	7.20	6.21	7.19	6.56	7.24	6.20
Amount of improvement	0.34	0.53	0.17	0.67	−0.05	−0.12	0.12	0.08
Total amount of improvement							0.58	1.16
Average amount of improvement in rating each theme							0.15	0.24

Standard Error of Measurement of the Pupils' Writing Ability in Comparison with That of the Judges' Errors in Rating

In rating pupils' compositions with a composition scale, there is another source of unreliability. It is the error of sampling pupils, writing abilities[1]. It has been pointed out by Hudelson[2] that the type of theme assigned has a great deal to do with pupils' writing abilities. No theme topic appeals equally to the interests, emotions, and experiences of pupils of all grades. No matter how carefully a theme assignment is given, there is always a sampling error. It will be of interest for English teachers to know how the standard error of measurement of pupils' writing abilities compares with that of the variable and the systematic errors in rating pupils, compositions with a

① Kelley, T. L. Interpretation of Educational Measurements, p. 38.

② Hudelson, E. English Composition: Its Aims, Methods, and Measurement, p. 58.

composition scale.

As was stated in Chapter Ⅱ, the eighty themes in this study were selected at random from seven hundred seventy-two themes. They were written by forty pupils from grade four to grade twelve. Each pupil wrote two themes: one on the common topic, "The Most Exciting Ride I Ever Had," and the other on a narrow topic chosen by the pupil. The A themes written on similar topics and the C themes written on different topics were produced by the same pupils. The B themes and the D themes, both showing a wide range of quality, were also produced by the same pupils of another group. By means of correlation we can find out how reliable was the sampling of the writing abilities of the forty pupils.

Therefore, the median scores (given by the seventy-four judges with the use of the Hudelson Scale) of the A themes written by twenty pupils on similar topics were correlated with those of the C themes written by the same twenty pupils on different topics; and the median scores of the B themes by another group of twenty pupils on similar topics were correlated with those of the D themes written by the twenty pupils on different topics. The median scores given according to the Hudelson Scale were chosen because they were comparatively more reliable than those given by the judges according to the other standards. The coefficient of correlation of the A and the C themes was 0.55 ± 1.0, and that of the B and the D themes was 0.95 ± 0.01. the standard error of measurement of the former by the formula: $\sigma_m = \frac{\sigma_1 + \sigma_2}{2}\sqrt{1 - r_{12}}$ was 4.84, and that of the latter was 4.32.

To compare with these sampling unreliabilities, the mean variable and the mean systematic errors of the ratings of each judge with the use of the Hudelson Scale and the A themes were correlated with those of the ratings on the C themes; and the mean variable the mean systematic errors of each judge with the same scale on the B themes were correlated with those of the ratings on the D themes. The coefficients of correlation of the former were 0.41±0.06 for the variable errors and 0.58±0.05 for the systematic errors; and the coefficients of correlation of the latter were 0.34±0.07 for the variable errors and 0.71±0.04 for the systematic errors. Their standard errors of measurement were 1.41, 3.16, 1.44, and 2.19 respectively. The ratios of these standard errors of measurement to their respective average standard errors of measurement to their respective average standard deviation were also computed. All these measures are tabulated in Table Ⅹ.

Table Ⅹ

Comparison of the Standard Errors of the Measurement of the Pupils' Writing Abilities with Those of the Judges' Errors in Rating

		Range of quality in themes	Number of cases	$\frac{M_1+M_2}{2}$	$\frac{\sigma_1+\sigma_2}{2}$	r_{12}①	P. E.	$\sigma\sqrt{1-r_{12}}$	$\frac{\sigma\sqrt{1-r_{12}}}{\sigma\ (\text{dis.})}$
Measurements of the pupils' writing abilities		Narrow range	20	49.80	7.22	0.55	0.10	4.84	0.67
		Wide range	20	49.98	19.34	0.95	0.01	4.32	0.22
Measurements of the judges' errors in rating	Variable errors	Narrow range	74	6.46	1.84	0.41	0.06	1.14	0.77
		Wide range	74	6.86	1.76	0.34	0.07	1.44	0.82
	Systematic errors	Narrow range	74	5.56	4.88	0.58	0.05	3.16	0.65
		Wide range	74	4.32	4.06	0.71	0.04	2.19	0.54

① For the explanation r_{12} see p. 22.

A glance at Table Ⅹ, however, will show that the number of cases for the measurement of the pupils' writing abilities was too small to be of much significance, though the table reveals very well the effect of the range of quality of the themes on the coefficients of correlation. To avert this difficulty, the A themes were combined with the B themes, and the C with the D themes. The two groups of the combined themes were written by the same forty pupils. Their median scores given by the seventy-four judges with the use of the Hudelson Scale were again correlated. The coefficients of correlation was 0.90 ± 0.02, and the standard error of measurement was 4.62 The ratio of the latter to the average deviation was 0.32.

In order to make comparisons with these measures of reliability, the errors of the seventy-four judges in rating the A themes with the Hudelson Scale were also combined with those made in rating the B themes, and the errors made in rating the C themes with those made in rating the D themes. For each judge the mean variable and the mean systematic errors in rating the combined themes were computed anew in the same way as described in the first part of the chapter. These mean variable and the mean systematic errors of each judge in rating the A and B themes were correlated with those in rating the C and D themes. The coefficients of correlation of the mean variable error was 0.59 ± 0.05, and that of the mean systematic errors was 0.72 ± 0.04. The standard error of measurement of the former was 1.00, and that of the latter was 2.29. Their ratio to their average standard deviations were 0.64 and 0.53 respectively. The results are shown in Table Ⅺ.

Table Ⅺ

Comparison of the Standard Error of Measurement of the Pupils' Writing Abilities with the Standard Errors of Measurement of the Judges' Errors in Rating With the narrow and the wide range of quality in the themes combined

		Number of cases	$\frac{M_1+M_2}{2}$	$\frac{\sigma_1+\sigma_2}{2}$	r_{12}①	P. E.	$\sigma\sqrt{1-r_{12}}$	$\frac{\sigma\sqrt{1-r_{12}}}{\sigma\ (\text{dis.})}$
Measurements of the pupils' writing abilities		40	49.90	14.62	0.90	0.02	4.62	0.32
Measurements of the judges' errors in rating	Variable errors	74	6.90	1.56	0.59	0.05	1.00	0.64
	Systematic errors	74	4.58	4.32	0.72	0.04	2.29	0.53

Chapter Ⅳ Limitations of the Study

Before proceeding to interpret the results presented in the preceding chapter, let us consider some limitations of this study.

1. The judges in this experiment rated the themes under the different conditions only once. The results in the improvement of rating would be more conclusive if the judges could have rated the compositions under the same conditions more than once.

2. In using the topic, "The Most Exciting Ride I Ever Had," as the common topic for the pupils to write on, the Van Wagenen Narration Scale was put to a little disadvantage as compared with the Hudelson Scale, for the topic used in the former scale is "When Mother Was Away." This should be taken into account when we compare the ratings according to the general merit of the themes with those according to their special merits.

① For the explanation r_{12} see paragraph above.

3. Aside from a fifteen-minute talk to all the judges, except two[①], on the purpose and general outline of the experiment, the writer had no direct supervision of the rating. However, no effort was spared to make the whole thing clear to the judges through correspondence and through their professors.

4. In comparing the errors of the ratings according to the subjective standard with those of the ratings according to objective standard, the effect of familiarity with the themes might be considerable, the same themes being rated repeatedly.

5. This study was limited to the ratings of the inexperienced judges. It would be of interest to find out how much regular training affects the reduction of the variable and systematic errors in rating compositions with a composition scale.

Interpretations

With due respect to these limitation enumerated above, the results of this study seem to justify the following interpretations:

1. The Effect of an Objective Standard on the Errors of Rating.—The use of an objective Scale in rating English composition helps to reduce the errors of rating as shown by the use of the Hudelson Scale in this study. But it does not always do so in the first attempt to use a scale. Reference to column three of Table Ⅴ on page 16 will show that the mean deviation in rating with the Van Wagenen Narration Scale was 0.4 of a point larger than that in rating on a percentage basis. This was not surprising, considering the lack of practice with the scale on the part

① These two judges were given directions for rating by their professors and by the writer through correspondence.

of the judges. Hudelson, in training his judges in the use of the Hudelson Typical Composition Scale, found that the mean deviation after merely reading the scale was 0.09 larger than that of the percentage score. When the mean deviation is multiplied by 10 to make it comparable with the result of this study, it is seen that the increase of the mean deviation in the first attempt to use the Van Wagenen Narration Scale by the judges of this study was less than one-half of that found by Hudelson among his judges in the first attempt to use the Hudelson Typical Composition Scale①.

Analysis of a mean deviation in rating English compositions with the use of a composition scale into mean variable and the mean systematic errors, shows that the use of an objective scale reduces the systematic errors much more than the variable errors. In the first attempt to use the Hudelson Scale the variable error of the seventy-four judges was reduced twelve per cent, whereas the systematic error was reduced thirty-eight per cent. In using the Van Wagenen Narration Scale the variable error was increased four per cent, whereas the systematic error was reduced five per cent. This confirms the statement made by Hudelson that "English teachers find it harder to reduce their variabilities of judgment than to correct their systematic errors in judgments."②

Reference to column $\frac{D}{\sigma_{Diff}}$ of Table Ⅵ shows that differences between the means of the errors in rating with the Hudelson Scale and those in rating without the use of a scale were completely reliable, for

① Hudelson, E. "The Effect of Objective Standard upon Composition Teachers' Judgments." *Journal of Educational Research*, Ⅻ: 329-340, December, 1925.

② Hudelson, op. cit, p. 333.

they were all larger than three standard deviations. But this was not the case with the Van Wagenen Narration Scale. The differences between the means of the errors in rating with the scale and those in rating without the use of a scale were not entirely reliable. In the case of the variable error, the chances are 85 in 100 that the true difference is greater than zero; and in the case of the systematic error, the chances are only 69 in 100 that the true difference is greater than zero.

The increase of the variable error in rating with the use of the Van Wagenen Narration Scale may be explained partly by the handicap mentioned above as one of the limitations of the study. But this increase of the variable error, it seems to the writer, was largely due to the difficulties encountered by the judges in using the scale. A number of the judges made complaints; and one reported as follows: "There is nothing about originality in the definition of thought content. The definitions of thought content and structure overlap. There is not enough detail given about the exact scoring of mechanical errors. And the samples are not marked in agreement with the definitions." This report shows the difficulties encountered by some of the judges on the first attempt to use the scale.

2. Rating Themes According to Their General Merit vs. Rating Themes According to Their Special Merits. —With due allowance for the handicaps in the use of the Van Wagenen Scale in this study, rating English compositions with an analytical type of scale is found to be comparatively less reliable than rating with a scale of the general merit type. According to the results of this study the variable error in rating with the Van Wagenen Narration Scale was almost twenty per cent larger than that in rating with the Hudelson Scale, and the systematic

error was fifty-three per cent larger. The differences as shown in Table Ⅵ were completely reliable. This agrees with the statement made by Hudelson that "compositions are less reliably judged when analyzed into merely their thought, structural, and mechanical aspects than they are when considered from the standpoint of general merit."①

In rating compositions according to their special merits, thought content comes first as the easiest merit to rate, structure next, and mechanics last. The difference is shown more in the variable error than in the systematic error. Here again the scale helps more in reducing the latter than the former. In comparison with the variable error in rating according to thought content, the Variable error in rating according to structure was increased 6.6 per cent, and that in rating according to mechanics was increased 8.0 per cent. In comparison with the systematic error in rating according to thought content, the increase of the error in structure was only 0.5 per cent, and that in mechanics was 1.5 per cent. The difference is also shown among the mean deviations of the three special merits. The difference between the errors in rating according to structure and those in rating according to mechanics was not big enough to be much significance.

This finding shows that the judges agreed more in thought content than in structure and mechanics in rating English compositions. This difference among the special merits was also shown by Van Wagenen. From Table Ⅵ of the Van Wagenen Study of the accuracy with which English themes may be graded by means of English composition scales, it is found that the average error of three groups judges in rating thirty-three narration themes was 4.2 for thought content, 4.9 for structure,

① Hudelson, E. English Composition: Its Aims, Methods, and Measurement, p. 52.

and 5. 2 for mechanics[①].

3. The Effect of the Different Sets of Themes on the Errors of Rating. —If the variable errors alone are considered, the A themes written on similar topics, showing a narrow range of quality, are the easiest to rate, while the D themes written on different topics, showing a wide range of quality, are the hardest to rate. But the latter are the easiest to rate if the systematic errors alone are considered. If both the variable error and the systematic error of each set of themes are taken into account, the B themes written on similar topics, showing a wide range of quality, are the easiest to rate, and the C themes written on different topics, showing a wide range of quality, are the hardest to rate. This is also true when the mean deviations of the different sets of themes are considered.

When the effect of the range of quality in the themes on the errors of rating is ruled out, the results show that the themes written on similar topics are comparatively easier to rate than the themes of written on different topics. The difference between the means of their variable errors was 0. 36. The difference was completely reliable, since $\frac{D}{\sigma_{Diff}}$ was three standard deviations. The difference between the means of their systematic errors, however, was not so reliable. The chances are only 76 in 100 that the true difference is greater than zero.

When the effect of the homogeneity of topics of the themes on the errors of rating is ruled out, the themes showing a narrow range of quality have a mean variable error 0. 69 of a point smaller than that of the themes showing a wide range of quality, but the mean systematic

① Van Wagenen, M. J. "The Accuracy with which English Themes May Be Graded with the Use of English Composition Scales". *School and Society*, Ⅺ: 441-450, April, 1920.

error of the former is 0.74 of a point larger than that of the latter. Both differences were completely reliable, as indicated by their standard errors of difference in Table Ⅵ. It is safe to say that a narrow range of quality in themes accompanies the reduction of the variable error in rating, while a wide range of quality in themes accompanies the reduction of the systematic error in rating.

4. The Amount of Time in Rating. —Each judge spent on the average a little over six hours in rating the eighty themes three times, each time according to a different standard. The time spent for rating on a percentage basis was practically the same as that spent for rating with the Hudelson Scale, if time spent for studying the scale by the judges is not included. But the time spent for rating themes according to their special merits was one third more than that spent for rating according to their general merit.

5. The Amount of Improvement in Rating. —As was mentioned above, the study does not give adequate data as to the improvement in rating. But the few it gives show that each of the seventy-four judges made in the third rating a total amount of improvement of 0.58 in the variable error and 1.16 in the systematic error over the second rating. It means that after two hours of undirected practice in rating with either one of the two scales, each judge made on the average a reduction of 0.15 in the variable error and a reduction of 0.24 in the systematic error in rating each theme with a composition scale. These reductions seem rather small, when compared with the average annual pupil progress in composition which is 4.00 according to Hudelson①; but if the lack of previous training on the part of the judges and the little amount of time

① Hudelson, E. "Hudelson English Composition Scale." P. I. The annual progress is really 0.4. We multiply it by 10 in order to make it comparable with the results of this study.

allowed for practice in rating are considered, they are not so discouraging. It is also of interest to note that the systematic error was much easier to reduce than the variable error. It was reduced almost twice as much as the latter.

6. The Standard Error of Measurement of the Pupils' Writing Abilities in Comparison with That of the Judges' Error in Rating. — Examination of Table Ⅹ shows that the themes of the wide range of quality gave higher coefficients of correlation, with the exception of that of the measurement of the variable errors. In the case of the measurement of the pupils' writing abilities, the themes of the wide range of quality yielded a correlation of 0.95 whereas those of the narrow range of quality yielded a correlation of only 0.55, and in the case of the measurement of the systematic error, the themes of the former type gave a correlation of 0.71, and those of the latter type gave a correlation of only 0.58.

Again, the coefficients of correlation of the measurement of the systematic errors were comparatively higher than those of the measurement of the variable errors. They, however, are not comparable with those of the measurement of the pupils' writing abilities, for their standard deviations and units of measurement were different. It is necessary to compare them according to their standard errors of measurement. These were secured by the formula: $\sigma_m = \frac{\sigma_1+\sigma_2}{2}\sqrt{1-r_{12}}$. From column six of Table Ⅹ we find that the differences between the standard errors of the measurement of the themes of the narrow range of quality and those of the themes of the wide range of quality were rather small①. These standard errors of the

① Ruch, G. M. The Objective or New Type Examination, p. 441.

measurements mean that the chances are 68 in 100 that a score obtained in either of the three measurements will not deviate from its corresponding true score by more than ± the respective amount.

These standard errors of measurement, however, are still not directly comparable, since their average deviations were different. They must be compared according to their ratios to their respective average standard deviations. From the last column of the Table Ⅹ we find that those ratios were practically the same for the themes of narrow range in quality, but those for the themes of wide range in quality were widely different. The themes of the latter type gave larger standard errors of measurement to the measurement of the teachers' error in rating than they did to the measurement of the pupils' writing abilities. In the case of the variable error, it was four times as large; and in the case of the systematic error, it was about two and a half times as large as the standard error of the measurement of the pupils' writing abilities.

As was remarked before, the number of cases for the measurement of the pupils' writing abilities was too small to be of much significance. Therefore, the themes of the narrow range of quality were combined with those of the wide range of quality. The number of cases was thus doubled. The reliability coefficient of the measurement of the judges' variable errors in rating the combined themes was raised to 0.59 ± 0.05, and that of the measurement of their systematic errors was raised to 0.72 ± 0.04.

The coefficient of the correlation of the measurement of the forty pupil's writing abilities was 0.92 ± 0.02. This was higher than that found by Hudelson, his highest coefficient being 0.84. This can be readily explained by the differences in the number of cases and in the range of the grades of the pupils. Hudelson had on the average four hundred pupils from grade seven to grade twelve, whereas this study had forty pupils from grade four to grade twelve.

From the last column of Table XI we find that the $\frac{\sigma\sqrt{1-r_{12}}}{\sigma\ (\text{dis.})}$ of the measurement of the judges' variable errors in rating was twice as large as that of the measurement of the pupils' writing abilities, while that of the measurement of their systematic errors was about 1.7 times as large as the latter. This means that the unreliability of a single judgment due to the variable error in rating is twice as large as that of an obtained score of a pupils' composition, and the unreliability of a single judgment due to the systematic error in rating is 1.7 times as large as that of an obtained score of a pupils' composition. According to Kelley①, the unreliability of performance than by the unreliability of scoring. This might be true with experienced judges. But with inexperienced judges, the unreliability of scoring, according to the results of this study, was greater than the variability of the pupils' performances.

Chapter V Summary and Conclusions

With whatever limitations this study of the errors and improvement in rating English compositions by means of a composition scale imposes, the following conclusions may be drawn in the light of the results of the study:

1. The first attempt to use an objective scale in rating English composition helps to reduce the mean deviation in rating to the extent of more than one-fifth of the mean deviation in rating on a percentage basis, as is shown by the use of the Hudelson English Composition Scale in this study. But such an attempt does not always insure a

① Kelley, T. L. Interpretation of Educational Measurements, p. 38.

reduction of the mean deviation in rating, as is shown by the use of the Van Wagenen Narration Scale in this study.

2. The use of an objective scale in rating English compositions helps to reduce the systematic error in rating about three times more than the variable error. According to the results of this study, the amount of reduction of the systematic error in rating with the Hudelson Scale was 3.01 or three-fourths of the average annual pupil progress in composition, whereas the amount of education of the variable error was only 0.95 or onefourth of the average annual pupil progress in composition.

3. In this study rating compositions with an analytical type of scale gave results comparatively less reliable than rating them with a scale of the general merit type.

4. In rating compositions according to their special merits, thought content is the easiest merit to rate, structure is next, and mechanics is last. The difference is shown more in the variable error than in the systematic error.

5. Other things being equal, the themes written on similar topics are easier to rate than the themes written on different topics.

6. Other things being equal, a narrow range of quality in themes accompanies the reduction of the variable error in rating, and a wide range of quality in themes accompanies the reduction of the systematic error in rating.

7. The results of this study show that, other things being equal, themes written on similar topics and showing a wide range of quality are easier to rate than any other set of themes.

8. Rating themes with an objective scale of the general merit type needs practically the same amount of time as rating themes on a

percentage basis, whereas rating themes according to their special merits demands one-third more of time in scoring than rating themes according to their general merit.

9. Improvement in rating compositions with composition scales by means of undirected practice is small. It is shown more in the reduction of the systematic error than in that of the variable error.

10. The standard error of measurement of the judge's errors in rating is larger than that of the pupil's writing ability. In the case of the variable error, it is twice as large as the latter, and in the case of the systematic error, it is 1.7 times as large as the latter.

11. The results of this study seem to indicate that the best condition of rating English compositions by means of a composition scale, from the standpoint of reliability, is to rate compositions written on similar topics, showing a wide range of quality, with an objective scale of the general merit type.

Appendix A　Explanation of the Formula for Computing the Wariable Error of Each Judge

$$V = (D+S) - 2(Ns+\sum d)$$

V = Total amount of variable error of each judge.

D = Total amount deviation from median scores.

S = Total amount of systematic error of each judge.

N = Number of ratings larger than the mean systematic error (in the direction of the error).

s = Mean systematic error of each judge.

$\sum d$ = Sum of deviations between zero and mean systematic error.

The formula is best explained by a number of graphs of a concrete example. For illustration the ratings of the Judge One shown in Table Ⅱ on page 11 may be studied.

$D=157$, $S=137$, $N=11$, $s=6.85$, $\sum d=15$.

D, the total amount of deviation from the median scores, is shown in Graph Ⅰ (Page 36). The zero line represents the twenty median scores. All the vertical lines, plus or minus, represent the deviations of the judge's ratings from the median scores. The horizontal line parallel to the zero line represents the mean systematic error of the judge, which was 6.85. The total amount of the systematic error of the judge, which was one hundred and thirty-seven, is shown in Graph Ⅲ.

What we want is the total amount of the variable error of the judge. This amount is shown in Graph Ⅱ, in which the mean systematic error line is used as a zero line and the vertical lines are drawn from it to represent the variable errors of the judge.

In order to secure V we must know what is between the zero line and the mean systematic error line. The amount is determined by $Ns+\sum d$. In this case it was 90.35, as shown in Graph Ⅳ. When we subtract $Ns+\sum d$ from D, the total amount of the deviation from the median scores, we get 66.65 (157—90.35), It is presented in Graph Ⅴ. When we subtract $Ns+\sum d$ from S, the total amount of the systematic error of the judge, we get 46.65 (137 — 90.35). It is presented in Graph Ⅵ. And when we combine Graph Ⅴ with Graph Ⅳ, we get Graph Ⅱ; or, when we add $D-(Ns+\sum d)$ to $S-(Ns+\sum d)$, we get 113.30 (66.65 + 46.65) which was the total amount of the variable error of the judge.

Therefore, $V=\{D-(Ns+\sum d)\}+\{S-(Ns+\sum d)\}$, or $V=(D+S)-2(Ns+\sum d)$.

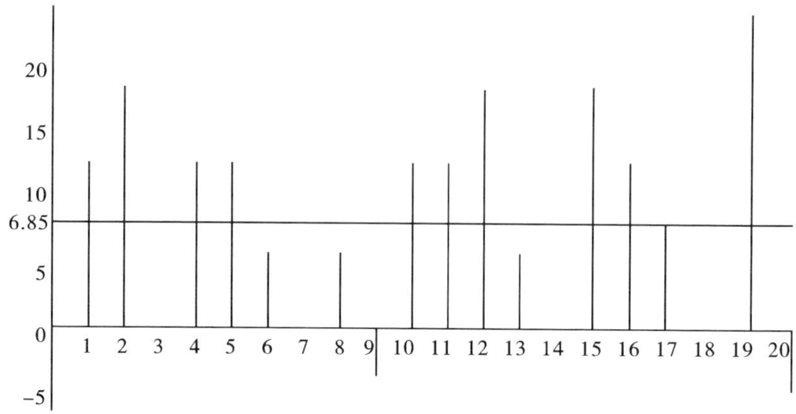

Graph Ⅰ. Showing *D*

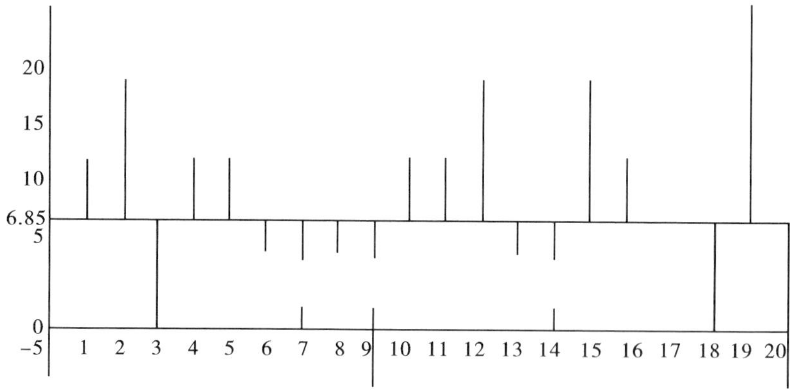

Graph Ⅱ. Showing *V*

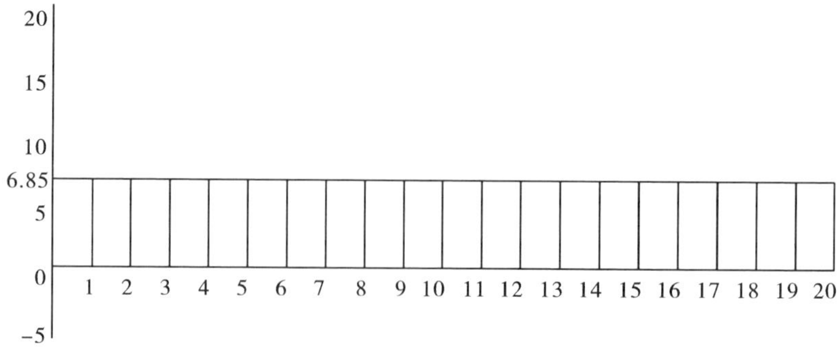

Graph Ⅲ. Showing *S*

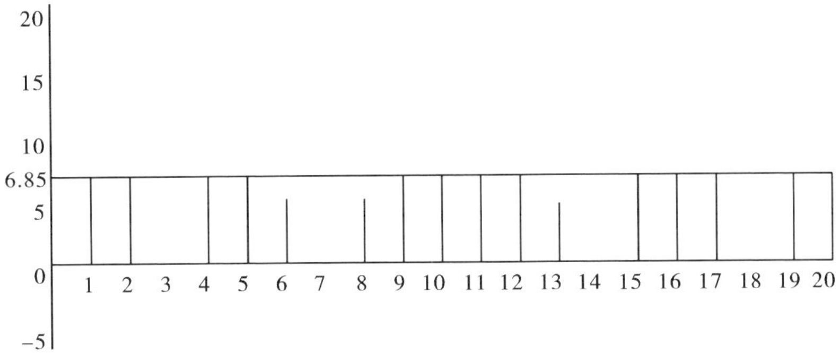

Graph Ⅳ. Showing $Ns+\sum d$

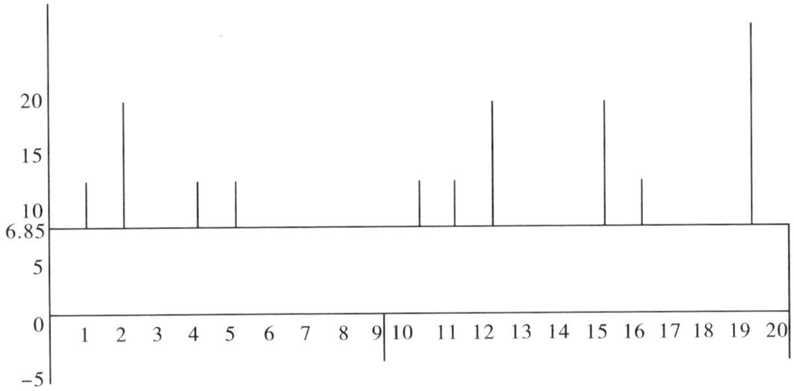

Graph Ⅴ. Showing $D\ (Ns+\sum d)$

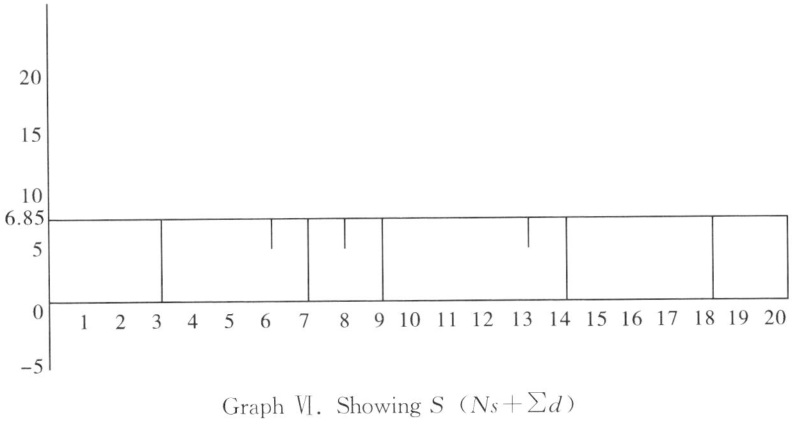

Graph Ⅵ. Showing $S\ (Ns+\sum d)$

Appendix B Eighty Themes Used in the Study and Their Median Scores

The following are the eighty themes used in this study. The table of median scores is on page 39.

Set A

Name of the Judge: ____________________

A1. The Most Exciting Ride I Ever Had

One day while on my uncle's farm, I decided I would learn how to ride a horse. I asked my uncle if he would teach me. He said yes.

He went to the stable and got me a horse. He said it was gentle but when I got on the horse I am sure that I did not think so.

Well, I got on the horse prepared to ride. I thought it was easy, because I had seen, how many of my friends took it.

When I got up on the horse it was nothing but the next moment, I was hanging on the horse's neck. The horse got wild and started to run around the yard at a rate I would not like I am sure in that position. My uncle got on another horse and came after me. By the time my uncle caught me I was almost falling off the horse. When I got off I could hardly stand on my feet but it was good to feel the good solid ground under my feet.

A2. The Most Exciting Ride I Ever Had

It was about 5 o'clock in the morning when I was with my father walking towards the garage where he had his truck, we arrived at the garage but it was closed and my father told me to call the man in the office to open the garage.

I went and told the man, he came and opened the garage, so my father started the car and went out and loaded his truck with ice and headed up the hill in full force so that he could make the hill in high speed; in this case I don't mean that he was going fast, he wanted to make the hill on high speed, because its very good not to travel on low speed going up a hill especially for a ford, we reached the top of the hill and were going along smoothly, but had to stop for a truck which cut us off misfortune was with us, the gas control spring broke and you could hear the noise about 5 blocks away we had just reached our destination and the gas gave out. Lucky is it not?

A3. The Most Exciting Ride I Ever Had

One day in March when it was nice and sunny I decided to have an aeroplane ride. I went down to Kelley's Field and hired an aeroplane.

Median Scores of the Eighty Themes Given by the Seventy-four Judges

In Rating According to the Three Different Standards

Themes		Set	1	2	3	4	5	6	7	8	9	10	11	12	13	14	15	16	17	18	19	20
Rating on a Percentage Basis		A	60	55	70	65	70	50	70	70	65	80	70	75	60	60	70	80	88	65	70	60
		B	70	70	40	75	60	90	60	40	63	40	50	90	65	30	85	75	40	86	60	90
		C	65	63	75	75	70	68	74	80	75	75	65	61	61	70	85	76	80	70	70	60
		D	75	75	40	75	50	90	55	50	65	45	65	90	65	40	80	75	40	90	65	90
Rating with the Hudelson Scale		A	4.5	3.8	4.5	4.7	5.0	3.5	5.5	4.5	4.5	6.0	5.0	5.5	4.0	4.5	5.4	5.5	7.0	4.5	5.0	4.0
		B	5.0	5.0	2.5	5.5	4.0	7.0	4.5	3.0	4.0	3.0	3.5	7.5	4.5	2.0	7.0	6.0	2.5	6.8	4.5	8.5
		C	4.5	4.4	5.0	5.5	5.0	4.5	5.0	6.3	5.3	5.5	4.5	4.5	4.4	5.0	6.5	6.0	6.0	5.0	5.0	4.4
		D	5.0	5.5	2.5	5.5	4.0	8.5	4.0	3.5	4.5	3.0	4.5	8.5	4.5	2.5	7.4	5.3	2.5	8.9	5.0	8.5
Raing with the Van Wagenen Narration Scale	Thought content	A	47	40	45	50	50	30	55	47	47	55	47	50	40	40	50	58	69	40	49	47
		B	47	50	22	56	40	70	40	30	40	30	37	79	50	19	75	60	25	71	44	86
		C	40	45	45	60	50	45	55	64	49	58	45	43	40	47	70	61	61	56	57	55
		D	50	35	26	55	39	85	40	37	40	25	40	85	45	20	70	55	25	85	47	83
	Structure	A	46	37	46	50	50	35	51	50	40	56	50	55	37	44	50	55	68	40	51	40
		B	46	55	25	55	40	74	41	30	40	30	34	76	50	15	84	61	20	70	50	85
		C	45	40	50	55	53	46	55	65	55	60	44	46	44	50	73	62	65	57	57	46
		D	55	61	24	55	37	88	40	31	46	23	40	85	50	20	70	55	23	88	50	83
	Mechanics	A	45	35	50	45	50	32	50	47	40	55	52	52	40	41	50	55	69	41	52	40
		B	50	52	21	55	41	75	41	27	40	20	31	79	48	10	79	60	20	70	40	85
		C	43	40	52	53	50	41	52	65	52	60	42	40	41	50	75	60	65	52	59	40
		D	52	60	20	55	35	89	38	31	50	24	41	85	49	22	74	58	21	87	50	87

I flew up to an altitude of five thousand feet. I was flying along for an hour when I saw it getting dark. I started to descend when one of the wires snapped. All of a sudden I was falling down. I saw the earth rush toward me with violent speed.

Then I hit the earth with terribly force. I thought sure that I was dead. Then I woke up to find myself on the floor of my bedroom.

A4. The Most Exciting Incident of My Life

Two years ago in the month of August my father and I went to Oregon to visit my uncle.

One morning my father said he would take me across the lake. We had a fine trip across. As we reached the other side it became very windy. My farther said that we had better start back because it looked like a storm. As soon as we got a little ways out it began to rain. We did not have any raincoats with us. The storm was raging terrible. We tried to turn back but it was impossible. All of a sudden a bid guff of wind came and turned the canue over. It all happened so quickly that I really didn't know what had happened. I thought I was going to drown. But to my great surprise the water was only about four feet deep. My father and I walked to shore.

Finally we reached my uncle home. My father and I were very glad to reach home. I will never forget this most exciting incident of my life.

A5. The Most Exciting Thing I Ever Saw

Last Sunday afternoon I went down town to see a popular play in one of the big theatres. I was just coming out of the theatre when one of the wagons to clear the street came along and soaked the street so that we could not cross.

About one block further up some children were playing a game of handball. One of the boys ran out the wet a slippery street. He got the ball and was going back to the sidewalk when he suddenly slipped, there was a big moving van coming down the street, and the boy could not seem to get up. Only for the bravery of a young man passing by that boy would not be living now. The man ran for the boy and grabbed him by the collar. In just another second the truck was when the boy was a second ago. My heart was in my mouth the whole time it was going on. It was the most exciting thing I ever saw in my life so far.

A6. The Most Exciting Ride I Ever Had

It was in the summer on August the fourteen that the bus was leaving for Rockaway Beach. Nearly the whole block was going and everybody was out for a good time.

The bus left at half past ten in the morning. The bus was crowded and some of the kids had to sit on the older people lap and I had to be one of them. When we got in the country party of Long Island the roads was hilly and half of the time I thought I was going through the tap of the eve.

About one o'clock we got in Rockaway and I was glad to get off because the bus knock out all of the food I had ate that morning.

A7. The Most Exciting Thing I Ever Saw

It was in the afternoon of a hot July day, when my mother and I went down to the beach for a swim. It was low tide and the swimming was very good. After I came out of the water, I put on my bathrobe, to keep myself warm and comfortable. While I was sitting on the sand, I looked out at the sea, and I noticed, that there was an over turned row boat, with a few occupant holding on to it, and they were waving for help. I ran to the life guard for help. When I told him what I saw, he ran for more help. He with a few other men, took out the life boat, and go under. After a few minutes of time, they got to the over turned boat, and helped the occupants into the life boat. When they got to the shore, they helped them out. When they got out, I noticed there were two boys and an elder man and woman, which I thought to be the mother and father. The woman was so week that she collapsed, and fell on the sand. The men rubed her hands and legs, and in about two minutes she revived.

My mother called me, and I had no time to listen to their story, but I will never forget what I saw.

A8. The Most Exciting Thing I Ever Saw

One sunny day in Long Branch, I was sitting on the porch when all of a sudden, I heard an crash, and then screaming. I then noticed that the board walk a block away, was crowded with terrified people. My brother and I ran to the scean to find that an automobile had crached through bars, and fell about 15 feet on its ceiling. In side of the auto were five people, one man and four women. All were badly hurt.

The accident occured on account of slow thinking. The lady driver was driving south on road running along the board walk, when she made a left turn. Seeing a car coming toward her, she got excited and pressed the gas instead of the brake, which of course sent her through the bars and then hit the wave breaker about 7 feet down, then turned over, and fell 8 more feet to the beach.

They were taken to the hospital and the most serious hurt was a woman, with a broken spine and fractured skull. She also had severe cuts.

A9. The Most Exciting Ride I Ever Had

The most exciting ride I ever had was a ride on skyes. One day my friend asked me to go skiing with him I told him I didn't know how to ski but I had a pair I got for Christmas. He said it was easy and I would learn quick so I consented to go. He brought me on some low hills first until I could stand on my feet without falling while I was going down the hill. He told me I could ski pretty good and told me to go on a higher hill. We went on the highest hill we could find. He went down first and told me to follow him. I followed him and I was sorry I did. I start going down slow but then I went faster and faster I tried to stop but I couldn't they were trees on either side and I thought I would hit then at times. When I came to a level street of land right in front of me I saw a little cliff I could not stop and soon I felt myself leave the ground and I was flying through space When I landed on the ground I fell head first into a snow bank I had a hard time getting out if it was not for my friend I do not think I would have got out. When I got out I said I would never go skieng again but he said I would get over it and I did, and now I am not afraid to go skieng.

A10. The Most Exciting Incident of My Life

One day a few years ago I was walking along the edge of a dock. Seeing a box floating by I thought I'd have some fun sinking it. I threw some rocks in, one by one until I needed only one more big rock to sink it. I got a very big one and threw it into the box. But the rock was not the only one that went for a swim. I accompanied it, having lost my balance. Of course this disturbed me very much. More so because I could not swim at the time and as the water was getting deeper all the time I thought it would be the end of yours truly before long. But as luck would have it (I always am lucky when these things happen) I found a foothold on the bulkhead and gradually pulled myself up to dry land. Of course I was a bit damp after my dip and so I went home and put some comfortable clothes on. I hope I won't have another experience like that.

A11. The Most Exciting Ride I Ever Rode

One day in the summer I decided that I would go for a ride through out the mountain. After lunch I went into the horse stable and picked out the best horse I could find. It was a beautiful back and white horse. I was riding about five miles when an auto on the road turned around and almost hit my horse. The horse got very frightened and started off with a big dash, so that I could not control him. We were running wild until a brave state trooper pimped upon him and stopped him. The trooper helped me home and when we got there my father rewarded the tropper with a hundred dollar gold piece. After that I was not allowed to go upon a horse again.

A12. The Most Exciting Ride I Ever Had

One Friday in camp we decided to go for a truck ride Scowhegin instead of our regular hike to Cannan. When we started out the sun was shining brightly and everyone was happy. When we reached our destination the sky was cloudy, but we thought nothing of it and went on through the village. Then the boys bought things they needed and we went into an ice cream parolor and ate. When we came out it was misting. The driver had put the canvas covering over the truck and we started back eating popcorn and candy. When we were a quarter a mile away from the camp the rain came down in torrents. The truck was going over a bumby road and we were jounced all around. We huddled close together to keep from getting wet but the wind blew the rain in from the back of the truck and we were drenched to the skin. What a ride! When we finally reached camp we took of our clothes to dry.

Luckily nobody caught cold. That was the most exciting ride I ever had.

A13. The Most Exciting Ride I Ever Had

A year and a half ago a friend of my mother took seven children to Palisades Park. We came there very excited and wanted to go on everything. But our money supply was not so big as we would have liked to have it.

We went on the loop-the-loop. This begins the most exciting ride I ever had. We all gave the cashier fifteen cents and she gave us a ticket, which we gave to the collector we went into a circular car, we went slowly up and then all of a sudden. We would swerve around very fast my sister fell off her seat, we all laugh at her, then we went up then down, and around and all different ways, then we went through a tunnel, and came back to the place we started, then we got off and went to the performance they were giving. This ends the most exciting ride I ever had.

A14. The Most Exciting Incident of My Life

During the summer when I was up in the country. We used to go swimming in a big lake, so one time my aunt wanted to swim across this lake. And she swam across the lake and back and she said It was very easy.

A few days after we went swimming again and I wanted to swim across, and my aunt said I could. But I would have to with her. I started across and I was about half way over and I got so tried I could hardly breathe. My aunt told me not to go so fast, I had got to the other side and we rested for a while and started to swim back again.

We were very near shore and I called my aunt and she had to take me in to shore the rest of the way. Because I was so tired. And I told her I would never go across again.

A15. The Most Exciting Ride I Ever Had

One day in the summer when I was in the country and playing I heard a throb of an aeroplane coming nearer and nearer, then I saw it dip and land in a field across the way from where I was playing.

I went over to see who it was, it was my uncle who had come to take me for a ride. We went to my house and my uncle asked my mother if I could go for a ride in his aeroplane, my mother said "yes."

After I got in and the motor started (it sounded like thunder) the ground seemed to disappear. A little later it sounded as though the motor stopped, but my uncle said, "I just put muffler on." There was just a litter noise now and we could talk above the machinery.

We had been in the air about one hour when all of a sudden the motor stopped all together.

We were going down rapidly and I saw my uncle pulling all kinds of levers and at last he started the machinery and we went home.

A16. The Most Exciting Incident of My Life

One day some fellows and I decided to hire a rowboat. We thought this was a good idea as it was a hot summers day. We went down to the dock and hired a rowboat. The old fishermen down there told us not to go out far as there was a storm brewing.

We did not take his advice. After rowing about one hour we looked to see what direction land was. To our astonishment we could not sight land. Just then one of the oars broke. All of a sudden the waves became choppy. We were very much frightened. We were wondering how we would get back.

The clouds became dark and rain began to fall. We were at the mercy of the storm. Lightning flashing the thunder got louder. The rain was coming down in torrents. We were already soked. And very much scared. Just then one of the boys said he thought he heard a noise. A few minutes later a saw a searchlight. I yelled and just then the searchlight played on us. The men saw us we were saved. I told myself when I was home that I would always take the fisherman's advice.

A17. The Most Exciting Thing I Ever Heard

Last night Bob Lawton who was the first mate on the ill fated steamship "Vestris" visited us. My father asked him to describe the sinking, and this is his story.

We left port at 7:15 A. M. Friday morning. The next day one of the stokers discovered that one of the bulkwarks was opened. He reported this to the captain who did not think much of it. That night the vessel began listing at a 45° angle. The captain then sent out an S. O. S. The crew was ordered to man the pumps, but it was too late. The ship listed more, and more. At last the orders were given to don life preservers, and lower the boats. The crew acted in a disgraceful manner by not obeying orders, and not allowing the passengers to enter the boats. There was also many brave acts on the parts of stewards and officers. The crew did not lower the boats correctly and threw many overboard I being among the unlucky ones. After swimming for 12 hours I was picked up by the "Berlin". I later learned that eighty-three people women and children were drowned.

Mr. Lawton concluded his narrative by saying "I do not think disasters on the sea can be much worse the 'Vestris' sinking."

A18. The Most Exciting Ride I Ever Had

It was about in the middle of summer when I went with my brother to Coney Island. The first thing he decided upon was the Thunderbolt. I hearing this grew scared but did not say anything concerning it.

I said, "Why shouldn't we go on some other amusement first." He agreed. We then went on as many amusements as possible and then we went to the thunderbolt, we past the first loop which was not steep. We then came to the second loop which was the steepest of all the loops. I almost fainted by the time we reached the bottom and, from then on I never went on it again.

A19. The Most Exciting Ride, I Ever Had

Once upon a time, when I lived in Porto Rico a movie company went to take a picture whose name I do not remember. They pick EL Morro, San Juan as a good place to take this picture.

I lived in town a few miles from San Juan and as I thought it was very interesting I decided to go. It was very easy to get into a bus that would get you to San Juan but when I reached EL Morro it was not as interesting as I thought it would be. I went over the city and then to the docks to see the ships coming in and going out.

By the time I started out all the people who had gone to see the picture being taken were returning home.

I did not realize how many people were returning home until I tried to get a bus. All were fully and so I decided to take trolley car which never had over ten passengers. This too, were full so I waked about one sixth of the way until I could get a ride by some good natured truck driver. I got the ride in a truck but when I had gone halfway home it turned another way and I had to walk the rest of the way home.

A20. The Most Exciting Thing I Ever Saw

One night as I was riding home from a football game, it was very late and every thing was quiet. I came to a crossroad they both lead to my house I decided to take the right hand road which was the shortest this road passed through cemetary, when I was passing through the cemetary my horse stopped suddenly I could not urge him to move another I heard a sound and looked in the direction of it there I saw leaning against a large white cross a figure a sudden fear crept over me but before long I regained enough courage to walk to the cross when I got there to my amazement there was nobody there just a large piece of newspaper which the wind had blown against the cross when the wind blew hard it caused the paper to flap gently against the cross which produced the sound which I heard.

Time for Rating the 20 Themes: ______ Hours ______ Minutes.

Set B

Name of the Judge: ____________________

B1. The Most Exciting Thing I Ever Saw

I was standing on the steps of the public library at forty-second street on Fifth Avenue with my class waiting to see Lindy. We were standing there for three hours when finally we heard loud cheering. In a larger car was a tall handsome youth of about twenty-four years of age. He had a medal on his chest. Everybody was cheering and throwing confeth. When coming home, I saw more people than every before, all papers estimated the crowd at about six million people. So far Lindbergh is the only person to cross the Atlantic and land at Paris. Today he is a national hero and is going to marry Anna Marrow the United States Embassador to Mexico's daughter.

B2. The Most Exciting Ride I Ever Had

I was eight years old when on a Sunday afternoon my father decided to take us for a ride to Kensico Dam. The night before it had heavily rained so that the roads were very slippery.

It was three o'clock when we passed "The Farm". We turned the curve before us to find another car coming in the oppososite direction. My father jammed the brakes but it skidded into a fence near by. Crash!! Like a snap a suit case crashed through the window. We got to inspect the damage and found that one of the back wheels was crushed to bits. I then went to a little candy store about two miles away and got a towing car.

That ended a nice day. We will never go again unless the road is clear.

B3. The Most Exciting Incident of My Life

One day my mother sent me to the store. When I cross the street I did not look bouth ways. A car came and hit me with the front of the car. It had broken the left hip. I had to go the hosple. I had to stay in the hosple 7 weeks. When I came home I was very weak. After a while I was happy again and look bouth ways befor crossing.

B4. The Most Exciting Ride I Ever Had

One hot July morning as I was walking along the street who should I see. Nobody else then my uncle John. He had come all the way from California with his car. He said he was going to stay in New York for about a month. You can imagine my joy when I heard that.

After two days had elapsed he took me alone and told me he was going to give me an exciting ride. I didn't believe him at first but when he started going sixty and sixty-five miles an hour I did believe him.

After an hours ride we were out on a country road where you could go as many miles as you wished.

Then he started going about seventy to eighty miles and running in an out of curves. All of a sudden I saw a cloud far back behind us and I told my uncle that it was getting nearer and nearer, but he said not to worry it probably was another car that carved speed.

About five minutes elapsed and I looked back again and there I could see plain as anything a motorcycle cop shooting at our tires. But his bullets did not even touch the tires. My uncle started going faster and faster until we hit ninety eight miles and pretty soon made one hundred the limit.

After an hours wild goose chase we came to city limits again and had to slow down. My uncle went in and out around corners and autos and pretty soon the cop lost us and gave up the chase.

When we got home you can imagine what a long story I had to tell my parents.

B5. The Most Exciting Ride I Ever Had

Up in the country our house was four miles from the village and it was snowing. The streets were icey. This was about eight o'clock in the morning just about when the mailman comes around to collect mail. He had an old Ford. I ask him would he take me down to the village.

He let me sit in the back where there was no cover over the back. I sat back there but I didn't like it. The car began to move it began going fast we went going around the turns he skid and went right into a ditch and a few packages fell on me. We got it out of the ditch. Then I sat up front. He began skinning around the lamp post and I finally ended up in the post office.

B6. My Most Exciting Ride

Last summer my brother and I took a trip through the west. About the most interesting part of our travels was stay at Lake Louise, in Canada. Here, each day, we took twenty-mile hikes, climbing up many high mountain peaks.

There was one time that we were ascending a rather difficult trail when I came very near to losing my life. The grade was so steep on this mountain that we could only progress by using hands and feet. At last I came to an impasse, the only means of continuing being by crossing a patch of ice and snow that lay in this hollow. Digging my heels into its surface I attempted to make this crossing but slipped and started sliding down the mountainside, rolling and twisting on the ice. As the grade was so steep I could mot stop myself but tore rapidly down the incline.

At the bottom of this gully was a precipice, about four hundred feet high. Rolling over and over on this slab of ice, I finally managed to stop myself at a slight bend. In front of me, just a little further on, lay this drop, and I assured myself that falling down that distance—landing on rock—would not be exactly comfortable.

B7. The Most Exciting Incident of My Life

The most exciting incident in my life, was, when I was five years old. My friend and I was in the park. He was supposed to call men and I was to run to him. I was in a ditch and there was a lot of broken glass around it. Then my friend called me and I started to run. I didn't see a stub out of the ground. All of a sudden I fell on a piece of glass and the glass went into my knee. The cut was about two inches. Luckly I had handkerchief with me and I tied it around my knee and we went home. My mother doctored the cut up and in a few minutes it stoped bleeding.

B8. The Most Exciting Incident of My Life

One day while some friends and myself was going for a ride this was on Sunday afternoon we were going on a picnic we stoped it was a sonny day in the forests we ate lunch then we went to the forests and played games all of a sudden just as I was going to throw the ball I saw a poisonous snake.

He was coiled up in a throng, and I called my friend to my side but just as they started to walk the snake was walking around Fred one of my chums so took my axe and was just going to strike it, when the snake was going to bite Fred, so I let the axe down up on his head. So that was the end of the snake and you bet. Fred said for saving his life. Then we went home and had lots of fun I told my mother about the story.

B9. The Most Exciting Ride I Ever Had

One winter day my brothers and sisters and I went sleigh riding. That day the snow was very deep. But the rode was nice and slippery. So we hitched up the horses and went very fast. We were all bundled up so we wouldn't get cold. When we were about six miles out of town, the horses went so swift that we all fell off except my brother that was driving. We all got up and started to run. But we got so tired we couldn't catch the sleigh.

Then my brother Joe stopped the horses and we all got on again. We all had a jolly time in the snow, and riding on the sled.

B10. The Most Exciting Thing I Ever Saw

One day when I was playing ball, a boy came crossing a street an a automobile came up a one way street and he didn't look both ways. He only looked the way that wasn't a one way street.

Then it came my chance again I heard an offel screen an I turned around an I saw an offel crowd so I went over there and I saw blood all over the boys nose and I asked some girl. What was the matter? And she said that the boy had a broken nose.

So they took him to the hosiple and he couldn't come home for a long time it was on a Sunday When he was getting out but before he did get out they had to get his Sunday close. And a few days after he could go down the street an play.

B11. The Most Exciting Ride I Ever Had

I went to Coney Iland last year when it was open. My grandfather and I saw a sign which said a nice ride only a nickel, I was very afraid to go on them high shoot the shoots, for I always think im going to tip over.

But my grandfather likes them and said that don't be afraid, and I went on it.

But when i got on it I sure did want to get off.

I had my head under my grandfathers arm, and my legs up in the air, and I was kicking and swerming.

When I got off I was so dizzy that when I looked at my grandfather I thought what happened for instead one I saw two grandfathers. I sure had an exciting ride.

B12. The Most Exciting Ride I Ever Had

I will always vividly remember the first aereoplane ride I had in Canada in 1921. it was thrilling experience.

That summer I was up at Big Win Inn in Canada. It was a beautiful place situated on a lake. It was on this lake that one day a hydroplane arrived. It belonged to Bishop the famous Canadian ace, and Barker, another of Canada's best. It was Barker that was driving this red plane. He landed on the lake and glided up to the wharf. There he tied up, and people began to inspect the plane. At last five were ready to go up, and the Canadian pilot flew off. It was really a beautiful sight, and it was the first time that I had been close enough to an aereoplane to touch it. My father and I decided to go up, so the next time the plane landed, we went forward to get a ride. We were handed a helmet and a pair of flying goggles.

We climbed in over the nose of the ship and took our seats. Barker started the motor, and slowly we glided off. The boat stayed on the water for a little distance and then slowly lifted. It skimmed over the surface at the height of five or ten feet. Gradually it rose to the hight of three thousand feet.

The plane banked over the woods and the trees seemed like blades of grass. The ship flew over a hotel and small village across the lake. The little colony looked like a doll's village. The water below looked like a piece of glass.

Slowly Barker brought the ship down to the water's edge and glided gracefully to the wharf. The most exciting ride that I had ever had was over.

B13. The Most Exciting Ride I Ever Had

It was last summer when I had this exciting ride. I was in a Fakker monoplane at curtis field when the motor started. Their were no blocks in front of the wheels so the airplane started to go across the field.

The aeoplane was going around in circles. I was trying everything to stop the plane. Then I looked out and I saw a aumblance coming. I hoped I would not crash into it. The airplane started to lift of the ground a little when I pulled a control which stopped the motor I never rememberd which one it was.

The airplane was rooling on the ground and hit a hanger. I was knocked unconious. When I woke up I found out that the propler was only broken, I guess the doctor from the aumblance was cheated from a patient to sew up.

B14. The Most Exciting Ride I Ever Had

Once when I was out West, I rode my first horse I got in the saddle and the horse gapelg like wind over stones and shrubs of grass the horse galapd back and duped me into a catos I will never forget that ride.

B15. My Most Exciting Ride

The little engine clattered along the wooded tracks. The road-bed of the rail-way went right thru the woods in back of Lakehurst New Jersey where the dirigible hangars are. The engine was racing against a forest fire to reach the hangar so that the field assistants could move all the gasoline drums before the fire reached the edges of the field. The ire, of course, could not cross the field, but a gas explosion could easily ignite the hangar.

I worked intensely passing coal as the little engine worked thru the woods. The air was filled with the smell of burning wood and the fire, aided by a high wind was rapidly catching us. We drove steadily onwards, but suddenly to our dismay, a roaring wall of red and yellow fire leaped across the narrow roadbed. The engineer with a shout of "Hold tight" drove right into the midst of the moving Inferno. I felt my skin tighten and the hair of my eyebrows and head crinkle under the intense heat. Tongues of flame licked greedily the brave little engine. After an Eternity we reached fresh air. Our tortured lungs gulfed down mouthfuls of the precious atmosphere.

We at length reached Lakehurst and succeeded in warning them there the wild ride had saved Uncle Sam a great pecuniary and human loss.

B16. The Most Exciting Incident of My Life

One day about a year ago I was camped near a little town in New York State.

One night I heard a shot in the distance. After putting my coat on I ran toward the place where I had heard the shot. When I got there I found two hunters who said they had fired a bear. They asked me if I would join them in their hunt I consented and all three of us started running toward the bear. After we had caught up with him we hid in a cave thinking he couldn't see us and we could shoot at him. All of a sudden we heard a great noise in the back of the cave we saw that about five bears were coming toward us. Without pausing a moment we ran towards my camp and got into the cabin just in time to escape being killed by the bears.

The next morning the two hunters returned to their own camp. I have never seen the bears again.

B17. The Most Exciting Incident of My Life

One day when I was with my girl friends down the park so I went on the spideing poon two or three times. Then we were going home I said I'll have one more slide and well go so when I was going down the slideing poon I got down and I cauldn't hold my balance so I fell on my hand and when I got up a lady came up to me what happened. So I told her what happened so she looked at my hand and she said to me you broke your hand so I went home.

B18. The Most Exciting Ride I Ever Had

I had lived in New York all my life, and I thought that in New York you could always find about the best and the worst of everything.

Last year I had the pleasure of going to Italy, and there I soon found something that was worse than anything we had in New York, that was the taxi.

We had sailed directly from New York to Italy, and Naples was the first place we landed. We got a taxi, which happened to be a "Lancia", and I soon found out that it could go so fast it would make any New York taxi blush for shame.

We went up to the top of some hill on the edge of the city and got a wonderful view of Mount Vesuvius from there. All this had been well and good, as the taxi had not had a chance to get going, because it was up hill all the way, but on the way down the driver certainly made up for lost time. We went around corners on about half a wheel, and at one corner nearly cut off the toes of a man who happened to be sitting on the curb with the feet in the gutter.

All this was all right, but then the driver started going to the left of trolley cars and push carts, and passing on the wrong side of automobiles and missing two or three people by about half an inch every now and then.

Finally we came to a stop, after I had visions of being in the hospital for about six months, and I want to say, that I never was more thankful to step back on the good old "terra firma" then I was then.

B19. The Most Exciting Ride I Ever Had

Four girls and one lady were having a very exciting time. The lady who was my mother was trying to drive and the girls were trying to stop her from doing so. They were full of fun. I was trying to get me book out to see how to get to Kingstone N. Y. But the girls were having too much fun they didn't care if we got there or not. Well, finally Mother said let's stop and have lunch and they all let out a whoop and the lunch box went down the hill and into the lake. That was that! The girls quieted down after that and we were all very hungry when we arrived in Kingstone at 6:30 o'clock and we ate all we could eat and then some more. The girls and mother all went to bed and I went too. We all laughed the next day when we thought of the lost lunch which had been so sadly lost the day before.

B20. The Most Exciting Ride I Ever Had

"Get the biggest thrill of your life folks! Don't miss it—only twenty-five cents—one quarter—for the fastest, steepest, and best ride on earth!" It was a hot summer's day at Old Orchard Beach in Marine. The camp had come over for the day and was wandering at large among the various amusements. I had never been to any park like this and was reveling in the glamour of it all. Above the boisterous tumult this promise attracted our attention. Turning around toward the direction from where it came, we perceived an enormous wooden construction supporting a snake-like track which swerved here and there and then at an alarming angle dropped a number of feet to climb immediately up a similar slope only to repeat similar manoeuvres.

"Let's take a try at this," I suggested.

"O. K.," was the cheery response.

We secured our tickets and took our seats in the car. Our grins were partially wiped out by the attendant who strapped us to our seats, and disappeared completely at a sign which stated, "Hold fast to the seats. Do not stand up." With somewhat of a sinking feeling we felt the car get under way and saw a steep incline looming up in front of us.

A rapid ascent jammed us way back in our seats, and a sharp curve threw me against the side with Eddie's bulk against me. A short drop, wild lurch to the side and we were tearing up an even steeper grade than the first. Then followed an awful sensation, akin to that of balancing at the brink of a deep chasm, and we started on the ninety foot drop. The wind rushed by; the velocity was so great that we were about two inches above our seats, straining at the belts, and clinging frantically to the bars in front of us.

In this predicament we saw straight ahead of us the cross beams of the framework. A woman screamed. It looked inevitable that we would shatter against it. Now we were right up upon it; we covered our eyes with our hands to protect them and in a split second we were rolling up to the platform.

Weakly we got up and staggered out of the enclosure.

"Gee—that was great," Eddie said shakily.

"Dam right," I ascented.

Time for Rating the 20 Themes: ______ Hours ______ Minutes.

Set C

Name of the Judge: ____________________

C1. A Narrow Escape

While coming home the park one day, I noticed that while the whole day, the weather was fair, it was getting cloudy. I quickend my pace and reached home just as the first drops were coming down. As I came into the house my sister came to me and said that I was to go to the drug store and get some iodine as my mother had cut herself.

By now the rain outside was heavy and I saw and heard thunder and lightning. I put my raincoat on and went outside. Every thing went well until I was just a block away from home. I had been running all the way and now I quichend my pace. The next moment a flash of lightning struck a stone about a foot way and smashed it to bits. I got home safely after that.

C2. A Mystery

One day Tom and I were going down to the river to have some fun, padding a raft, we had hidden in the rocks.

We arrived to our destination only to find that our raft was gone, we started to look for it but in vain, there was no sight of the raft to be seen.

We went home that morning and had some lunch, we came down to the river again that day, in the afternoon to see if we could find our raft, but the raft was not to be found, my friend then said to me, let us search among the rocks again, we did and we hardly had time to open and close our eyes than their was the raft. We then found out that the ride was low, and that we could hide other things beside the raft at certain times of the day.

C3. The Ghost

One day as I was driving along a lonely road I saw a cemetery. I drove my horse near to it and saw a long, white figure on the ground.

All of a sudden my horse turned around and I fell out of the carriage. When I got up I saw my horse running away. I walked a little nearer to the cemetery and saw the figure move. My knee's shook beneath me, and my hair stood on end. I started running as fast as I could away from it.

The next morning my courage had returned, and I went back to the cemetery to see what had frightened me so terribly. When I was near the cemetery I looked and to my surprise I saw a long, white rag which I thought had been a ghost. What made it move was the wind blowing it over.

C4. The Captain's Story

Five years ago when I was captain on the American frigate the "Constitution" we were sailing for Tripoli, to defend the United States. One morning early we received a message that the "Philidelphia" had been seized by the pirates. The "Philidephia" was a large American frigate. One evening as we were nearing the Harbor of Tripoli we came on a small pirate boat. After an hour of fighting we captured the boat. Stephen Decator a young officer on the "Constitution" said that we would never be able to enter the habor of Tripoli. Because the pirates would use the "Philidephia" against us. So one night, Decator slipped into the harbor in a little boat. And burnt the "Philidephia". Without losing a man.

The next day the "Constitution" sailed into Tripili. After a terrible battle we catpured Tripoli. The pirates were almost helpless against our frigate. She had iron sides. That is why she was called "Old Ironsidesw". The seas were free from pirates ever after.

C5. An Experience at Camp

Last year, I went up to camp in the Green Mountain of New Hampshire. I had gone up there with my Boy Scout troop. We had a fine time, we were swimming every day. The camp was situated near a lake.

One day there was some new boys sent up to the camp. The scoutmaster soon taught them how to swim except one boy. He was very nervous and could not make much headway.

The next to the last day at camp several of us went out in a rowboat fishing we were quite far from shore when a storm came up the boat started rocking from one side to the other. This boy that did not know how to swim was thrown over board. Immediately I shed my clothes and jumped overboard after. I just caught him as he was going down for the last time and brought him to the boat. I was given a gold medal for heroism by the scoutmaster.

C6. Meeting My Cousin at the Train

The train rolled into the station and I ran towards it to meet my cousin Mary. We had never met before but I was sure I could pick her out by the way she dress. Because she was from the country.

Running towards a homely looking girl I politly introduce myself, telling her that I was her cousin and was sent to meet her at the station. She look at me with surprise in her eyes and said that I must have the wrong party.

I went home and find that my cousin was already there and she dressed better than any city girl.

C7. Commander Byrd's Adventures

When Commander Byrd was only twelve years old, his mother let him travel around the world by himself. When he got to Japan, there was a typhoon, and he just narrowly escaped with his life. When he got to the Phillepens, there was a native revolt, and again he got away without any injury. When he got to India all the people were robbing and killing each other, and again he got away.

When he got home he went to Annopolis, and he got his diploma. He wanted to enter the navy but they would not accept him, because he was injured in a fall that he had.

He then took up aviation and was very successful.

During the world war he went to Canada, to train the men who were to fight in France.

Time past, and then he planned to fly over the North Pole, in which he accomplished.

In 1927, he and four other men flew over the atlantic, and his plane had engine trouble, and it dropped in the atlantic, only a few hundred yards from France, and by his good judgment he saved the four other men and himself.

He is now exploring the South Pole region, and he hopes to discover scientific things, and he also expects to discover the South Pole. We also wish him the best of luck on his new trip.

C8. The Important Corporal

During the Revolutionary war, a band of soldiers under the supervision of a corporal, were endeavoring to hoist a log on the top of their fortification which they were repairing. The weight of the log was beyond their strength. But kept on, but still it was almost imposible for them to lift. The corporal did not give any help except by saying, "Heavy away, there she is. Heave Ho."

An officer in plain clothing happened to be passing by and said, "Why don't you help your men?" at these words the corporal turned around with the pomp of an emporer and said, "Sir, I am a corporal." The stranger excused himself and told him that he was not aware of the fact that he was a corporal.

The stranger took off his coat and tugged until the sweater rolled down his cheek. When the work was finished he turned to the "Little, Big Corporal" and said, " If ever you have such logs to lift call your commander in chief. "

The corporal was thunderstruck it was Washington.

C9. An Exciting Experience

One day last summer when I was at a scout camp the scout master said he would teach me to swim. I told him I would like to know how but I was afraid I would drown. He said I would be safe so I said I would try.

I stood on the end of the bank thinking whether to jump in or not when from in back of me I received a hard push. I landed in the water on my stomack and I began to struggle and try to hold myself up. I called for help but the scout master stood on the bank and laughed at me when all of a sudden my foot struck something it was the ground. I found out I could stand up in the water and then I knew why the scout master laughed at me when I called for help. It was a good joke on me. Since that day the scout master taught me how to swim and how I can swim fairly well.

C10. A Night Adventure

One night not so along ago I got out of bed to go downstairs for a drink.

Being quite late, I should say about half past twelve, the objects about me were very dim and I stumbled several times. But I finally got my drink and had just about gotten to the stairs when I saw, or thought I saw, a tall black object move. Of course I didn't know what to think so I stayed for some more, but when I heard three successive groans from the same place I didn't wait for more, I ran up the stairs faster than I ever did, shut the door in my room and went to bed.

With morning my courage came back and I hurriedly got dressed to go downstairs to see the dreadful apparition. Imagine my surprise to find that the terrifying object that I had seen was only a pine tree. The sounds, I suppose, came from the wind blowing through the trees.

C11. An Experience in the Cattskill Mts

One day in the summer some fellows and I decided to go on a hike. We were to hike about ten miles. We started out and I was to be leader. The first thing I told the fellows we were going to examine the trees, flowers etc. we walked and walked until what did we see, a snake the size of the snake was about two feet. I noticed the fellows that if we should see any snakes the first thing to do is pick up a rock. We then picked up a rock and struck the snake three times until he could not move. After that we took out our blades and skinned it. It was getting very dark so I told the fellows that we would go home. The fellows all agreed to it so we walk and walked until we were out of the mountain. We then separated and went to our houses.

C12. A Very Rainy Day

One day while I was in a camp this summer the rain came down in torrents, in a short time the rain changed to hail that was twice the size of camphire balls. It was rest hour of that time and we were in our stocking feet reading or telling stories. All of a sudden the door blew open and all the hail and rain came in. Nobody could close the door because the bank was two inches deep in water. Finally a counciler came in and closed the door. A bay stuck his head out of the windo and promptly withdrew it because the hail was pounding on his head like sledge hammars. Then we new enough to put on our rain hats and coats. We then rooked around the camp two of the tents were nocked down and a tree was blew over and crushed a third one.

The lake was a very bad sight for anyone who got dizzy for it was tossing around as fast as it know how. After that we were content to stay in for the rest of the day.

C13. My Adventures on Washingtons Birthday

On Washingtons Birthday I had a very exciting time. I went sleigh-riding with some friends of mine, we went ever so fast, and when we came to bump we would go up about six inches off the ground. This we did over and over again. After a while we went inside the fence to have a snowball fight, we both fought equally well, and after a while the other side thought they would charge us but we kept them back.

After that we went sleigh-riding again, and would hurt ourselves some times when we fell off the sled, some fellows took two pieces of wood, and put them on their feet as skyes. They would go down the hill, and fall down ever so many times, but they would get up and laugh heartily, we then went sleigh-riding again, at 5 o'clock we went home. That ends my adventures for Washingtons Birthday.

C14. Abraham Lincoln

Abraham Lincoln was born in a little log cabin in Kentucky. When he was about the age of twelve he borrowed a book from some man he knew, and that night when he went to bed he laid the book on the shelf. The next morning when he got up the book was all wet. So Abraham Lincoln went to the man's house and apologized to him, and told him he would save up his pennies and buy another one.

Abraham grew to about the age of 28 and he became a store keeper.

One time a lady bought some thing and after she was gone he noticed that he gave her the wrong change. So that day he walked five miles to return the rest of her change and because he was so honest, that the people called him honest Abe.

And a few years later he became the president of the United States.

C15. Going Hunting

An automobile was coming along a country road, one day, when the chauffeur of the car saw a farmer with a gun on his shoulder and a sick looking dog behind him. The chauffeur blew his horn but the dog never budged until the car hit him and then he did not move either. The man who owned the car got out and said to the farmer.

"Is that your dog?"

"Yes."

"Very valuable?"

"No."

"Will five dollars pay for him?"

"Yes."

"Sorry I spoiled your hunting trip?"

"I wasn't going hunting."

"Not going hunting. Where were you going?"

"Down to the creek to short the dog."

C16. A Fire

One morning when I awoke I saw some flashes in the front room. Deciding to investigate I got up. When I reached the room I saw to my astonishment an electric wire on fire.

I became confused but I had sense enough to call my father. He awoke and after a few minutes he told me to ring the fire alarm. I ran down as fast as my legs could carry me.

After ringing the alarm, and going upstairs to my astonishment was my father getting dirt out a flower pot. When he threw the dirt on the fire it went hissing out. A few minutes after the fire had gone out the fire engines came. They looked it over and the chief told us again to put the electric lamps the way we had them. The only damage the fire did was to burn the floor a little. After everybody had gone to bed again exhausted and shaky.

C17. My Trip to Montgomery

Last year my father, and I took a trip down south. We visited many cities, the chief ones being Montgomery Ala., Memphis, and Chattanooga Teen., New Orleons La., and Miama Fla.

We stayed two weeks in Montgomery where we visited the Alabama State Penitentiary. It is called Kilby Prison. Most of its inmates are negroes who committed various crimes. We then went to the mayor's office, the beautiful suburbs, the newspaper office, and surrounding towns. In the afternoon we explored the interior of the Alabama State Capitol. It was the first capitol of the Confederacy, and has many flags, uniforms, guns and other things used in the Civil War in it. My trip to Montgomery was not only interesting, but it was educational as I also visited museums, schools, and places of interest.

C18. The Haunted House

Tom and myself thought that we would go out to the woods. We were hiking about ten hours when the sun was about to go down. We saw an old hut which was desolated. We thought we would go in and see what it looked like. It was dark inside so Tom light a match. We saw a box which was half way open. We went over to see what was in it, and to our surprise we saw a revolver rapped up in a hankerchief. Tom and I starred at each other in a frightful way. We were just about to run when we heard a voice coming out of a room behind us. We stopped and turned around and we saw a man with a bag in his hand. He warned us not to say anything or he would kill us. We said, " We would not say a word. "

We started to run away as fast as our feet could carry us. The first place we went was to the police station and told them all that happened. They went right away to this place, and they caught this man which was a famous thief and we received a reward of two thousand five hundred dollars ($2,500) a piece.

C19. Mothership with Dogs

Once, my dog gave to light a pup which died a few minutes after he was born. My dog cared for the pup as if he were alive but finally she gave him up as dead.

When I found out that the pup was dead I decided to bury him in a distant area of land that was not used. When I carried the dead pup away the mother dog followed me. I tied her to a pole and buried the pup and when I came back I released the mother dog.

Sometime after I saw my dog carrying the dead pup in his mouth and taking him into her dog house. Then I saw that my dog was decided to keep her son even if he were dead, so I had to throw the corpse into the sea.

C20. The Exploring Trip

Captain tamper and his mechanic were about to start on an exploring trip to Greenland in an areoplane, they were plying over a dense forest when a sudden fog descended they were almost out of gasoline and had to land. But where? If they landed in the forest it was sure death. As soon as fog decend so it lifted now they were out of gasoline he had to land he glided the plane down skillfully till he was about fifty feet above the lowest treetop, then he lost control and all he heard was a crash when he woke up, his mechanic was bending over him putting water on his forehead. They did not know where they were and the campass in the plane was broken when they crashed. They were walking about the forest when Ramper heard the drone of an airplane overhead, the airplane was flying low, they tore of their already tattered shirts and started waving them. The man in the airplane saw them and a few days later they were rescued. The exploring trip was unsuccessful.

Times for Rating the 20 Themes: ______ Hours ______ Minutes.

Set D

Name of the Judge: ____________________

D1. One Night's Experience

When we left camp to go out on a hike we were warned of a storm. We wanted to get some mail and candy from town so we ignored the warning.

When leaving the town it suddenly grew very dark and started to rain. We ran down the road to an abanded laundry. Once in side we built a fire, and had something to eat. Than we started to explore the rooms of the laundry. We went up one flight of stairs and turned down a long narrow hall, then entered a big dark room. We had not bought any light with us so we could not see. In one corner was a large white form about nine feet tall, waving in the dark. One look was enough we returned and fled down the stairs and ran all the way to camp. Some days later we past the house and saw the long white form was a sheet on a dryoing rack.

D2. An Unexcusable Blunder

"Aunt Polly is coming home today," my brother said. A few hours later, the transatlantic Majestic docked carrying hundreds of passengers, among them my aunt. I was to meet the dock at two o'clock.

At last the hour arrived! The huge ship let down her gangplank and a stream of people poured onto the dock. Among them was a lady who greatly resembled my aunt. I ran up in back of her and threw my hands over her eyes. "Guess who is it." After guessing a few times she said, "I don't know." I let go and she turned around. "Who are you," she asked. Then I saw it was not my aunt. "Ex-ex-cu-cuse m-m-e," I stammered, "I mistook you for my aunt." "Why certainly I will." I then went my way and soon found my real aunt.

When I told my story at home, a general laugh was heard all round. Next time I shall be more careful in tell someone from another.

D3. The Lion and the Mouse

One day a lion was den asleep. After a while a mouse ran into the lion's mouth. The lion was going to eat the mouse but the mouse beg him to let him go. The lion grant the mouse and the mouse said, I will repay you when you are in trouple. But the lion orly lauft, and rord.

Severl mounth aften the lion was caught he a trap. It happen that the mouse was passing by. So the mouse gnaw the rope and the lion was free. Little creature can to great things.

D4. A Cry for Help

One day while I was walking down the street and was going to turn the comer a big ball and thin man came running down the street. Many people were running behind him yelling, Thief! Stop thief! He was coming with such rapidity that I had no time to get out od his way and was knocked down. When I came to, again the people, and the thief, were about two blocks distance away from me.

I got up and started running with the crowd people. When I did reach them they had caught the thief and I was all puffed out. The officers took him to the Station house and there he told his story. The story he told ran thus; —I went to a rich ladies house. Because I knew that her husband was out and that most of the servants were off. I knocked at the door and she asked me who had knocked. I told her that it was her husband and she opened the door. Once the door was open I pushed her aside and ran were I knew she kept her jewels. While I was busy getting the jewels she was busy calling for help. When I got to the door and was going away I was confronted by a large crowd and a few policemen. I started running up the roof and ran and jumped from roof to roof until I got away safe. But while the police were following me on the roofs the people were following on the street. When I got down and they recognized me they raised up the cry and started running after me. I was running for about half an hour until the officers caught me and here I am. My name is John Bluebeard.

He was sentenced for 10 yrs. When he got out of the prison he was never heard of or seen again.

D5. Lindburg Cross the Atlantic

Lindburg was to be given $25,000 if he would cross the Atlantic Ocean. It was from St. Louise In the mean time Lindburg was at San Diago with his plane. His plane was named The Spirt of St. Louise.

He flew from San Diago to St. Louise and from St. Louise to Yew York. When the news was in the paper about him going to cross the ocean. The called him the flying fool.

So on may 21Capt Lindburg hop in his little plane and hop off from Rooservelt field and land in France. It took him thirty three and one half hours. He was praised in every country and given medals. He also was promotored from Captain to Col. Just a little while ago he blazed a trail from Flo to Pamman. After that he took his Crash.

D6. Paradise Lost

The subject matter of "Paradise Lost" (Milton) deals with man's first disobedience, and, as a result, the loss of Eden. The poem tells the Satan's revolt in heaven and his subsequent banishment to hell. To revenge himself, Satan attempts the fall of a man, and thus Eden is lost. He does this by tempting Adam, but is, as punishment, changed into a serpent.

In the commencement of the book we are first informed about the account of Satan and his rebellious angel hosts. Satan, filled with envy against the Son of God, who has succeeded him as God's right hand, thinks himself belittled.

"Deep malice thence conceiving, and disdain." So he gathers together one third of heavens angles, with the object of rebelling, but is defeated and ignominiously driven to hell, his future abode, accompanied by all his defeated hosts.

After informing us what has happened until their defeat, Milton tells us of Satan's experiences in hell. Satan calls together his officers and generals who flock to his standards and meet in the newly-erected castle of Satan, called Pandemonium.

At this meeting some suggest peace, others war, but it is decided to seek this new world, about to be created by God, and strike through man. Satan is selected to undertake this perilous journey. The beginning of his traveling completes the Second Book.

D7. An Anecdote on Lincoln

Once Lincoln was working in a grocery store. A Lady came in and bought some things. The lady paid her bill and Lincoln gave her change back. After the lady had gone, he looked over the ladys bill. He found out that he did not give her the right change. He closed up the store and went out. He asked many people wether they new the lady. After asking many people he found out that she lived five miles away. There wasn't any bus in cite so he walked. When he got there he nocked on the door. The lady answered the door. She asked what he wanted. He told her that he didn't her the right change and saying that he took forth some money and gave it to her. She said for being so honest you could keep the money.

D8. A Dangerous Expedition

When I was in the country I joined the Boy Rangers' we had lots of fun we had games. Swimming and many other activities one day while I was out in the woods with a friend I happened to hear a gorowl some kind of an animal, I was scared, I walked on all of a sudon I saw a big bear trying to kill one of a Scouts, so I held my revolver in my hand and shot at the bear.

When the bear heard the shot he started to run away and I came over to my comrade, I gave him first aid. He thanked me for saving his life we went back to camp and had fun the rest of the day me and my friend Fred Retired for bed and the week passed everybody had fun the next few months passed and at last all the boy Rangers had a parade and then we went home.

D9. A True Story

One day my sister and I went into the woods to pick flowers. We had a quite of a bunch already, but we wanted to pick some more. Then all at once we saw something in the distance, so we thought we would go closer because we weren't afraid. Bur when we came quite close we were very much frightened, so we started to run for our way home.

When we got home, I asked my brother if he would come along with us into the woods to see if we could find out what it was. So my brother came along with us. But when we got into the woods we couldn't find it. Then we walked a little further to find it. Then my sister said, "there it is." So my brother went close to it and he found out it was only my father's jacket hanging on a stump.

D10. The Boy and His Hat

One day when a boy was going to school. He said. Mama do you know where my hat is. And his mother said no I haven't seen your hat all day. He said he has looked all over the house and cannot find it. Just as he was thinking as he was thinking he just thought of himself playing in the garden where the apple tree was. So he went out to look for it. Guess where it was? It was on top of the apple tree. And the boy climbed up the apple tree to get his hat and he ran as fast as he could to school.

D11. My Dream

One night I dreamed that I was walking down the street when suddenly someone caught me and said that I would never see my mother again, I started to cry and I felt so sad that I did not know what to do.

And suddenly I heard a noise and I was just about to open the door when my mother said Mildred get up, its time to go to school.

And another night I was wishing I had a ring that whenever I asked for something I would get it.

The next morning we had a test in arithmetic, and I was getting everyone right when I came to the last one I got stuck in the examble and could not get it.

Suddenly, I felt something on my finger and look down.

To my surprise I found a little ring on my finger, I got a 100% in Arith.

D12. The Indoor Finals

"This match is between Mr. Jean Borotra of France, and Mr. Frank T. Hunter of New York, for the National Indoor Lawn Tennis Singles Championship. Linesmen ready? Players ready? Mr. Borotra serving. Play!" so spoke the head referee at the Championship matches, which were played at the 7th Regiment Armory, Borotra adjusted his bret for his third and last assault on the present championship cup. Borotra had first won the cup in 1925. The next year his teammate, Lacoste won the trophy. In 1927, Borotra repeated. Last rear Bill Aydelotte, formerly of Horace Mann, won the trophy. This year only Hunter stood between the Bounding Basque and the conveted cup. How similar was the situation last summer, when the same Hunter stood with his back to the wall at Forest Hills, and repulsed the same Borotra. The French invasion was too much for Hunter, and he fell in the final roun against Cochet. Would he fall now? hunter dropped the first set 6-4. It wasn't very exciting. The second set went to the Basque 6-0. So had gone the second set at Forest Hills. But this was indoor tennis, and it is a much faster game Hunter rallied and won the next set 6-4. The players trotted off the court. Borotra was obviously tired, and was thoroughly rubbed down.

The fourth set was an up and down match until Borotra deuced it at 4-4. Then Hunter went ahead a game only to have the set deuced at 5-5. from then on Borotra smashed his way to the set at 8-6, and the permanent possession of the cup.

In the dressing room after the match, the scene was jovial. Hunter had not yet come in and Borotra was taking a shower. The trophy was a beautiful silver saliver. It was mounted on a solid, heavy, wooden tray on which was enscribed the names of the previous winners. Hunter came in and started dressing for the Doubles Championship Match which he and Bill Tilden were playing against Borotra and Washburn. Borotra meandered in and lay down for a massage.

"That was a good game, Frank." said the Bounding Basque.

"You had the match won twice Jean. That one time the ball was only about an inch out. I almost won the set once, too."

Borotra was being rubbed. "Ah! Not so much, Andrew. I had too much of that before. Do you want a massage, Frank."

"I have told Watson (his doubles partner) that I would't go after a ball. I won't even take the balls that go out."

"That's all right." returned Hunter. "I told Bill Tiden the same thing."

This did not seem like the dressing room of the two men who had just been fighting for a championship and were about to scrap for another.

"That was awfully nice of you to let me win the trophy, Frank. I don't think I will ever be able to try for it again."

Hunter was thru changing so he walked upstairs. Borotra was soon ready and so the doubles match was on. It was uninteresting and was won by Tilden and Hunter.

So was the end of the Tournament, and a new cup will have to be put in play to follow the old one.

D13. The Graveyard Ghost

One night when I was riding home from the theater my horse stopped. I coaxed him along but he refused to move. I looked to the side of the road and I saw why the horse would not go.

Their was a large ghost in front of me. I was to frightened to move. Then the wind blew and the ghost disappeared. I jumped into the wagon and the horse started to run. I soon got him to a trot and I arrived safely dome.

That night I just was dreaming of that ghost. In the morning I went down the road and their to my surprise I saw what I thought was a ghost last night. In the cemetry was a derrick covered with canvas which they use to lay tombstones with.

D14. The Whale Boat

Once when I was on a boat I saw a boat which had a big whale on it. The men said they had caught it on the shore near the beach they were takeng it to the other shore. To have the oil taking out of it the men said it was a pruce whale the head contaned the spruce oil.

D15. Seen in the Subway

A young man sat in the corner seat, his hard young face half-hidden by a cloth cap. His garb was that of a laborer, the rough clothes going ill with the white hands and face. The train drew up with a clashing rattle, the doors opened and a richly dressed woman stepped into the car. The young man appeared not to see her, but she started back with a strange expression on her face. She crossed over and sat down next to the man. She began to talk to him, she seemed to be pleading with him, he remaining steadfast. She renewed her impassioned plea and seemed to be moving the young man. He however snapped up straight in his seat at an offer of hers and started to talk. She seemed to crumple up gradually and lose her poise. The train pulled up short and the woman walked to the door. The young man slumped down in his seat and began to read.

D16. The Captain's Story

I was once on a ship in the middle of the ocean it was a dark night and very stormy. All of a sudden a great wave came and the water rolled up on our ship. A little while later another big wave came and tipped the ship over. All through the night we had to cling on any part of the ship we could get our hands on. Many of the sailors were swallowed up by the big waves.

In the morning when I looked around I noticed that very few men were still above the water. After a few hours a ship came in sight it was coming very fast towrad us. When the ship reached us there were only four men left on the surface of the water out of fifty men who had been on the vessel before the storm. The four of us got on the ship and were praised by the captain for keeping alive through the night. We landed safely in New York after a weeks sailing over calm waters.

D17. The Girl Got Run Over

Once when I was walking I saw a girl with rollerskates. And I gas she wanted to go faster so she put her hands on large truck and the truck happened to go back and the girl slipped under the truck and so the wheels went wright on top of her. And everybody called for the ambullens and before the ambullens came the poor girl was dead.

So that's why my mother will never by me rollerskates and I will never ask my mother to by me rollerskates.

D18. The Modern Pegasus

There it stands, the greyhound of the rails—low, sleek and powerful, tuned to the highest perfection as a race horse. Now the engineer is going over the movable parts, oiling and inspecting each, seeing that it is in perfect shape as a trainer goes over his horse before the race.

Soon, at a signal from the conductor, the locomotive will start the long row of cars moving through the yards.

Out in the country, it weaves its way through the valleys, and along side the streams, as a snake winds its way through the grass and the underbrush. Every now and then a whistle is emitted from this steaming monster, like the occasional caw of a crow flying overhead.

No longer does this greedy steam-eating apparatus stop to drink by the way side, but instead, lowers a mechanical arm and drinks from a trough several miles long, content to get its water in this fashion.

Then comes the end of the run, the iron horse is unhitched and placed in its stall, where it is immediately cleaned up and reconditioned for a return run the next day.

D19. The Voyage of the Graf Zeppelin

There was great excitement in New York City when the German Air Vessel flew across the Atlantic Ocean. The people aboard this ship must have had a very exciting time when, they suffered from a tear in the tailspin. One of the passengers, Lady D. Hay, who was a writer for the New York Journal, wrote many happenings aboard the Graf Zeppelin. Many of which were very interesting. The U. S. is buying one now for $15,000 dollars which will be made by the Germans.

I would like to receive a ride on this great airship but not over any oceans. I would rather fly over land than sea.

D20. François Nicolle

A certain lycée in Paris was straining under work. It was preparing for entrance examinations to Sorbonne and the other institutions of higher education. The senior English Class was no exception. In this class everyone was going to some university except François Nicolle. He was in great need of money, and it was only through a great effort that he had been able to complete his education thus far. He was going to America to earn his living. Because of this he was not slacking in English by any means. He had a fairly good brain, and, being a good student, was high up in his class.

"Take the fifth sentence, François." Ordered the English teacher in one of the sessions.

"Le jeune home va voir son père et sa mere le prochain jour," read the youth. "Voyons, voyons. Ah, oui. Ze younge man ees goeeng to see hees fathair end hees mothair ze next day."

"Very good. Now, Jean take the sixth ones." That is the type of work that had been done in this class, but there had never been a really practical test of his knowledge.

One week after graduation, François was accompanied to Le Havre, where, amid much weeping, he boarded a steamer for New York. Much to his regret no one on board spoke good English. He contented himself with studying.

Down in his little cabin he studied late into the night reviewing his vocabularies and exercises.

A few days later, when he found himself on the pier at Fourteenth Street, he realized that left stranded in the great city of New York, of which he had heard so much and knew so little.

He strolled away from the pier and accosted a man on the street. "Could you pleeze tell me where ees a nize leete hotel?"

The man shrugged his shoulders and grinned affably. François was dumbfounded. No, that was ridiculous, he knew English, most probably his question wasn't heard. He repeated the question and obtained a result similar to that of this first attempt. Françios lost patience and fairly screamed, "Can you not speek?"

To his astonishment the lips formed the words, "Me no spek. Me Italiano."

Time for Rating the 20 themes: ______ Hours ______ Minutes.

Appendix C Bibliography

ABBOTT, ALLAN, AND OTHEES. Composition Standards. Teachers College, Columbia University, 1927.

BRIGGS, T. H. "English Composition Scale in Use." Teachers College Record, XXIII: 423-452, November, 1922.

CHOU, H. C. The Measurement of Composition Ability, Part II. Published by author. 1923.

GAINSBURG, J. C. "Fundamental Issues in Evaluating Composition." Pedagogical Seminary, XXXI: 55-77, March, 1924.

HUDELSON, E. English Composition: Its Aims, Methods, and Measurement.

Twenty-second Yearbook of the National Society for the Study of Education, Part 1. Public School Publishing Co., 1923.

第三篇 论中等教育

HUDELSON, E. "The Effect of Objective Standards upon Composition Teachers' Judgments." *Journal of Educational Research*, Ⅻ: 329-340, December, 1925.

KELLEY, T. L. Interpretation of Educational Measurements. World Book Co., 1927.

KINGSBURY, F. A. "Analyzing Rating sand Training Raters." *Journal of Personal Research*, Ⅰ: 377-383, December, 1922.

LYMAN, R. L. Summary of Investigations Relating to Grammar, Language, and Composition. Supplementary Educational Monograghs, No. 36. University of Chicago, January, 1929.

MONROE, W. S. The Constant and Variable Errors of Educational Measurements. Bulletin No. 15. Bureau of Educational Research, University of Illinois, 1923.

ODELL, C. W. The Use of Scale for Rating Pupils' Answer to Thought Questions. Bulletin No. 46. Bureau of Educational Research, University of Illinois, 1929.

RUCH, G. M. The Objective or New Type Examination. Scott, Foresman and Company, 1929.

RUGG, H. O. "Is the Rating of Human Charater Practicable?" *Journal of Educational Psychology*, Ⅻ: 425-438, 485-501; XIII: 30-42, 81-93. November, December, 1921; January, February, 1922.

SYMONDS, P. M. Measurement in Secondary Education. Chapters Ⅴ and XVI. The Macmillan Company, 1927.

THEISEN, W. W. "Improving Teacher's Estimates of Composition Specimens with the Aid of the Trabue Nassau Country Scale." *School and Society*, Ⅶ: 143-150, February, 1918.

THORNDIKE, E. L. "A Constant Error in Psychological Ratings." *Journal of Applied Psychology*, Ⅳ: 25-29, March, 1929.

VAN WAGENEN, M. J. "The Accuracy with which English Themes May Be Graded with the Use of English Composition Scales." *School and Society*, Ⅺ: 441-450, April, 1920.

WEBB, E. Character and Intelligence. Monograph No. 3, *British Journal of Psychology*, Monograph Supplements, Ⅰ: 51-67, 1915.

Vita

Pu Hwang was born in Changsha, Hunan, China, in 1896.

Educational Record: Completed secondary education at IChi Middle Schoob Siangtan, Hunan, in 1914; graduated with the degree of Bachelor of Arts from Yali College, Changsha, Hunan, in 1917; received degree of Bachelor of Arts from Stanford University, California, in 1919; received degree of Master of Arts from Stanford University in 1920; graduate student at Teachers College, Columbia University, 1927-1929.

Professional Record: Teacher in Hunan Commercial College, Changsha, Hunan, 1917-1918; Principal of Tsen-Tao Junior and Senior Middle School, Liling, Hunan, 1921-1927.

关于中学生的课外读物[①]

前奉来书及中学生课外优良读物调查表一纸，敬悉一是。此项调查极其重要。惜弟自抗战以来，与出版界诸多隔绝，无法翻阅对于中学生极有用之读物。最近于敝校中国文学系找出一部历史丛书，极有价值，故特介绍。此外弟之友人赵传家君曾编一册《中学图书馆最低限度书目》，由华东基督教教育会出版。其中关于中学生课外读物载列不少。唯均系战前读物，且不容易购置。前敝院学生任励人君与弟所作关于初中学生课外阅读兴趣之调查，早已结束。弟已令任君草一简单报告，拟在《教育通讯》发表。任君已去湖南，一切材料均由彼保存，故发表尚需时日。发表后烦吾兄指正。

① 本文选自《重庆清华》第15期，1948年。

中学校长问题[①]

中学校长问题之重要

现在全国教育界最注意的教育问题，是社会教育、农村教育、职业教育等。这些问题，确是我国最重要的教育问题。不过想从根本上解决这些问题，非从造就相当的人才下手不可。相当的人才从何处可以造就？曰从学校。然则改良学校教育，不能不认为目今一种急切的教育问题。

我国正式采用学校制度，距今已三十余年。据一般中西人士的观察，学校办理极坏的，莫过于中等学校。数年前，美国教育专家孟禄先生有此批评。最近国际教育考察团，亦有同样的论调。国内人士感觉有这种缺憾的，亦复不少。据常道直先生调查，民国十一年的学校风潮次数最多的，要推中等学校。可见事实与观察，都认为中等教育有亟待改良的必要。

改良中等教育这个问题，早已引起全国教育人士的注意。有的主张改良中学学制，认为采用种种新办法，可以收效；有的主张改良中学课程，认为增加学生的工作，可以成功；也有的主张规定训育标准，严厉执行会考制度，中学就会自然而然地办理得法。这些主张，各有相当的理由，不过照管见所及，这些主张都是改良中学教育的枝节问题，不是

① 本文选自《湖北教育月刊》第1卷第7期，1934年。

根本问题。改良中学教育的根本问题，是在如何选择相当的校长，如何提高他的职权，如何稳定他的地位。假若中学校长得人，其余的问题，不难迎刃而解。

学校行政之意义

中学校长问题之重要，既如上所述。我们对于中学校长之资格与职权，不能不加一番研究。不过在研究这个问题以先，我们必须了解学校行政之意义。普通一般人士，以学校行政为执行一切学校公务与规程之机械工作，校长为一种官僚的位置，任何人可以掌管学校行政，任何人可以充担学校校长。因为有这种对于学校行政的误解，难怪国内中学办理不善。然则学校行政之真意义为何？简单地说，学校行政是一种艺术，也是一种科学；具有创造能力，使关于学校所有的一切理想、设备及人员等，能融合成为一种有机的工作个体，用以达到所欲达到的目的。照这样说来，学校行政范围极广，工作极难；不是建筑校舍、购置校具、支配课程、编制学级、整理事务、出纳经济等所能了事。依以上的定义看来，学校行政，含有三种要素：理想、设备与人员。主持行政者，须有正确的理想，作为行政之方针。为要实行这正确的理想，须有种种的设备。有了理想与设备，还须有相当的人员，使能运用所有之理想与设备。这三种要素，如何能连贯起来？如何能融合起来？使成为一种整个的有机体。这个问题，非有科学的知识与艺术的精神，绝对不容易解决。

中学校长之资格

我们如果以以上所说的学校行政的意义是对的，就不能不承认中学校长是极不容易担任的。担任这种职务的人，究应有何种资格？根据部定中学规程，初级中学校长应有以下的资格：

初级中学校长，须品格健全，才学优长，且合于下列规定资格之一者：

（1）国内外师范大学、大学教育学院教育科系毕业，或其他院系毕业，而曾习教育学科二十学分，均经于毕业后从事教育职务二年以上卓有成绩者。

（2）国内外大学本科、高等师范本科或专修科毕业后，从事教育职务三年以上卓有成绩者。

（3）国内外专科学校或专门学校本科毕业后，从事教育职务四年以上卓有成绩者。

高级中学校长应有以下的资格：

高级中学校长须品格健全，才学优良。除具有前条规定资格之一外，并须合于下列资格之一者：

（1）曾任国立大学文理或教育学院或科系教授或专任讲师一年以上者。

（2）曾任省及直辖市教育行政机关高级职务二年以上卓有成绩者。

（3）曾任初级中学校长三年以上卓有成绩者。

中学规程所定之中学校长资格：如品格健全，才学优长，及相当之毕业程度与经验等，可谓周备。不过太嫌空泛。廖世承先生在《中学教育》一书内，列举中学校长资格共五条；除第三条“对于本身职务，有浓厚的兴趣，肯认定他的职务为终身事业”外，余皆大同小异。杜佐周先生在《教育与学校行政原理》一书内，所列之校长资格共九条，比较周详。然皆不甚切实。据个人意见，中学校长应有以下的资格：

（1）对于学生的进步与学校的事工，有浓厚的兴趣。

（2）能了解青年心理与指导青年的方法。

（3）对于自己的职务，有相当的训练；并能继续不断地研究专业问题。

（4）有组织的能力，对于学校一切工作，能办理得井井有条。

(5)能多用时间，指导教员教学。

(6)能善于指导教学，使教员热心诚服。

(7)能鼓励教员研究教育问题，培养教职员专业的精神。

(8)能常与教职员及学生接近，讨论各种重要问题。

(9)能常有正确的新思想，介绍给教职员与学生。

(10)能有相当的学识，明白中学各科的重要问题。

(11)能有领袖的才具，得教职员与学生的信仰。

(12)能体贴教职员与学生的困难，尊重他人的人格。

(13)能用公允正直的态度，处理校内一切的困难与纠纷。

(14)能常与社会及学生家庭联络，使与学校有合作的精神。

(15)个人方面，能培养以下之美德：自信力、耐劳、幽默、廉洁、整洁，毫无乖僻行为等。

中学校长之职务

我们认清了中学校长之资格，就可进一步研究他的职权。廖世承先生在他的书里，指出中学校长的三种责任：办事，支配学校社会生活，与增进教学法。杜佐周先生在他的书里，将校长的职权，分为二十条。此两种说明，一嫌太简，一嫌太繁，唯戴维思先生(Davis)所拟关于中学校长职务之五条大纲，最为切当，兹译其大意如下：

(1)拟定学校的政策与将来的计划；并将这种政策与计划灌输给全体教职员。

(2)领导教职员想出种种方法，以实现所拟出之政策与计划。

(3)指导教学；鼓励教员与学生，使能努力分工合作，以收精神与事工合一之效。

(4)对外代表学校；并开导社会人士，使能明了学校的工作、成绩、需要，及学校设学之意义。

（5）常与教员及学生接近；利用他们的智识与热忱，尽量地委托他们相当的职责；并谋全校工作之完整与统一。

以上五条大纲，可以概括中学校长的一切职务，具体说来，中学校长之职务，可分为行政、视导、教学、进修、例常工作等五项。行政职务，包括聘任教职员，召集会议，对外接洽，指导学生课外活动，处理训育事项，编制预算，计划各种重要事务。视导职务，包括视察教员教学，召集教务会议，讨论教学方法，用示范及他种方法指导教员教学，举行各种测验，考核教员与学生的成绩等。进修职务，包括阅读教育书报，参加各种教育会议，研究学校实际问题，常用文字发表关于教育的意见等。例常工作，包括购置校具，备办表册，预备报告，例行文牍，招待来宾等。此外尚有教学的职务，这种职务久为中学校长所忽视，其实教学的职务，极其重要。一可保持专业的精神，二可实际体察教学的情形，以便指导教员教学。故中学规程，有九十三条之规定："中学设校长一人，综理教务；并须担任教学，其时间不得少于专任教员教学时间最低限度二分之一，并不得另支俸给。"

改良中学教育的办法

我们在第一节内说过，改良中学教育的根本问题，是在如何选择相当的校长，如何提高他的职权，如何稳定他的地位。解决这些问题的关键，在我们对于中学校长的资格与职务，了解的程度如何。我们如果深切了解中学校长之资格，则必慎重选择相当之人为校长；如果深切了解中学校长之职务，则必设法提高其权限，巩固其地位。以前教育当局及教育界人士，大都不知学校行政之意义，及中学校长之资格与职权，故国内中学校长之滥竽充数者，比比皆是。今后改良中学教育之唯一办法，即在根据所认定之资格，慎重选择最合格之人充任校长。选定之后，即当提高他的职权，保障他的地位，使能施展他的才力，坚定他的心志。然后中学教育，才有改良之希望。

最近有人主张教员不随校长进退，又有人主张校长由教职员公推。这两种主张的理由，不外乎校长常受政治上的影响，更换无定，使学校无形停顿；有此类主张，即可维持学校的进行，保障教职员的地位。照现在我国教育行政的情形而论，这些主张，确有研究的价值。不过这些消极的办法，不合学校行政的原理。校长为一校之领袖，负全校行政上一切的责任，应有任聘、升进，及辞退教职员的全权。以上两种主张，为学校行政变态下的治标办法，我们如欲改良中学教育，还须从根本办法着手。根本办法为何？曰慎重校长的人选，提高他的职权，保障他的地位。全国一致进行，中学教育之改良，庶几有望。

介绍两种关于中学校长进修的量表[①]

作者曾在《湖北教育月刊》第一卷第七期，发表了一篇关于中学校长问题的文章，其中有以下两段：

“我国正式采用学校制度，距今已三十余年。据一般中西人士的观察，学校办理极坏的，莫过于中等学校。数年前，美国教育专家孟禄先生有此批评。最近国际教育考察团，亦有同样的论调。国内人士感觉有这种缺憾的，亦复不少。据常道直先生调查，民国十一年度的学校风潮次数最多的，要推中等学校。可见事实与观察，都认为中等教育有亟待改良的必要。”

“改良中等教育这个问题，早已引起全国教育人士的注意。有的主张改良中学学制，认为采用种种新办法，可以收效；有的主张改良中学课程，认为增加学生的工作，可以成功；也有的主张规定训育标准，严厉执行会考制度，中学就会自然而然地办理得法。这些主张，各有相当的理由，不过照管见所及，这些主张都是改良中学教育的枝节问题，不是根本问题。改良中学教育的根本问题，是在如何选择相当的校长，如何提高他的职权，如何稳定他的地位。假若中学校长得人，其余的问

① 黄溥一向认为，无论办什么事业，“有治人才有治法，无治人，则一切方针，不管如何确定，所有的计划，不管如何周详，终是徒劳无功”。同样，改良中学教育的根本问题，是选择合适的中学校长，而且校长应通过进修来不断提高自己，才能胜任。本文选自《教育季刊》第13卷第3期，1937年11月。《华中学报》于1937年12月刊载。

题，不难迎刃而解。”

现在我们假定中学教育的根本问题是在选择相当的校长。但是从事实上来看，这个根本问题极不容易解决，因为谁都知道相当的中学校长是很难找到的。据最近的调查，国内公私立高等教育机关造就中学师资和行政人员的有8个教育学院和27个教育学系。教育院系虽有这样多，然负责训练中学校长的实在太少。我们想要找一个真正受了专业训练的中学校长，“难而又难”。然则这个改良中学教育的根本问题，终究是无法解决么？作者认为，真正受了专业训练的中学校长既不易得，而同时中学校长的地位又如此重要，我们唯一的办法，只有侧重在职校长的进修。这种办法与事实也很相符，因为大部分的中学校长，都是做了校长然后学习，不是学习之后再做校长。

我们中学校长进修的机会和方法，当然比不上欧美各国，然而在国内中学校长真有志于进修的，不能说无机会和方法。近年来因教育行政当局的提倡及国内教育界的努力，中学教师和校长的进修机会，渐渐地增多。全国有中国教育学会的组织，各主要大学有暑期学校的设立，各省多有中学教师和校长会议的召集，各书局时有教育书籍及教育定期刊物的出版，各地公私立学校多有教育参观团的组织，此外还有不少的私人团体设法促进私立学校的改良。现今在职的中学校长，只要自己愿意进修，不怕没有进修的机会和方法。

现在我们又假定在职的中学校长愿意努力进修，我们的问题就是他们应当如何着手进行呢？这个实际问题当然应由在职的中学校长自己去解决。作者对于这个问题有一个具体的建议，这个建议就是每个在职的中学校长，应当首先省察自己是一个什么样的校长，在哪几方面有欠缺，然后择定相当的机会和方法去补救。这种进修的办法才算不是落空的。校长省察自己的方法很多，最普通的有自己默察自己，或阅读教育书籍，或参加各种教育会议与演讲会。这些方法都可以帮助校长认识自己。不过，作者认为比较妥帖的方法，就是量表法。量表法能使校长深刻地了解校长的职责，注意自己各方面的情形，且能得到一个总分数来代表自己省察的结果。因为这个缘故，作者特地介绍美国南加州大学教育学教授杜同先生所拟订的中学校长自省量表①，希望国内在职的中学校长能实地采用，并加以相当的修改。

该量表将中学校长应注意的事项分为六大类：个人的准备、事务管理、教学视导、课程的社会适用、学生的关系和社会的关系。每大类分若干节目，每节目又分为若干小节目，每一个小节目都有一个标准分数，全量表共1,000分。这些标准分数是由40位富有中学行政经验的人士所审定的。他们审定的可靠性，可由下列的平均差看出来：

类别	第一类共	第二类共	第三类共	第四类共	第五类共	第六类共
分数	280	140	207	146	134	93
平均差	±88	±37	±43	±38	±29	±28

据杜先生的研究，凡中学校长自省的总分数在800以下的，应注意自己的缺陷，努力设法补救。

中学校长自省量表

杜　同

	甲		乙		丙	
Ⅰ. 个人的准备					280	
A. 理想			102			
1. 你曾否明白地确定教育的理想与目标?	21					
2. 你的理想是否包含服务、廉洁、诚实、公平与自制的要素?	17					
3. 你是否注意社会改变中对于教育的需求?	15					
4. 你是否能确信民本主义为最高社会进化所不可少者?	18					

① 参看 Touton and Struthers Junior-High-School Procedure, Giun & Co., 1926, pp. 531-539.

续表

	甲		乙		丙	
5. 你是否努力、务实、进取?	14					
6. 你对于教员、学生、学校及社会是否有切身的兴趣?	17					
B. 预备			69			
1. 你的专业训练中是否包含以教育为主修的学士学位?	18					
2. 你的专业训练中是否包含教育硕士学位或相当的程度?	17					
3. 你曾否充任中学教师与校长(充任教师两年,校长一年者,给予足分,每少一年折减1/3分数)?	19					
4. 除学校训练外,你曾否有由商业、旅行、娱乐兴趣而得来之经验,或宽广的社交经验?	15					
C. 在职的进修			64			
1. 你是否阅读关于中等教育问题的主要书籍?	10					
2. 你是否阅读关于社会问题方面,启发思想的教育书籍?	9					
3. 你是否阅读现代定期刊物? a. 国内著名的教育杂志 b. 国内著名的时事杂志 c. 一种日报	11					
4. 你是否从小说、传记、诗词、美术、音乐、戏曲中得到娱乐的价值?	8					
5. 你是否四年参加暑期学校一次?	10					
6. 你是否时常参观别的学校,并参加会议、讲习会及大会等?	8					

续表

	甲		乙		丙	
7. 你是否留意新出版的中学教本、参考书、地图与仪器?	8					
D. 健康			45			
1. 你是否有一定的相当的运动与游戏以保持你的健康?	16					
2. 你是否利用合宜的饮食与有节制的及有规则的习惯以保持你的健康?	16					
3. 你是否有充足的假期?	13					
Ⅱ. 事务管理					140	
A. 表册			41			
1. 你是否对于每个学生以下各项,有一个累计的记录? a. 家世 b. 家庭状况 c. 健康 d. 品格 e. 职业选择 f. 学校成绩	27					
2. 关于学生的下列各项是否保存一种永久的表册? a. 职业 b. 大学成绩 c. 其他成就	14					
B. 参与			29			
1. 你是否参与学校预算之编制?	7					
2. 你是否参与教育局长报告之编制?	5					
3. 你是否参与学校教本之选择?	8					
4. 你是否参与学校教员聘请与升级之建议?	9					

续表

	甲		乙		丙	
C. 经济			37			
1. 你是否依照学科及学生计算教学之用费，以求公款之最精密与最有效之使用？	10					
2. 你是否有充足而不虚置之设备？	8					
3. 你是否订定功课表、办公与会客之时间表及委派他人工作以求善用学校之建筑与时间？	11					
4. 学校物品之购置，是否依照有系统之规则？	8					
D. 校舍管理			33			
1. 你是否按时视察校舍？	9					
2. 学校火警之危险是否减至最低限度？	13					
3. 学校卫生是否维护周备？	11					
Ⅲ. 教学视导					207	
A. 对于下列各项工作，是否得有教员之合作？			64			
1. 计算课程。	14					
2. 学校组织、学生编级、记分法及考试方法之改进。	16					
3. 采用智力与教育成绩测验。	20					
4. 职业与教育指导。	14					
B. 对于下列各项你是否给予含有建设意义之批评？			75			
1. 引起兴趣与注意力。	10					
2. 训练读书的习惯。	12					
3. 训练独立的合理的思想。	10					
4. 纪律与道德的训练。	9					
5. 社会教学。	9					
6. 采用设计原则。	8					

续表

	甲		乙		丙	
7. 其他教学的新方法。	7					
8. 用科学方法改良教学法。	10					
C. 你是否鼓励教员注意下列各项之美德?			68			
1. 称赞新法鼓励变异，以养成教员之自动力与创造力。	16					
2. 只重结果，不管细节，以养成教员之责任心。	14					
3. 使教员参加会议与讲习会，阅读及参观学校，以养成专业精神。	12					
4. 担保不使忧虑，并组织团体游戏，以保持教员的健康与生气。	12					
5. 采用劳绩评定法、薪金分等法，并热诚地辅助进修，以培养教员的进取心。	14					
Ⅳ. 课程的社会适用					146	
A. 学校课程是否适合现在的社会需要，这些需要是否根据经济、学校人口以及学生的健康、兴趣与将来的计划的种种调查而来的?	44		44			
B. 学校课程是否适合社会化教学或他种社会化的训练?	24		24			
C. 学校课程是否留意个别差异?	33		33			
D. 中学每年级课程是否注意直接的或间接的特殊与有意识的道德训练?	25		25			
E. 学校图书室是否用为一种鼓励学生兴趣与发展的工具?	20		20			
Ⅴ. 学生的关系					134	
A. 课外活动			47			

续表

	甲		乙		丙	
1. 你是否鼓励学生参加课外活动，借以实行有效的公民训练，例如运动、音乐、新闻术、演讲、美术等？	13					
2. 你是否指导学生的社交活动，使学生借此可以得到一种有效的公民训练？	10					
3. 你是否以专业音乐家的音乐戏曲与文学作品发展学生的美育？	9					
4. 你是否采用学生活动绩点法，鼓励最多数的学生担当领袖的职务？	9					
5. 对于校际比赛如讲演、运动等，你是否充任顾问？	6					
B. 体育			36			
1. 你是否依照学生由体格检查而得知的需要，实施全校的体育？	21					
2. 对于保持学生的健康效率，你是否得有各教员之合作？	15					
C. 学生责任			25			
1. 在学校管理与训育上，在教室与自修室内，你是否鼓励学生负责？	25					
D. 学生态度			26			
1. 学生是否信仰你？	14					
2. 学生是否欢迎你参加他们的活动？	12					
Ⅵ. 社会的关系					93	
A. 参与			37			
1. 你是否参加或领导地方上的重大与社交活动？	18					
2. 你是否鼓励奖学金之捐助？	9					
3. 你是否帮助学生或毕业生谋职业？	10					

续表

	甲		乙		丙	
B. 宣传			29			
1. 你是否用各种宣传方法如展览会、新闻纸使社会人士明了学校的目的、需要与成绩?	29					
C. 会议			27			
1. 你是否开诚布公地与地方人士在父兄教师联合会或特别地方会议上讨论你的目的与政策?	15					
2. 对于中学与小学及大学之关联，你是否合作?	12					
总分数	1,000		1,000		1,000	

以上所介绍的中学校长自省量表，完全是为校长自己省察的。这种方法，当然不能避免主观和偏见的危险。不管自己怎样的虚心、怎样的诚恳，终难逃脱“当局者迷”的困难。为补救这种缺陷起见，作者又特地介绍霍克生先生的校长评点量表①。这个量表的根据点，就是在一所中学里校长与教员是有密切联系的，是互相帮助的。明了校长情况的，当然莫过于他手下的教员，所以我们可以利用教员的观察来指出校长的长处与短处，以便校长自己去改进。这种量表不用标准分数的方法，乃用横坐标的图解方法来表示评定的结果。全量表将校长的职责与资格分为十七条，每条用一横线代表，横线下有三种说明，横线上有空格十一个，以便教员或其他人按校长对于该条的实在情形，作相当的评定标识。若是每个校长很诚恳地邀请他手下的教员采用这种量表来作客观的批评，作者相信各教员必乐于协助。

① 参看 Jacobsen E. W. “The Faculty Helps the Principal”. *American School Board Journal*, October, 1930. Reprinted in the Research Bulletin of the National Education Association Volume Ⅸ. Number 2 (March, 1931).

校长评点量表（霍克生）

教师注意：下面是一个品质表，这些品质并合起来，可以看出任何校长到底是哪一种校长。自然，没有一个人在这些品质上是完善的。不过在达到这种完善的地步上，有些人与其余的人差别很大，为要得着一种可以改进我们办学校的状况起见，请你评定你的校长，在量表线内某点上按所指的品格画一个记号（○），表示你对校长的评价。譬如在“对于学校的兴趣”一项上，假若你以为你的校长没有应具的热忱，然而他比一般兴趣淡薄的人好，你就可以在量表内像这样画一个记号。

办学的兴趣

｜	｜	｜	｜	｜○	｜	｜	｜	｜	｜

对于教学的进步及一切学校的活动有兴趣。　　似乎有点兴趣。　　感觉极少的兴趣。

这种评定是完全避免感情作用的，不要签名，也不要在纸上做任何记号，使人看不出来是谁评定的。

你在纸上所画的记号，必须是你认为表示你的最公正的评判。

专业的准备与进修

对于他的职务有充分的训练并很热心地继续他的专业训练。　　有相当的训练但不甚努力进修。　　无专业训练，不企图进取。

组织

工作组织之完备能使学校在任何时候进行顺利。　　学校在多半的时候进行顺利。　　多混乱。

行政与视导之兼顾

多费时间作有益之视导。	常为细节所累，视导时间极少。	使行政上之琐碎事体消磨所有的时间与精力。

视导

有令人信仰的态度，作积极的批评。消极批评后，必给予有益的建议。	批评多，有益的建议少。	许多带着破坏性的批评。

鼓励好学的态度

鼓励教员调查和研究教育问题与方法，使发生好研究的欲望。	对于研究新问题与方法引起少许兴趣。	压抑好研究与实验的欲望。

可亲性

教员与学生都随时愿意与之讨论问题。	教员与学生不甚愿意与之接谈。	教员与学生尽力避免与之接谈。

新思想

介绍与教职员：介绍以前已精细考虑介绍之层次；一个新思想或方法或实验必须彻底地了解成立后，方介绍第二个。	介绍以前略微考虑第一个方案，未了解其成立与否，即介绍第二个方案。	含糊不确定，同时介绍几个新方案。

对于各部或各科问题的知识

熟悉各部或各科的问题。	熟悉多数部分或学科。	熟悉少数部分或学科。

教员对校长的态度

教员对他有绝对的信用，视他为一位有用的领袖和同工。	教员接受他的领导，但缺乏热忱，有一种不自然的情绪。	教员怕他，他武断专制。

对教员与学生的同情态度

常谦让体谅。	想体谅。但有时不易实行。	常好讽刺，顽梗不化。

指定工作与课外活动的公允

绝对公允无私。	有对于愿干与能干的人多给予工作的倾向。	有对于愿干与能干的人常指定工作；不帮助一般胆小、不胜任或偷懒的人。

与家长的关系

常有礼貌，体谅与同情。	平时也有体谅与同情。	对抗，讥讽。

幽默与权衡轻重的心理

常保持平衡，不吹毛求疵，不神经过敏。	心智上有相当的平衡。	过于庄重，无权衡轻重的能力。

自持与自信

能深信自己，以镇静应付困难。	颇有自信力，常心绪不宁。	猜疑、胆小、不定。

仪表

常修饰合度，衣裳整洁。	平时不甚整洁，不甚留意外表。	不修边幅，衣冠不整。

癖性

完全无令人讨厌的举止。	未完全脱离不良癖性。	经常显露一种令人憎恶的举动。

以上两种中学校长进修的量表是相辅而行的。在职的中学校长在获得这两种量表的结果以后，就很可以晓得自己是一个什么样的校长，很可以明了自己的长处和短处，然后下定决心，抓住所有的进修机会，努力补救自己的缺点。这样，不出数年定可以成为一个称职的校长。国内多有几个称职的中学校长，国内的中学教育不愁没有改良的希望。愿与国内负中学行政责任的同仁共勉之。

中学教师教学负担计算法[①]

我国中等教育之失败，已为一般人所公认。历年来，中外学者对于我国中等教育都有极深刻的批评。国际教育考察团的报告书中，有“中国教育之弱点，即在中等教育”一语。民国二十三年八月，胡适、蒋梦麟等发表《修正中小学教育制度以适国情》一文中，叙述中等教育之缺点亦多。可见我国中等教育之失败，实已达到中外闻名的地步。究其失败的原因，虽有政治、社会、经济、教育本身等各方面的困难，但一般学校中教学负担之分配不适当，确为失败的重要原因之一。因为一个教员若教学负担过多，他对所教的功课便不能作充分的准备，学生当然也就敷衍了事。这种教学，不但毫无兴趣和结果，而且造成学生遇事敷衍的恶习；即令这种教学负担过多的教员，努力去求达到他的教学目标，他的身体便会一天一天地衰弱下去，其结果，为着身体过劳而摆脱教育生活的不在少数。还有许多学校，因为各教员负担不匀，常常引起彼此的猜疑、嫉妒、不合作等无谓的纠纷，甚而因之酿成不可收拾的风潮者。所以中等学校教员的负担问题，确是教育成败的关键。尤其在现在盛行导师制的时候，若教员没有充分的时间去观察学生的行为和考虑指导的方法，导师制实难收效。可惜一般人不明真相，却把中等教育的失

① 华中大学迁入云南大理喜洲以后，黄溥在工作、生活条件极端艰苦的情况下，仍坚持研究中等教育方面的师资问题。本文选自重庆出版的《教育通讯》第3卷第36期，1940年9月21日。

败，完全归咎于师资的不良，这实在是冤枉了许多良好教师！

所谓中等学校教学负担到底包括什么内容呢？这个问题包括的范围甚广，各人的意见也不一致，我国过去研究此问题者，实不多见。民国十三年廖世承先生曾调查全国中学每一个教员每周授课的时数，其平均数为 17.62；后来张文昌、黄式武两先生又调查了九省 86 所中学，其平均数为 17.14，与廖先生所调查的结果极其相近。唯他们所调查的，只是中等学校教学负担问题中的一部分，其他如所教班的人数、上课时间的长短、每星期指导课外活动所费之时间及所教的科目等等，皆是此问题的主要因素，并且这些因素对于教学负担的影响颇有大小不同的差别。故欲研究此问题，使能有实际用处，必须用比较科学化的方法将各因素适当整理、计算，才能奏效。

现在美国已有许多人用数学公式来研究此问题，其中要以德格获斯的公式（注一）较为合理，现参照我国实际情形，略将德格获斯氏之公式修改如下，以便我国研究中学教学负担问题者之参考。

公式：

教学负担＝｛节数－（重复节数/5）＋（学生时数－30×节数）/90＋（课外作业/2）｝·｛（节长＋55）/100｝

一、名词解释

（一）教学负担，是代表教员每星期教学上的负担，以后简名之曰教学负担。

（二）节数，是代表一个教员每星期授课之时数，以后简称为节数。

（三）重复节数，是指一个教员每星期所教之节数中有相同者而言，如所授之课，其学生程度与原来某节相等、课本相同、无须重新预备者，即为重复节数。

（四）学生时数，是指每星期所教之节数乘每节之学生数所得者而言。

（五）课外作业，代表授课外之一切工作，如导师工作、指导学生课外活动及参加学校之种种会议等（预备功课及阅卷等不在此列）。

（六）节长，是代表每节上课之时间。

二、假定

（一）凡上一节课用 45 分钟，有学生 30 人，而须备课者，为一个教学负担之单位。

（二）每星期标准节数为 18 节，每日节数为 3 节，每节为 30 人，故每日学生时数为 90。

（三）重复节数减轻授课节数的五分之一。

节数＝每日 3 节×6 日＝18。

重复节数＝6（每日有一节重复，六日故有六节）

实在学生时数＝6×（35＋35＋33）＝618

应有学生数＝30×18＝540

课外活动＝（2＋2＋2）/2（2 小时监自修，2 小时参加会议，2 小时指导音乐会）

节长＝55 分钟

代入公式得

教学负担＝｛(18－6/5＋（618—540）/90＋6/2｝·｛(55＋55）/100｝＝22.73

（四）凡每班学生数超过 30 者，对于教师所增加之教学负担，以其对每日应教学生时数之比例计算之。

（五）2 小时课外活动指导或授课以外之工作，作授课一节计算。

（六）每节授课之标准时间，为 45 分钟，如增加 5 分钟（即 50 分钟为一节），即增加教学负担二十分之一，如减少 5 分钟（40 分钟为一节），即减少教学负担二十分之一。

三、举例

某英文教员教初中一年级英文两组，每组 35 人；又初中二年级英文一组，学生 33 人，每组英文均每星期六次，每次 55 分钟。此外，每星期监自修约 2 小时，指导音乐会约 2 小时，又参加学校方面的教务会议等每星期约 2 小时，则该教员之教学负担，依公式计算为 22.73。

四、实验或实习指导工作的计算（即双节之计算），如有实验或实习指导工作者，如自然科学实验、家事实习、劳作实习以及其他各种实习、普通办法均以双节之时间并为一节教授。

（一）双节计算法

甲、每一双节之时间，算为 2 节授课之时间，即一双节算为 2 节。

乙、重复节数照以上公式计算，唯须加上双节之次数，因为每一节数算为重复节数。

丙、双节之学生数以二倍计算。

（二）举例

某教员教四组同类的物理课，每组有学生 25 人，每星期每组授课 3 次，实验指导 3 次，每组每次实验时间为 90 分钟，假若他没有课外活动的指导，每节授课时间为 45 分钟，则该教员之教学负担为 26.2。

节数 12（每星期授课之节数）＋24（每星期指导实验之节数，请看说明甲）＝36

重复节数＝27（重复三组，每组授课及实验 9 节）＋12（指导实验之次数）＝39

实有学生数＝600（实验时之学生时数）＋300（授课之学生时数）＝900

节长＝45

代入公式得

教学负担＝｛36－39/5＋（900－1080/90＋0/2）｝·｛（45＋55）/100｝＝26.2

五、学科系数

（一）说明

中学各科对于教学负担所发生的影响各有不同：有的学科备课工作

较多，有些学科阅卷时候不少，还有些学科无须时常备课，亦无阅卷工作者。大概言之，中学学科可分三类，第一类：凡学科须备课而阅卷工作不多者，其系数为1.0，如历史、地理、物理、化学、生物、矿物、博物、生理卫生、公民、简易职业科目（如商业、簿记、会计、统计、应用文书、合作社等）等。第二类：凡学科须备课与阅卷工作又较多者，其系数为1.1，如国文、算学、英文等。第三类：凡学科无须时常备课，亦无阅卷工作者，其系数为0.9，如体育、音乐、劳作、图画、军训、童子军、看护学、家事、战时后方服务训练、简易职业科（如打字、农艺等）等。

（二）公式

教学负担＝学科系数×｛节数－重复节数/5＋（学生时数－30×节数）/90｝·｛（节长＋55）/100｝＋课外工作/2｛（节长＋55）/100｝

（三）举例

如上述英文教员之教学负担为22.73，如以英文系数1.1×｛节数－重复节数/5＋（学生时数－30×节数）/90｝·｛（节长＋55）/100｝，则其教学负担为24.67。

教学负担＝1.1×｛18－6/5＋（618－30×18）/90｝·｛（55＋55）/100＋6/2｛（55＋55）/100｝＝24.67

六、高初中之教学负担

（一）说明

在理论方面说，高中教学与初中教学无甚差异；然在实际方面说，高中教学与初中教学颇有差异。本研究为顾及实际情形起见，以高中教学负担比初中教学负担重十分之一，即高中教学负担之一个单位等于初中教学负担之1.1个单位。

（二）举例

如前所得24.67个教学负担是属初中的，如属高中课则以1.1乘以24.67得27.13。

作者承认以上介绍的“中学教师教学负担计算法”不是完全科学化的，其中所举的各项假定也许不是完全可靠的。不过，我国学校行政问题能用比较客观化的方法去研究的尚凤毛麟角。故不揣冒昧，特此介绍此种中学教师教学负担计算法，以就正于国内研究中等学校行政问题者。

我国中学专任教师教学负担之调查[①]

作者与周组华君在本刊第三卷第三十六期发表一篇《中学教师教学负担计算法》后，即利用所修改之计算公式来调查我国中学专任教师之教学负担，以期得到全国中学教师负担之实际状况，作为负中学行政责任者之参考。现已调查完竣，教育界同仁函索调查结果者日多，作者为避免一一答复起见，特将此次中学教师教学负担调查之结果仍在本刊发表。在发表以前，作者应申明两点：一为本调查之一切计算与整理工作均系周君在作者指导之下担任，如有谬误由作者负责；一为此次调查费用大部分由华中大学教育学院津贴，作者谨志谢忱！

一、公式之更正

以前所发表之公式如下：

$$\text{教学负担}=\{\text{节数}-\frac{\text{重复节数}}{5}+\frac{\text{学生时数}-(30\times\text{节数})}{90}+$$

① 选自《教育通讯》第4卷第45期和第46期合刊，1941年11月12日。这一年是抗战最艰难的一年。黄溥夫人舒仲楷和谭仁义教授夫人朱佛根，在云南大理喜洲镇南街上开一小吃店，以期盈利贴补家用，殊不知沦陷区学生就餐赊账多，不及四个月小吃店倒闭。在生活上极端困难的情况下，黄溥坚持行政、教学、实习、科研四结合，带领学生完成正常的教学、实习和调查研究工作。文中所指周组华是华中大学教育系1941年毕业生。他在黄溥指导下完成《中国中等专任教师教学负担之研究》学士学位论文。

$$\frac{\text{课外工作}}{2}\} \times (\frac{\text{节长}+55}{100})$$

其中课外工作一项在实际调查时，普遍均以小时计算，不以节数计算，故公式应改为：

$$\text{教学负担} = \{\text{节数} - \frac{\text{重复节数}}{5} + \frac{\text{学生时数}-(30\times\text{节数})}{90}\} \times (\frac{\text{节长}+55}{100}) + \frac{\text{课外工作}}{2}$$

其他关于实际工作之计算、学科系数及高初中系数仍旧。

二、调查工作之步骤

(1) 编制调查表：本调查为征集全国中学教师教学负担之实况，故不得不采用问卷法。问卷法之缺陷凡从事教育研究者大都知道。故作者编制调查表时，竭尽心智，务使简单易于填答。(2) 确定学校：作者根据部颁二十六年度全国中等学校一览表选定学校八百个，其设立性质与地域分配如下（参照第一表）。(3) 征集的结果：从二十九年八月二十四日起发出调查公函及调查表共八百封，至三十年二月二十四日止，收到六十一所学校之材料，其中二十所学校之材料因填答错误不能作用。兹将四十一校设立性质与地域分布表列如下（参照第二表）。以上所征集之结果，从量的一方面看，不能令人满意，因填答调查表之校数不及所欲调查校数之十分之一；又教员人数平均每校最少十人，应有八千教员，而今只有六百零二人，亦不及十分之一。据作者所知，问卷法之结果无论中外大都如是，尤其在我国抗战时期，学校迁徙不定，邮政交通诸多不便；此次汇集结果之不圆满乃意中事。不过，从质的一方面看，此次调查结果差强人意，以学校设立性质而看，国立、省立、县立及私立均有教员一百余人；以省别而论，北至山西，南至广东，东至浙江，西至甘肃，共十五行省，各省均有教员十余人至数十余人不等。可见此次所征集之结果量虽不足，然普遍性确是可观。

第一表

设立性质	国立	省立	县立	私立	总数
校数	32	162	296	310	800

地域	广东	云南	四川	浙江	河南	湖南	福建	江西	湖北	广西	贵州	陕西	甘肃	江苏	河北	香港	山东	新疆	青海	宁夏	安徽	山西	西康	总数
校数	98	77	75	72	71	67	63	43	40	40	31	27	25	18	15	14	10	6	3	2	1	1	1	800

第二表

设立性质	国立	省立	县立	私立	总数
校数	4	10	16	11	41
教员数	115	164	170	153	602

地域	广东	云南	四川	浙江	河南	湖南	福建	江西	湖北	广西	贵州	陕西	甘肃	安徽	山西	总数
校数	2	4	3	3	1	5	2	1	4	4	4	3	3	1	1	41
教员数	13	46	74	37	20	58	18	32	66	77	34	56	25	18	28	602

三、调查之结果

材料征集后，即加以整理。以所更正之公式计算每个教师之教学负担，并将所计算之结果函告各校校长，作为行政上之参考。兹将六百零二位中学教员之教学负担按学校种类以统计方式列表如下（参照第三表）：

第三表

学校种类	学校数	教员数	二十五分点	中数	七十五分点	二十五分差
国立	4	115	13.33	22.70	27.47	7.07
省立	10	164	20.19	27.29	33.95	6.88
县立	16	170	18.12	23.91	30.83	6.36
私立	11	153	18.36	23.75	25.78	3.71
全国	41	602	18.38	24.10	30.04	5.83

六百零二位中学教员中兼授性质不同之学科者，占多数，其专授学科或授性质相同之学科者，共二百七十人：国文有五十八人，英文有六十三人，算学有五十四人，自然科学（包括物理、化学、生物等科）有三十七人，社会科学（包括史地、公民等科）有五十八人。兹将五种主要科目教员之教学负担以统计方式表示如下（参照第四表）。

六百零二位中学教员中专授高中学生者九十一人，专授初中学生者三百一十四人，高初中兼授者一百九十七人。兹将三类教员之教学负担以统计方式表示如下（参照第五表）。

第四表

科目	教员数	二十五分点	中数	七十五分点	二十五分差
国文	58	21.88	26.07	31.70	4.91
英文	63	11.96	24.00	31.71	6.87
算学	54	20.75	26.23	32.94	6.09
自然科学	37	14.25	22.25	25.88	6.31
社会科学	58	12.63	23.66	21.06	9.21

第五表

级别	教员数	二十五分点	中数	七十五分点	二十五分差
初中	314	18.89	24.71	30.88	5.99
高中	91	18.56	24.91	29.60	5.52
高初中	197	17.59	22.95	28.08	5.24

四、结果之解释

凡从事教育研究的人莫不感觉“收集材料易，解释结果难”。以上关于我国中学专任教师教学负担所调查之结果，欲求一种确切的解释，实不容易。作者试将调查结果表示显明的各点，简单提出，以就正于读者。

（1）全国中学专任教师教学负担之集中趋势：此次调查全国中学专任教师教学负担之中数为 24.10±0.03，这个数字不是指每周教学之次数而言，也不是指每周教学之钟点而言，乃是指每周教学负担之单位而言。何谓教学负担之单位，作者已于本刊第三卷第三十六期《中学教学负担计算法》一文中说明：凡授课用四十五分钟，有学生三十人，而须预备者，为一教学负担之单位。这个中数 24.10 之可靠性，可以推出±0.03 代表。这就是说，以后所得的中数有百分之五十的机会不会超出 24.07—24.13；所以这个中数比较可靠。不过这不是说这个教学负担的中数是代表我国中学教员教学负担最适宜的标准。这个问题绝对不是调查与统计方法所能解决的。我们只可说这个教学负担的中数是代表十五省及四种中学的六百零二位教师教学负担的集中趋势而已。

（2）四种中学之比较：在第三表内我们根据中数，可以看出省立中学专任教师之教学负担略高于国立、县立及私立等中学专任教师之教学负担。此中理由何在，作者不得而知。大约因我国省立中学建立较国立、县立及少数私立等中学为早，经费困难较少、教师少更动所致。又教学负担比较轻松者要推国立中学教师，大概因国立中学系抗战后设立，安顿战区中学教师为其主要目的之一，且经费较少，课程亦不及他种中学之繁重。以上这些解释概系作者片面之推断，是否正确，还须读者指正。除教学负担之集中趋势外，我们还可用教学负担分配之现象来比较四种学校，指明教学负担分配情形的最简单的方法，莫过于二十五分差（即英文统计学之 Q）。我们由第三表可以看出私立中学教员负担之分配比较最均匀，其次为县立中学，再次为省立中学，比较不均匀者为国立中学之教学负担。这个教学负担分配问题极其重要。教学负担分配不均匀，不独影响教师间之感情，且使教师教学效率不能充分发挥。故负中学行政责任者对于教师教学负担之分配应特别注意。

（3）各科教师教学负担之比较：根据第四表所列各科教师教学负担之中数，我们可以看出算学与国文教师教学负担较高，社会科学与自然科学教学负担较低，英文教师教学负担比较适中。再以二十五分差而论，国文教师教学负担之分配较之社会科学教师教学负担之分配，其均匀之程度要高一点。其余英文、算学及自然科学等教师教学负担分配之均匀，均不及国文教师教学负担之分配。这些情形对二百七十位中学教师教学负担计算之结果，也很值得负中学行政责任者之参考。

（4）高初中教师教学负担之比较：此次所调查关于高初中教师教学负担之结果（见第五表），证实高初中教师之教学负担没有明显之差异。两级教师教学负担之集中趋势与二十五分差，均相去甚微，此乃应有之现象，其高初中兼授教师教学负担之集中趋势与二十五分差，均较初中与高中教师略低。

大概言之，此三类中学教师之教学负担，根据解释之结果无甚差异，此乃一种好的现象，主持中学行政者应设法保持。

五、调查之缺陷

此次我国中学专任教师教学负担之调查，缺陷颇多，其中须得商榷者有下列数点：

（1）公式之假定：此次调查教学负担所使用的计算公式包括以下各假定：中学教师每周之标准时数为十八，每节之标准时间为四十五分钟，每班之标准学生数为三十，重复节减轻教学负担五分之一，两小时之课外工作（问卷及预备工作除外）以授课一节计算，实验节之计算，各科教学负担之系数及高初中教学负担之系数等等。以上这些假定是否适当，作者也不敢武断。

（2）计算教学负担之困难：中学教学负担包含之因素极多，除公式中所假定者外，尚有其他重要因素，如一班中学生程度之差异，授课时间之排除，教师之身体健康与心理健康，教师之专业训练与教学经验，教师之性别、智力与教学兴趣和态度，教师之待遇，学生之智力，学校之校风，教学之设备与环境，教职员间之感情，校长之教学视导等。这些因素均可直接或间接影响教师之教学负担。一种理想的教学负担计算法应将所有之一切因素概括在内。不过据作者所知，现在中西教育界还没有人发明这种理想的教学负担计算法，上列这些因素中有些虽可计算，但方法复杂，不适于用；有些因素至今无法估计。与其长期等候理想之计算法出现，自不如就我们所有的方法加以改进，施以实验。此作者所以此次采用 Donglass 的方法，加以修改，用以调查我国中学教师之教学负担也。

（3）问卷法之困难：教育研究法中极难令人满意者，厥唯问卷法。作者此次不得已采用此种方法来调查我国中学教师之教学负担。开始调查时，发出问卷难，共八百份，六个月后收到答案不及十分之一。个中缘由不外因交通困难邮件丢失，一部分学校根本没有收到调查表；抗战期间杂务纷纭，一部分校长认为无暇填答此种调查表；再者一部分校长对此种研究不感兴趣，故置之不理。又此次调查所采用之问答，虽经作者与周君细心编订，务使简单易于填答，然填答不完全或填答错误不能适用者不少，可见采用问卷法之困难。然作者相信我国抗战后，交通恢复、邮政改良，而大部分之中学校长对于各种教育问题之研究又能发生兴趣，则以后采用问卷法之困难或可减少也。

以上所举此次调查之缺陷，不过荦荦大者，其余不妥之处尚多，希望读者加以指正。

中学教师的职业[①]

教育事业乃国家百年大计，教师乃教育事业的中枢，这种事实谁也不能否认。然而，国内最矛盾的现象莫过于一般人士，一方面承认教育事业的重要，一方面却忽略教师的职业。据最近调查，全国中等教育教职员人数约七万五千余人。试问在这大批中学教职员中有多少是以教育为终身事业的？有多少在未从事教育事业以前有相当的准备与训练？我们若是详细调查，这类的教职员实是少数中的少数。大多数的教职员都是以教师为过渡的职业，以教学为潦倒的工作，一遇机会便从事升官发财的勾当。在科举时代，凡名落孙山无路可走的士子，都在本乡设私塾以谋生。在今日新教育时代，每年毕业学生争向政界、军界、商界及实业界找出路，一经失败则麇集于教育界谋位置，以作为暂时的栖息，此类现象无处不有。在这种现象之下，欲求中学教育的发达，真是缘木求鱼。

论者或谓，以我国人口与教育之需要而论，七万五千余教职员不敷远甚，为何不赞成一般青年加入教育界？此种论调似乎合理。作者亦深信，我国如欲使中学教育发达，至少需七十万教职员。作者为从事教育事业者之一，平时极力鼓励学生加入中学教育界。所不赞成者不是一般

① 黄溥趁大学毕业生选择就业的机会，介绍中学教师这种职业，欢迎他们到教育战线上来就业。他论述教师职业是一种高尚的专业并有良好的服务与进修学习的机会，而不是一种无聊的副业，以纠正社会上对中学教师职业的偏见。本文选自济南文化社出版之《教育短波》复刊第1卷第16期，1937年8月1日。

青年之加入中学教育界，乃是一般青年视中学教育事业为一种无聊的副业。这种态度不改，教育前途绝无希望！

现在暑假快要开始，全国专门以上学校均有学生将要毕业，择业与出路问题是这些毕业学生一个紧逼眉睫的问题。作者相信有一部分毕业生会要走中学教师的一条线路，故将关于中学教师职业的几个要点作一简单的介绍，希望这些开始加入中学教师队伍的青年，对于中学教师的职业，能有相当的认识与准备。

关于教师职业的第一个要点，即是认识教学为一种高尚的专业（profession）。何谓专业？简单地说，凡一种职业在理论上与实际上需长期的训练者，皆可称为专业。在教育学未发达以前，任何人皆以教学为极简单的工作，无须研究，故凡一知半解的人都可选择教师的职业。然自教育学发达以来，教育界人士渐渐领略教学问题的复杂与教育学范围的广大。时至今日，教育学所包含的科目不下数十种，其主要者如教育哲学、教育行政、教学法、教育心理学、教育测量与统计、教育史、师范教育、初等教育、中等教育、高等教育、乡村教育、职业教育、比较教育、课程研究等。大多数之教育科目都采用科学方法，教材的编制皆有系统的组织，非竭数年的精力不易窥其堂奥。故世界各大学多有教育学系或教育学院之设立。此外，实际上的训练亦需同时注重。盖教育学在学理上是一种科学，在实施上是一种艺术。凡从事教育事业者，非有长期的教学实习经验不为功，因教师的职业在理论与实施上均需长期的训练，故有专业的价值。对于此点，凡选择中学教师职业的人，不能不有深切的认识。

关于教师职业的第二个要点，即是承认教学不独是一种高尚的专业，也是一种不可多得的服务与进修的机会。一个从事教育事业的人，服务的机会很多，因为充任教师的人，都有以下的义务：对于学生有辅助其个性发展，完成其社会生活的义务；对于学生的父兄有代其教育子女的义务；对于社会有保存文化与改进文化的义务；对于国家有造就公民与培植人才的义务；对于世界有维持人类幸福与改进人类幸福的义务。这些服务的机会不是他种职业可能比拟的。至于进修的机会亦复不少。进修的机会可分两种：一是学问上的进修，凡充任教师的人，研究学问的机会极多，常与学生砥砺切磋，可以发现新见解与新知识。孟子以得天下英才而教之，为君子一乐，这种教育乐趣是师生间对于学问的研究互相启发的一种表现。因为教师的职业与学问的进修有密切的关系，所以世界各国多数的学者与著作家皆由教师出身。除学问进修外，因为教育事业不仅是知识的传授，也是人格的培养。充任教师的人，因职业的关系，对于一己的人格与道德不能不特别注重；且教育事业在各种职业中，比较清高，故卑鄙龌龊的行为不易发现；又教师日常与青年相处研究学术，故浪漫颓唐习惯不易养成。这些修养与服务的机会是教师职业的特点，从事中学教育事业的人，不可不注意。

以上已将关于中学教师职业的两种要点作了一说明。现在我们可以略述充任中学教师应有何种准备。我们在答复这个问题以前，必须明了良好教师应具有何种品德，同时也应明了教师失败的普通原因是什么，然后才可以讨论准备问题。

在各种教学书籍内列举良好教师品德的很多，然能根据事实做详细调查的厥为查德斯（Charters）与卫卜斯（Waples）二氏。查、卫二氏以统计方法调查各级学校良好教师应具备二十五种品德，并将这些品德按学校之种类，评其等级如下：

教师品德的分析

教师的品德	教师品德的等级				
	高级中学	初级中学	小学三至六年级	幼稚园及小学一、二年级	乡村学校
1. 适应的能力	8	10	8	6	1
2. 仪表	17	14	9	10	15

续表

教师的品德	教师品德的等级				
	高级中学	初级中学	小学三至六年级	幼稚园及小学一、二年级	乡村学校
3. 兴趣的广阔（如对于地方上、专业上与学习上的兴趣）	1	10	11	15	2
4. 谨慎（如正确、精细、彻底）	11	13	9	14	12
5. 体谅（如感赏、仁慈、同情、机敏、不自私）	17	3	1	1	3
6. 合作（忠心帮助人）	11	9	14	16	3
7. 可靠（始终如一）	14	19	16	17	15
8. 热忱（机智、生气、鼓舞、自然）	9	4	5	2	11
9. 语言流畅	23	24	25	23	25
10. 魄力（勇敢、果断、坚定、自主、有志）	5	4	18	19	13
11. 明察（审慎、先见、卓见、聪明）	2	1	3	4	3
12. 健康	16	16	12	10	9
13. 诚实	7	12	7	9	6
14. 勤勉（忍耐、坚忍）	19	8	14	13	17
15. 领袖才能（自动、自信）、吸引力（可亲近、愉快）	4	7	19	21	8
16. 乐观、有趣、幽默、好交际、声音悦耳、诙谐	11	4	5	3	9
17. 整洁（清洁）	20	16	13	4	18
18. 虚心	9	20	23	24	22
19. 创造力（想象力、机智）	22	22	16	12	19
20. 进取（大志）	23	23	22	20	22
21. 敏捷（迅速、守时）	21	14	20	18	21
22. 文雅（依俗、审美力、谦逊、道德、朴实）	14	20	2	8	13
23. 学识（智力上的好奇心）	5	6	21	12	20
24. 自制（镇静、尊严、沉着、自检、庄重）	2	2	3	6	6
25. 节俭	25	25	24	25	24

观上表可知教师的重要品德可分为二十五种，各种品德在各级学校之评价不同。凡从事各级学校教学事业者，应详细体察是否具备下列的品德，如有缺陷，应随时修养，以期达到良好教师的目标。

至于教师失败的普通原因，亦应有相当的了解，兹将穆氏（Moses）所调查的十一所中学教师最普通失败的原因列举如下：

穆氏所调查的中学教师失败的原因

等级	中学教师失败的原因	分数	百分比
1	不明教学法	43	20.97
2	人格不健全	35	7.07
3	对于教学无兴趣	30	4.53
4	不能维持教室的秩序	26	12.68
5	缺乏同情与机敏	20	9.75
6	不能合作	14	6.87
7	无专业态度	12	5.85
8	学识不足	12	5.85
9	不忠	7	3.41
10	不道德	4	1.91
11	体弱多病	2	1.07
总数		205	79.96

穆氏调查的结果，是根据美国七十六所学校系统中的二百零五种中学教师失败的事实统计而成的。

教师成功与失败的原因既如上述，凡选择教师职业者，第一步工作就是对于教师良好品德与失败的原因，自己体察一番，然后按着个人的缺欠，努力补救。补救的先决条件有二：一是智力问题，智力不足的人，不应当充任教师，因为上面已经说过教师的职业是一种专业，从事于专业的人应有相当的智力。所谓相当的智力，并不一定是天才或绝顶聪明的人，乃是谓从事教育事业者的智力，应在一般智力的水平线上，方能有成功的希望。第二个先决的条件是性质问题。每人对于各种职业的性质有近与不近的分别。世上一种普通的悲剧就是许多的人，因种种的关系，不能不从事性质不近的职业。这种悲剧发现于教育界中的可谓屡见不鲜。凡准备充任中学教师的人，应先问自己是否喜欢学校生活？是否愿意与青年学生交接？是否有研究学术的热忱？是否安于一种清高与淡泊的生活？这些问题，若能一一答复，以后从事教师职业，就不至于失败或发生悲剧。

有了相当的智力与相近的性质，我们才可以讨论如何准备充任中学教师的问题。第一步的准备就是人格的修养。根据孙默思氏（Somers）的研究，人格的高下与教师的优劣有密切的关系，其相关系数为61。许多人以为人格是生成的，不能修养；殊不知只要有相当的智力与决心，人格是可以修养的。人格二字包括种种社交上与道德上的习惯和态度。在上面查卫二氏所分析的教师品德都不外乎是个人智力与性质结合而成的习惯。如能下最大的决心，努力修养，未有不成功者。

从事中学教师的人，不独对于所教之学科应有相当的涉猎，在中学教学的，至少应有大学毕业的程度。现在国内对于中学教员的资格尚无确实的调查，不过我们敢说中学教员有相当学识的只占少数，难怪学生程度低落，教师职业被人鄙视。世界戏剧家萧伯纳（Beranrd Shaw）有一句讽刺的话："他们的，干；不能的，教。"这句话虽有点过火，却是我国中学教师的一种写真。

有了相当的人格与学识，还不能算是良好的中学教师。我们若是翻阅上面穆氏所调查的十一所中学教师最普通失败的原因，就可以知道教学的技能知识与理想，是充任中学教师的人所不可少的。许多中学教师失败是因为不明白教学法，对于教学不感兴趣，不能维持教室的秩序，无专业的态度等。须知这些困难都是由没有训练与研究而来的。有人说良好教师是生成的，教学方法是生而知之的，不是学而知之的；还有人说，无论何人只要有充分的专门研究与普通学识，便能自然而然地会教学。这两种说法虽然相反，错误相同。我们相信教学法可以学而知之；

我们不相信有了充分学识即自然而然能教学。我们在上面已经说过，教育学是一种科学，也是一种艺术。如果一个想从事教育事业的人，有了相当的智力、性质、人格与学识，能一方面研究教育原理、教学方法、教育心理学、教育测量与统计，再一方面实地练习教学，则教师职业之准备可以完成。国内教育当局有见及此，故规定小学教师须师范学校或师范科毕业，中学教师须师范大学或大学之教育学院或教育学系毕业。虽然国内大多数的中学教师没有这种资格，然而这种专业训练的规定，确是准备充任中学教师的人所不可忽略的。

综括以上各点，我们可以说凡从事中学教育事业的人，应认清教师职业为一种高尚的专业与不可多得的服务与进修的机会，并应有相当的智力与相近的性质，然后努力修养自己的人格，造就相当的学识，增加专业的训练。若这几点能够一一做到，作者相信中学教育事业没有不成功的。

中学行政民主化问题[①]

（一）何谓学校行政？学校行政是一种艺术，也是一种科学。它具有创造能力，使关于学校所有的一切思想、设备及人员等，能融合为一种有机的谐和的工作团体，用以达到所要达到之目的。

（二）学校行政的主要目的何在？学校行政的主要目的，在使教员能有最优良的环境，发挥教学能力；使学生能获得最好与最多的学习活动。

（三）何谓民主？民主是一种生活方式，也是一种态度、价值、社会见识和个人纪律的统系。它的要素有三：①尊重个人的人格与价值。②个人与团体相互负责，以谋公的利益。③注重自由运用智能，以解决共同的问题。

（四）中学行政民主化的问题，就是如何将民主真谛与精神，灌输到中学行政上去。

（五）中学行政民主化应有的十四种原则（根据华施德及艾蒙森等的原则加以修正）：

（1）中学教育，应以发展学生之健康、品格及适应社会的效能为基本目标。

（2）学校行政上的一切设施，应与设学的主旨相符。

① 本文是黄溥于1948年7月在“华中区基督教中学战后第一届教育讨论会”上的讲演提纲，选自《宗教教育季刊》第8卷第1期，1949年1月。

（3）学校行政上的一切设施与办法，应以训练学生为中心。

（4）学校的一切行政，应使责任与权限相称。

（5）全校人员应分工合作，顾全行政上之统一与完整。

（6）各种特殊计划，应由执行该项计划之人员拟定，唯须经直接上级人员批准。

（7）对于决定学校行政的办法，全校人员应有参与的机会，唯须顾及行政上的效率与完整，并须不与此种决议所授予之职责相抵触。

（8）学校一切组织，应尽量利用各种设备与全体人员之特长。

（9）全校各部的职权应明白规定，人人了解，以免混淆重叠之弊。

（10）学校行政人员，如因正当缘故不能办理应办之事时，应根据整个学校的需要，另择人员代理。

（11）全校人员在处理相互关系时，应以尊重他人之人格与个性为依归。

（12）担任学校任何职务之人员，能胜任其工作并取得相当成效者，许其继续工作。

（13）学校负责当局，应随时使各董事、家长及社会人士明了学校之政策、设施、成绩与需要。

（14）学校负责当局，应鼓励并设法使教职员在教育专业上能不断地进修。

校长按照这十四条规定统一协调学校各部门，使之各司其职、各负其责，让每一名教职员工都积极参与到学校的建设与发展中来，充分发挥每一个人的潜能，步调一致，向着同一个目标共同努力。这样，每一名教职员都会感觉到自己是学校的主人，从而毫无保留地而又心甘情愿地为学校作出最大的贡献。

作者在“华中区基督教中学战后第一届教育讨论会”上发表“中学行政民主化问题”演讲后，与会者进行了热烈的讨论。现据《教育讨论会纪录》之“讨论意见”摘要如下：

（一）基督精神与民主相合，故基督教学校共同具有民主作风、民主精神与习惯。处在今日各种主义杂陈的时代，仍以民主主义较为稳妥。故提倡民主，我们基督教学校应负有责任。

（二）如遇教职员有不负责或失职的情形，应将公私分清，以诚恳友好的态度，助其改进。

（三）教职员每在会议中不发表意见，而在会后议论纷纷、说长道短，或将会中意见泄露于外，致发生种种误会。欲改良此种流弊，应①培养会议民主态度与作风；②校长应有基督的精神、民主的态度；③校长试由教职员按期轮流担任。

（四）教职员应有机会进修与服务。董事会应组织教职员进修会。

（五）教职员及校长忌听太太或父母的小话。

（六）校长有辅导董事会之责。

第四篇　论教育科学和行政

第五届国际教育会议关于乡村教育组织的建议[①]

乡村教育问题，是数年来不仅在国内教育界算是最时髦和最重要的教育问题，就是在世界各国也是一个很引人注意的问题。本年七月十三日至十八日，在日内瓦举行第五届国际教育会议，参加者有四十国，可惜我国没有代表出席。会议中讨论四个重要的事项：各国教育部长关于1935年至1936年教育运动的报告；特殊学校的组织；整理学校建筑物的法规和乡村教育组织。其中最重要的当推乡村教育组织问题。兹将会议对于乡村教育组织的十五条建议选译如下，提供给我国留心乡村教育问题者。

本会议认为农民阶级是各国体力健康的储藏所，是一个道德能力的要素，我们必须反对农民流入都市和乡村人口的减少，以保存农民阶级的完整；

现代文明的情形和农业技术的进步，很可以在乡村组织一个比较容易和比较舒适的生活；

虽有人使我们相信教育的扩充对于吸引青年离开乡村没有严重的影响，然学校在这方面无论如何不能完全无可指责的地方；

乡村学校不必以纯粹的农业教育为目的，这种学校能够也是应当使

① 这是黄溥翻译介绍第五届国际教育会议关于乡村教育组织的十五条建议，供乡村教育工作者参考。本文选自《教育季刊》第12卷第4期，1936年12月。

乡村儿童了解农民生活的重要和社会上与智力上的尊敬，使他们获得根本的科学知识，这种知识对于乡村职业的有理智的实施在今日是必要的；

概括言之，几乎各国现今都有乡村学校的问题，虽然情状各有不同。

因为上述各点，本会议特向各教育部作以下的建议：

一、乡村学校所给予儿童的教育，不应在任何方面劣于都市学校给予儿童的教育，并且应该使他们能够升入中等学校，这应当是一种大众赞同的原则；

二、为达到这种目的，也为保证在教育方面能有较大的公允起见，我们应当努力尽量地改良在乡村学校依然存在的任何不良的情形；

三、所有的学校，不论在都市或乡村，应有教学的共同标准；

四、当然教师的责任是使他们的课程适合本地的情形，尤其是从学生所处的环境中找出他们的“兴趣的中心”来；

五、我们也应当努力使乡村学校的组织（放假日、假期、功课时间表和课程）适合本地和本区域生活的情形；

六、为保证在都市学校和乡村学校之间存在一种比较完全共有的精神，两种学校应同在一个机构领导之下；

七、小学的普通课程对于乡村生活的情形应有一定的关系；乡村教师应当利用他的环境所供给他们特殊的教学上的便利，使他们的功课有一种具体的和现成的特性，借以启发学生对于乡村生活的眷恋；

八、为乡村学校里年龄较大的儿童所设的科学的教学不是纯粹的农业教学，这种教学对于今日农业家在他们职业的有理智和有益的实施上所需要的思想，应有一种特殊的关系；

九、为使乡村学校能给儿童所应有的健全的教育起见，任何单级学校所收学生人数的最高限度应严加限制；

十、我们应当努力用集中或联合学校的办法，尽量地减少单级学校的数目。但是，假若为年龄小的儿童而保留单级学校的时候，那么我们无论如何也应当为年长的男女学生设立集中的班次。为这个缘故，我们必须采取输送与寄餐的办法；

十一、除设置学生在高级小学毕业的普通科外，我们还应当在高级小学或同等的学校里，为一般能够继续求学而不愿受一种纯粹农业训练的乡村青年，设立一种偏重确定的乡村教育的课程；

十二、乡村学校教师的地位不应低于都市学校教师的地位，我们应抱着这种目标，使都市和乡村教师，不论是在共同的师范学校里或是在分开的师范学校里，有同样标准的普通训练和专业训练，并使全体教师对于乡村学科，女教师对于家政学科，都有相当的注意；

十三、我们应当为凡愿意在乡村区域专门从事补习教育工作的男女教师，组织农业和家政训练的速成班；

十四、我们应当给乡村教师以特殊的利益，用以抵偿居住乡村的不便和损失，这样多少可以鼓励他们在乡村区域久居；

十五、我们应利用课外或校外种种活动来补充或促进乡村学校的工作，如兴办青年农民俱乐部、妇女乡村讲习会、巡回图书馆、乡村播音、教育影片、教育和文化宣传、函授学校等。

举办乡村教育应有的三个基本信条[①]

凡举办任何事业，当然须有一定的方针；有了方针，然后拟出相当的计划；有了计划，然后照着计划实施。这是至当不移的道理。不过，有了方针与计划，我们不能断定所举办的事业必然成功。何则？方针与计划不能使举办的人发挥他的力量，坚定他的意志，他一遇阻碍，便意懒心灰，敷衍了事。大凡天下事，失败多成功少，就是这个缘故。我们要举办任何事业，仅靠方针与计划是不够的，必须加上坚强的信念，服膺弗失，然后方针与计划才能发生效力。我国乡村教育，自五四运动以来，即为国内人士所注意，所举办之乡村建设事业亦非常之多，然成功者居最少数。抗战胜利后，各地均忙于复原工作，但是最近一年中，“乡村教育”的声浪甚嚣尘上，作者不揣冒昧，举出办理乡村教育应有的三个基本信条，以就正于从事此种工作者。

一、建国必先以建设乡村为基础，建设乡村，必须以改进乡村教育为基础

我们长期抗战，终获胜利。虽因盟国的援助，然不能不归功于我

① 抗日战争胜利后，教育界又开始关心乡村教育问题。本文选自济南文化出版社《教育短波》第1卷第24期，1947年12月1日。

国坚强奋斗的农民。晏阳初先生在抗战期间曾说："全民族中，最具坚韧力，最充满潜伏力，足以负起长期抗战伟大使命者，厥为三万万的农民。故无论以量言还是以质言，农民在全面抗战的地位，实居一绝对的重心。所以这次战争的胜利，实系于农民抗战是否成功，而中华民族生死存亡的危机，亦取决于农民抗战的有无办法。"这种论调，事实已经证明，谁也不能否认。现在建国工作正式开始，我们也可以大胆地说，不独抗战胜利系于农民，建国成功亦系于农民。建国必须从建设乡村着手；建设乡村必须从改进乡村教育着手。这样看来，改进乡村教育为建国最基本的工作。乔启明先生在他的《中国农村社会经济学》中阐明："农业为中国经济的命脉，农村为中国社会的基础，农民为中华民族的骨干。若中国农业不兴，则经济无法繁荣；农村破产，则社会必趋崩溃；农民愚弱，则民族必难复兴。所以，如若繁荣中国农村经济，必先救济农村；欲建设农村，必先自推行乡村教育始。乡村教育是整个农村事业文化的基础。换言之，乡村教育为各种农村问题的先决问题。"又高践四先生在《教育通讯》三卷二十二期《教育和新县制关系的分析》一文中，很干脆地说："新县制完全是教育的，换言之，新县制是彻上彻下的、整个的、完全的、充分的，含有教育精神的；新县制的实施，训政的完成，地方自治事业的推进，都须依靠教育。"这些专家的见解，绝不是凭空臆度，乃是由经验体察而来。凡有志从事乡村教育工作的人，应打破一种"自卑心理"，确信此种工作为建国中最基本最重要的工作。

二、有治人，然后有治法。乡村教育的改进，必须鼓励适当的人才下乡，才有办法

荀子曰："有治人，无治法。"这确是一种天经地义。我国近百年史充分地证明了这句话的真实性。这不是说治法无关紧要，治法是不可少的，不过"徒法不能以自行"；我们无论举办任何事业，有治人然后

才有治法，无治人，则一切方针，不管如何确定，所有的计划，不管如何周全，终是徒劳无功。乡村教育事业，当然不能例外。乡村教育若无适当的人负责举办，一切的一切都成画饼。我们所谓的适当的人是什么人呢？据作者的管见，一个从事乡村教育的人，应有五种资格：（一）服务的人生观；（二）对于乡村教育有深刻的兴趣；（三）富于事业心与责任心；（四）关于乡村教育的理论与实施有相当的知识；（五）对于乡村一切情形有充分的了解。这五种资格均极重要，而尤以前三者为不可少，后二者可一面工作，一面学习。假使一般有志的青年，有服务乡村的精神与兴趣，且愿意以乡村工作为终身事业，同时关心乡村的一切情形，研究乡村教育的理论与实施，则乡村教育的一切问题，均可迎刃而解。所以目前最迫切的问题，就是如何吸引这些青年从事乡村教育工作，这就是所谓“人才下乡”的问题。

我们要解决“人才下乡”的问题，必先要知道人才为什么不下乡。我们所谓的人才，即具有上面所提出的五种资格的青年，这种青年不愿下乡的原因甚多，其主要的不外乎五种困难：（一）乡村治安无保障；（二）乡村待遇菲薄；（三）乡村生活枯燥；（四）乡村见闻闭塞；（五）社会人士的轻视。我们要鼓励他们下乡，必须解决这五种困难。据作者的管见，解决的办法有：（一）树立风气，由省府聘请才高德劭的人士主持县政，服务桑梓；（二）安定乡村，使治安有保障；（三）改善交通，使报刊杂志易于购买；（四）提倡正当娱乐，使乡村生活不致单调；（五）提高待遇，使乡村与城市的享受不致相差太远；（六）宣传鼓吹，使社会人士重视乡村教育。

三、乡村教育的最终的目的，不在普及教育，安定农村，而在造成基层的民主组织，使全国确实能成为民主的国家

我国既已进入宪政时期，国体已决定为民主共和国，则乡村教育

的一切设施，当以民主主义为依归。民主主义的真谛何在？据作者的研究，民主主义包含三种要素：（一）尊重个人的人格与价值。（二）为谋公共的利益，个人与团体须相互负责。（三）各人须自由运用智力，以解决共同的问题。这三个要素极不容易培养，民主主义之可贵，就在这点。凡举办乡村教育的人，应利用一切的设施，使乡间儿童与成人，对于民主主义能有初步的训练，使他们在日常生活中，学习如何参加团体活动，如何尊重他人的自由，如何养成公共卫生的习惯，如何守纪律、负责任等。同时教以普通常识、生产技能，使能自由运用智力，以解决共同的问题。这种教育即是民主主义的教育。

在乡村推行民主主义的教育，是一种极困难的工作：一方面有恶势力，如土豪劣绅的阻挠，一方面乡民缺少自动能力，旧习难改。梁漱溟先生在《乡村建设理论》中说得清楚："本来最理想的乡村运动是乡下人物，我们帮他们呐喊；退一步说，也应该是他们想动，而我们领着他们动。现在完全不是这样，现在我们动，他们不唯不动，甚至因为我们动，反来和我们闹得不合适，几乎使我们作不下去。"这些确是改进乡村教育的最大阻力。这些阻力不是短期间可以克服的。我们必须忍耐，不求速效，不事铺张，以"埋头苦干"的精神与"稳扎稳打"的策略，一步一步地来胜过这些阻力。作者相信乡村教育对于造成基层民主组织的使命，必有达到的一日。

以上三个基本信条，非常平淡无奇，唯其平淡无奇，故最易为从事乡村教育者所忽略。作者认为，一般有志青年，如能确信乡村教育为建国最基本的工作，确信乡村教育事业迫切地需要人才，又确信乡村教育负有造成我国基层民主组织的使命，必能挺身而出，鞠躬尽瘁，来肩负这种伟大的建国工作。

什么是好的学问[①]

我们的国家是由学者、农民、劳动者、商人四种人组成的。在这些人中，学者位居首位，不仅是因为他们品德高尚，行为优雅，而且因为他们为国家服务。中国历史上伟大的政治家是学者，光耀中国的人是学者，给国人留下名声的人是学者。所以，“学者”这个词的崇高含义在我们的脑海中留下了深刻的印象。我们很难不将它与崇高的思想和重大的意义联系起来。

当我们思考“学者”这个词的崇高含义时，我们不能忘记什么是好的学术。在生理学中，我们说大脑、身体和心脏对人类活动非常重要。一个人永远不会认为他可以没有身体、没有大脑或没有心脏而存在。当我们从生理学转向教育时，同样的原则也适用。“教育”一词包含了思想、身体和心灵的平衡协调发展。如果我们只培养我们的思想，或只培养我们的心灵，或只培养我们的身体，就永远不能成为好学者。为了获得良好的学问，我们必须培养它们；不仅要全部培养，还要均衡培养。如果我们比别人更专注于培养思想，我们就是怪物或怪人；如果我们更侧重于身体，我们将成为野蛮人或残暴的人；如果我们对心灵的培养更多，我们将成为疯子或狂人。修身养性，是真教育的重中之重，是好学问的基础。

在讨论什么是好学问时，看到中国学问的现状，我们感到很遗憾，

① 本文选自《雅礼学生杂志》第1卷第1期，1917年。

我们发现，我们的学问在思想、身体和心灵的对称培养方面存在许多缺陷。毋庸置疑的是，这些缺陷对我们的教育、对我们的文明和对我们国家有害，因此值得我们讨论。

我们的伟人曾经说："工欲善其事，必先利其器。"这在培养一个好学者方面是非常正确的。一个学者最重要的工具就是他的身体。锻炼身体真的是教育中非常重要的一环。如果我们瞥见如此发达的古希腊教育，以至于今天它被用作现代教育的典范，我们会发现体操训练是一个非常重要的部分。这种教育的结果是伟大的哲学家和艺术家在希腊层出不穷。可惜中国文人没有修身的理想。我们认为，整天低头伏案，穿长袍，无所事事是对的。这是中国教育在修身养性方面的一大缺陷。

中国是除埃及外最古老的国家，也是世界上文明程度最高的国家，这一点是公认的。中国的许多发明、道德教义和社会安排都比其他国家来得早。当然，说中国人有强大的智力并不夸张。人们普遍认为，一个拥有强大智力的国家应该是强大的和伟大的。我们很不解地发现，拥有如此强大知识力量的中国仍然很弱很穷。真正的原因是什么？一位古老而睿智的作家说过："工作挥舞着权力的武器，把成功握在手心，并赢得了胜利的王冠。"从这段话中我们可以看出，中国不使用权力的武器等等，是由于工作疏忽。

我们早就熟悉了一些科学和艺术方面的知识，比如火药的性质、磁针的极性、天文事件、雕刻的艺术、算盘的使用，但我们没有将这些信息分别应用到制作枪、罗盘、十二生肖、活字、数字的位置值。我们有大量的智力，但我们不把它应用到物质上。我们只有抽象的想法，没有实际的训练。这一事实导致我们的国家变得软弱和贫穷。现在中国学者最需要的不是抽象的想法，而是具体的活动，与其说是如何获取知识，不如说是如何应用知识。执着于抽象的知识而不去实践，是中国学者培养真正的学问中的一大缺陷。

说到修心，我们不必批评中国学者。我们意识到我们甚至比基督早几个世纪就达到了道德的高峰。我们的伟人孔子给我们的道德教义如此丰富，以至于我们没有发现任何不足之处。我们已经拥有尽可能多的美德。但是，我们没有得到我们认为应该有的好的批评，相反，每当我们阅读报纸或参加公共演讲时，我们经常看到或听到的是，现在我们国家的软弱性要归咎于我们同胞们的坏心肠。我们的人民是有道德的人，我们的学者研究道德书籍。为什么还是说我们心肠不好？这是否意味着我们已经失去了我们的全部美德，错过了孔子的所有教义？当然不是。我敢说，中国人没有失去任何美德，仍然坚持孔子的教义。导致我们的坏心肠和我们的国家软弱是由于忽略了一种伟大的美德，一种中国缺乏的美德，这也是我们的学者最需要的一种美德，即为了他人的利益而自我牺牲的美德。我们知道如何培养自己的心灵，如何获得好学问；但是因为我们忽略了牺牲的美德，我们在教育上所做的很多工作都没有什么效果。以个人尊严和个人利益为教育目的，是我国学者培养好学之心的一大缺陷。我们现在要做的就是改变我们的目标，把它变成公共利益和国家利益。这才是真正的教育意义和好学问所需要的。

在我结束我的话题之前，我希望我的读者多注意一件事，那就是好学问的三个基本要素之间的密切关系。修炼强壮的身体，就是为工作的头脑做准备。培养良好的艺术是为正确使用可行的头脑做准备。没有道德之心和强壮的身体，我们培养可行的思想就是没有什么价值的。没有可行的思想和强壮的身体，我们培养道德之心是徒劳的。没有可行的思想和道德之心，我们强壮的身体就会处于危险之中。学识高尚是人的最高境界。成就并拥抱思想、身体、心灵的对称发展；我的职责是：现在对中国学者来说，就是纠正我真诚地提到的那些缺陷，并为良好的学术提出最后的紧急请求。

附：

What Constitutes Good Scholarship

Our country is composed of four kinds of people, namely, scholars, farmers, laborers, and merchants. Among these, scholars are honored first, not only because they are noble in character, and graceful in action, but really because they have served our country. The great statesmen of Chinese history were scholars, the men who have glorified China were scholars, and the men who have left a reputation to our countrymen were scholars. So the noble meaning of the word scholar is impressed deeply in our minds. We can hardly think this word without associating it with noble ideas and great significance.

While we think about the noble meaning of the word scholar, we must not forget what constitutes good scholarship. In physiology we say that brain, body, and heart are very important to human beings. One never thinks he can exist without body, or without brain, or without heart. The same principle holds true when we pass from physiology to education. The term education embraces a symmetrical devclopment of mind, body, and heart. We can never be good scholars if we cultivate our minds only, or our hearts only, or our bodies only. In order to get good scholarship we must cultivate them all; not only cultivate them all, but also cultivate them symmetrically. If we cultivate our minds more exclusively than the others, we shall be monsters or oddities; if our bodies more, we shall be savages or barbarians; and if our hearts more, we shall be mainacs or madmen. To cultivate mind, body, and heart symmetrically, is the paramount of true education, and the conditions on which hangs good scholarship.

In discussing what constitutes good scholarship we feel sorry when we see the present condition of Chinese scholarship. We find that our scholarship has many defects in cultivating mind, body, and heart symmetrically. These defects are so pernicious to our education, to our civilization and to our country, that they are certainly worth discussing.

Our great master said: "*The mechanie who wishes to do his work well must first sharpen his tools.*" This holds very true in the making of a good scholar. The most important tool of a scholar is his body. To cultivate the body is really a very essential part in education. If we glimpse at the old Greek education which was so highly developed that today it is used as a model for modern education, we shall find that gymnastic training was a very important part. The result of such an education was that great philosophers, and artists developed in Greece. It is a pity that Chinese scholars do not have the ideal of cultivating the body. We think it is proper to bend our heads to desks all day, and to wear long gowns, and do nothing. This is a great defect in Chinese education in cultivating the body for good scholarship.

That China is the oldest country, except Egypt, and the most highly civilized in the world, is generally recognized. Many inventions, moral teachings, and social arrangements came earlier from China than from other countries. Certainly it is not ostentatious to say that the Chinese have great intellectual power. It is commonly accepted as a rule, that a nation which has great intellectual power ought, to be strong and great. We are very much puzzled in finding that China, possessing such great intellectual power still remains weak and poor. What is the real reason? An old and wise writer has said: "*Work wields the weapons of power, wins the palm of success, and wars the crown of victory.*" From this passage we realize that the reason why China does not wield the weapons of power, etc., is due to neglect of work.

We have long been acquainted with some knowledge in science and art, such as the nature of gunpowder, the polarity of the magnetic needle, astronomical events, the art of engraving, and the use of the abacus, but we have not applied this information for making guns, compasses, divisions of the zodiac, movable type, and the positional value of figures respectively. We have a great amount of intellect, but we do not apply it to materials. We have only the abstract ideas, but have not the practical training. This fact helps to make our nation weak and poor. Now what Chinese scholars need most is not abstract ideas, but concrete activities, and not so much how to get knowledge, as how to apply knowledge. To adhere firmly to abstract knowledge and not make it practical is a great defect of Chinese scholars in cultivating minds for true scholarship.

In passing to the cultivation of hearts, we need not criticize Chinese scholars. We realize we reached a high point of morality even many centuries before Christ. Our great master Confucius gave us moral teachings so full that we do not realize any deficiencies in them. We have had as many virtues as terms can be given. But instead of having good criticism which we deem we ought to have, we often see and hear, whenever we read a newspaper or join a public discourse, that the weakness of our country now is due to the bad hearts of our countrymen. Our people are moral people, our scholars study moral books. Why is it still said that we have bad hearts? Does it mean that we have lost all our virtues and missed all the teachings of Confucius? Certainly it does not. I venture to say that the Chinese people have lost no virtues and have still clung to Confucius' teachings. The only thing which makes our hearts bad and our country weak is the neglect of a great virtue, a virtue China lacks and one our scholars need most. That is the virtue of self-sacrifice for the good of others. We know how to cultivate our hearts and how to obtain good scholarship; but because we neglect to appreciate the virtue of sacrifice, much that we have done in education is of little effect. To make individual dignity and personal benefit the aim of education is the great defect of our scholars in cultivating hearts for good scholarship. All that we have to do now is to change our aim and turn it to public good and national benefit. This is what true education means and good scholarship needs.

Before I procced to bring my topic to a close, I wish my reader to notice one thing more, that is, the close relation between the three essential factors of good scholarship. To cultivate a strong body is preparation for a workable mind. To cultivate a good heart is preparation for the correct use of a workable mind. Without moral hearts and strong bodies our cultivation of workable minds is of little value. Without workable minds and strong bodies our cultivation of moral hearts is in vain. Without workable minds and moral hearts strong bodies are in danger. Good scholarship is the highest possible human achievement and embraces only the symmetrical development of mind, body, and heart; and the duty incumbent on Chinese scholars now is to corrcct those defects which I have sincerely mentioned and to make a final and urgent plea for good scholarship.

教育的科学应用法[①]

近代教育学的一种显著的运动就是教育之科学的研究。这种运动的旨趣是在用普通科学的方法来研究教育的各种问题。本刊已选登庄泽宣先生一篇关于教育研究的重要文章。读了这篇文章的人，大概可以了解教育的科学研究方法与研究教育的基础。不过我们要问：到底为什么"费力、费时、费钱"来从事教育研究？我们是不是为研究而研究，抑或是为应用而研究？这个问题很值得我们考虑。有人主张我们为寻求真理而研究，不应顾到实用方面。但是作者认为教育研究是以改良实际的教育设施为出发点的；教育研究对于教育实施应当发生关系，若是不发生关系，我们何需乎教育研究？美国的教育研究异常发达，然对于教育实施的影响并不巨大，推究其故，皆因多数教育学家只专心研究，而不注意实际的应用。我国教育研究尚在萌芽时期，我们不应蹈他人的覆辙。我们应当一方面从事教育研究，一方面努力将教育学所研究的结果应用到我国教育实施上面。

教育的科学研究确是"一件不容易的事：费力、费时、费钱，有时还要有许多人的帮助，长时间的工作，才可成功"。不过，教育的科学研究，虽然困难，还有一定的普通方式可以遵循。凡做过教育研究的人

① 早在1931年黄溥就呼吁教育同仁对我国教育现状进行认真的科学研究，教育理论要和实际相结合，以改革我国抄袭模仿的教育体制。本文再次强调教育科学研究是为了应用，并且传授了具体操作的方法步骤。选自重庆出版的《教育通讯》第14卷第16期，1938年7月9日。

都晓得如何：

1. 选定问题；

2. 参考有关材料；

3. 提出假定；

4. 搜集新材料；

5. 分析类别及概括所搜集的材料；

6. 定出结论。

这种普通研究方式完全是科学研究法。教育研究方面既然可采用科学研究法，教育应用方面亦何尝不可采用科学应用法。科学应用法并非一种新颖方法。自有科学研究以来，即有科学应用法。所有科学上的发明以及各种工业的组织，都是科学应用法的表现。不过科学应用法不及科学研究法那样明确与确定罢了。科学应用法，据作者所知，可分以下八个步骤：

1. 说明目标；

2. 估计场合；

3. 拟定着手的方案；

4. 编定进行的程序；

5. 依照进行的程序，实施新计划；

6. 估量实施的结果；

7. 如结果不良，实行诊断；

8. 采用补救办法。

这八个步骤可以说是科学的应用方式。我们很可以采用这种方法来改良教育的实施，如教学法与教育行政等问题。

第一步，我们必须指定我们改进的目标。目标越清楚，我们越容易成功。我们的目标不可空泛，也不可太难。太空泛则无从着手，太难则成功机会减少。譬如我们要改进初中一年级的国文成绩，我们的目标应当指定是学生阅读能力的改进，或是作文能力的改进。我们也不可企望太高，譬如我们希望初中一年级学生阅读能力能达到大学一年级的程度，那是不可能的。

第二步，我们应当细密地估计一切情形与事实。凡在我们的场合以内的优点与缺点，都当一一审察，不使稍有遗漏。这种场合的估计是成功的要素。这步工作偶一不慎，整个计划未有不失败的，因为各处的场合没有两个是绝对相同的。同是一样的计划，在甲处可以成功，在乙处居然失败。教育上许多改进的尝试，就是这种情形。我国学校在过去采用新计划来改进教学的，不在少数；然成功的实在不多，大都因为我们没有细密地估计我们自己场合内的人力、财力、设计及需要。

科学应用法的第三步就是拟定着手的方案。一个着手方案应当包括以下九点：

1. 根据我们所要的结果来说明我们应做的是什么；
2. 举出并叙述可以负责执行的人员；
3. 列出所需的用品与设计；
4. 指定地点；
5. 指定时间，何时开始，何时结束；
6. 在每个进行的阶段中说明应做的事项；
7. 详细叙述所采用的方法；
8. 编订一个经费的预算；
9. 拟出一个关于主要事实原则的摘要。

这种着手的方案必须细心地审查一遍，有不妥之处随时修正。关于第1点，应具体说明我们所要的结果是什么。比方，我们要改进学生的阅读能力，我们必须指定最低限度地阅读普通读物的速度是每小时多少面，又最低限度地了解阅读能力是依据某种默读测验某分类为标准。我们所要的结果越具体化，我们越容易知道我们应该做的是什么。

方案中的第2点是至关重要的。任何优良的计划，若无相当的人员执行，都成画饼。荀子所谓“有治人，无治法”[①]，就是这个意思。不过计划均须等待现成的人才去执行，那是不可能的。我们必须随时训练可以负责执行的人员。在学校中我们如要实施某种新计划，我们必须多费时间向教职员尽力宣传，并利用教务会议或他种方法来切实地指导他们。如果他们愿意学习，愿意合作，我们的计划不愁没有成功的希望。

至于用品与设备亦关重要。许多新计划需用新设备。新设备有时价值太昂贵，有时无法购置。然而我们不能因为设备的困难，就中止我们的计划。我们应当自出心裁发明我们所需要的设备，尤其在我们工业落后的国家，不能不如此努力。邰爽秋先生所发明的普及教育车就是一个好例。

方案中关于地点与时间问题。我们应注意的是地点须确定，时间不可拖延。地点能确定，则便于着手；时间能限制，则效率可以增加。关于第 6、第 7 两点，我们应注意最易使人了解的方式，来说明每阶段应做的事项与所采用的方法。因为任何实施计划须使每个参加工作的人都能了解，不使稍有盲从误会的危险。许多教育上的试验与实施不能成功，就是因为参加工作的人没有详细的指导，不知如何负责执行，所以结果是“功亏一篑”。

经费的预算在方案中也是极其重要的。没有经费，当然不行；有经费而无预算，等于浪费。不过预算必须多费时间，根据事实，细心编订。一经编定之后，必须严格地遵守，不可丝毫变通。若是预算可以随便更动，预算即失效用，整个计划必受打击。所以编订预算是着手的方案中所不可忽略的。

---

① 荀子名况，是战国时期的思想家、教育家，所著《荀子》共 32 篇，其中《君道》《致士》等篇是专门阐述用人之道的。《君道》开篇第一句话是“有乱君，无乱国；有治人，无治法”。意思是“有造成国家混乱的君主，而没有必定混乱的国家；有安定国家的人，而没有使国家自然安定的法制”。也就是说，有了善于治国的人，法制就能起作用，没有这样的人，法制也就失去作用。黄溥引用这句话，旨在强调要选好或培养好执行科研计划的人，否则，计划再好也是不可能实现的。详见杨任之译、缪礼治校订：《白话荀子》，岳麓书社，1991 年 4 月第一版，第 122 页、第 396 页。

方案中最后一点，是拟出一个关于主要的事实与原则的摘要。这种摘要的目的是使参加工作的人以及局外的人士，对于整个的计划，能提纲挈领，一目了然。这在教育实施方面，至关重要。因为我们希望各人能竭尽心智，来应付一切不可预料的困难。

着手的方案拟订后，我们便可编定进行的程序。这是科学应用法的第四个步骤。根据着手的方案来编定程序是一件比较容易的事。不过欲求其妥当，我们最好把整个的程序在小规模的范围内试演一下，如发现不妥的地方，我们便可修正。

进行的程序编定妥贴后，我们便可根据着手的方案，逐步实施我们的新计划。在实施的时候，主持的人应随时考察各种情形，并详细记录各种重要的事实与结果，以作改进的参考。

科学应用法第六步就是估量实施的结果。估量的方法是将所得的结果与所列举的目标作一正确的比较。若是对估量的结果非常满意，我们的新计划便算成功。若是不甚满意，或与目标相差太远，我们必须进行第七步，实行诊断。诊断的方法不外乎根据实施的记录，细心考察所用之人是否得当，所有的设备是否合用以及所处的场合是否相宜。若是用尽方法还不能知道困难的来由，我们不妨再行实验一次，务必找出失败的原因。失败的原因一经查出，我们便可采用补救的办法来纠正一切。这就是科学应用法的最后一个步骤。

以上各段不过是科学应用法的一个简单叙述。作者相信我们很可以利用这种方法来改良我国的教育实施。尤其在现在抗战时期，抗战教育的研究，甚嚣尘上。我们目前所最需要的不是抗战教育的理论，也不是抗战教育的实施。我们要实施抗战教育，必须采用上述的科学应用法，不然我们一切抗战教育的研究与实施都是徒劳无益的。希望国内从事抗战教育实施的同志，共同努力！

在湖南大学教育学会成立大会上的演讲词[1]

昨天下午有两位同学，到我那边来说，贵校在今天成立教育学会，要我来参加，我深感荣幸！本来今天很忙，我来的原因：一则是要来会会老同学，再则是要来会会各位有名的教授。所以我今天的说话，并不是什么训词。从宋朝起，岳麓山这地方就建立了岳麓书院，前贤的朱张都曾讲学于此，到现在已有一千年的历史。贵校门首的“唯楚有才，于斯为盛”的对联，的确不错！由此可见，过去这地方研究教育的风气也是十足的！近来中国教育进步很快，学校也如雨后春笋般地增多。在一些大学里都设有教育学院，更分有许多的系，专门来研究教育的学理和实际问题。这确实是一种很可贵的现象！但是，在我们湖南这个地方，研究教育的唯一机关就是湖南大学的教育系了。在城内虽说也有几所师范学校，但都是高中性质，只能研究粗浅一点的教育知识。我们都知道，此地过去有很长的办教育的历史，而我们现在所负的责任就是要怎样继续这历史，并使他更光荣宏大！所以诸位这个教育学会的组织，极其重要，虽然现在的人数很少，我相信将来的影响一定会很大；即使在

① 黄溥的这篇演讲词由曹玉宵、童梦麟记录。他特别强调深入实际，切切实实地做调查研究工作，“这样，我们一面有理论，一面有事实，理论与实际问题，相辅而行，我们所研究的才不至于落空”。黄溥一生谨守理论与实际相结合的科学精神从事教育科研，脚踏实地在我国中等教育领域里耕耘终生。此文选自湖南大学教育学会主办的《教育丛刊》创刊号，1931 年 12 月。

现在我们不能表现出多大的成绩，或许过了几十年之后，一定会变成一个了不起的机关，所以我特地前来道贺！

我还对教育学会有一点补充的意见，就是应该改掉学会里面少数人负责的现象。大家既已抱定了宗旨，成立了这个学会，就要成为大家贡献经验与成绩的机关，自己有多少能力，就应贡献多少，切不要抱着只来“得”的观念。同时，更不能依赖教员或旁人，个人存着一种谦虚的心理，不尽力贡献。总之，既要一面应由相互的研究而“得”，也要一面在能力范围之内尽力地“给”，这点是应当注意的。

还有一点，方才凌院长说过的教育社会化问题，我也来补充一点。我觉得现在中国教育所用的材料，都是由西洋运过来的，实在太不合用。就长沙本地而言，这种情形也不例外。所以我觉得各位今后应负起一个责任，一个急需而伟大的工作，就是在各民众学校与长沙的学校里面，做点切实的调查，把相当的材料搜集起来。这样，我们一面有理论，一面有事实，理论与实际问题，相辅而行，我们所研究的才不至于落空。我们今天都是教育上的同志，无分什么师生，可以帮助的地方，当尽力贡献。希望这个刚才诞生的教育学会，从此以后，能成为将来教育上的一个中心，甚盼诸位努力！

地方教育改进之障碍[①]

凡读过我国教育史的人，都感觉我国新教育之发展，是由上而下，先大学而后小学，先中央而后地方，先省区而后县区。这种“头重脚轻”基础不固的现象，确实是我国教育失败的一个重大原因。就历史方面说，这也难怪，因我国新教育制度之采用完全为外力所逼成，一切教育设施皆为应付一时环境困难而采取的办法，根本无暇建立稳固的基础。时至今日，不是模仿日本，就是模仿美国；不是模仿美国，就是模仿欧洲列强。结果是抄袭敷衍，毫无自立根本改造之精神。现在，国内当局与教育界负责人士渐渐觉悟起来，认清我国教育如欲建立一种稳固的基础，非从改进地方教育着手不可。最近当局领导人亦以复兴地方教育为救国不二法门，全国各界人士都极重视农村建设与民众教育。这种现象，不能不认为我国教育前途一片曙光。不过，欲改革我国地方教育，必须明了地方教育改革之种种障碍，然后设法尽力排除，庶可收复兴地方教育之实效。

地方教育改进的第一个障碍，即社会不安定。民不聊生，遑论教育？动乱地区更不待言，即无动乱的地区，亦受影响不小。人心既不安定，教育无从着手。好在政府当局已下最大决心，排除此种障碍，社会已渐呈安定现象，地方教育改进之第一个难关，可谓已有打破之希望。

地方教育改进之第二个障碍，即经费问题。鄂省连年天灾和动乱，

① 选自《湖北教育月刊》第2期，1933年10月。

地方经济已经破产。原有之地方教育，已确无法维持，遑论改进？所幸教育厅现已拟具省款辅助地方教育办法，虽说杯水车薪，然就目今情形而论，确是一种有效的救急办法。不过，根本改善地方教育经费问题，非从提高人民生产能力，免除一切苛捐杂税，改良交通运输不可。

地方教育改进的第三个障碍，即地方人士对于本地之一切教育设施漠不关心。他们处处依赖政府，人民毫无自动能力。即使地方安定，经费充足，此种障碍不除，地方教育永无改进之一日。不过这种现象，不是中国人民的一种痼疾。中国人民对于地方公益慈善事业，如恤邻救灾等，向具热心，其所以对于地方教育事业不发生兴趣者，因历来无此种训练的机会。地方一切教育事业既由政府行政人员把持，即使有热心教育者亦无从过问。今后欲排除此种障碍，使本地人士爱护本地教育，非设法使彼等多参加地方教育行政之机会不可。

地方教育改进之第四个障碍，即地方教育行政人员太近于官僚化。此种障碍，为产生第三种障碍的一个重要原因。地方教育行政人员，热心办理教育者，固属不少，然大多数以担任教育局长或科长为一种官僚职务，结党营私，勾心斗角，每日应酬不暇。唯有慎重选择各地教育行政人员，不仅注意其相当的资格，亦须注意其人格与为社会服务的精神。

与第四个障碍有连带关系者，即地方教育行政人员，因其不能专业化，故容易官僚化。解除此种障碍，唯有提高地方行政人员之地位与资格。选择彼等时，应注意其教育学术研究之机会，并能赴各处教育改进有成绩的地方实地考察，同时多方设法，鼓励彼等在各地实验各种教育新思想，将其结果报告全省，以资参考。

地方教育改进之第六个障碍，即各地教育行政人员对于地方教育无整个的计划，对于地方教育的实况不知用正确的方法深入调查；即使有调查，亦不过根据一种公文式的表册随意填写，敷衍塞责。排除此种障碍，首先应对于地方教育行政人员的地位，有一种相当的保障，使能心安职务作长久的计划；所有的计划，应根据实地的调查。计划拟定后，须呈请高级行政长官批复，然后按部就班地将拟定之计划，逐步推行，不求速度，不贪奇功。如此办法，地方教育方可有改进之希望。

此外，地方教育改进之障碍，如土豪劣绅之捣乱，县区行政人员不合作，地方积习太深无法改革，国内政治变更无常等等，可谓不胜枚举。不过，以上所举之六大障碍，确是今日我国地方教育改进上所必须特别注意的。在地方治安、教育经费、地方人士自动力、教育行政人员热心服务、注重专业精神、有确实的计划等方面，地方当局和教育行政人员是有改进条件的。如能扫除上述六大障碍，其余的障碍不难迎刃而解。希望在座各位县区教育行政领袖努力奋斗！

学校行政之基础[①]

我国自十九世纪中叶以来，屡受列强欺侮，乃发愤图强，采用新教育制度，广设各种学校，迄今已七十余年，然成效不显著者何故？其中原因颇多：如经费不充足，政治影响太大，师资问题不能解决等。这些原因，都有相当的理由。然照管见所及，我国学校办理不善的一个重要原因，是主持学校者不研究学校行政。一般负有学校行政责任者，大都以学校行政问题，不值得研究，只要有法令所规定之资格，即可主持学校，此种情形，正与普通人士以担任教学者，只要有学问，不必研研教授法，同一谬误。关于这一点，王世杰先生的话，非常得当，他说："近人之谈教育者，对于实施方案，往往轻于主张，盖仍目教育为常识范围以内之事。实则各种实施方案，十之七八应看作一种专家问题。否则方法错误，匪唯不能达到最高效率；甚或使良好教育宗旨之本身，久而久之，亦备受攻击，而终被废弃；其危莫甚！此诚今日关心教育改革者极宜注意之事也。"（见《教育杂志》之《复刊感言》）

学校行政之意义：其所以一般人士以学校行政不值得研究者，因不解学校行政之真意义。以学校行政，不过执行一切学校公务与规程而已。殊不知学校行政，是一种艺术，也是一种科学；具有创造能力，使关于学校所有之一切理想、设备及人员等，能融合为一种有机的工作个体，用以达到所欲达到之目的。照这样说来，学校行政范围极广，工作

① 本文选自《哲学与教育》第3卷第1期，1934年。

极难，不是建筑校舍、购置校具、支配课程、编制学级、整理事务、出纳经费等，所能了事。学校行政，含有三种要素：一曰理想，二曰设备，三曰人员。主持行政者，须有正确的理想，作为行政之方针。要实行这正确的理想，须有种种的设备。有了理想与设备，还需有相当之人员，使能运用所有之理想与设备。这三种要素，如何能连贯起来，使成为一种整个有机体？这个问题，非有科学的知识与艺术的精神，绝对不容易解决。

学校行政之目的：学校行政之意义，既如上述，则其主要的目的，与重要的作用和原则，自有研究的必要。杜佐周先生在他的《教育与学校行政》一书内，以“维持学校秩序，改良学校工作，发展学校事业，及促进学校成绩的一切设施”为学校行政之目的。这种说法，还不彻底。试问为何维持学校秩序？为何改良学校工作？为何发展学校事业及促进学校成绩的一切设施？简单的答复，不外在学生可能范围内，能获得最好与最多的学习动作。这就是学校行政的终极的目的。其余一切设施办法，不过为达到此种目的的工具而已。

学校行政之工作：为要达到这个目的起见，学校行政有种种的工作。其重要的，可分以下八种：一曰维持信用，使学校对内对外，都有相当的信用。二曰决定政策，学校应有一种明确的宗旨，并须决定合乎学校宗旨之政策与办法。三曰处理经费，如出纳保管，都能处理精密，使学校工作不致因经费而掣肘。四曰统治人员，使教职员学生都能一心一德，分工合作。五曰整理设备，使学校一切建筑和事务，都能整理得法，增加办事的效率。六曰估量成绩，使校内一切事功，与教职员和学生之工作成绩，能有相当的考核与检查。七曰解决纠纷，一校之内，难免有时发生意外纠纷。负行政责任者，应有判断是非、处治困难之能力。八曰贯彻精神，校内工作繁纷，职责各异。负行政责任者，应使之连成一气，互相照应，互相联络，以成为一种有力工作之个体。此外学校行政之工作颇多，不胜枚举。不过以上八种工作，确为任何学校行政上所不可忽略者。

学校行政之原则：在讨论学校行政之原则以先，我们须认清学校行政与教育哲学之关系。教育哲学，是一种历史上之产物，一国有一国的教育哲学，一时代有一时代的教育哲学。有了教育哲学，然后有教育的设施。学校行政不过为教育设施之一种，语云：理想为事实之母，有理想然后有事实。所以学校行政不能与教育哲学分离。前者必须根据后者。我国现代之教育哲学，公认为三民主义之教育哲学。这种哲学，以振兴民族、发展民权、培植民生为主旨。换言之，即是一种民本主义之教育哲学。与杜威先生所提倡之平民化之教育哲学不约而同。这种哲学的真髓，不外尊重他人之人格，和个人利益与社会利益同化两点。我们所举之学校行政之原则，当然应以这种教育哲学为依归。兹将重要之原则胪列如下：

（1）学校行政上之种种办法中，应以学生之训练为中心。换言之，学校为学生而设，不是学生为学校而设。上面我们已经说明学校行政之目的，是在学生方面能获得最多与最好的学习动作。

（2）学校一切行政，应使责任与权限并行。这条原则之重要，不难了解。一个负学校行政责任者，不能事事躬亲。必须委托他人办理，委托时，若不付与相当之权限，则必发生无穷的困难。

（3）全校人士应分工合作，顾全行政上之统一与完整。主持学校者，必须有一明确之目标，并须将此目标灌输全体教职员与学生，使能完全明白学校一切设施之用意。然后可收行政上完整与统一之效。

（4）各种特殊计划，应由负责执行之人员拟定。唯须经高级负责人员批准。学校行政最忌的，是机械化。这条原则之用意，在顾全行政人员自动的精神。使他们有负责筹划的机会，然所拟之计划，须经高级负责人批准，以免各自为政之弊。

（5）全校人士，对于决定学校行政之办法与政策，应有充分参加之机会，唯须不与行政之效率与完整相抵触。民本主义之教育，不是“民可使由之，不可使知之”的办法。一个学校行政之成功，端在全体教职员学生，对于校内所有的行政办法，都有充分的了解。然后不致发生意见与误会。今日国内学校最容易发生风潮之原因，即是主持行政者，凡事不公开，酿成无谓的纷争与纠葛。若能实行此原则，许多困难，皆可解除。论者或谓此种办法，有使学生干预学校行政之危险。诚则不错，故本条末段，载有“唯须不与行政之效率与完整相抵触”以为保障。

（6）学校组织，应尽量利用各种设备与全体人员之特长，上面已经说过学校行政之三种要素，为理想，设备，与人员。学校行政之效率，全视主持学校者，能否尽量利用所有之各种物资设备与全体人员之特长。

（7）全校各部工作，应明确规定，以免淆混重叠之弊，职责不明，权限不清，为任何行政所不许者，学校行政不能例外，许多学校犯此条原则，养成行政人员互相敷衍不负责任之恶习。

（8）完全达到目的，既不可能，则须采择比较有价值之办法行之。学校行政上，应办的事繁多，常有不能兼顾之势。任行政之责者，不得不斟酌选择较有价值者执行之。譬如校长之重要职责，在视导教学。然同时有许多事务亦须校长办理者：如例行文牍，招待来宾等。如依此条原则，则能注重视导教学，对于例行文牍及招待来宾等，可委托他人办理。

（9）全校人士所有一切关系，应以尊重人道与人格为根据。学校为一种小社会。校内人士所有之一切交往与接触，均能根据一种民本主义的精神，互相体恤，互相谅解。学校对于教职员与学生的身心健康，尤宜努力提倡，使人人能达到工作效率的顶点。

（10）全校人士对于一己之职务，如能负相当之责任，则应许其继续工作。我国学校，因政治影响，对于行政人员，时常更换，使不能安心工作。这确是我国教育腐败之一个重要原因。我们欲谋学校行政之改进，只有从安定学校行政人员入手。如有不能负责，或不能胜任愉快者，应当罢免。不过在委任时，如能慎重择，则此种时常更换的现象，自然可以减少。

以上学校行政之十个原则，都是根据民本主义的教育哲学选而来的。我国学校行政人员，如能切实履行，一洗从前敷衍塞责之恶习，将来学校之进步，必有可观。

教育行政学[①]

教育行政学也叫教育管理学。它包括教育行政管理和学校工作管理两部分。20 世纪初美国兴起的教育行政管理来自泰勒（F. W. Taylor）的科学管理理论。美国新泽西州牛顿学区视导员弗兰克·斯波尔丁（Frank Spaulding）于 1913 年在美国教育联合会视导分会年会上报告了他把泰罗管理概念运用到牛顿学区制度中的经验。他分析了泰罗制的优点，特别强调测量评估方法的重要性。他运用数据记录、分析和比较教育的产出和消耗，突出教育效率原则的理念。芝加哥大学教育管理学教师约翰·富兰克林·博比特（John Franklin Bobbit）阐述了如何运用泰罗制来解决城市学校所面临问题的尝试。后来，一些具有实践经验的教育专家对行政管理和学校的各项工作进行研究，订出合理的工作量标准，以提高工作效率，减少人力、财力的浪费。同时，采取视导的方法对学校工作予以监督和控制。这是一种理性-效率模式（当代学者称之

---

① 《教育行政学》是 1935 年黄溥根据他讲授《中学行政与视导》课程而编译的必读参考书，原存华中大学公书林图书馆。公书林图书馆几经变迁，新中国成立后院校调整，合并到武汉大学图书馆系，经反复查找该书，仍无着落。现据华中大学教育学院 1947 年毕业生杨葆琨（后留校任教，华中大学改制后任华中师范学院教育系副教授、教授）生前口述著作内容和查阅有关资料。该书详细介绍了教育行政学研究的主要对象是：领导行为，管理职能，教育评价管理人员的培训，组织制度，教育视导等。该书还重点介绍了早期美国哥伦比亚大学师范学院教育社会学系主任斯奈登和爱伦 1908 年合写的《学校报告和学校效果》著作。该书总结了学校管理借鉴企业管理的经验，对教育管理专业的形成有很大影响，受到当时美国教育总署署长布朗的称赞。毕业于耶鲁大学、任康涅狄克州南诺沃克地区视导长的达顿（Dutton）与斯奈登合作，出版了一本学校管理的教科书《美国公共教育管理》（1907 年）。这是教育行政管理的基本著作。

为“古典的教育管理模式”）。它包括“两种要素，三项内容”。两种要素是理性精神和效率目标；三项内容是理性的管理方法、理性的管理原则和理性的管理制度。这个理论的基本精神是以观察和实验为依据，以教育统计与测量的方法，提出标准化的管理规则和操作程序，提出系统的管理原则，建立系统的组织管理制度。

学校调查的主旨性质和施行[①]

施吹耳（George D. Strayer）著　黄溥译

美国教育发达之特点在学校调查（school surveys）。凡各大城市，无不举行学校调查。近来我国教育巨子也谋极力地推行。此篇本为美国具有会考验学校实力股股长施吹耳的报告，以其正为我国教育界之需要，故译之，以飨留心教育发达的诸君子。译者认为这篇要讨论的问题有六：①什么是学校调查？②调查应在什么时候、什么情况下进行？③调查应当是什么人做的？④有实力的调查所用的方法是什么？⑤调查的报告应当在什么样情况下公布？⑥我们希望从调查中得出什么结果？

一、什么是学校调查？

学校调查，可以说是对公共教育效能的考察，使公众了解为全体或一部分公款所开办的各种教育机关的组织、管理、监察、经费、物具、课程、教员团、教授法、学生团等方面的状况以及学生在学校或已出学校所取得的成绩。这种考察，必须与学校的教育宗旨、学校组织的成绩以及与他现在所利用的或将来可利用的和可维持的资源等等，密切地联系起来。学校调查，不要与寻常所用的学校视察混淆了。

学校视察，是证明方法的有用无用，个人的胜任不胜任以及学校教

① 选自《教育通讯》第3卷第36期，1940年9月21日。

育方法疏忽不疏忽，其所注重的，在失败与不行的一方面。因此视察的态度，不是属于正面的，他的注意力全放在已过去的事情上；且视察总难免为被查方所反对及拒绝。若是论到调查那就不同，调查是专使实在所开办的学校的组织能完全披露于公众。调查有时也要论个人的失责不失责，然他的第一注意的地方，是看学校对于社会是否尽了一定的职责。他包含着一种极大的学校内外人士的合作精神。这种学校调查与学校视察的区别，不只是在字义上，而且是在行事的动机上。故经过调查的科学结论关系着教育长远的共同利益，此乃调查与视察的不同之处。

二、调查应在什么时候、什么情况下进行？

最好的方法是，在一个稍大的学校统系，由教育监督处、董事部筹一笔款项，开设一个教育统计部门。这个部门可以随时查阅学校办理的实效，对它们平时按规定所作的报告，增加些重要的资料和结论。但是，在特别的情况下，这种办法对那些较好的学校统系就不行，所以我们必须利用别样的办法。

设有特别问题发生，必须有一种熟练的专门知识才能解决，而又为教育监督及学校职员所难提供的，如测绘建筑的图样、修正计算法、添加精工的科目及修改和增减的种种问题，而这些当使公众晓得，那么顶好是聘用专家。这种专家，可以在特别事件上，随时指导教育监督处及董事部。

教育监督处或学校普通职员，对于学校各种事务有疑惑的地方，应当聘用适当的人，以增补学校平时的观测，并证实或更改所商议的条件。这些适当的人所组成的调查股，当为学校临时扩充的监察部员。设有特别事件发生，这种增补的部员，可用以评断各样的争端。社会与教育界上的人，应当公认这等做法，这并不是侦察教育监督处、董事部和教员部的实效。凡从事教育的人，皆有彼此补充的地方，虽然各人进行的方法不必相同。

学校行政上常有偶然发生的事件，所以监察部员的增加不必长久。上面所述临时增加的办法，甚为切当。且这些临时发生的事件，需要一种扩大的观察，为寻常监察员所难以提供的。至若教员，也常需调查所能提供的一种机会，以扩展他的知识，并试验各类方法。这些，在试验为调停学校复杂情况时是不可少的。

教育监督处，常赖教育界的协助，使公众留意他所看到的学校缺失。这些缺失，为一般普通人士所难以认出的。比如他若没有外界共同的协助，他需要用的款项就不容易得到。故教育监督处总宜有力量邀请外界的帮助，以谋公众的益处。

最后公众对于学校职员的实力，不能无疑惑的地方。设公众的评论一旦成为风尚，则学校统系的实效，必容易受摧损。为教育监督处的，就当欢迎有人来调查。这种调查，可以帮助他消除无稽的评论，或可帮助公众提出改良的方法。

三、调查应当是什么人做的?

从以上所讨论的来看，最便利做学校调查的人，莫若学校的职员。假设公民有意要调查，他们就可以请平日在董事部内的代表办理。若是不行，就当临时聘用的专家，以谋得一个透彻的考察。教育监督处，在学校利益受影响的时候，应当有力量随时邀请公正的、专门的顾问。不论学校调查，由何处发起，或教育监督处、或董事部、或一部分热心公益的公民，他的主旨当是保护儿童和青年的利益。要达到这种主旨，必从校内或校外聘用特别专家，能以科学的方法研究学校的统系，并能根据教育界的经验，提议一种真实和可行的改革。

四、有实力的调查所用的方法是什么?

学校调查的目的，自然是力求准确了解学校组织内的各种物资的和人员的状况：譬如研究学校理财的办法，细察学习的物具；议定学生入学的规程并强迫教育实行的问题，拟算每级学生升迁的定额，评定课堂所容学生的数目，斟酌特别生与有欠缺学生的办法；审量训练教员的方法、教员的资格以及任用和辞退等类的事项。其余所当细心考虑的事体还多：如教员的薪金、任期的长短、任内增资的办法；监察部员的组织、功用及彼等在课室辅助的实效；教员教授的实力，课程的完备、每班的教授法则和从各方面看来的变动以及度量学生于各种普通科目上的成绩；再后，须考察学校统系内，所有记录事实的条款，这些事实，和关于利用事实的条陈，皆为研究者所不可少。

无论对什么学校的考察，必须尽他实际的能力，以观察、度量及报告的方式进行。凡关于利便和阻碍学校进行的各种公众生活上的情况，不论是政治的、实业的、教育的，考察的人须得注意学校统系的成绩。对于学校发展的趋势，尤当格外地留心。因为度量不论什么学校的实效，总宜根据他在一定期限内所已有的变动、发展、进步及增长等情况来进行。

五、调查的报告应当在什么样情况下刊布?

凡关于学校情形的报告，应当细心撰写，使学校职员和一般公民不至误会。记叙情况要准确、客观。譬如考察一个学校的体育，发现学生的体力并不发达，而他们在游戏场上的举动和社交上都可钦佩。这两种事实，皆须表达清楚，才可使人不至误会。总之，度量或报告应当有一定的题目，所报告的结论不要拿来补证校内和校外别的事件。

调查的报告，为通知学校职员的一种文件，别的用处须看学校职员和董事部所聘用专家订立的合同如何。调查进行的时候，若两方面没有同意，则调查的情况就不要宣布。调查完毕后，报告内容在刊布时要有更改，须得做调查的人的同意才可以。

六、我们希望从调查中得出什么结果？

我们可以希望，根据以上所讲的界限和经专门学问家所主领的学校调查，得出对于公共学校的成功与失败的一种适当的重视。

还希望这种调查报告，成为可供教育界储存的贵重资料。这些资料，可以供给我们作为教育实验变更上的科学结论。若调查报告是学识渊博的人所做的，且具有极高的学术价值，我们就可以向外推广，以增加公共教育的实效。

附：

学校调查简单纲要

上篇所述，不过是学校调查的大旨，若求实际推行的程序，非得一种简单的纲要不可。此篇为美国教育部 1916 年颁布各城市学校的文件，其旨意在使无力聘请调查专家的各城市教育监督处能够自己按纲要进行调查。我国现今教育调查的专家不多，且教育经费也不足，能得此篇所拟调查的方法行于各校，不无进益。纲要中，第一段为学校调查本部，第二段为一简要的地方调查，所包含的皆为社会与职业上关于学校的事宜。

学校调查

一、学校的实力

（一）学校吸留学生力量如何？

1. 从 14 岁到 18 岁的在校儿童，占不在校同龄儿童的百分之几？

2. 从 6 岁到 14 岁的在校儿童，占不在学校同龄儿童的百分之几？

3. 学生数目在强迫教育年限以上和以下的比例，前五年内这个比例如何变更？

4. 以百分比计算新生退学的占百分之几？每个年龄段与每个年级退学的新生又各占百分之几？和往他处求学或别种原因而退学的新生占百分之几？

5. 初等小学第一年级学生在高等小学毕业的为百分之几，在中学毕业的为百分之几？

6. 中学学生在中学毕业的为百分之几？

7. 中学毕业生进大学的为百分之几，在大学的为百分之几？

8. 学校课程是否适应社会儿童的需要？

9. 学生在校的表现是否正常？是否有学生守则？

10. 学校在吸留学生方面，近五年的进步如何？

（二）两等小学的进步

1. 每级学生中，适龄学生为百分之几？

2. 每级学生中，超龄学生为百分之几？

3. 每级学生中，过低年龄的为百分之几？

4. 每级学生中，不能升级的为百分之几？

5. 在各种学科上，成绩不及格的各为百分之几？

6. 学校课程须几年才能完毕？

7. 降级的学生在已及格与未及格的学科上，所用的工夫怎样？

8. 不及格的种种缘故，如课程不宜、教授不良、临学无常、升降年级的影响？或因父母迁移、常更换学校等？

9. 如何减少学生在学科上的学习困难？

10. 近五年来，学校为减少学生在学科学习上的困难采取了哪些措施？

（三）学校的各种教授，特别是在音乐、美术、文学、手工及家务等课程上的讲授，对于学生家庭和对于学生本人动作有何反应？

（四）下列各类学生现在从事什么职业？

1. 前五年或十年内从中学毕业的。

2. 从高等小学毕业的。

3. 未从小学毕业的。

4. 未从中学毕业的。

5. 以标准衡量，上述学生在各科的能力如何？

6. 课室参观教授法的强点和弱点？（凡教育监督在调查学校前，即要明确所参观教授法的衡量标准。）

7. 如何改良课程与教授的方法，以节省学生的时间？

8. 学校如何指导学生选择职业？

9. 学校如何安置特别学生与不能用本国语的学生？

二、学校行政与监察

（一）办两等小学与中学的经费。

（二）中学学科为每生所用的费用。

（三）教授各种学科所花费用。

（四）以美元计算维持城市学校的实际财力？与其他城市学校的比较。

（五）是否依照教育会所提供的、全国通用的条例，进行经费核算？

（六）在学校的记录与报告中，如何使学生的册籍，既简单、又完全？

（七）备办和分发物器的省俭方法。

（八）校长与监察员对哪些地方的监察具有效力？教育监督对于学校统系内的哪些地方监督最得力？

三、学校教员

（一）普通学识的预备。

（二）专门学识的预备。

（三）在学校教授上的经验。

（四）教员自己进修的方法，与教育监督和校长可能辅助的地方。

（五）每年教员辞去的为百分之几，辞去的缘故？

（六）薪金的条规，是否使教员趋向进益。薪金的多寡，与其他城市比较如何？

四、学校建筑

（一）通热与通气的安置。

（二）光亮。

（三）座位。

（四）装具。

（五）是否适于地方公众的用处。

（六）看管屋宇的役务如何。

（七）凡建筑的事项有可公认的标准，如通热通气等，须与这些标准比较。

五、学校卫生

（一）学校卫生的情况，是否按一定的标准？

（二）学校对于学生的健康所负的责任。

（三）学校医生的视察与看护的服务。

地方调查

一、地方的人民

（一）种族。

（二）人民的生活。

1. 地方职业上必需的练习。

2. 学校所供给的练习。

3. 学校如何应付职业上的缺失。

（三）社交与娱乐。

1. 年少的儿童。

2. 中学男女学生。

3. 不在学校的男女青年。

4. 成年人。

5. 地方对于各种娱乐，如戏院、公共跳舞处、活动电影等所用的经费，较之学校所用的经费如何？

6. 学校怎样提供地方上社交与娱乐的需要，还有未尽力的地方没有？

二、地方发展情况

（一）前十年内户口的增加。

（二）十年后户口的增加。

（三）地方向何方发展。

（四）如何预算将来的缺失，如重新建筑与设立游戏场等。

三、地方共同的场所

（一）教会。

（二）家庭。

（三）各种社团。

（四）制造厂与商务场等。

（五）如何能使这些场所与学校紧密地协作。

第五篇　论比较教育

近代欧洲教育家及其事业[①]

迈耶尔著　黄溥译

主编者引言

每年教育史的书籍有加无已。这些书大半跟着传统的式样注重教育史中多少属于古代的普通趋势。写教育书籍的人喜欢追述一些大领袖的影响和由他们所策动的活跃的教育革命运动，虽然事实告诉我们，古代作家的理论与贡献，在决定现今教育政策上比较起来，没有现代教育家的贡献那样重要。

其实，在我们的文化上最近的变化，对于教育需要一种新的研究方式。以前几个世纪的教育理论和实施是无效的，除非他们经过修改以求适合 20 世纪的情形。所以对于正谋解决由世界调整中所产生的教育问题的一些领袖，我们有介绍和评述的迫切需要。

迈耶尔博士使本书读者熟识各国一些现在的教育计划和他们的主持者，这是他们对教育史的一种特殊贡献。

卞英（E. George Payne）

① 《近代欧洲教育家及其事业》原著者：迈耶尔（A. E. Meyer），译者：黄溥，发行人：陆高谊，出版者：世界书局，1939 年 10 月初版，发行所：上海及各省世界书局。全书 170 页，约 150,000 字。现为上海图书馆收藏。

目 次

德国最近中等教育制度之改造①

作者于一九三九年四月抵柏林后，承陈庶青大使及“远东协会”（Verband Fiir Den Fernen Osten）之介绍，得有不少机会考察德国在国社党统治下之各种教育新设施。考察时，正逢该国进行中等教育之改造，头绪纷繁，不易领略。兹因国内教育界知其梗概者尚少，且我国亦正在进行中等教育之改造中，故特根据所收集之材料，说明德国最近中等教育之改造，以飨我国之研究比较教育及中等教育者。

凡研究过德国中等教育的，大都知道该国在国社党统治以前，已有两次最重要之改造：一在一八九二年，一在一九一八年。第一次改造之结果，即第一次欧战前的德国中等教育制度，亦即我国于宣统元年及民国四年中学制度采用文实分科的蓝本。这个制度完全与普通民众的教育分离：凡入中学的须先入三年的预备学校（Vorschule）；满八岁后，升入中学。中学分两种：一种九年，一种六年。九年中学又分三类：古文中学（Gymnasium）、文实中学（Realgymnasium）及实科中学（Oberrealschule）；六年中学亦分三类：古文中学（Progymnasium），文实中学（Realprogymnasium）及实科中学（Realschule）。第二次改

① 黄溥于1938年8月至1939年6月借出国休假机会到欧美考察中等教育，同时宣传中国的抗日战争，争取华侨和国际友人的支持。1939年1月由美国到欧洲，通过大使馆介绍安排，先后考察了英国、法国、意大利等国的中等教育，4月考察了德国的中等教育。当时德国正是希特勒的社会民主党当政，狠抓中等教育的改造，疯狂地扩军备战。黄溥4月离开德国，6月安抵香港。1939年9月3日，德国公然进攻波兰，9月6日，英、法对德宣战，第二次世界大战爆发。本文选自1941年2月22日重庆出版的《教育通讯》周刊第4卷第7期。

造的结果亦可略述如下：第一次欧战结束后，德国社会民主党当政，一扫从前专制流弊，采用单轨制主义（Einheitsschule），废除预备学校，以普通之四年基础学校（Grundschule）代之；儿童满九岁后，如成绩优良，可升入中学（优才生只需三年即可升入中学）；中学仍分九年与六年制。除上述之各种学校外，九年制添设德文中学（Deuterochet Oheschule），新古文中学（Reformgymnasium），及新文实中学（Reformrealgymnasium）；六年制添设“建立”中学（Aufbanschule），专为乡村优秀青年修完国民学校（Volkschule）之第七年级者而设。此德国在国社党当权以前，中等教育制度之概略也。

一九三三年德国国社党专政，希特勒即委任罗斯特（Bernhard Rust）为普鲁士联邦教育部长；翌年，并使兼任全国教育部长。罗斯特于一九三七年明令德国中等学校为两类：一为主式（Ranptform），注重现代外国语及科学；一为副式（Nebenform），保持古文中学的特色。此为国社党改造中等教育的嚆[①]矢，翌年（一九三八年）二月五日罗斯特乃于《教育公报》（*Deutsche Wissenschaft Erziehnug und Volksbildung*）公布改造全国中等教育规程，所谓最近德国中等教育制度之改造即根据这个规程而来的。

最近德国中等教育制度系统图

<table>
<tr><td colspan="3">大学及专科学校毕业考试</td></tr>
<tr><td>家政科</td><td rowspan="2">女子中学</td><td rowspan="7">小学（基础学校）</td></tr>
<tr><td>语言科</td></tr>
<tr><td>女子建立中学</td><td rowspan="2">小学</td></tr>
<tr><td>建立中学</td></tr>
<tr><td>数理科</td><td rowspan="2">中学</td></tr>
<tr><td>语言科</td></tr>
<tr><td colspan="2">古文中学</td></tr>
</table>

18	17	16	15	14	13	12	11	10	9	8	7	6

① 嚆 hāo，嚆矢，响箭，发射时声先箭而到，因以喻事物的开端，犹言先声。

第一次战后德国中等教育制度系统图

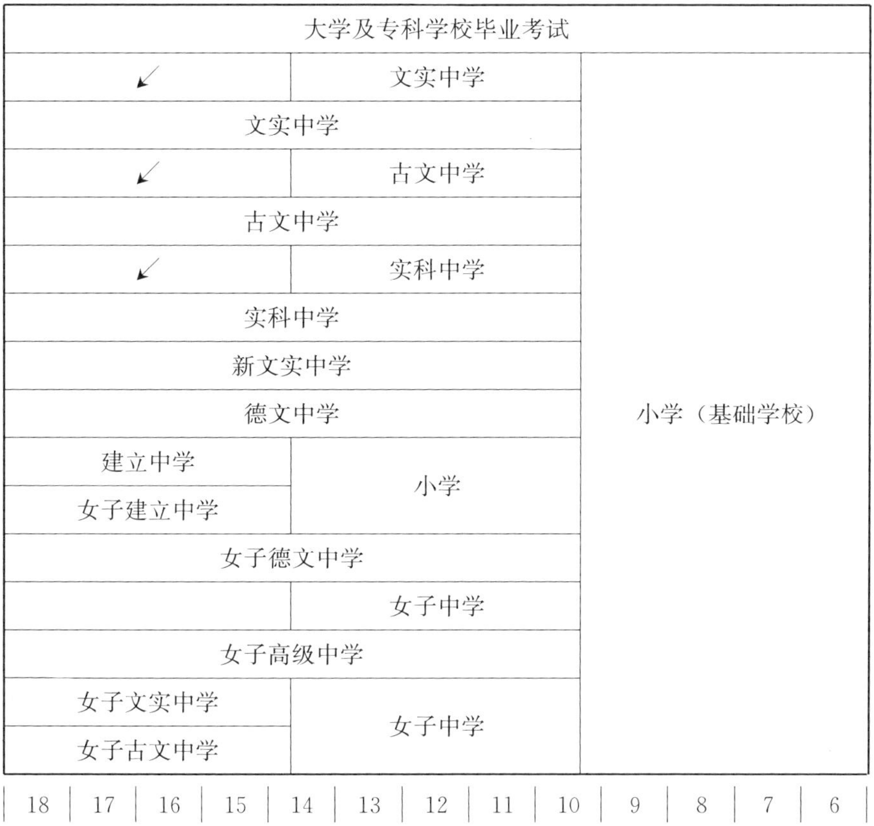

兹为易于明了德国最近中等教育制度之改造起见，作者先将第一次欧战后德国中等教育制度系统图与最近改造之制度系统作一比较，由这个制度系统比较图，我们多少可以看出以下改造各点。

一、以前九年制及六年制的各类中学，除六年制的建立中学外，均并为两种中学：一为主式普通中学（Oberschule），一为副式古文中学（Gymnasium），为女子设立者只普通中学及六年制之建立中学。所有普通中学及古文中学一律改为八年制，唯程度不许降低。中学目的在担任文化（Kulture）工作，除女子中学外，注重升学。凡智力低下、意志薄弱、品格不健全之青年，不许滥入中学。

据罗斯特的解释，中学减少一年之理由，为人种死亡率之研究以九年之中学太长。然据作者考察，其主要原因在使优秀青年可以提早一年从事国社党之积极工作，至于维持原有程度一层，作者根据与所参观之十余中学负责人的谈话，认为极不容易办到。当然，在国社党统治下，任何人不敢公开反对。

二、凡入中学肄业者，须修完四年之基础学校教育；如系建立中学，则须修完小学第六年级功课。此外，完全中学可附设二年至五年之短期中学，以容纳乡间之优秀青年。唯五年之女子中学，须增加一年，以便注重家政学科。

三、国社党的教育理论是：反对在中等学校内男女同学，所以中等学校以男女分校为原则。女子中学后三年，特别注重家政学科，以造成贤妻良母为职志。在特殊情形下，女子可以考入男子中学肄业，其所修课程，须为女子中学课程，唯男子绝对不许考入女子中学肄业；凡女子欲入男子中学后三年者，须得联邦教育行政长官之许可；如欲入男子古文中学者，则须经教育部长之许可方能有效（参看第 3、第 4 课程表）。

四、为适合学生关于修学能力及职业志愿之个别差异起见，男子普通中学从第六年起分数理科与语言科。语言科注重现代外国语；数理科注重自然科学与数学。为使两科不致失去联系，特设公共必修科目，两科之公共必修科目为国文、本国史、本国地理、美术、音乐、生物与体育。

在改造过渡时期，中学分科办法只限于七、八两年级。六年级则按工作实习分两组（Arbeitsgemeinschaften）：数理工作实习组及语言工作实习组。两组之工作实习均系必修，非经校长许可，不能例外。两组详细课程尚无明文规定，各校长及教师须根据国社党的教育哲学，努力实验。数理工作实习组须以对于国家政治有贡献为主旨；语言工作实习组应多注重拉丁语言，如法文、意大利文、西班牙文等（参看第 1 课程表）。

五、关于古文中学课程之改造，有以下数点：拉丁文仍从第一年级授起；希腊文则从第三年级授起，至毕业止，每周五小时；英文为第三外国语，从第五年级授起；最后三年，学生应有机会学习法文，每周二小时（参看第 2 课程表）。

六、宗教课程无修改明文，唯规定凡与国社党教育宗旨相抵触者，不许教授。

第 1 课程表　德国男子普通中学课程表

科目	各级每周时数								
	1	2	3	4	5	6	7	8	总共
1. 体育	5	5	5	5	5	5	5	5	40
2. 德国文化									
国文	5	4	4	4	4	4	4	4	33
历史	1	3	3	3	3	3	3	3	22
地理	2	2	2	2	2	2	2	2	16
美术	2	2	2	2	2	2	2	2	16
音乐	2	2	2	1	1	2	2	2	14
3. 自然科学与数学									
生物学	2	2	2	2	2	2	2	2	16
化学					3	（甲）2* （乙）2*	（甲）2 （乙）2	（甲）2 （乙）2	（甲）17 （乙）11
物理				2		（甲）2*	（甲）2	（甲）2	
算术与数学	4	4	4	3	3	（甲）4* （乙）2*	（甲）4 （乙）2	（甲）4 （乙）2	（甲）30 （乙）24
4. 外国语									
英文	6	6	4	4	4	（甲）2* （乙）4*	（甲）2 （乙）4	（甲）2 （乙）4	（甲）30 （乙）36
拉丁文			4	4	4	（甲）2* （乙）4*	（甲）2 （乙）4	（甲）2 （乙）4	（甲）18 （乙）24
5. 工作实习									
数理组						（甲）3	（甲）3	（甲）3	（甲）9
语言组						（乙）3	（乙）3	（乙）3	（乙）9

续表

科目	各级每周时数								
	1	2	3	4	5	6	7	8	总共
6. 宗教	2	2	2	2	1	1	1	1	12
总共	31	32	34	34	34	（甲）36 （乙）36	（甲）36 （乙）36	（甲）36 （乙）36	（甲）173 （乙）273

（甲）为数理科；（乙）为语言科；* 在改造过渡时期为每周三小时。

第 2 课程表　德国古文中学课程表

科目	各级每周时数								
	1	2	3	4	5	6	7	8	总共
1. 体育	5	5	5	5	5	5	5	5	40
2. 德国文化									
国文	5	4	4	4	4	4	4	4	33
历史	1	3	3	3	3	3	3	3	22
地理	2	2	2	2	2	2	2	2	16
美术	2	2	2	2	1	1	1	1	12
音乐	2	2	2	1	1	2	2	2	14
3. 自然科学与数学									
生物学	2	2	2	2	2	2	2	2	16
化学（或第四年级物理）				2	2	2	2	2	10
算术与数学	4	4	4	3	3	3	3	3	27
4. 外国语									
拉丁文	6	6	4	4	4	4	4	3	35
希腊文			5	5	5	5	5	5	30
英文					3	3	3	3	12
5. 宗教	2	2	2	2	1	1	1	1	12
总共	31	32	35	35	36	37	37	36	279

第 3 课程表　德国女子中学语言科课程表

科目	各级每周时数								
	1	2	3	4	5	6	7	8	总共
1. 体育	5	5	5	5	5	4	4	4	37
2. 德国文化									
国文	5	5	4	4	4	4	4	4	34
历史	1	2	3	3	3	3	3	3	21
地理	2	2	2	2	2	2	2	2	16
美术	2	2	2	2	2	3	3	3	19
手工	2	2	2	2	2				
音乐	2	2	2	2	2	2	2	2	16
3. 自然科学与数学									
生物	2	2	2	2	2	2	2	2	16
化学（或第四年级物理）				2	3	3	3	3	14
算术与数学	4	4	4	3	3	2	2	2	24
4. 外国语									
英文	5	4	4	4	4	3	3	3	30
一种现代外国语						4	3	4	11
拉丁文						3*	4*	3*	10*
5. 宗教	2	2	2	2	1	1	1	1	12
总共	32	32	32	33	33	33（+3）	32（+4）	33（+3）	260（+10）

* 第二外国语选科时数；除英文，一种外国语为必修。

第 4 课程表　德国女子中学家政科课程表

科目	各级每周时数								
	1	2	3	4	5	6	7	8	总共
1. 体育	5	5	5	5	5	2	2	2	31
2. 德国文化									
国文	5	5	4	4	4	4	4	4	34

续表

科目	各级每周时数								
	1	2	3	4	5	6	7	8	总共
历史	1	2	3	3	3	3	3	3	21
地理	2	2	2	2	2	2	2	2	16
美术	2	2	2	2	2	2	2	2	16
音乐	2	2	2	2	2	2	2	2	16
3. 自然科学与数学									
生物	2	2	2	2	2	2	2	2	16
化学（或第四年级物理）				2	3	3	3	3	14
算术与数学	4	4	4	3	3	2	2	2	24
4. 妇女工作									
治家，烹饪、家事和园艺*						6	6	6	18
手工	2	2	2	2	2	3	3	3	19
卫生+						1	1	1	3
看护活动+						1	1	1	3
育婴院、幼稚园或家庭之类实习工作						≠	≠	≠	
5. 外国语									
英文	5	4	4	4	4	2	2	2	27
6. 宗教	2	2	2	2	1	1	1	1	12
总共	32	32	32	33	33	36	36	36	270

* 冬季则以设计教程代园艺。

\+ 第八年级之卫生科须与健康学、护士学或生物学综合教授。

≠时数不易注明，因此种工作需四星期不断地实习。在实习时其他科目均停止教授。

此外，关于过渡时期学校行政当局应注意的尚有三点：

一、各级学生人数之规定：原来按中学规程一、二年级不许超过四十人，三、四、五年级不许超过三十五人；六、七、八年级不许超过二十五人；在中学改造过渡中，可以略为变更，唯第六年级不许超过三十人。

二、新课程之采用：在过渡时期中，各校应尽力设法完成中学课程之改造；关于外国语一项，如法文原为第一外国语，则拉丁文应为第二外国语，英文为第三外国语；如六、七、八年级依照课程已有两种现代外国语，则拉丁文必须列为必修科目。

三、学生之升级：凡学生只有外国语一科不及格者可升级，唯须补修外国语；为不能升级之学生，外国语应有特殊办法，使其重修，或令其改修他种外国语。凡选特殊外国语课程之学生，可免修正式外国语课程。

以上所述均系德国最近中等教育改造之要点，其能成功与否，当以第二次欧战之结果为转移。如德国再行失败，国社党下台，则此次中等教育之改造必成为泡影。然作者以此次德国中等教育之改造，能并合各类不同之中学，使能整齐划一，并设分科制，不无进步；即使国社党失势，此种进步或可保存，至若中等教育年限之缩短，男女中等教育之分别綦严①，及其他改革，将与国社党共存亡，可断言也。

（《教育通讯》编辑后记：德国中学教育制度的改造，可供我国参考之处颇多。黄先生前任华中大学代理校长，现任该校教育系主任。）

① 綦，qí，极；甚。綦严，极严格之意。

美国的高级中学[①]

一般认为，美国对世界教育发展所作出的最大贡献，就是早在19世纪上半叶，它就把整个国家的中等教育作为初等教育的自然延伸。当中等教育在别的国家由于传统和经济的原因，或多或少只限于少数人能够享受的时候，在美国，它早就免费为所有人开放了。美国理当为他的中等教育自豪，正如康兹博士所说，美国"为了坚持公平而向全民提供教育机会的原则。美国拒绝让教育成为社会阶层的分化工具，反对借助教育的力量来继承特权，这势必向所有社会阶层打开通往社会领导阶层的大门"。

众所周知，美国对于单级学制的贡献，和公立高中数量的急剧增加一样，令人瞩目。1890年全美只有2,800所高中，200,000名学生。到了1926年，其高中数目达到了22,500所，在校生人数超过了3,390,000人。据估计，适龄高中生的入学率达到了40%。可以肯定，世界上没有任何一个国家像美国一样，建立了数量如此庞大的中学，并让如此多的青少年愿意并有志向接受初等教育之后的教育。完全可以预料，美国马上就能在全国范围内普及中等教育。

---

① 黄溥在美国研读博士学位时，就十分关注美国的中等教育。本文论述美国在中等教育宗旨上，存在人文主义与唯实主义两个学派的对立，因而影响到高中阶段课程的设置，进而影响到培养目标。作者认为杜威普通教育理念完全可以统一这两个学派，进而提出高中阶段的四个培养目标，并认为这四个目标与民主教育的理念是一致的。黄溥回国后就是抱定这四个目标从事中等教育的研究、实验和改造的。本文选自 *Educational Review* Vol. XX. October，1928，No. 4。丰春光译。

有意思的是，美国在给中等教育提供民主、公正体系的同时，也遇到了巨大的难题。这个难题，并不是它正在努力为群众提供接受高等教育的机会而带来的，因为对于明智的美国来说，不可能同时实行双轨制的教育。这个难题同样不是因为财力不足而带来的，因为美国是世界上最富有的国家，增加几十亿美元用以实施中等教育，对它来说，根本就不算什么。那么实施中等教育的困难何在？如果笔者估计正确的话，困难就在于目前各界对于现行中等教育效率的质疑。

美国的中学，正如康特尔博士指出的那样，在办学的目的上存在严重冲突，即传统目的和现在实用目的之间的冲突。对目前高中所开设的课程进行研究就会发现：在美国的高中，许多传统课程之所以仍然保留，主要是由于其传统的文化价值，而并非经过实践的社会价值；许多新开设的课程是因为狭隘的、实利的目的，而且这些新开设的课程还没有予以充分的论证。目前中学的教育计划仅仅是“文化和效用”两个重要因素的非有机的结合。这两个因素来源于两种具有影响力的文化类别——人文主义和唯实主义。为了完全懂得美国中等教育所存在的困境，我们必须了解人文主义和唯实主义是什么，并且还要了解这两种主义对于美国高中课程的影响。

对中等教育课程设置产生重大影响的人文主义者是马修·安乐德（1822—1888）和托马斯·亨利·赫胥黎（1825—1895）。安乐德认为，世界上最美好的事物就是文化，文化就是“所知道的最美好事物的替代品”。文化包含三个方面的内容：有活力的精神意识的丰富性，而非对外部物体机械地应用；和谐的人生观，而非狭隘观念与精神的追求；引导社会走向进步的社会观，而非自私自利的私欲。人类文化借助“物力，智力，知识，美育和社会生活方式”得到加强和丰富，简言之，文化就是完美。为了追求完美，各种文化学习，如科学、文学和古典艺术的学习都是很有必要的。

赫胥黎认为，文化是一套完整的生命理论，建立在对可能性和局限性清晰了解的基础之上。自然是按照特定的规律组成的。人类的主要任务就是了解这些规律并逐渐驾驭这些规律。教育就是按照自然的规律进行的智力训练。这并不意味着我们只需要学习自然科学。赫胥黎所说的自然规律包括“不仅仅是物体及其力量，而且包括人类和他们的生活方式，以及愿意和热爱与其他规律和谐相处的趋势与倾向”。因此，在他的教育规划中，社会科学、古典教育与文化同样重要。

从以上所述，我们可以看到安乐德和赫胥黎有几乎相同的文化教育观，都强调智力与知识的力量，美育和创造的重要性，以及对完美和人生的追求。他们之间的区别在于，为达到同一目的所采取的手段不同。关于文化或者人文主义，安乐德认为，发现伟大科学知识的方法，依赖于对文化的研究，而非对自然科学的研究，从而给予严肃文学的研究以无比崇高的地位。另一方面，赫胥黎反对狭隘的人类文化观。他认为，科学教育和文化教育对于人类的发展同样重要。我们对人文主义者有了这些了解之后，现在可以开始讨论它对中学教育课程产生了什么影响。

毋庸置疑，人文主义的某些观点，增强了许多古典教育学科在美国中学的地位。诸如古典语言和古典文学、远古和中世纪史、代数学、几何和许多其他学科，因为它们的传统文化价值，而仍旧保留在课程安排中。任何一门没有被证实可以满足现时需要的学科，都可以借口保存了传统文化价值而予以保留。因此，很少将不适宜的学科从课程表中删除。人文主义对于中等教育的其他影响还表现在：对文学价值的过分重视，过度强化的教育指令以及对新开学科的苛求。对于需要逐步加以完善的新开设的学科，存在着一种不切实际的想法，认为它们组织结构松散，不完美，缺少文化价值等。

在分科教学法方面，同样受到这种人文主义观念的重要影响。安乐德和赫胥黎都强烈坚持这种教育学说。安乐德对 1870 年所教的自然科学做过如下评论：如果教授这些自然科学的语言和教授语言学科时一样完美，那么它们就会和语言学科一样，具有相同的教育价值。

赫胥黎以为自然科学方面的教育能够给予学生良好的锻炼并确保学生在智能方面得到称心如意的发展。现在许多人之所以不主张废掉拉丁文、希腊文、代数、几何等学科，主要是因为它们都具有锻炼和知识迁移的价值。现代教育心理学的发展，使我们了解到一般迁移不是自动的，也不是必然发生的。那些艰深难懂和令人讨厌的学科并不一定就具有良好的或称心如意的锻炼价值。只有当两种或两种以上的情境具有相似的要素时，知识的迁移才有可能发生。

人文主义对于美国高中课程的影响就谈到这里。现在我们转向唯实主义，看看这个流派对于中等教育的影响。作为一种对于文化教条的反驳，唯实主义批判任何教育中因循守旧的观点。高中课程中一些科目因缺少现实性和实用价值这一问题，而饱受唯实主义者的诟病。在自然科学中，例如数学科目就被批评为幼稚的抽象，其讲授语言过于口语化；文学科目被批评为过于陈旧，不合时宜，毫无吸引力，犹如老古董；外语的教学则被指责为教授语言，似乎就是为了把语言本身作为一种目的，而不是让语言成为一种工具，等等。

唯实主义者的奠基性的理论正如费勒森利①（Flexner）所指出的那样，“现代教育不包括以下的东西：传统教育所提倡的，以及到目前为止其有用性还尚未被开发出来的东西”。换言之，现代学校里的任何科目都要有明确的目的和合乎常理的正当理由。费勒森利唯实主义理论的精髓是：一个接受过现代教育的人，必须懂得知识是理解物质世界和人类社会所需要的一种工具。因此其课程的设置应该包含以下四个领域及其实践：自然科学、工业、审美以及与公民相关的课程。许多不实用的课程，诸如拉丁文、希腊文、代数学、几何学以及一般的语法等课程，要么将其剔除于课程之外，要么做大幅度的调整。

和唯实主义教育理论有密切联系的另一观点是，教育中的社会效用

---

① 亚伯拉罕·费勒森利（Abraham Flexner，1866—1959），美国医学教育改革领域具有重要影响的著名学者和教育家，也是著名的高等教育批评家和改革者。——编者注

理论。克斯奈（Kingsley）及持相同观点的人对这一派理论做了最好的表述，提出了所谓“中等教育中的核心概念”。根据他们的说法，中等教育应该为社会的需要服务，个体的性格需要被教育、被塑造，教育理论要应用到教育实践中。这种教育唯实主义的理论更多地强调社会需要，而不是个体的发展。其最大的贡献是对于教育目的的分析。其目的有如下七条：健康、基本方法的掌握、和睦的家庭、职业、公民的权利和义务、善于利用闲暇时光和道德目标。其整体目标，就是要造就百分之百的具有社会效用的人，使所有年轻人度过有价值的一生。

不言而喻，唯实主义，正如人文主义一样，对美国高中教育发挥了同样的影响力。大体上说，这种影响力是有益的。纯粹的传统科目已经逐渐让位于更为实用的课程。学校教师也受此影响，对于课程更为挑剔。但是唯实主义者并不是没有困难。他们很有可能陷入这样一个困境，那就是或多或少地忽视对于理想和良好态度的培养。他们有明确的现实观念，有关教育的七条良好的目标，可以尽管向前驶往，但并不一定能促使学生产生强有力的动因而去行动起来。教育学生要了解实际，并使用知识是一回事；给他们提供应用知识于正途的动力，是另一回事。如果我们要达到现实的教育目标，就必须培养与此相关的一种态度，即教育学生树立一种理想，以规范或修正自己的行为。

唯实主义还有另一种危险，即一味强调课程的实用价值，势必导致一种狭隘的职业教育观，形成完成任务式的教学观念。学校已经引入了一些课程，比如手工制作、实用艺术、商业和职前教育。这些课程都是针对那些不上大学，要进入社会以己之力谋生的学生而设计的。对这些课程往往采取完成任务式的教授方法，至于通过课程的教授以拓展学生的想象力、提高艺术鉴赏品位、开发智力、深化洞察力等，却都被忽视了。取而代之的是实用的目标，而且是被限制在一定范围内的应用活动。唯实主义鼓吹者也意识到存在的上述问题，他们强调智力和精神层面的教育目标是一致的、有效的，正如工业项目和物理学科的关系一样。然而，他们还是没有切实可行的办法来防止这种不健康的影响和苗头。

目前为止，我们已经简单地探究了人文主义和唯实主义对于高中教育课程的影响。其影响是由于“文化”和“实用”的二元对立性。正如我们所指出的，这种二元对立性已经影响了文化课程和实用课程的正确设置。其中一派的课程要求学生上大学，精深地研究文化，另一派是把学生武装成掌握了实用技术的劳动者。因此中等教育不是培育一个健全的民主社会，而是把它分裂成文化经营阶层和日常事务的普通阶层。这样，三分之一的高中学生才能毕业，六分之一的高中生才能上大学。这一发展趋势加剧了社会分裂的危险，对于一个民主的美国来说，这种情况是不能被允许的。因此，美国高中教育的问题就是如何消除这两种目标之间的冲突，或者说如何转变“文化”和“实用”之间的这种不一致，使之成为在一个有机的教育理念之下的整体。笔者认为，要解决这个问题，需要一个更好的教育理念，那就是普通教育。对此我们就要求助于杜威了。

根据杜威的观点，一个真正的普通教育就是一种民主的教育，其目标是建立一个民主的社会。用他的话说，“一个真正的民主社会，是一个人人都能享用有用的服务，人人都能有闲暇的时光”。这样一个社会需要的教育，因而必须消除“文化”和“实用”的二元对立思想体系，并使之成为一切人、一切自由实践的向导，使闲暇成为人们承担责任、服务于社会之后的一种回报，而不是对于责任的免除。这样，“文化”就被解释成“不断地拓展视野的广度和加深理解力的一种容器”，而不仅仅是“个人智力的丰富”；“实用”也就成了“一种可以自由完整地参加到集体抑或普遍活动中去的力量”，而不仅仅是“提供给自我或者他人的实用服务的一种品质”。教育的这种民主的概念，将会消除人文主义和唯实主义的对立，使它们成为一个有机的整体。所谓的这种文科教育将会接受“现实”的因素，而实用的课程将会有“文化”的因素在其中。

在这种普通教育的民主概念之下，我们可以继续前行探索一些现代学校教育的观点。因为民主社会需要一定量的社会基础和统一性，高中教育的首要目标就是培养学生具有共同的理想，普遍的有情感的态度，共同的思考、感情和行动的范式。这一点的达成需要提供一些连续相关的课程，增加学生在社会活动、体育运动中的教育含量，以提高学生的素质。

学生仅仅统一在民主社会中，这还是不够的。如果我们有了一致性的进步，那么专业化也还是需要强调的。在充分地考虑到个性差异和个体需要的不同，在我们提出对策之前，还需要找到这些差异和不同是什么。那么，高中教育的第二个目标就是通过合适的方法，探究学生的兴趣、倾向和能力，并引导他们进入他们更能取得成就的领域和行业。

与此相关，我们还必须指出，在考虑学生的差异和需要的不同时，谨防把学生引入歧途。为此，我们所开的良方就是高中教育的第三个目标：在教学的各个领域把学生引入一个更高层次的活动和可能性中，给予他们能够使他们成功的足够多的信息，使这些对人人都有用，使那些有天分的学生去向往，并渴望，进而取得成功。

最后，也是第四个目标，学校要以学生在前几年中所表现的差异、倾向为依据，通过在不同的、千变万化的学习中，培养他们的兴趣，提供专业的、个性化的教育，进而满足学生更为重要的中期以及远期的需要。

笔者认为，高中教育的这四个目标是和民主教育的理念相一致的。我们看到，美国对高中教育已经予以相当的重视，这方面的工作也取得了一些进步。有着巨大的财力、强大的力量、宝贵的民主教育传统的美国，比其他国家更有机会成功地解决教育中的这些分歧。高中教育后，大学教育一统天下的局面已经不像以往那么严重了。各种鉴定机构已经制定了明确的标准。高中的老师和校长也已经在不同的师范院校接受了良好的培训。有价值的关于中等教育的文献不断地被发掘出来。许多地方，高中教育已经取得了快速的进步，课程正在修改，根据社会需要的教育目标也在修正。我们可以相信，有着良好的、民主的普通教育理念，在不远的将来，美国高中教育将是世界上最有效率的教育之一。

附:

The American High School

It is generally admitted that the most striking contribution made by American toward the educational progress of the world was her establishment in the first quarter of the nineteenth century of the public high school as a natural extension of elementary education. While secondary education in other countries is more or less limited traditionally and economically to a small number of people, it is free and open to all in this country. Indeed, American can rightly be proud of her public high school, for she has, as well expressed by Dr. Counts, "given concrete expression to the principle of the equalization of opportunity, has refused to make education an instrument for the stratification of social classes, has opposed the forces of education to the inheritance of special privilege, and has sought to open to all classes the doors to social leadership."

No less striking to the student of American education than her contribution of the single school system is the tremendous growth of her public high school. In 1890 there were 2,800 such schools and 200,000 pupils; and in 1926 there were about 22,500 schools and more than

3,390,000 pupils. It is estimated that about 40% of the children of high school age are in high school. Certainly no nation in the world has succeeded so well as America in providing so large a number of secondary schools for her public and in making her large number of youth willing and ambitious to continue their education beyond elementary stages. It seems not improbable that America will soon have universal secondary education.

It is interesting to note, however, that from her very success in providing a democratic system of secondary education America has met one great difficulty. This difficulty does not lie in the effort to extend the opportunities of an advanced education to the masses, for it is unnatural for a democratic America to return as an alternative to the dual system of public schools. Nor does the difficulty lie in the financial support of universal secondary education, for she is the richest nation in the world and an increase of a few billions of dollars for her educational development will not mean much to her. Where, then, does America's difficulty in secondary education lie? It lies, if the writer is correct, in the growing questioning of the effectiveness of her present high-school practice.

The American high school, as pointed out by Dr. Kandel, represents a conflict of aims, some traditional and some arising out of present demands. A study of the high school curriculum will show that many old subjects are kept for traditional cultural aims rather than for tested social values, and many new courses are introduced for narrow, utilitarian purposes rather than on sound, well-defined principle. The present secondary school program is but an inorganic composite of two important elements: culture and utility. These two elements can be traced back to two important influences: humanism and realism. In order to understand more fully the problem of American secondary education we have to consider what humanism and realism are, and what are their influences on the high school curriculum.

Two of the most enlightened humanistic scholars whose teachings had great influence on secondary curricula were Matthew Arnold (1822-1888) and Thomas Henry Huxley (1825-1895). According to Arnold the best thing in the world is culture, and culture is an acquaintance with "the best that has been known and said." There are three aspects of culture: a richness of dynamic mental attitude instead of dependence upon external and mechanical appliances, a harmonious mental perspective instead of a narrow view limited to a single pursuit or mental set, and a dynamic social perspective which leads to general social advancement instead of only selfish purposes. Human nature is strengthened and enriched by "the power of conduct, the power of intellect and knowledge, the power of beauty, the power of social life and manners." In short, culture is a study of perfection. To secure this perfection literary studies including sciences, fine literature and classics are necessary.

According to Huxley culture is a complete theory of life, based upon a clear knowledge of its possibilities and limitations. It is to be obtained through a study of nature. Nature is the expression of a definite order, and the chief business of mankind is to learn that order and to govern themselves accordingly. "Education is the instruction of the intellect in the laws of nature." This does not mean that only natural sciences are to be studied. Under the term "the laws of nature" Huxley included "not merely things and their forces, but men and their ways, and the fashioning of the affections and of the will into an earnest and loving desire to move in harmony with other laws." Therefore, in his program of education social sciences, classics and literature were duly emphasized.

From the foregoing we see that Arnold and Huxley had pretty nearly the same conception of liberal education. Both emphasized the power of intellect and knowledge, the importance of beauty and conduct, and the ideal of perfection and complete life. The difference between them was a difference in the stress placed upon the means of attaining their identical aim, culture or humanism. Arnold stressed the classics and literature, and Huxley the natural sciences. While it is true that the former would include knowledge of great scientific discoveries and methods among literary studies, the literary study of science was not, however, accorded as high a place as that given to strictly literary studies. On the other hand the latter would resent a narrow humanistic view of culture, for according to him to attain real culture scientific education is as effectual as literary education.

With this general view of humanism we are now ready to discuss what influence it had on secondary school curricula. There is no doubt about the fact that this idea of humanism has greatly strengthened the position of many old studies in the American high school. Classical languages and literature, ancient and medieval history, algebra and geometry, and many other subjects have been defended for their cultural values. Any subject which can not be justified in the light of present needs usually takes the argument of culture as a refuge. Hence subjects are seldom dropped from the curriculum. Other effects of humanism on the secondary school are an excessive emphasis upon literary values, a heightened tone of instruction, and an undue interest in well-organized subject-matter. In regard to the latter there is a native belief that new studies lack cultural value because they lack good organization.

Finally the disciplinary conception of education may be cited as an important effect of this humanistic idea. Both Arnold and Huxley believed firmly the doctrine of formal discipline. The former in criticizing the sciences as taught in 1870 made the remark that if they were as well organized for teaching as the languages they would be as valuable as the languages in disciplinary effects. The latter advocated that instruction in physical science gives good educational discipline and guarantees the development of desirable mental faculties. How often people nowadays defend Latin, Greek, algebra, and geometry on their disciplinary and transfer values! Thanks to the contributions of modern educational psychology, we have learned that general transfer is not automatic and inevitable and there is no general or desirable disciplinary value in what is merely difficult and distasteful. Transfer is possible only when there are identical elements in two or more situations.

So much for the general influence of humanism on the American high school curriculum. Let us turn to realism and see what it has to do with secondary education. As a reaction against the doctrine of culture realism criticizes bitterly any part of education which is formal and traditional. The lack of practical value in certain subjects of the high school is soundly attacked. Science including mathematics is criticized as prematurely abstract and verbal, literature as antiquated in subject matter ill timed and unappealing, and foreign languages as being taught as though the language itself were an end instead of a means to an end.

The guiding thesis of realism, as well stated by Flexner, is that "modern education will include nothing simply because tradition recommends it or because its inutility has not been conclusively established." In other words, everything in the modern school must serve a purpose and have some positive justification. A modern educated man, according to Flexner, must master the fundamental tools of knowledge and understand the physical and social world for practical purpose and genuine need. And the curriculum will be composed of actual activities in four main fields: science, industry, aesthetics, and civics. Much of the unrealistic studies as Latin, Greek, algebra, geometry, normal grammer, etc. will be either discarded or greatly modified.

In close connection with this realistic view of education is the view of social efficiency in education. This is best expressed by Kingsley and others in their "Cardinal Principle of Secondary Education." According to them "secondary education should be determined by the needs of the society to be served, the character of the individuals to be educated, and the knowledge of educational theory and practice available." This is a realistic view of education with more emphasis on social needs than on personal development. Its great contribution is the analysis of educational objectives; and there are seven of them: health, command of fundamental processes, worthy hommembership, vocation, citizenship, worthy use of leisure, and ethical character. The whole thing is aiming at one hundred per cent of social efficiency and complete and worthy living for all youth.

That realism has already exerted as much influence on the American high school as humanism goes without saying. Such influence, speaking by and large, has been wholesome. Purely traditional courses have gradually yielded their place to the more practical subjects; and shoolmen have been made more critical about the curriculum. But realism is not short of all difficulty. It is not free from the danger of neglecting more or less the importance of ideals and attitudes. A clear idea of reality and a knowledge of the seven objectives of education, useful as they are, do not yield motive power that leads to action. It is one thing to teach the pupil to be familiar with all practical and useful knowledge; it is another thing to supply him a driving power so that he will use his practical knowledge for right purpose. It is clear that if we ever want to attain any realistic object of value, we must cultivate in connection with it a right ideal and attitude so as to insure modification of conduct.

There is another danger in realism. An emphasis on realistic value may lead to a narrow utilitarian idea of vocational competency. Many new courses introduced into the modern high school such as mannual training, practical arts, and commercial and prevocational subjects are intended for those who have to make their living very early and are not likely to enter college. These studies are usually conducted in such a way that the development of imagination, the refining of taste, and the depending of intellectual insight are greatly sacrificed for utilitarian results, and their applicability is restricted to routine activities. It is true that the advocates of realism are not unaware of this danger, and they stress that intellectual and spiritual purposes are genuine and valid, precisely as are physical and industrial purposes. But it is also true that they have no positive way to guard against this unwholesome effect.

Thus far we have briefly traced the influence of humanism and realism on the high school curriculum. The result of these influences is the dualism of culture and utility. As we have remarked, this dualism has produced an inconsistent mixture of cultural and practical courses. One group of subjects are supposed to prepare students for college and cultural pursuits, and another group to equip them with practical knowledge for utilitarian occupations. Thus the secondary school instead of fostering an integral democratic society tends to split it into a "routine" class and a "culture class". The fact that only one-third ever go to college aggravates this danger. For a democratic America such a thing could not be tolerated. So the problem with the American high school is how to do away with this conflict of aims, or how to transform this inorganic composite of culture and utility into an organic unity of educational values. To attack this problem we need, it seems to the writer, a better concept of liberal education. For this we have to turn to Dewey.

According to Dewey a genuine liberal education is a democratic education with a truly democratic society as its goal. In his own words a truly democratic society is one "in which all share in useful service and all enjoy a worthy leisure." Such a society needs a type of education that abrogates the dualism of culture and utility and "makes thought a guide of free practice for all and leisure a reward of accepting responsibility for service rather than a state of exemption from it." Culture is thus interpreted not as personal mental enrichment but as "the capacity for constantly expanding the range and accuracy of one's perception of meanings," and utility not as a quality of rendering some practical service to oneself or others but as a power to join freely and fully in shared or common activities. This democratic conception of education will do away with the conflict of humanistic and realistic aims and put them nicely in an organic whole. The so called liberal subjects will receive the realistic treatment and the practical courses will have their cultural values.

With this democratic concept of liberal education we can now proceed to formulate briefly some ideas on the purposes of the modern school. Since a democratic society demands a certain amount of social solidarity and unification, it should be the first purpose of the high school to develop common ideals, common emotionalized attitudes, and common modes of thought, feeling and action. This can be accomplished by providing certain constants of subjects, and by promoting among pupils social activities, athletic games, etc.

More unification, however, will not do in a democracy. If progress is to be bad, specialization must be duly stressed. But before adequate provision for individual differences and needs can be made, it is necessary to find out what those differences are. Therefore, the second purpose of the high school is to explore by proper means the interests, aptitudes and capacities of the pupils with the idea of directing them into avenues of study or work in which they are likely to be successful.

In this connection we must note that in providing for individual differences and needs there is a danger of leading the pupils into narrow, meaningless work. To remedy this the high school should, as its third purpose, reveal to them higher activities and possibilities in the major fields of learning, give them information as to requirements for success in those activities, and make the latter meaningful to all and desired by those naturally gifted for success in them.

Finally, as its fourth purpose, the high school should in a large measure satisfy the more important immediate and assured future needs of the pupils by providing specific, differentiated education on the basis of evidence of aptitudes and capacities demonstrated in the first few years, and by developing in them interests in their work that are numerous, varied and as deep as possible.

These four purposes of the modern high school, the writer believes, are in accordance with the democratic conception of education. It must be admitted that the American high school has already paid much attention to these purposes, and has made great progress. With her immense wealth, great man-power, and valuable democratic traditions America has much better chance of solving successfully this important division of public education than any other country on the earth. Already the domination of the college over the high school has been reduced; definite standards have been set up through different accrediting associations; high school teachers and principals are being well trained in different teachers colleges; and valuable literature on secondary education is being turned out continuously every year. In many places rapid changes in high school practice are being made, its curriculum is being revised and its objectives are being restated in terms of new social needs. With a right democratic concept of liberal education the American high school cannot but be in the near future the most effective one of its kind in the world.

美国中等教育之缺陷[①]

在十九世纪的前期，美国对于世界教育最显著的贡献，就是它所设立的中等学校。其时，世界各国所办的中学因为经济或其他的缘故，只有少数人能有求学之机会。唯独美国的中学则不然，它使全国的中学生都有受教育的平等机会。按孔司博士的说法："美国中等教育，是根据机会平等的原则办学，它不允许借举办教育以造成社会某些阶级或个别人享有特殊的利益。它的目的在使全国各阶级的民众，都有成为社会领袖的可能，而不是只给少数人这种可能。"

凡研究美国教育史的人，最易注意的一件事就是它的公立中等学校发展之神速。1890 年美国的中学仅有 2,800 所，学生 200,000 人。至 1926 年，此类学校已增至 22,500 所，其学生竟有 3,390,000 人之多。全国凡达中学学龄的学生，已有百分之四十毕业于中等学校了！人们相信美国的中学教育不久就能普及，这倒也在意料之中。

美国虽然根据平民主义思想施行中等教育，但也难免遇到一种困难。这种困难不是在使美国民众不易获得中等教育的机会，而是因为如美国这样的共和国把双轨学制施行于公立学校里面，那就很不合适了！这样的困难，并不是在推广公立中等学校而致经济上感受的困难，因为

① 黄溥于 1928 年 10 月用英文发表《美国的高级中学》一文后，意犹未尽，又用中文发表了《美国中等教育之缺陷》，此篇内容乃至篇章结构与上篇大致相同，不同的地方有两点：一是后者标题观点鲜明，充分表达了题旨；一是后者明确这"缺陷"存在于美国整个中等教育，而不仅仅存在于高级中学。本文选自《教育季刊》第 5 卷第 1 期，1929 年 3 月。

美国既是世界上最富的一个国家，即令其在教育预算方面增加数十兆金钱，又有何妨？那么其真正的困难究竟是什么呢？按著者所知道的，其难处即在于目前中等学校的制度能否发生效率。

按康特尔博士（Dr. Kandel）看来，美国中等学校的教育目的至为复杂，性质上又时起冲突。这种冲突，有些是由习俗而来的，有些是由现代的需求而发生的。试将美国中学校的课程研究一下：许多旧的课目之所以还存在，无非为着“文明”的关系，何尝含有社会化的价值？其中虽增加了许多新的课程，但亦不过为着狭隘的实利目的；对于健全而明晰的课程设置原则多未予注意！美国中等学校的课程性质，不外由两种要素综合而成——就是“文明的”（culture）和“实利的”（utility）二者而已！今试考其来源，又不出乎人文主义（humanism）与唯实主义（realism）的范围之外。我们要想明了美国中等教育的内容，当先了解“人文”和“唯实”两种主义的要义及其对美国中学课程方面的影响。

在美国，中等学校之课程设置，受人文主义之影响已非一日！而提倡最力的两位大学者，就是安乐德（Matthew Arnold，1822—1888）和赫胥黎（Thomas Henry Huxley，1825—1895）。按安乐德看来，世间最好的事情，就是“文明”。所谓文明者，即是熟知一切的、最好的文教而已。若分析之，可有三部分：有丰富的自动的心态，不依赖外界和机械的一切效用；有谐和的概念，不专注于一种狭窄观念的企图；更有专为社会改良的观念，不以个人自私自利为目的。人性之改善，又非全赖行为、知识、美术和社交种种的能力。总而言之，文明为追求人格完美的要诀。我们研究科学、文学和文化经典，就可以达到这种完善的目标了！

在赫胥黎看来，一个文明的人，总要有一个完美的人生观。赫氏十分了解人所具备的能力。他认为，要获得完美的人生观，非研究“自然”不可。盖以自然界表现了宇宙间的一切规律，而吾人重要的职责，便是学习这样的规律，并借以约束自身的行为。何谓教育？不过按自然界中的规律以启发吾人的智慧罢了！吾人除研究自然学科外，对于人们的态度以及知、情、意三种心理活动如何发生，并与其他方面的规律得以谐和而不背道而驰的关系，亦当加以研究。故按赫胥黎所论的“自动定律”一语观之，其范围甚广，岂仅研究天体就算了事呢？就连社会科学、经学和文学也需要注重的。如果这样，那就不致有所偏颇了！

安乐德与赫胥黎对于“高尚教育”（liberal education）的观念，大概是相同的。二人皆注重心力和知识、美术和行为以及完善的理想和完全的人生。他们不同之点，不在于教育之目的，乃在于达到“高尚教育”之目的所采用的方法有所不同而已！安乐德看重经学与文学，而赫胥黎偏重于自然科学。安乐德将科学发明与科学方法，纳之于文学之中，并认为科学的地位并不较文学为高。赫氏则以为欲达到真正的文明，科学教育与文学教育同一重要，二者所发生的作用几乎是相等的。

我们既已明了什么是人文主义，那么我们现在所要研究的，就是人文主义在美国中学课程里，究竟发生了若何的影响。就实际而言之，这样的主义，在许多旧学课程上，还是保持着相当的影响。如今希腊的拉丁语言、经学、文学、上古史、中古史和代数、几何等与其他的课程，仍旧加以保存的缘故，就是因为含着“文明”的价值。任何课程，凡不适合现代的需要，亦莫不借“文明”二字以为饰词！至于人文主义在美国中学课程方面所发生的影响，就是太偏重于文学的价值，知识之授予以及课程的组织过于精密。一般人更以为，新课程之所以缺少“文明”的价值，是因为他们没有组织好的缘故。

最后，人文主义对于教育的锻炼方面，亦发生重大的作用。安乐德与赫胥黎深信，无论何人皆当受到有规则的锻炼。安氏曾批评 1870 年各学校所教的学科，若能如教授外国语之井井有条，则在锻炼的效果上未始无价值之可言！而赫氏以为，教授自然科学，不但给学生一种教育的好锻炼，并且使学生在智能方面，也确有所发展。现在许多人不主张废掉拉丁文、希腊文、代数、几何等学科的缘故，也就专在于它们有锻炼和移用的价值（transfer values）。但是，近代心理学已证明这种学说是错误的。就习惯的移用言之，既不是确实的，也不是机械式的；不过在两种或两种以上的情境里面，有相似要素的才有移用的可能；况且一件难事或枯燥的事，不一定含有锻炼的价值。

我们既然知道人文主义在美国中学课程里面所发生的影响，现在就要看一看唯实主义（realism）是怎样的及其与美国的中学教育有什么关系。凡是教育学科中，受着规律的约束、带着传统性而没有实用之价值者，皆遭唯实主义派的严厉批评和攻击。他们指数理学科为抽象而不易于实行；文学的题旨，则又嫌其陈旧而不合时宜。其他姑且不论，只就外国语而言，教授久矣仍不得其法，因为教者与学者皆视外国语为一种研究的科目，而不知吾人研究外国语是作为一种工具，以便达到其目的，这才能发生实际的功效。

费勒森利（Flexner）在他的论文里面说："近代教育，断不应该因为一种课程徒以其为习俗所推许，因而采取之；更不应该包含一切确无价值的教材。换言之，凡现近学校中的一切课程，均须有一种用处，而又确实已经证明的。"

所以按费氏看来，一种受过新教育的人应该以精通知识为基本工具，用以了解其对物质世界和社会环境的实际用处，以适应其真正的需要。这种中学的课程，当以科学、工艺、美育和公民学为组织大纲。其他如拉丁文、希腊文、代数、几何以及无谓的文法应该撰弃不用，或者加以修改才好。

还有一派教育家主张教育当以社会效率（social efficiency）为标准。这派与实利教育派是有密切关系的。克斯奈（Kingsley）和一般教育家，在他们的"中等教育的基本原则"（cardinal principles of secondary education）里面，说得很为详细。他们以为，中等教育当以社会的需要为依据；以养成个人的品性为根本；以现代教育的理论和实施为标准。

这样的教育观，就是唯实主义的教育观。就社会需要和个人发展两者比较而言，这种教育观尤其注重前者。它的最大贡献，就是把教育的目标列为七大项予以统计，详加分析。即健康、支配人生基本的行为、克尽家庭中一分子之责、有正当的职业、克尽公民之责、善用余暇以及养成品德等七项。这项教育的目标，在能使学者获得充分的社会化效率，并使青年能有一种完善而有价值的生活。

美国现在中等学校所受唯实主义的影响之大，与其当年受之于人文主义者几无差异。就各方面而论，唯实主义的影响似乎是有益的。从前中学里所有纯粹的人文主义课程，现在已慢慢地变为实际的了。而办学者对于课程的支配也更加审慎了。但是，唯实主义不能解决我们所有的一切困难。它对于理想和态度的重要方面，有时不免有忽视的危险！要知实利主义的教育，即克斯奈所倡导教育要以社会效率为目标的七项，虽有裨实际，但未必能成为指导人生行为的原动力。我们一方面给学生明了实际而有用的知识；一方面还要给学生养成一种主动的原动力，俾能向人生轨迹上运用其实际的知识。所以，要想达到实利主义的目的，而又不养成一种高尚的理想或态度，并以之作行为的标准，则实利主义的教育，怎能获得良好的效果呢？

实利主义尚有一种危险，现在要申述的就是教育太注重实利的价值，往往就发生职业上狭窄的实利观念了。现在新式的中学里已经增添许多新的课程，如手工、实用艺术以及商业等。这类课程是专为一般不能升入大学的中学生将来谋生而设置的。但是，为着职业的缘故，往往忽视青年学生的想象力、审美力和鉴别力的养成；他们被限制于种种机械式的操作技能之中，往往忘却了人生的真谛。主张唯实主义者，未始不知这种危险之可怕。他们对于精神、智实双方所能发生的效力，有时虽给予了相当的重视，但是，提倡唯实主义者往往偏重于实利，等到流弊发生的时候，也就难于补救了！

人文主义与唯实主义在美国中等学校的课程设置方面所发生的影

响，已如上述。这两种影响的结果，就形成“文明”与“实利”的“二元论”情况。如今美国中学校里的课程设置，有的是专为学生升学，或从事“文明”方面发展的；有的是专为学生以实用的知识，以便做好职业上准备的，以至现在美国的中学，不能在校内形成一种整个的民主社会，反把学校分为两个阶层——文明和实利。这样的中学教育发生了许多弊害。学生虽入中学，而毕业者不过三分之一，毕业后升入大学者，只占六分之一而已！美国的中学教育，若不赶快解决这两种主义的冲突，则中学教育的原义，就要完全失去了！现在我们要怎样实现真正的自由教育呢？试看杜威博士对于高尚教育真义的阐明，就可了解平民教育的概念了。

杜威博士说：“在一个真正的平民社会里面，人人当尽其有用的服务，人人当享其有用的闲暇。这样的社会，并不需要文明和实利的二元论的教育，更当将其废除才好！他必把思想当作人生行为的指导，而把闲暇算是尽过责任后应有的报酬。”“文明”照这样解释，不仅是个人有了丰富的知识便就完事，尤当有一种发展的能力——使个人的识见不但能继续扩大，且能正确。至于“实利”的意义，又非特指对个人或群众实际服务的性质而言，乃是指个人参加公共活动的一种能力而说的。这样平民教育的概念，就可使“人文”和“唯实”的两种主义之冲突得以避免，而且更能使之成为一个有机的整体。二者既经调融，就能相互为用了！

因此我们对于现代中等学校的目标，就可以重新予以拟定。现在将中等学校的四种教育目的，分述如下：

凡是民治主义的社会，总须有“共同性”含在里面，这样才能团结起来。所以，中等学校的第一个教育目的就是应该发展共同的理想、态度、情感以及种种活动。但是要想达到这样的目的，唯有在中学规定几项固定的课程，常常教授学生；同时，又提倡社会化的活动，如运动与游戏等。

但是，在一个平民社会里，单有“共同性”还是不够的。若要谋求社会的进步，尤当注重学生的天资。所以，中等学校应当按照诸学生的个性和需要的不同，给予适当的方法，俾能在读书和工作两方面皆有成功的希望。那么，中学生的兴趣、个性以及能力，借此亦可一一地发展了。

在一个平民社会里，对于各个人的个性之不同和其需要之差别，固当有适宜的种种活动以发展其个性，而又适合其需要。但对于一切狭窄而无旨趣的工作，也应加以改革。补救的方法，就是使学生知道一切高尚的活动，是由高深的学问而来的；而且对于这些高尚活动的成功要素，亦要给予相当的了解。此外，还要使工作富有意义，俾为有才能的学生羡慕。那么，不但他们乐于去做，而且易于成功。这就是中等学校的第三种目的，办学者应该去重视它才好！

至于中等学校的第四种目的，那就更不可缺少的了！中学应该根据学生的个性和能力的表现，施以一种确定而含有差别的教育，以满足中学生目前主要的和将来确切的需要；并且使学生在其工作发生变换时，仍能保持浓厚的兴趣，那才合乎中学教育的真正的目标呢！

余深信上述的四种目的，是合乎教育平民主义观念的。美国中等学校已注意这四种目的，而在教育上亦已发生了很大的变化并取得进步，这是大家素已公认的。以美国财力之富，人才之众，加以共和国精神，则解决中等教育的问题，自然比世界任何国家要容易得多。虽然，美国大学素来能够影响中学的发展，但是现在其影响已渐渐消减了；而各个成绩素著的教育会皆已制定标准，以改良中学教育；很多的中学校长和教员已由高等师范毕业了；至于每年关于中等教育的言论，又皆继续地发表出来，且很著成效；在许多的地方，对中学的制度，作了积极的改革：课程表已屡经修改；办学目的也专以适合社会的新需要为急务。高尚教育既以平民主义的观念为目标，那么，美国中等学校一定会逐渐发展起来，成为改良国家的一个最有力的工具！

美国给来自中国的老师教了什么?[①]

美国给来自中国的老师教了什么?对于来到美国学习教育的中国学生来说，要用一句话回答这个问题，实属不易。但是，如果需要简略地回答这个问题，我敢说，在教育方面，美国给来自中国的老师教授了“民主原则”和“科学精神”。要想很好地理解这个回答，我们必须看看以下所论述的内容。

首先，让我们看看它在理论和实践方面的民主原则。任何来到美国学教育的人都会清楚地看到：美国教育的显著特征就是单轨制，这和欧洲的双轨制有明显的不同。在这个国家，从幼儿园到大学的公立学校都是向所有适龄入学人口开放的。任何有志向的男孩和女孩都可以在大众或自治州的资助下，接受任何种类的训练。

其次，任何习惯于强大的、中央集权管理的教育体制的人，都会禁不住地对美国没有任何形式的集权管理的教育体制的高效率而感到震惊。在这里，根本就没有国家教育部，只有内务部下属的一个教育局。这个教育局的唯一功能只是收集、统计和分析这个国家公立学校的统计数据。尽管每个州都设有一个教育局，并且公立学校教育都是各州自己

① 黄溥在美国攻读博士学位时，深入观察了解美国教育的状况，强调要以一种科学的态度学习美国在教育方面的民主原则和科学精神，不要照搬照套一些具体做法。本文选自 *Education Review* Vol. XXI. July，1929，No. 3（《教育评论》第21卷第3期，1929年7月）。丰春光译。

的事，但是，负责开办公立学校的主要责任则由当地教育董事会承担。由地方创办或与地方合作是美国教育组织机构的力量与魅力所在。

再次，对美国教育的理论与实践产生巨大影响的是杜威的教育哲学。毫无疑问，他是美国进步教育运动的领袖。这里由于篇幅有限，就不讨论他的教育哲学了。我们可以说他的整个理论就是在全世界宣扬“民主”这个观念，而尊重孩子们的个性、成长和自由是民主教育观念的主旨。

笔者并不想给读者留下美国每所学校都是进步的印象。事实上，情况也远非如此。但是，我想说，在这个国家，教育管理与学校教学实践洋溢着民主的气息。它要求来自中国的老师注意到这一点，并在来到美国前就开始研究它。关于这个国家的教育，我想向读者推荐三本书，它们是杜威的《民主与教育》，基尔帕特里克的《方法基础》（这两本书都是由麦克米伦公司出版，并由商务印书馆翻译成中文在中国出版），克伯雷的《州立学校管理》（由 Houghton Mifflin Co. 出版）。

美国给来自中国老师教的另一个重要的内容是它在教育研究方面的科学精神。教育科学作为大学所研究的一个分支，还是一门较为年轻的科目。美国也只是最近才尝试着将科学程序与科学方法引入教学研究中来。这项运动的伟大倡导者是桑代克。他的著名论述是在十五年前提出来的：“只要有一个事物存在，它就是以一定的规模存在，如果这个事物以一定的规模存在，它就能够被测量。”这一论述为教育的科学研究奠定了理论基础。美国近期的教育研究都致力于对教育各个领域的工作状况及其成果的测量。在教育管理方面，学校建筑和财政的标准已经建立；在课堂教学方面，中小学各个科目的测验和评分标准及其模式也已经设计出来了；在教学方法方面，由于教育心理学的研究，已经采取了智力测验和其他比传统教学更加有效的教学方式；在课程设计与职业指导方面，也采取了更加科学的方式与步骤。事实上，在这个国家，如果人们不懂统计或不知道科学方法，就很难理解任何教育方面的有关著作。

这种教育研究的科学运动是美国教给来自中国教师的最重要的东西。我在这里没有时间和篇幅来讨论这次运动。笔者认为，来自中国的教师通过阅读桑代克的三部作品，能够对科学精神获得更深层次的理解。这三部作品是哥伦比亚大学师范学院出版的《教育心理学》以及麦克米伦公司出版的两本书《教育测验》与《教育实验》。另外，对教育统计具备基础的知识是相当必要的，加瑞特的《心理和教育统计》将会给你提供基本的教育统计知识。

总之，笔者想提醒读者的是：美国教给来自中国的教师如此之多的有用知识，但我们绝对不能认为，可以直接地将这些教育理论与实践原封不动地照搬到中国。这个国家的教育实践当然也存在着危机与缺陷。由于篇幅有限，这里不加讨论。可以这么说，令人讽刺的是，美国教育的强大似乎就是它教育弱点的根源所在。这个国家受教育的人口急剧膨胀，在不同年级所授科目的急剧增加以及它设置课程所涉及的范围过于广泛；它向所有愿意接受高等教育的人口敞开大学的校门，已经产生了一种为学生提供的训练内容过于宽泛的后果；它的过于强调标准化以及效率性，已经使整个教育过程变得机械化，并且缩小了人在教育过程中的影响；它的学分制，它的不一致的课程以及没有考虑精英学生吃不饱的事实，都受到了许多学者的批评。幸运的是，一群教育界的领导正在通过实验学校或专栏讨论等方式，来改变这些严重而并非自古就有的危险。这个国家需要很长时间来克服这些困难。但是，来自中国的教师应该明白，将美国教育理论与实践的民主原则与科学精神引进到中国的教育理论与实践领域中，那些威胁美国教育的危险是不会威胁到中国教育的。

附：

What America Has to Teach a Teacher From China

What has America to teach a teacher from China? It is not easy for one who has studied education in this country to answer such a question in one sentence. But if such a brief answer is desirable, I venture to say that in education America has her democratic principle and scientific spirit to teach a teacher from China. To appreciate this answer we have to elaborate a little.

Let us start with her democratic principle in educational theory and practice. Any one who comes to America to study education cannot fail to recognize her single school system in striking contrast with the double school system of Europe. In this country public schools from kindergarten to university are free and open to all. Any ambitious boy or girl can have any kind of training at the expense of the public or state.

Secondly, any one who is accustomed to a strong, centralized educational administration cannot help being amazed by the efficient working of the American educational system without any form of centralization. There is no national ministry of education. Instead, there is a bureau of education under the Department of Interior. Its sole function is to gather and disseminate statistical information of the public schools of the country. Though there is a department of education in each state and public education is a state affair, the main responsibility for conducting public schools is shouldered by the local boards of education. Such local initiative and cooperation is the strength and beauty of American educational organization.

Thirdly, one is struck by the tremendous influence on American educational theory and practice of Dewey's philosophy of education. He is no doubt the moving spirit of America's progressive education. This is not the place for us to discuss his philosophy. We can only say that his whole theory is embodied in the word "Democracy". Respect for children's personality, growth, and freedom is the keynote for this democratic conception of education.

The writer does not want to leave the impression that every school in America is progressive. Far from it. But he wants to say that the educational administration and school practice in this country are to a large extent permeated with this democratic principle. It behooves a teacher from China to take notice of it, and to study it before he comes to this country. For him the writer would like to recommend three valuable books. They are Dewey's "Democracy and Education", MacMillan Co., Kilpatrick's "Foundations of Method", MacMillan Co., (both of them have been translated into Chinese and published by the Commercial Press) and Cubberley's "State School Administration",

Houghton Mifflin Co.

Another important thing that America has to teach a teacher from China is her scientific spirit in the study of education. Education as a special branch of study in colleges and universities is one of the youngest subjects. Only recently has any attempt been made to bring in the scientific procedure and spirit to the study of education. The great leader of this movement is Thorndike. His famous statement made some fifteen years ago that "if a thing exists, it exists in some amount, and if it exists in some amount, it can be measured" is the underlying principle for the scientific study of education. All the recent educational researches in America are but earnest efforts to measure the results of the work in the various fields of education. In administration, standards for school buildings and finance have been provided; in classroom work, tests and scales have been made for all the subjects of elementary and scales have been made for all the subjects of elementary and secondary schools; in method of teaching, mental tests and more efficient ways of teaching the traditional subjects have been devised as a result of the study of educational psychology; and in curriculum-making and vocational guidance, scientific procedures have been made adopted. Indeed, one can hardly comprehend any educational writings in this country without some knowledge of statistics and scientific method.

This scientific movement in the study of education is a great thing that America has to teach a teacher from China. Again this is not the place for us to discuss this movement. The writer thinks that a teacher from China can gain a very good insight into scientific spirit by reading. Thorndike's three volumes, "Educational Psychology", Teachers College Press, and McCall's two books, *How to Measure in Education* and *How to Experiment in Education* (both published by MacMillan Co.). In addition, an elementary knowledge of educational statistics is absolutely necessary. Garrett's "Statistics in Psychology and Education" (Longmans Green & Co.) will serve the purpose very well.

To close the writer wants to remind the reader that while America has so much to teach a teacher from China we must not think that we can introduce with advantage all American educational theories and practices into China without discrimination. There are certain dangers and disadvantages in the educational practices of this country. Space does not allow us to discuss them. Suffice it to say here rather paradoxically that the very strength of American educational practices seems to be also her source of weakness. Her tremendous growth in school population, her remarkable increase in the number of subjects taught in the different stages of schools, her great variety of material in the curriculum, and her effort to open the doors of all higher institutions to all who may desire to come have produced to some extent a certain superficiality in training. Her over emphasis on standards and efficiency has tended to mechanize the whole educational process and to minimize the humanizing effect of education. Her "credit" system, her disintegrated curricula, and her non-provision for the ablest pupils have been criticized by many writers. Fortunately, a group of her educational leaders are now working hard through experimental schools and voluminous writings to avert these serious, though not inherent, dangers. It will not take this country long to straighten up these difficulties. But a teacher from China should see to it that in introducing American democratic principle and scientific spirit into Chinese educational theory and practice, no dangers that are threatening this country shall threaten China.

调查东京自由学园①

我国中等教育，近年来，颇行发达。学校与学生人数，日见增加。国内各大学教育学系，多研究中等教育，所发表关于中等教育各项问题之文字，亦复不少。然细察国内各中学，无论公立或私立，男校或女校，能一洗因袭之弊，彻底改造“以学生为中心，以生活为课程”者，百不一观。本年夏，溥与长沙雅礼中学同事数人赴日游历，借以考察日本教育。至东京，由友人介绍参观日本著名之自由学园。溥等深觉该校在中等教育之改造与设施上，有特殊贡献，兹特介绍其组织情形，以飨我国之研究中等教育者。

略历自由学园，系一日本私立女子中学，设于东京市外自由镇，创办人兼校长为羽仁夫人。羽仁夫人系日本著名杂志《妇人之友》之主笔，为日本妇女界各种运动的领袖，因愤于日本女学受因袭之束缚，不能自由发展，乃于1921年春，集资创办自由学园，不领政府津贴，不受任何人捐助，完全自由办理。开始时，生徒不满20人，十年内，增至300余人。前后毕业者凡240人。多数在日本女界服务，成绩斐然。

学制与课程：凡参观自由学园者，一入园门，即知为一种特殊的学

① 本文记述黄溥于1931年7月赴日本考察著名之东京自由学园情况。该园系日本妇女界领袖羽仁夫人创办，历经十年，成绩斐然。黄溥呼吁向羽仁先生办理自由学园之勇敢与坚决之意志学习，大力改革我国“以课程为中心，以学分为标准”，彼此抄袭，互相仿效的办学模式，努力奋斗，则我国中等教育，庶几有望！该文选自《教育丛刊》创刊号，湖南大学教育学会主办，1931年12月。

校。其建筑与设备，异常精致，校内所有陈列与装饰，皆呈美术化与创造精神，处处整洁，令人生羡！学校课程，分普通科、预科及高等科三部。普通科五年，所授学科为修身、国文、英文、理科、算学、史地、美术、音乐等。预科一年，专为平常女子中学毕业生欲入自由学园之高等科而设。所授之学科与普通科略同。高等科两年，内分师范科、英文科及缝纫科三种。每日上课之时间，至多 3 次，每星期共 17 次，每次 80 分钟；午前两次，9 时至 12 时，其中休息 20 分钟，午后一次，1 时 30 分至 2 时 50 分。学生不寄宿，只在学校午餐。

自由学园之课程虽与普通女学大同小异，然不及他校之繁难，且各科注重实际之需要，教授法因之亦异，每日专注重一门学科。如星期四注重英文，则全校于是日专读英文，亦利用种种学校生活，以练习英语。各科无考试，期终只有报告会，由各生向校长与教员报告每科之心得，并讨论、研究各科之方法。此外学生常做种种课外活动，如长途旅行、爬山泅水，举办运动会、艺术展览会、音乐会、戏剧会、生日会、洋囡囡会等，以发展学生之天才与生活乐趣。

团体生活：自由学园之特点，不在其课程组织，而在其学生团体生活之训练。全校学生共分为八班，每班约为三十余人。各班又分为六个小团体，名之为“家”。每家五六人不等。各家学生，互相帮助，实行友爱。每班六家，各家皆有特殊的名称，如规律家、实行家、友爱家、独立家、健康家、勤劳家。每逢 4 月与 9 月，各家改组，其目的在于使全校学生彼此发生极亲密的友谊。全校共 40 个家，以自由学园为一小社会。每日每班轮流推举班长一人，每家推举家长一人，负责指导全班或全家事务。此外，全校每日公推计时员一人摇铃计时，又公推活动员一人，朝会时报告学校每日之活动。

学生委员会：自由学园学生，多来自中等社会以上之家庭，然学校极注重学生操作与劳动。全校无工役，事无大小，概归学生按日轮流担负，如烹饪、洗扫、浇花以及各种整理清洁之事项，皆由学生办理。学校所有一切事务，由学生委员会主持。该会设委员三十人，任期两个月。由全体学生投票选举，选举后，由全体委员互推主席一人，副主席二人，其余委员分为六部。如校舍部、膳食部、财务部、音乐部、体育部、图书部。各部设部长一人，负责各部活动。凡学生委员会之主席及各部部长，皆须高等科二年级学生充任，以便指导。

生活表：自由学园游廊各处，皆悬挂学生每日生活表，该表分三类：（一）个人生活表。（二）每家生活表。（三）每班生活表。个人生活表，内列十一项，由学生每日填写，如何时就寝、何时起床、何时到校、何时离校、个人健康、自修时间、个人费用、遗留物件、所着衣服、住舍清洁、本日应做事项等。每家生活表，由各家家长统计。每家生活表，列出每日每家生活状况。每班生活表，由每班班长统计。六家生活表，列出全班生活状况。如是全校学生生活状况，一览便知。学生如有不守常规者，由家长或班长或其他同学予以劝告，学校无纪律制裁。全校师生纯以友爱诚实与合作精神相砥砺，每月终，凡学生未缺课且身体健康者，由同学于开会时，请至礼堂上受学生祝贺。如一年未缺课且身体健康者，由学校发给奖章，以资鼓励。

每日状况：自由学园每日状况如下，每晨 6 时 3 刻，有学生 2 人，先到校将校门及各校舍启开；7 时 30 分，计时员摇铃，即有学生 50 余人，持扫帚打扫全校，同时，各班长点名，并检验各班同学之身体；8 时，全校学生加入晨操，由学生主领，数分钟后，即齐赴礼堂，举行朝会，由班长 8 人轮流司仪，羽仁校长演讲，词多注重学生之灵性修养与精神生活，演讲后，由学生委员会副主席一人，报告本日所到学生之人数及学生健康之情形，再由计时员及动作员报告本日全校之事项，及各项活动之时间。朝会后，各生即归教室；9 时开始上课，第一次课毕后，全体休息，各班或举行游戏或全体跳舞，20 分钟后，开始上第二次课，12 时下课；12 时 10 分，全体教职员及学生齐至食堂午膳。

学园之午餐，皆由学生主持办理。普通班每班学生每星期为全校预备午餐一次，作为烹饪课程。每班举领袖三人，布置一切。所有食品，概由学生消费合作社供给。每次菜单由学生委员会膳食部与教员拟定。午膳时，凡烹饪之学生，皆为桌长，此外设领袖桌，由班长八人与计时员、动作员分坐，以便讨论本日全校之工作。食将毕，有各项报告：首由烹饪领袖，报告菜单项目，全餐费用及烹饪人员之姓名等；次由学生委员会，随时报告关于全校学生生活之重要事件，或由学生消费合作社，报告营养状况，或由任何同学，报告报纸上有趣之新闻；如有来宾，则请席间演讲以助兴。

午餐后，使烹饪之学生，收拾食堂厨房之碗碟，其余学生，除领袖外，则负担洗扫之责任，使全校清洁。同时，各领袖及所拟定翌日之领袖与教职员等，开领袖会议，讨论翌日种种进行事项与改良办法。午后1时半，全校学生上第三次课。下午课程，多属音乐、美术、体操等科，2时50分下课，由计时员宣布放学，于是各生整理一切归家。一部分学生，负有照顾校舍之责者，将全校窗户门扇等关闭妥帖后，方始离校。此乃自由学园每日普通之活动状况。

特点：以上各项报告，皆极简略，作者未能将自由学园为学之精神，尽量叙述，深以为憾。然以上报告，表现自由学园之特点不少，其最著者有四：

（一）独立精神；（二）尊重学生人格；（三）提倡劳动；（四）注重实际生活。

此四种特点，与杜威先生所主张之平民主义教育甚相符合。回顾我国私立之中等学校，皆具独立精神，不受任何方面牵制者有几？能尊重学生人格，使实地负责自治者有几？提倡劳动，使学生亲自操作者有几？能注重实际生活，使学生明了教育即生活者有几？综观国内之中学，大都以课程为中心，以学分为标准，所注重者，多属外表形式，彼此抄袭，互相仿效，而于教育之真谛，以及于学生之实际生活与精神多不顾及。如此望中等教育之改进，不亦可笑？今日欲求我国中等教育之改进，非痛洗因袭之弊，彻底加以改造不可。凡从事中学教育者，能具羽仁先生办理自由学园之勇敢与坚决之意志，努力奋斗，则我国中等教育，庶几有望。

附录：

黄溥生平大事表（1896—1982）

1896 年　一岁

8 月 8 日　先生名溥，字秋溥，族派名於皋，出生于湖南宁乡县双江口镇六区回龙乡，现为长沙市宁乡县金州乡箭楼村 10 组。父亲黄翰香（1856—1930），字惟中，仰慕变法维新，自号维新。娶妻宇文氏，无嗣病故，继室周氏生子女黄溥等三人。

1901 年至 1905 年　五岁至九岁

父亲九口之家住黄氏宗祠旁瓦房，以便照看祠堂和设在祠堂里的私塾。当私塾先生因事缺席时，由父亲代课。

与其兄姐读五年四书五经，不用束脩上私塾。

父亲闯荡长沙谋出路，打工干苦力活。在思想苦闷时，受人邀请去教堂听牧师布道，久而久之受洗成为遵道会教友。因其能将儒家经典与基督教义相通相融，进而被培养成为一名长沙遵道会牧师。

1906 年至 1907 年　十岁至十一岁

父亲在长沙担任遵道会牧师，于是全家搬至长沙，三个子女经五年私塾教育后进入长沙遵道会创办的遵道小学，读高小五、六年级。

1907 年夏　小学毕业后受洗礼成为遵道会教友，从此和教会结下不解之缘。

1908年至1914年　十二岁至十八岁

随父亲搬到湘潭，就读于湘潭中华基督教会创办的益智中学初、高中。因为益智中学使用西学教科书，所以深受基督教义的熏陶和“教育救国”思潮的影响。

1910年3月15日　母亲周氏病故，享年38岁。

1914年至1917年　十八岁至二十一岁

1914年　毕业于益智中学高中部。

1914年7月　因中英文成绩优秀，直接被长沙雅礼大学录取，成为本科生。长沙雅礼大学本科设有语言类、自然科学类、社会科学类和宗教类四个方面的课程，全部使用耶鲁大学本科的英文教材，大学期间深受西方教育家、社会学家和人类学家等著作影响，下定决心毕业后留学欧美，借鉴西方先进教育理论，以便改革中国教育事业。

1916年　与雅礼大学预科生柳直荀相识并结为密友。

1917年夏　在校期间成绩优异，本科毕业后获文科学士学位。大学期间曾经担任英文家教以解决大学期间的日常生活开销问题。

1917年秋　担任湖南省立商业专科学校英语教席，同时在长沙第一、第二师范学校兼教英文，为出国留学筹集经费。

是年　在《雅礼学生杂志》的第1卷第1期发表英文稿“What Constitutes Good Schoolship”(《什么是好的学问》)。

1918年至1920年秋　二十二岁至二十四岁

1918年秋　与留日同学李肖聃在湖南省立商业专科学校同一个教员办公室备课。双方相互欣赏，商定在外语方面互教互学。李肖聃教黄溥日语，黄溥教李肖聃英语，并为进入福湘女中的李肖聃之女李淑一补习英语。随后持雅礼大学校长推荐信，前往美国耶鲁大学报到，因坚持学设有中等教育的师范专业，故转至斯坦福大学。

1918年冬　入斯坦福大学重读本科一年，又一次获文科学士学位。

1919年　在斯坦福大学师范学院研究生部半工半读，以便维持日常生活费用。学习刻苦、成绩优异，获助学金和清华半奖学金。

1920 年夏　获美国斯坦福大学师范学院教育学硕士学位。硕士学位论文题目为“The New Educational Organization of China”（《中国的新教育体制》）。

1920 年秋　用节省下来的助学金和清华半奖学金，考察英、法、德、意等国的中等教育。

1920 年冬至 1926 年冬　二十四岁至三十岁

1920 年冬　在湖南醴陵遵道中学担任副校长，决心以此作为获取教育实践经验的场所，为再次出国留学深造筹集经费。

1921 年　担任遵道中学校长，大力引进西方先进教育思想用以改革学校的行政、教务、后勤、课程等各项规章制度，把宗教课改为自愿参加，加强国文教学，开设体育、美术、音乐等科目。这所教会中学在黄溥的学校改革实践中，逐渐成长为能够容纳 400 名学生的初、高两级完全中学。黄溥也因此积累了丰富的教育经验。

1922 年 4 月　在 *Educational Review*（《教育评论》）第 14 卷第 2 期上发表“The new challenge to mission school in China”（《在华教会学校面临的新挑战》），在非基督教运动方兴未艾之际，关心整个教会学校的发展。此文发表后 10 年，任职于教育学院，为中学培养行政和教学的师资队伍作出了卓越贡献。

1922 年　与舒仲楷女士订婚。

1924 年　与未婚妻舒仲楷参加校友柳直荀和李淑一的秘密婚礼。

1926 年 6 月　在《教育季刊》第 2 卷第 3 期上发表《遵道中学国文课程之计划》（包括初、高中两部分）。黄溥在担任遵道中学校长期间，十分重视“中西并重”的课程设置。这是他与国文教员共同研究、亲自动手制订的国文课程计划，并督促国文教员切实执行。

1926 年底　醴陵中学因非基督教运动愈演愈烈，遂年底停办，辞去校长职务，决定出国留学攻读博士学位，打算在获得博士学位后再结婚。

1927年　三十一岁

7月　与舒仲楷在上海结婚后，第二次赴美留学。由于早在大学期间仰慕美国知名教育家杜威（1859—1952）及其学说，自费前往美国纽约，就读于哥伦比亚大学师范学院研究生院，专攻杜威教育理论和新兴的教育行政管理学。

1928年　三十二岁

1月至12月　在哥伦比亚大学师范学院攻读博士学位期间，曾任教授助手，下半年开始撰写博士学位论文。在校期间，学习成绩优异，再次获得助学金和清华半奖学金。

4月20日　第一个女儿寄美在上海出生。

5月　教会学校在非基督教运动高潮之后纷纷准备恢复，因雅礼大学和武昌华中大学合并，于是长沙的四个教会团体决定联合起来成立雅礼联合中学，并计划以私人学校名义注册立案。

7月10日　担任雅礼中学复校后的第一任校长，也是首任中国校长。雅礼协会派解维廉从长沙抵达纽约哥伦比亚大学，请黄溥担任雅礼联合中学校长。黄溥在哥伦比亚大学师范学院攻读博士学位期间，由教务主任劳启祥暂代校长职务。

10月　在 *Educational Review*（《教育评论》）第20卷第4期上发表"The American High School"（《美国的高级中学》）。该文论述美国在中等教育宗旨上，存在人文主义与唯实主义两个学派的对立，因而影响到高中阶段课程的设置，进而影响到培养目标。作者认为杜威普通教育理念完全可以统一这两个学派，进而提出高中阶段的四个培养目标，并认为这四个目标与民主教育的理念是一致的。黄溥回国后就是抱定这四个目标从事中等教育的研究、实验和改造的。

1929年　三十三岁

1月至10月　深入美国中学调查研究论文课题。在撰写博士学位论文的同时，进一步探讨美国中学存在的问题。

3月　在《教育季刊》第5卷第1期上发表《美国中学的缺陷》。该文在内容乃至篇章结构上都与《美国的高级中学》大致相同，不同之处有两点：一是后者标题观点鲜明，充分表达了题旨；二是后者明确这“缺陷”存在于美国整个中等教育，而不仅仅存在于高级中学。

7月　在*Educational Review*（《教育评论》）第21卷第3期上发表“What American has to teach a teacher from China”（《美国给来自中国的老师教了什么?》）。该文是黄溥在深入观察了解美国的教育状况的基础上，强调要以一种科学的态度学习美国在教育方面的民主原则和科学精神，不要照搬照套一些具体做法。

10月　完成哥伦比亚大学师范学院博士学位论文的撰写，题目为“Errors and Improvement in Rating English Compositions by Means of a Composition Scale”（《用作文量表评价英语作文等级过程中出现的误差及其改进方法》）。在导师指导下，运用教育统计与测量的原理和方法，对一百多所中学的学生作文进行研究分析，取得了29,600个等级数据，得出了运用等级量表减少评定差错的方法，受到指导教师的高度评价。

11月　回国后担任雅礼联合中学校长。

12月　担任校长期间，大力推进雅礼联合中学的教育改革，涉及办学宗旨、行政管理体制、课程设置和教材内容、教师聘请等多方面。加强学生的操作训练和动手能力，发展学生的个性和才能，为学生的终生发展奠定良好的基础。

1930年　三十四岁

1月　兼任湖南大学教育系教育学教授。

2月至12月　改革旧学制和美国人引进的行政管理制度，管理民主化，将学校领导权牢牢掌握在中国的校长手里。改中学“四二制”为“三三制”；建立训育、体育、宗教、图书、事务等五个委员会，校长决策之前要咨询这五个委员会，经他们讨论完善之后再作出决定；成立各科课程委员会，讨论课程改革和教材内容等问题；实行既严格又民主的管理方式，加强学生自治能力的训练；改必修的宗教课为选修课，由直接的灌输改为间接的基督化人格的养成。

3 月 13 日　父亲病故，享年 74 岁。

9 月　第二个女儿寄华诞生于长沙。

12 月　博士学位论文《用作文量表评价英语作文等级过程中出现的误差及其改进方法》在纽约出版发行。

1931 年　三十五岁

1 月至 12 月　继续改革雅礼联合中学的课程。大力加强体育课程，加强审美能力的培养，增设劳作课，运用丰富多彩的课外活动开辟第二教育渠道，即青年会、英文讲演会、话剧社等十多个学生社团组织。

7 月　在 *Educational Review*（《教育评论》）第 23 卷第 3 期上发表 “The Yale Union Middle School（1930-1931）”（《雅礼联合中学（1930—1931）》），黄溥发表此文意在表明学校在动乱中未受到损失，坚持了基督教中学办学宗旨。黄溥还亲自组织三位老师赴日本深层次考察其若干所中学和大学的教育设施和组织等办学经验。

9 月　“九一八”事变后，支持学生成立“雅礼中学学生自治会爱国会”。组织学生上街游行示威，抗议日本强占东三省。在《教育季刊》第 7 卷第 3 期上发表《长沙雅礼中学校沿革述略》。该文简明扼要地介绍当时的学校概况，目的在于扩大招生。

11 月 1 日　第一个儿子（第 3 个孩子）继溥在长沙出生。

12 月　在《教育丛刊》创刊号上发表《调查东京自由学园》和《在湖南大学教育学会成立大会上的演讲词》。前者呼吁彻底改革我国中等教育，痛洗因袭之弊；后者呼吁教育系师生和教育学会的同志，加强教育理论和实际问题之间的衔接。

12 月 24 日　教育部批准设有文学院、理学院和教育学院的华中大学以大学的级别在教育部注册。由 21 人组成的华中大学董事会成立，以雅礼协会代表身份担任华中大学董事会董事。

1932 年　三十六岁

1 月至 12 月　继续改革和调整雅礼联合中学的课程设置和教材内容。改革国文课程内容，加强阅读能力和欣赏能力的训练；组织教师按教学大纲规定和学生接受能力自编数学教材；切实增强口语训练力度；规定中国史和中国地理的内容分别占历史课和地理课的三分之二；建立和完善物理、化学、生物实验室及其设备；为继续升大学作准备；继续完善和充实行政、教务、学籍管理等各项内容。

8 月　在《教育季刊》第 8 卷第 3 期上发表《改良中学教育课程的一种建议》。这是黄溥在两所中学将近十年教育实践的理论总结。

11 月　被聘为华中大学终身教授、教育学院院长。

12 月　与雅礼联合中学继任者劳启祥交接手续，离开长沙，前往武昌担任华中大学教育学院院长。

1933 年　三十七岁

1 月　积极筹划如何增强华中大学教育学院和湖北、湖南、江西等三省区教会中学的紧密联系，形成以华中大学教育学院为核心的中学联络图，以提升整个教育学院的学术水平，从而巩固华中大学在华中地区的地位和声望。

1 月 24 日至 26 日　在江西九江同文中学主持召开华中区第一届基督教中学校长会议。根据多数校长意见，讨论如何改进中学生国文作文、中学教育生活化、中学生善用闲暇、校长应用多少时间指导教学、提高基督教中学地位、教员参与行政管理、准备应付严重之国难等七个问题。

8 月　主持武汉地区第一次教会中学校长联谊会，被推举为联谊会主席，每月轮流在各校聚会一次，讨论与宗教教育、教学工作、理科设备、学生课外活动有关的问题，一直坚持到 1937 年上半年。

9月　安排教育学院课程。面向教育学院学生讲授"教育史""教育哲学""教育统计与测量""中学教育行政与视导"等四门课。

10月　在《湖北教育月刊》第2期上发表《地方教育改进之障碍》。

1934年　三十八岁

1月至6月　决定每月轮流在一所学校举行武汉地区基督教中学校长联谊会。

3月　在《教育季刊》第10卷第1期上发表《教育学院在大学课程中之地位与使命》，批驳了"教育万能说"和"教育不值得研究说"，论证了中国社会对于教育方面有"实际的和研究的"需要，指出教育学院在大学课程中的重要地位和使命，希望国内研究教育的同志，努力奋斗！

4月3日至6日　在华中大学主持召开华中区第二届基督教中学教育讨论会，专题讨论"中学训教合一的实施""新中学法规""中学学生指导问题"。

6月至次年4月　在韦卓民校长出国讲学及筹集办学经费期间，第一次担任代理华中大学校长职务。

7月　教育部命令当时教育学院的管理系和师范专业合并，如果华中大学在夏季不能为教育学院组建一个新的主干系，教育学院将被撤销，仅剩下文、理两个学院。华中大学面临"从大学降格为学院"的命运。

8月　聘用胡毅博士为心理学系主任，正式成立心理系为学院的骨干系，保证教育学院能继续存在，拯救了华中大学险些"降格"的命运。

9月　用国民政府专款，为华中大学增添仪器设备、兴建行政楼附楼和第四幢学生公寓和供教育学院实习用的实验中学。

9月至12月　坚持每月在一所学校举行武汉地区基督教中学校长

联谊会。

12月20日　第二个儿子绍溥出生。

是年，在《哲学与教育》第3卷第1期上发表《学校行政之基础》。在《湖北教育月刊》第1卷第7期上发表《中学校长问题》。

1935年　三十九岁

1月至3月　用国民政府专款，聘请韦斯利博士担任化学系副主任。聘请高铭元担任教师，后来他协助包鹭宾教授建成中文系。

4月　韦卓民校长回校，卸下代理校长职务。

5月　用两年时间完成《教育行政学》专著，作为《中学行政与视导》课程的参考书。

6月　改革学年度考试，只考部分主修课，不考选修课，降低淘汰率。这一学年，注册学生人数和教职员数量增加，编制最为丰满，为华中大学复校奠定了良好的基础。

9月　华中大学实验中学校舍建成并正式成立，解决教育学院学生实习问题。去年兴建的行政楼附楼及学生公寓也相继投入使用。

是年　仍坚持每月在一所学校举行武汉地区基督教中学校长联谊会。黄溥坚持出席并主持会议，和大家共同商讨教育行政和教学工作。

1936年　四十岁

1月至6月　坚持每月轮流举行一次武汉地区基督教中学校长联谊会。

3月　在《教育季刊》第12卷第1期上发表《最近十年之基督教学校》。这是黄溥于非基督教运动后关于基督教学校教育的重要文章，该文首先简要地概括了教会学校的贡献，着重分析了1926年以后全国教会学校停办的主客观原因，尖锐地指出了教会学校存在的主要问题，论述了教会学校今后应如何办。

3月19日　第三个儿子绳溥出生。

4月24日　拟定《华中大学教育学院十年发展规划（1936—

1946）》（英文稿），明确教育学院的主要目的。

9月至12月　仍坚持每月在一所学校举行武汉地区七所基督教中学校长联谊。

12月　在《教育季刊》第2卷第4期上发表《第五届国际教育会议关于乡村教育的建议》，为我国留心乡村教育问题者提供参考。

1937年　四十一岁

1月至6月　仍坚持每月在一所学校举行武汉地区七所基督教中学校长联谊。

2月1日至4日　在华中大学主持召开华中区第三届基督教中学教育讨论会。黄溥发表题为“中学教师的进修”演讲，印发“我国中学教师的状况”“中学教师失败的原因”“中学教师的弱点”等三种调查统计表，以说明进修学习的必要性和重要性。

4月　组织华中区基督教中学校长旅行参观团，于月中出发参观考察江苏、浙江、广东等各地的基督教中学。

6月至次年8月　由于韦卓民校长需要出国参加三次重要的宗教会议，校董事会一致推举黄溥第二次担任华中大学代理校长职务。

7月7日　抗日战争全面爆发，坚持学校一切工作仍照常进行，按规定放暑假，秋季按时开学。

9月　武汉地区七所基督教中学在“七七”事变后纷纷西迁，校长联谊会中断。由于战争形势严峻，报考华中大学的学生数量大大超出预期计划。坚决聘请W. Zee博士和林之棠副教授，保证化学系和中文系的教学工作能够正常运转。

10月　为躲避战乱，南京金陵大学的部分师生抵达武昌，暂时住在华中大学。武汉遭到日机轰炸，遂组织民工在校内修建防空洞。

11月　先后邀请周恩来、郭沫若来校作全民抗战讲演。支持学生积极参加武汉地区的救护工作，并在武昌火车南站成立华中大学救护站，为在战争中受伤的士兵提供力所能及的帮助。在此期间，安置部分南京大学师生入住校内学生公寓。

11月　在《湖北教育旬刊》第1卷第25期上发表《青年学生应如何准备长期抗战?》。这是应湖北省广播电台邀请向青年学生发表的演讲稿，概述了抗战形势，论述了青年学生必须有心理准备、学识准备和品格准备，才能作长期的抗战。在《教育季刊》第13卷第13期上发表《介绍两种关于中学校长进修的量表》，该文指出选择合格的校长是改良中学教育的根本，介绍“校长自省量表”和“评点校长量表”两种量表。

12月13日　召开并主持评议会扩大会议，多次讨论搬迁问题，最终决定：家长要求学生离校的可以先走，学期考试推延至次年1月中旬，下学期是否推迟开学再由评议会决定。

1938年　四十二岁

1月　学校评议会认为军事形势暂时平定，决定2月底开学。

2月14日　将一封秘密信函递交给时任国民政府教育部部长王世杰。这是南京金陵大学历史系教授贝德士向外界揭露南京大屠杀的著名的“1月10日信函”。贝德士将这封函件托人秘密传到上海美国驻华领事馆，然后由美国兵舰带出上海，交给华中大学代理校长黄溥。

3月至5月　坚持学校一切工作仍照常进行。

4月7日　第三个女儿寄武出生。

6月底　为华中大学毕业生举行隆重的毕业典礼。派遣两位教授前往广西桂林建立临时校址，已筹集到两笔拨款作为建校经费。

7月9日　在《教育通讯》第14卷第16期上发表《教育的科学应用法》。黄溥呼吁教育同仁对我国教育现状进行认真的科学研究，教育理论要和实际相结合，以改革我国抄袭模仿的教育体制。该文较为具体地阐明了关于对教育问题进行调查研究的方法步骤。

8月　辞去代理校长职务，准备出国一年考察欧美中等教育的办学经验。将亲属安排到重庆对岸的江津县城北门附近，其间长子生病，险遭不幸。

9 月至 12 月　绕道梧州、香港去上海到美国，考察了美国 20 多所著名的中学，沿途宣传抗日，以赢得欧美教育界的同情与支持，争取华侨支援抗战。

1939 年　四十三岁

1 月　在 *The Far Eastern Magazine*（《远东杂志》第 2 卷第 5 期，纽约中国留学生会主办）上发表了“Wartime Education in China”（《中国的战时教育》）演讲稿。该文首先指出了战时教育的重要性，简述了目前教育的基本状况和正在进行的教育改革，指出中国面临着反对日本军国主义和把自己缔造成一个现代化强国的两项艰巨任务，当前必须抓好战时教育，详述了政府对战时教育所采取的 17 项改革措施。

1 月至 5 月　前往欧洲参观考察英、法、德、意等多国中学，学习中等教育办学经验，向各国教育界人士和当地华侨介绍中国的抗战和战时教育。

6 月 2 日　返抵香港。

7 月　从越南河内回到国内，由昆明转至四川省江津县（现重庆市所属江津市）接家眷。

8 月　动身前往云南大理喜洲镇。

9 月中旬　聘请格特鲁德·曾克小姐任音乐系教员。指派教育学院已毕业的高才生吴再兴担任五台中学教务主任，大力协助杨伯伦校长创办五台中学，随后演变成华中大学教育学院的实习学校。

10 月　在《教育季刊》第 15 卷第 4 期上发表《我国基督教大学今后应采之政策》。该文指出教会大学面临人才与经费两大主要困难，唯一的出路是采取极力缩小范围，充实内容，筹募基金。由上海及各省世界书局发行《近代欧洲教育家及其事业》，全书 170 页，约 150,000 字。

是年　在《教务杂志》的第 70 卷第 1 期发表英文稿“New Program for the Training of Youth in China”（《中国青年培训新计划》）。此刊物

创办目的原是作为来华宣教士交换讯息及讨论宣教工作的平台，以协助彼此对中国文化的了解与工作推行；然因其记录翔实，辅以许多手绘图片与照片、精密统计数字，不但是超过半世纪西方管窥、了解中国的重要窗口，更成为研究中国近代史不可或缺的第一手重要文本。

1940 年　四十四岁

3 月　黄溥和其他人均拒绝加入国家社会党。

9 月 21 日　在《教育通讯》第 3 卷第 36 期上发表《中学教师教学负担计算法》和《学校调查的主旨性质和施行》。前者论述解决中等学校教员负担问题的重要性，拟定我国中学教学负担计算公式。

10 月 16 日　在教育学院《教育统计与测量》专业课上，以专题形式讲授调查研究的目的与方法，以帮助学生更好地深入学习。

11 月 20 日　第四个女儿寄滇出生。

1941 年　四十五岁

1 月至 8 月　掩护地下党员在华中大学的抗日宣传活动。

2 月　在华中大学又一次面临身份“认同”危机时，致函正在重庆参加参政会的韦卓民校长，恳请他向国民政府力陈华中大学教育学院存在的必要性和重要性，最终获国民政府教育部批准下年继续招生的资格。

2 月 22 日　在《教育通讯》第 4 卷第 7 期上发表《德国最近中等教育之改造》。当时德国正是希特勒的社会民主党当政，狠抓中等教育的改造，疯狂地扩军备战。黄溥 4 月离开德国，6 月安抵香港。

4 月　虽然战乱频繁，生活艰难，但一切教学工作仍然照常进行。黄溥带领学生调查研究“我国初中生阅读兴趣之研究”等六个专题。

11 月 12 日　在《教育通讯》第 4 卷第 45—46 期合刊上发表《我国中学专任教师教学负担之调查》。该文记述向全国省、市、县级和私立中学发出调查公函和问卷调查表 800 封，历时半年，收回有效问卷调查

表41份，根据其修订的“中学教师教学负担计算公式”进行计算，并对计算结果逐一作分析解释。文中所指周组华是华中大学教育系1941年毕业生，他在黄溥指导下完成学士学位论文《中国中等专任教师教学负担之研究》。

1942年　四十六岁

4月至6月　虽然战争形势严峻，物资匮乏，但一切教学工作照常进行。

9月　英国的大不列颠中国基督教大学联合会派约瑟夫·尼达姆博士和夫人前往云南大理喜洲考察访问华中大学。向其反映了当前教会学校存在的问题和建议，将1939年10月完成的《我国基督教大学应采之政策》改写为英文，即《中国教会大学向何处去?》交给尼达姆博士夫妇。

12月　在《宗教教育杂志》上发表“Whither the Christian Colleges in China”（《中国教会大学向何处去?》）。该文强调教会大学要发展下去，只有压缩学校规模，提高办学质量，切实解决学校经费和人才（教师）这个矛盾，才能继续为战后中国的重建作出贡献。

1943年　四十七岁

5月　因躲避国民党搜捕的西南联大、云南大学等几所高校进步学生前往喜洲避难，在当地开明士绅和五台中学杨伯伦校长的支持下，安排到学校及所属师范班任教。这批进步学生加强了当时五台中学的教学。

7月至8月　教育学院大力协助五台中学开办高中部。将华中大学沦陷区的毕业生尽量安排到五台中学高中部担任全职教师。

9月　《中国教会大学向何处去?》一文在英国伦敦刊登之后，引起各方关注。大不列颠中国基督教大学联合会派桑德斯博士和皮肯博士再度前往喜洲用将近一周的时间调解教会代表与学校行政之间的关系。

12月25日　前往参加第十一集团军总司令兼昆明守城司令宋希濂的“圣诞节联欢晚会”，黄溥鼓励士兵们英勇杀敌、抗战到底!

1944年　四十八岁

1月　加入韦卓民组织的华中大学战后规划委员会，共同研究制订战后华中大学发展计划。

2月15日　为制订战后华中大学的发展计划而撰写《战后华中大学的发展与基督教中学的关系》（英文稿）一文。

6月　为组约主办的“中国抗日战争研讨会”撰写英文专稿“China at War Education”（《战时教育在中国》）。该文较全面地陈述了中国抗日战争时期教育的基本情况以及存在的困难和问题。

9月　在《私立武昌华中大学二十周年纪念特刊》上刊载《我国中等教育之改造》。这是黄溥二十多年来从事中等教育科研、试验、改革等实践的理论总结。

11月　参与制订的《战后华中大学发展计划》经华中大学董事会通过。

12月　在韦卓民校长生病住院期间，第三次担任代理校长职务至次年3月。

1945年　四十九岁

1月至3月　在代理校长期间，忙于校务工作的同时仍然坚持正常上课。

8月初　韦卓民校长赴昆明，为出国参加几个重要会议作准备，董事会仍然推举黄溥代理校长，经其再三推辞后，由理学院卞彭院长代理校长。

8月15日　欢庆抗战胜利，积极准备迁回武昌，决定缩短暑假，秋季正常开课。

9月　以华中大学评议会执行主席身份处理校务工作。

10月　缩短寒假，争取明年4月前结束这一学年的教学工作。

1946年　五十岁

1月至3月　忙于结束教育学院学年教学任务，积极安排迁返武昌的准备工作。

4 月至 5 月底　率领第二批师生从喜洲返回武昌。

6 月至 7 月　安顿住宿，举行新生入学考试，准备秋季开学。

8 月至 12 月　恢复武汉地区基督教中学校长联谊会，改为每学期轮流举办一次，商讨复员后的学校行政、教学等问题。

9 月　注册新生数量超过老生数量、文科生数量超过理科生数量。除实验课外，所有课程都正常开课。

11 月　西人华语训练学校分校在华中大学校内成立，受邀向国外来华的传教士和医生讲授《中国古代之教育》，总共 12 次。以《礼记·学记》为根据编写的英文讲稿，大约 10 万字。

12 月 24 日　支持华中大学学生罢课一天，抗议美军强奸北京大学女学生沈崇。

1947 年　五十一岁

1 月　在华中大学主持召开战后第二次武汉地区基督教中学联谊会。

1 月 5 日　支持华中大学学生参加“抗议美军暴行大游行”。

1 月 29 日　在华中大学主持召开“华中区基督教中学战后第一届校长会议”。会议决定：由教育学院筹备召开“华中区基督教中学战后第一届教育讨论会”。

2 月　教育学院开设的音乐系增添钢琴等新设备，师资力量也得到加强。

6 月　教育学院依据《战后华中大学发展规划》要求，正式成立师资训练系（又称教学系），准备招生开课，安德生教授任系主任。

8 月 1 日　在《教育短波》第 1 卷第 16 期上发表《中学教师的职业》。该文介绍中学教师这种职业，欢迎他们到教育战线上来就业，论述教师职业是一种高尚的专业并有良好的服务与进修学习的机会，而不是一种无聊的副业，以纠正社会上对中学教师职业的偏见。

9月　重新开办教育学院实习中学，兼任校长职务。1937年教育学院毕业生朱洵雅和本年毕业生李金章担任实习中学的全职教师。

12月　主持召开战后第三次武汉地区基督教中学校长联谊会。会议重点讨论如何加强各科教学工作。在《教育短波》第1卷第2期上发表《举办乡村教育应有的三个基本信条》。抗日战争胜利后，教育界又开始关心乡村教育问题。

1948年　五十二岁

6月　主持召开战后第四次武汉地区基督教中学校长联谊会。会议讨论校长如何应对学校行政工作上的困难。

6月1日　积极协助韦卓民校长掩护并转移被湖北省政府主席张笃伦污蔑的10多个华中大学的“异党学生”，竭力保护这些学生的人身安全。

6月30日　向韦卓民校长递交《华中大学教育学院1947—1948学年度报告》(英文稿)。报告指出，华中大学教育学院已经取得国家教育体系的合法地位，建立了师资训练系和教育系。

7月16日至8月7日　主持召开“华中区基督教中学战后第一届教育讨论会”。黄溥在会议期间作了《基督教中学与大学的衔接问题》《中学行政民主化问题》《中学的宗教教育工作》等专题演讲。

8月至12月　与韦卓民校长竭力保护华中大学地下党的进步组织和学生群体。解放战争四年时间，华中大学师生无一人遭到捕杀。

是年　在《重庆清华》第15期上发表《关于中学生的课外读物》。

1949年　五十三岁

1月　在《宗教教育季刊》第8卷第1期上发表1948年“华中区基督教中学战后第一届教育讨论会”上三篇讲稿的详细提纲。《基督教中学与大学的衔接问题》论述了衔接的必要性及具体做法；《中学行政民主化问题》论述了中学行政民主化概念及行政民主化的十四条原则；《中学的宗教教育工作》讲述了中学宗教工作的开展情况。

3 月　抵制国民政府胁迫南迁桂林的决定，积极协助韦卓民校长安定教学秩序，保卫学校安全。即使在他人怂恿下，也坚决不离开武汉。

4 月 5 日至 8 日　在长沙主持召开“华中区战后基督教中学第二届校长会议”。会议讨论了应变措施，决定正常开课迎接解放。

5 月 16 日　武汉解放，华中大学师生持红、黄、绿小旗，上街欢迎解放军进城。

6 月 26 日　向韦卓民校长递交《华中大学教育学院 1948—1949 学年度报告》（英文稿）。报告简述了 1948 年 7 月《华中区基督教中学战后第一届教育会议》和 1949 年 4 月《战后第二届校长会议》情况，简述采用修订课程后学生注册以及教职员变动情况。

11 月 23 日　长子继溥被中南军区军政大学录取，随后被分配到军政大学湖北分校学习，正式参加中国人民解放军。

1950 年　五十四岁

6 月初　协助韦卓民校长根据《管理私立大学章程》的相关规定，调整学校教育行政和教学工作，稳定学校秩序。

7 月　长女寄美从华中大学教育学院教学系（数学专业）毕业。

8 月　调整教育学院和教育系课程。教育学院必修课 16 门，教育系必修课 24 门（其中国文、地理、生物、历史等四门教学法，由专修该门学科的学生必修）。负责讲授“教育统计”“教育测量”“中学行政与视导”“比较教育”等四门课程。

10 月底　由于中美关系恶化，中国政府停止对华中大学发放津贴。

11 月至 12 月　参加土地改革工作，并加入吴耀忠先生提倡的基督教教会“三自”革新运动委员会。

1951 年　五十五岁

1 月 8 日　担任校务委员会委员。

1 月 12 日至 26 日　偕校务委员会高原主任赴北京参加教育部会议。

1月18日　次子绍溥进入空军雷达学校学习，正式加入中国人民解放军，以响应抗美援朝号召。

7月　积极协助韦卓民校长起草申请华中大学转为公立大学的信函。拥护华中大学成为中南地区培养高级中等学校师资的高等学校的复函。

8月4日　担任华中大学副校长职务。

8月16日　中南军政委员会正式决定：中原大学教育学院与私立华中大学合并，改为公立华中大学，并成立“华中大学改制委员会”，黄溥担任华中大学改制委员会委员。

1952年　五十六岁

1月至5月15日　在武昌青年区王家店参加土地改革和复查的全过程，在小组会上总结自己的认识和收获。

6月至8月　利用暑假期间参加思想改造运动。首先，阅读中央教育部下发的有关忠诚老实的讲话材料和清华大学知识分子思想改造的参考材料。其次，在小组会谈自己的经历、社会关系和各历史阶段的思想状况。最后，撰写并宣读个人自传，经大组讨论通过后交学校组织人事部门。

6月至10月　参加学校改制工作。

10月29日　购买解放社1950年3月中南第一版的《论马恩列斯》，每天晚饭后认真阅读。

11月1日 学校改制工作顺利完成，撤销“华中大学改制委员会”，成立“华中高等师范学校”，担任教育系主任。

1953年　五十七岁

3月10日　购买英文版《苏联共产党（布）历史简明教程》，莫斯科外文书籍出版局1951年版，并认真阅读。

4月至8月　每周六，参加华中师范学院举办的俄语学习班，俄语水平突飞猛进。学习班结束后，仍坚持业余时间自学俄语。

9月19日　积极学习马列主义思想，并认真做笔记。

9月26日至11月14日　积极聆听马列主义思想讲座，并认真做笔记。

1954年　五十八岁

1月14日至12月29日　每周三下午为政治学习时间，听华中师范学院领导政治学习辅导报告，并做笔记18篇。

7月　次女寄华从华中师范学院生物系毕业。因学业成绩优异留校担任助教。

1955年　五十九岁

1月5日至12月14日　听华中师范学院领导政治学习辅导报告，并做笔记24篇。

7月至8月　翻译杜威的教育学说，供教育系师生用作批判之用。

9月10日　购买苏联安·谢·马卡连柯著《论共产主义教育》，人民教育出版社1955年版，并认真阅读。

9月10日　购买英文版弗·恩格斯著《反杜林论》，与中文版对照阅读。

1月22日　购买英文版《马克思恩格斯文选》(两卷集)，莫斯科外文书籍出版局1954年版，与中文版对照阅读。

1956年　六十岁

1月1日　购买外文版 *On Communist Education*，莫斯科外文书籍出版局1953年版，与中文版《论共产主义教育》对照阅读。

1月7日至12月24日　听华中师范学院领导政治辅导报告，并做笔记30篇。

7月　调任华中师范学院教务处所属教育研究室任主任，辞去教育系主任职务。

9月21日　经杨东莼介绍，填表加入民主促进会。

1957年　六十一岁

1月23日　听华中师范学院宣传部陈铁的辅导报告《国内主要矛盾》，并认真做笔记。

2月9日　当选为武汉市第一届民主促进委员会委员、常委、副主任委员。

2月12日　购买英文版卡尔·马克思著《资本论》第一卷，莫斯科外文书籍出版局1954年版，与中文翻译版对照阅读。

3月25日　听华中师范学院宣传部罗明传达毛主席的重要报告《关于正确处理人民内部矛盾的问题》，并认真做笔记。

3月27日　听陶军教务长的辅导报告《唯心论与唯物论的区分》，并认真做笔记。

4月1日至9日　前往长沙考察高等师范教育发展情况。

4月10日　听湖北省委宣传部曾惇同志传达毛主席的重要报告《在中国共产党全国宣传工作会议上的讲话》，并认真做笔记。

4月17日　听陶军教务长的辅导报告《辩证唯物主义论普遍联系运动与发展》，并认真做笔记。

4月18日至5月1日　前往南京、上海师范院校考察师范院校教育研究室经验。

5月2日　听华中师范学院刘介愚书记传达重要报告《关于学习正确处理人民内部矛盾问题的安排》，并认真做笔记。

5月4日　购买洪潜、任华等六人编著的《哲学史简编》，人民教育出版社1957年版，并认真做笔记。

5月5日至28日　到北京、天津等地师范院校，继续考察教育研究室工作经验。

5月29日　购买英文版马克思著《资本论》第二卷，莫斯科外文书籍出版局1957年版，与中文翻译版对照阅读。

6月3日　根据学院的补课要求，主持教育系民主党派会。黄溥在会上说，党开门整风，请我们提意见，我们要知无不言，言无不尽，不要怕戴帽子、打棍子，不要敲边鼓、言不及义等等。

6 月 20 日至 11 月初　成为华中师范学院“反党反社会主义集团”批判对象。在教育系连续三天的揭批会上，反复“检讨认罪”。

11 月 10 日　听刘介愚书记的报告《整风运动第三阶段，整改动员报告》，并认真做笔记。

1958 年至 1965 年　六十二岁至六十九岁

1958 年 2 月　被武汉市民主促进会撤去委员、常委、副主任委员职务，取消民主促进会员资格。

1958 年 3 月 3 日　被错划为右派分子，教授降二级处分，撤去教育科学研究室主任职务，到教育系资料室工作至 1962 年 3 月。

1958 年 5 月　长女寄美、女婿戴世琛均被错划为极右分子，分别下放数学系仓库和学校农场劳动改造。

1958 年 6 月　三子绳溥从中南矿冶学院冶金系毕业。9 月被分配到中科院上海冶金研究所从事研究实习 16 年。1973 年被调到武汉冶金研究所担任副总工程师。

1961 年 10 月　撤销右派分子结论。

1962 年 2 月 15 日　工资恢复到教授五级。

1962 年 3 月 26 日至 1966 年初　在华中师范学院外语系辅导青年教师英语。

1962 年 7 月　三女寄武从武汉钢铁学院轧钢专业毕业，在武汉钢铁公司中央实验室轧钢研究室从事技术员工作。

1965 年 3 月 17 日　三女寄武在武钢初轧厂参加劳动锻炼时不幸牺牲，年仅 27 岁。

1966 年至 1978 年　七十岁至八十二岁

1970 年底至 1978 年　慢性支气管炎逐渐发展为肺气肿，哮喘严重，行动困难，大多卧床静养。每当换季时必会感冒发烧，需要住院治疗，且病情反反复复。

1979年　八十三岁

1月　肺气肿发展成肺心病。病情危重，需要住院治疗，头脑已不清醒。

2月　华中师范学院专案复查领导小组负责人向其子女面交了《黄溥同志历史复查结论》，公布撤销黄溥当年的右派分子结论。

3月7日　华中师范学院临时党委恢复其长女政治名誉和原工资级别。

3月23日　华中师范学院临时党委恢复其长婿政治名誉、讲师职称和原工资级别。

11月7日　病情危重，神志不清。华中师范学院临时党委撤销其原定右派分子的结论和行政处分，恢复政治名誉、教授职称和高教四级的工资待遇。

1980年至1981年　八十四岁至八十五岁

1980年年初　华中师范学院临时党委下达黄溥右派“改正通知书”，于1980年年初将黄溥在“文革”中所写“检讨交代揭发”材料，全部清退本人，总计61份141页，共约70,500字。

1981年12月　高烧不退，再次住院抢救。

1982年　八十六岁

1月22日　春节前三天，因心力衰竭抢救无效，于凌晨去世。

2月4日　华中师范学院成立“黄溥教授治丧委员会”发出讣告：原民进武汉市委第一届常委、华中师范学院原教育系主任、教授黄溥同志，因病于1982年元月22日五时三十分在湖北中医学院附属医院逝世，终年86岁。黄溥教授追悼会于1982年2月14日上午九时在华中师范学院三号教学楼304室举行。